청소년학총서 5

청소년심리 및 상담

Youth Psychology and Counseling

(사)청소년과 미래 편
권남희 · 이혜경 · 진은설 공저

학지사

청소년학총서 시리즈를 내며

우리는 그 어느 때보다 미래를 예측하기 힘들 정도로 빠른 변화의 시대에 살고 있습니다. 청소년들 역시 이러한 시대의 한가운데를 살고 있으며, 특히 이들은 인간의 발달 단계 중 변화가 빠른 시기를 보내고 있는 중이기도 합니다. 이처럼 급변하는 세상 속에서 미래를 준비하는 청소년들과 이들을 둘러싼 환경을 글로써, 이론으로써 다룬다는 것은 쉬운 일이 아닙니다. 더군다나 청소년학의 역사가 그리 길지 않은 것을 감안하면 청소년학의 이론서를 쓰는 것은 더더욱 고민이 되는 일이기도 합니다.

청소년현장에서 일을 하고 청소년학을 전공하면서 청소년학의 정체성, 청소년학의 현장 기여도 등에 대해 여러 생각과 고민이 있었고, 특히 청소년학을 전공으로 하는 이들을 위한 교재가 안팎으로 좀 더 풍부해야 한다는 생각을 늘 갖고 있었습니다. 이러한 고민은 청소년, 청소년지도사, 청소년현장 등을 좀 더 구체적으로, 제대로 알릴 수 있는 풍부한 고민의 장이 마련되어야 한다는 작은 결론에 이르게 되었습니다. 그래서 나름대로는 야심 찬 계획을 세웠고 청소년학을 전공한 박사님들을 한 분 한 분 만나기 시작했습니다.

박사님들의 공통적인 견해는 청소년 분야를 두루 아우르면서 각 영역의 이론과 지식을 전달할 수 있는 교재가 필요하다고 하였고, 특정 교재 한 권 정도로 한정 짓지 말자는 것이었습니다. 그래서 우선 현재 대학에서 청소년지도사 양성을 위한 전공 교과목을 중심으로 집필하기로 하였습니다.

교재를 집필하기 전에 8종 모두 청소년학을 전공한 박사학위 소지자들을 집필진으로 세웠고, 전 집필진이 모여서 워크숍을 개최하고 의견을 공유하였으며, 집필 중

간중간에 모임을 갖고 교재의 통일성을 위해 논의를 하기도 하였습니다. 집필진 나름대로는 기존의 교재들을 조금이라도 보완하기 위하여 애를 쓰기는 하였지만 막상 다 완성된 시점에서 들여다보니 너무 많이 부족하다는 말씀을 전하셨는데, 독자 여러분은 어떻게 보실지 모르겠습니다.

이 교재들은 청소년지도사 2급 자격 검정을 위한 8개 과목, '청소년활동' '청소년문화' '청소년복지' '청소년문제와 보호' '청소년심리 및 상담' '청소년육성제도론' '청소년지도방법론' '청소년 프로그램 개발과 평가'로 시리즈 형식으로 구성하였습니다. 청소년지도사 2급의 경우, 다른 급수에 비해 많이 배출되었을 뿐 아니라 청소년활동 현장에서도 2급 청소년지도사들을 많이 볼 수 있습니다. 실제로 여성가족부(2018)에 따르면, 우리나라 청소년지도사는 청소년지도사 양성 계획에 따라 1993년부터 2018년까지 1급 청소년지도사 1,730명, 2급 청소년지도사 35,425명, 3급 청소년지도사 12,691명 등 총 49,846명의 국가 공인 청소년지도사를 배출한 것으로 보고하고 있습니다.

이와 같이 청소년지도사가 5만 명에 이르고 있으나 기존에 예비 청소년지도사를 포함한 청소년지도사들을 위한 교재는 그리 많다고 볼 수 없으며, 자격 검정을 준비하는 이들이나 대학에서 강의하는 교수님들 역시 관련 교재가 충분하지 않음을 토로하기도 합니다. 이러한 상황 역시 저희 법인에서 더욱 청소년지도사를 위한 교재를 준비해야겠다고 생각하게 된 계기가 된 지점이기도 합니다.

본 법인이 이 교재를 기획하긴 하였지만 신규 법인이다 보니 집필진 여러분에게 큰 힘이 되어 드리지 못한 것 같아 송구스럽기도 합니다. 그럼에도 불구하고 저희 법인에서 용기를 낸 것은 기존에 출판되어 있는 청소년학 교재들이 단권이나 몇몇 교재에 한정하여 출판하는 경우가 많아 시리즈로 구성되는 사례가 많지 않고, 집필진 전원을 청소년학을 전공한 이들로 구성하는 경우 또한 흔치 않아 이 부분을 지원하면 좋겠다는 판단이 들었기 때문입니다.

이 책을 접하는 독자의 입장에서는 전체 교재가 나름의 일관성을 지니게 되어 책을 보는 데 좀 더 수월하지 않을까 하는 기대와, 집필진의 입장에서는 책의 내용에 있어서 최대한 청소년학 전공자의 관점을 유지할 수 있지 않을까 하는 생각을 하게 되었기 때문이기도 합니다.

이러한 고민들을 모으고 논의를 거쳐서 책을 내놓게 되었습니다. 집필진의 말씀처럼 나름의 노력과 고민을 담았으나 여전히 부족함이 눈에 보이고 부끄러운 마음도 없지 않지만, 조금이나마 청소년지도사를 꿈꾸는 후배 청소년지도사들에게 도움이 되기를 바랍니다.

앞으로도 저희 사단법인 청소년과 미래는 청소년들과 청소년지도사들을 위한 다양한 연구와 사업에 매진할 것입니다. 여러분의 많은 관심과 응원 부탁드립니다.

2019년 청소년의 달, 5월에

사단법인 청소년과 미래 대표 진은설

머리말

‘일선에서 청소년을 만나고 있는 저자들이 청소년 전문가가 되기를 원하는 학생들을 위해 무엇을 할 수 있을까?’ 가장 기초적이면서도 중요한 이 물음을 시작으로 우리 저자들은 이 책을 집필하였다.

오늘날 급변하는 환경 속에서 청소년들을 온전하게 이해하기 위해서는 분명 심리학에 기초한 지식과 상담적 접근이 필요하다는 데 저자들은 의견을 함께하였다.

심리학에 기초한 지식이란 전생애 과정에서 청소년기는 어떤 발달적 특징과 심리적 특성을 지니는지를 살펴봄으로써 그들의 성장과 잠재가능성을 확인하고, 문제행동을 예방하기 위한 지식을 설명하며 체계화하는 것이다. 또한 상담적 접근은 이론적 지식과 기법을 바탕으로 청소년들이 겪는 어려움들을 보다 효과적으로 해결할 수 있도록 돕고, 긍정적인 자아정체감과 건강한 발달을 돕는 심리적인 조력과정이자 전문적 활동이다.

‘청소년심리 및 상담’이라는 제목에서도 알 수 있듯이, 저자들은 청소년 전문가가 되고 싶은 사람이 공부해야 할 필수적이고 실용적인 내용으로 이 책을 구성하였다. 물론, 심리 및 상담과 관련한 교재나 저서가 이미 많이 출간되어 있지만, 이 책은 저자들의 풍부한 청소년상담 경험에서 우러나오는 실용적인 내용과 이론적 지식을 통합한 내용으로 구성하여 그 이해의 깊이를 더해 주고 있다. 따라서 이 책을 공부하고 나면 청소년심리와 상담에 관한 전반적인 지식과 청소년을 이해하는 보다 넓은 시각을 가질 수 있을 것이다.

이 책은 전체 12장으로 구성하였으며, 1장과 2장 청소년기 발달적 특성 I, II에서는 청소년의 신체적 · 인지적 · 도덕성 발달과 청소년의 성격발달, 정서발달, 진로발달을 기술하였다. 3장 청소년기 심리적 부적응에서는 부적응의 정의, 내재화 문제, 외현화 문제를 설명하였다. 4장 청소년상담의 개념에서는 청소년상담의 개념과 특징, 목표, 청소년 상담자의 자질과 윤리, 청소년 내담자의 특징을 기술하였다. 5장과 6장 상담이론 I, II에서는 정신분석 상담이론, 인간중심이론, 행동주의, 인지행동적 상담이론을 소개하였다. 7장 상담과정과 기술에서는 상담과정과 상담의 기술을 설명하였고, 8장 상담방법에서는 개인상담, 집단상담, 사이버상담을 기술하였다. 상담의 실제는 세 개의 장으로 구성하였으며, 9장 상담의 실제 I에서는 가족상담, 진로상담, 대인관계상담을 소개하였다. 그리고 10장 상담의 실제 II에서는 학습상담, 학교폭력상담, 성상담을 소개하였고, 11장 상담의 실제 III에서는 위기상담(자살, 우울, 가출), 중독상담(약물, 도박, 게임), 비행상담을 소개하였다. 12장 심리검사 및 평가에서는 심리검사와 평가의 이해, 지능 · 학습 · 진로 영역, 성격 · 정신건강 영역을 기술하였다.

각 장의 집필은 진은설(1장 청소년기 발달적 특성 I, 2장 청소년기 발달적 특성 II, 3장 청소년기 심리적 부적응, 4장 청소년상담의 개념), 이혜경(8장 상담방법, 9장 상담의 실제 I, 10장 상담의 실제 II, 11장 상담의 실제 III), 권남희(5장 상담이론 I, 6장 상담이론 II, 7장 상담과정과 기술, 12장 심리검사 및 평가) 박사가 담당하였다.

저자들은 이 책이 다양한 현장에서 청소년의 행복과 성장을 위해 노력하는 많은 분과 전문가가 되기 위해 준비하는 학생들에게 도움이 되었으면 하는 바람을 가져본다. 저자들은 집필의 필요성과 중요성을 인식하고 이 책을 준비하였으나 전체적으로 용어의 통일성과 내용 전개에 있어 일관성이 부족할 수 있다. 부족하고 아쉬운 부분은 독자들의 조언과 충고를 반영하여 앞으로 보완하고 개정하고자 한다. 끝으로, 이 책을 기획하고 더 좋은 책을 만들기 위해 애쓰신 (사)청소년과 미래와 학지사 김진환 사장님을 비롯하여 편집부 임직원 여러분께 깊은 감사를 드린다.

2020년 2월 관악산이 보이는 창가에서

집필진을 대표하여 권남희

차례

상담의 실제 Ⅰ … 235

상담의 실제 Ⅱ … 263

상담의 실제 Ⅲ … 287

심리검사 및 평가 … 313

제1장

청소년기 발달적 특성 I

학습개요

청소년기는 아동기에서 성인기로 가는 과정에 있는 과도기적인 단계로 이 시기의 청소년들은 신체 · 인지 · 정서 등 여러 분야에서의 급격한 발달을 경험하기도 한다. 따라서 청소년상담을 하기 위해서는 청소년기의 발달특성을 구체적으로 이해하는 것이 우선되어야 한다. 신체발달에 있어서는 남녀 청소년 모두 신장과 체중이 증가하고, 2차 성징이 시작된다. 인지발달은 아동기 때와는 달리 추상적 사고가 가능해지고, 사고과정에 대한 사고, 가능성에 대한 사고, 가설연역적 사고 등이 가능하게 되는데, 이 장에서는 피아제의 인지발달이론을 중심으로 살펴볼 것이다. 마지막으로 도덕성 발달에 있어서는 청소년들이 인지적 성숙과 자아의 발달로 인해 자신의 도덕적 개념을 나름대로 형성해 나가기 시작하는 시기이다. 청소년들은 높은 이상을 갖게 되고, 자신의 이상을 타인으로부터 인정받고 싶어 하며 스스로 설정해 놓은 자신의 기준에 따라서 행동하고자 한다. 이와 관련하여 콜버그와 길리건의 이론을 중심으로 살펴볼 것이며, 최종적으로 이 장에서는 청소년기의 신체 · 인지 · 정서발달에 대해 전반적인 특성을 파악하게 될 것이다.

청소년기는 아동기에서 성인기로 가는 과정에 있는 과도기적인 단계로 이 시기의 청소년들은 신체 · 인지 · 정서 등 여러 분야에서의 급격한 발달을 경험하기도 한다. 청소년상담에서도 이러한 청소년기의 발달적 특성과 발달과업을 이해하는 것이 중요한데, 이는 상담과정에서 청소년 내담자들이 호소하는 문제와 깊은 관련이 있기 때문이다. 이 장에서는 우선 신체 · 인지 · 도덕적 발달을 중심으로 살펴보고자 한다.

01 신체적 발달

1) 신체발달과 성적 성숙

청소년기의 신체발달은 청소년기의 발달을 대표할 정도로 다른 발달에 비해 좀 더 두드러진 특징을 보인다. 청소년기를 성적 성숙에 따라 생식기능을 갖게 되는 시기인 '사춘기(puberty)' 그리고, 신체성장이 가속화되는 '성장 급등기(growth spurt)'로 표현하는 것은 그만큼 청소년기에 급격한 신체발달이 이루어지고 있음을 의미하는 것이기도 하다.

우선 청소년기에는 신장과 체중이 증가하는데 10대 초기에 시작되어 14~18세에 완성되며 대체로 여자 청소년이 남자 청소년에 비해 일찍 시작된다. 청소년 초기의 성숙속도는 신장과 체중 모두 여자 청소년이 우세하며, 남녀 청소년 모두 신장이 급격하게 성장함에 따라 팔과 다리가 신장에 비해 크게 길어져 일시적으로 신체비율이 불균형해진다.

청소년기에는 2차 성징이 시작되는데 남자 청소년은 남성 호르몬인 테스토스테론으로 인해 음경과 고환이 발달하고, 자위나 몽정을 통한 첫 사정을 경험하게 된다. 또한 어깨가 벌어지며, 체모가 나면서 근육이 생기고 후두가 확장됨에 따라 성

표 1-1 남녀 청소년의 신체발달 특성

남자 청소년	여자 청소년
신장과 체중의 성장	신장과 체중의 성장
어깨가 넓어짐	골반이 넓어짐
신체 내부기관(소화기관, 폐, 심장 등)의 발달	신체 내부기관(소화기관, 폐, 심장 등)의 발달
고환의 발달	자궁과 질의 변화와 발달
음모의 생성	음모의 생성
음경의 발달	가슴의 발달
체모의 생성(겨드랑이, 수염 등)	체모의 생성(겨드랑이)
사정	초경과 배란

대가 두꺼워져서 목소리가 낮아지는 변성기가 시작되고, 피지선의 분비가 증가하면서 소년에서 남성으로 성숙하게 된다. 여자 청소년은 여성 호르몬인 에스트로겐이 분비되면서 월경을 하게 되고, 여성의 2차 성징이 나타나게 된다. 에스트로겐의 일종인 에스트라디올은 가슴과 자궁, 골반을 발달시켜서 출산 가능한 여성으로서 신체적 성숙을 이루게 한다.

2) 신체발달이 청소년에게 미치는 영향

이와 같은 청소년기의 신체적 변화와 성장은 자신을 좀 더 성인에 근접한 존재로 느끼게 하며 남성다움과 여성다움에 민감한 반응을 보이도록 한다. 또한 청소년들의 성적 성숙은 성별과 성숙의 시기에 따라 차이가 나타나는데 남자 청소년의 경우,

대체로 조숙은 또래 청소년들보다 더 크고, 힘이 세고, 근육이 더 발달하며, 균형이 잘 잡혀 있기 때문에 운동을 할 때 매우 유리하고, 학교 내에서도 리더에 뽑히기도 하는 등 긍정적으로 작용하는 경우가 많다. 그러나 만숙은 덜 매력적이고, 인기도 덜하며, 침착하지 못하고, 자기 마음대로 하려고 하고, 부모에게 더욱 반항적이 된다는 보고가 있다. 한편, 조숙을 경험한 여자 청소년들의 경우, 또래 친구들에 비해 체중 및 신장이 크며, 신체적으로 아직 불균형적이기 때문에 서구의 미적인 기준에서는 덜 매력적이라고 생각하며 이로 인해 자존감에 부정적인 영향을 미칠 수 있다. 만숙을 경험한 여자 청소년의 경우, 외관상 어린애처럼 보여 사회적으로 불이익을 당하는 면이 있어 스스로 불쾌해하지만 부모나 어른들로부터 신체적인 성숙이 덜 되었다는 이유로 조숙한 친구들에 비해 비난을 덜 받는 점도 있다. 성별에 관계없이 조숙한 청소년의 경우, 공통적으로 청소년문제에 쉽게 노출된다는 부정적인 측면이 있다. 즉, 남녀 청소년들 모두 술, 담배, 가출 등에 있어 일찍 경험하게 되기도 하고, 특히 여자 청소년들은 빠른 성경험에 노출될 가능성이 높다는 점이다(Philip & Kim, 2009).

한편, 청소년들의 신체와 외모에 대한 인식은 성별에 따라 두드러진 차이가 발생한다. 즉, 여자 청소년의 경우, 이상적인 체형으로 마른 체형을 선호하는 경향이 있는데 한 연구에서는 전체 응답자 중에서 61.4%가 마른 체형을 희망하였고, 자신의 체형에 만족하지 않는다는 응답이 57.9%로 나타나 전반적으로 마른 체형을 선호하고, 본인의 체형에 불만족하고 있음을 알 수 있다(신철, 2002). 매해 전국 청소년들을 대상으로 실시하고 있는 청소년건강행태조사[1]의 결과 역시 2018년 기준, 24.2%의 청소년들이 본인이 살이 쪘다고 생각하였으며, 그중 남자 청소년은 17.9%인데 반해 여자 청소년은 30.4%로 높은 분포를 보여 여자 청소년들이 신체이미지에 대한 왜곡이 높은 것으로 나타났다. 이와 관련하여 Lee(2012)는 우리나라의 많은 여학생이 외모 관련 스트레스를 경험하고 있다고 하였고 여고생의 경우, 자신의 신체이미지를 사회적 인식과 비교하면서 성형에 대해 매우 긍정적인 반응을 보였다(이양환 · 권숙영, 2010). 중학생의 경우, 자신의 신체상에 대해서는 비교적 긍정적으로 인

1) https://www.cdc.go.kr/yhs/

식하였지만 학년이 올라갈수록 성형수술에 대해 관대해지고, 자신의 외모와 타인의 시선을 의식할수록 성형을 긍정적으로 수용하는 것으로 나타났다(배진주, 2005).

청소년기의 급격한 신체발달은 청소년들로 하여금 새로운 자아개념을 형성하게 하고 인지적 · 정서적 · 사회적 측면에서도 급격한 변화로 이어지게 한다. 특히 청소년들의 성적 성숙은 이들의 내면에 큰 영향을 주게 된다. Hurlock(1975)은 청소년기의 신체발달 및 성적 성숙에 따른 변화를 다음과 같이 제시하였다.

① 갑작스런 변화에 따른 고민: 청소년기의 신체변화가 준비 없이 일어나기 때문에 몹시 당황하게 되고, 자신의 신체변화가 정상적으로 일어나고 있는지에 대해 염려하게 된다. 특히 변화의 속도, 즉 조숙과 만숙에 따라 그 나름의 고민을 갖게 된다.

② 사회적 기대에 따른 혼란: 청소년기의 신체발달은 사회적으로 그에 따른 행동의 변화를 기대하게 된다. 그러나 신체발달의 수준에 맞는 좀 더 성숙한 행동, 즉 사회에서 기대하는 수준에 청소년들이 미치지 못하게 될 때 청소년들은 갈등을 느끼게 되고 혼란을 겪게 된다.

③ 외모에 따른 사회적 불안: 청소년이나 청년들은 사회적으로 인정을 받기 위해 자신의 외모가 중요하다는 것을 안다. 보통 인정을 받으려고 애쓸수록 자신의 외모에 대해 더욱 걱정하게 된다.

3) 청소년기 발달과업

발달과업은 개인이 환경에 적응하기 위하여 요구되는 기술이나 능력으로서 각 단계에서의 발달과업이 잘 이루어지지 못하면 다음 단계의 발달에도 영향을 주게 된다. 따라서 발달과업은 한 개인이 각 단계에서 반드시 이루어야 할 기술, 지식, 기능, 태도이며, 신체적 성숙이나 사회적 기대와 개인적인 노력을 통해서 얻게 되는 것을 말한다.

헤비거스트(Havighurst, 1953)는 청소년기의 발달과업을 다음과 같이 제시하였다.

① 본인의 신체조건을 인정하고 각자 성역할을 수행해야 한다.
② 동성, 이성의 친구와 새로운 관계를 수립할 수 있어야 한다.
③ 부모와 다른 성인으로부터 정서적인 자립이 가능해야 한다.
④ 경제적 자립의 필요성을 느낄 수 있어야 한다.
⑤ 직업에 대한 준비와 선택을 스스로 할 수 있어야 한다.
⑥ 유능한 시민으로서 갖추어야 할 지적 기능과 개념을 획득할 수 있어야 한다.
⑦ 사회적으로 책임 있는 행동을 원하며 이를 실천할 수 있어야 한다.
⑧ 결혼과 가정생활을 준비할 수 있어야 한다.
⑨ 정확하고 과학적인 세계관에 맞추어 가치체계를 형성할 수 있어야 한다.

에릭슨(Erikson)은 인간이 각 발달단계에서 이룩해야만 할 '심리사회적 위기', 즉 '사회적 환경의 요구에 적응하기 위한 심리적 노력으로서 일상생활에서 겪게 되는 긴장'을 지니고 있기 때문에 어느 한 단계의 발달도 생략되거나 소홀히 다루어질 수 없다고 하였다. 특히 청소년기의 중요한 발달과업은 자아정체감을 형성하는 것인데 이 시기의 위기는 정체감을 형성하느냐 아니면 역할 혼미에 빠지느냐 하는 것이다. 청소년기 동안의 급격한 신체발달은 정체감 혼미(역할 혼미)를 가져올 수 있다. 또한 이 시기의 청소년들은 자신이 누구인지에 대해 확신을 갖지 못하기 때문에 소속집단에 동일시하려는 경향이 어느 시기보다도 강하다. 정체감을 형성하는 것은 비단 청소년기뿐만 아니라 전 생애에 걸쳐서 이루어지는 것으로 부분적으로는 동일시를 통하여 이루어지기도 하고 개인의 성취를 통해서도 이루어진다. 다만 청소년기에는 아동기 때와는 달리 결정해야 할 것들이 많고 이때의 결정이 미래를 좌우할 수 있다는 생각이 들기도 한다. 따라서 이 시기는 청소년들이 자신을 찾아가는 시간인 심리적 유예기간(moratorium)으로 보는 것이 필요하다(한국청소년연구원, 1992).

02 인지적 발달

청소년기의 인지발달은 아동기 때와는 달리 추상적 사고가 가능해지고, 사고과정에 대한 사고, 가능성에 대한 사고, 가설연역적 사고 등이 가능하게 된다. 이는 피아제(Piaget)의 인지발달단계 중 형식적 조작기에 해당하는 단계로 청소년들이 이에 속한다. 또한 이와 같은 상위수준의 사고력 발달을 경험하게 되면서 정보를 처리하는 능력이 향상되는데, 이러한 상황이 청소년들의 실제 생활에서 어떻게 적용되는지 살펴볼 필요가 있다.

1) 피아제의 인지발달단계

피아제는 인지발달을 질적인 측면으로 설명하는 대표적인 학자로, 인간의 인지발달단계를 4단계로 구분하여 설명하였다.

첫 번째 단계는 '감각운동기'이다. 출생부터 생후 2년까지의 단계로 이때의 영아는 주변이나 환경에 대한 추론이나 지각을 할 수 있는 능력이 없고, 주로 감각 및 반사능력을 통해 세상을 알아 가게 된다.

두 번째 단계는 '전조작기'이다. 2세부터 7세까지의 단계로 정신적 표상에 의한 사고가 가능하지만 아직 개념적 조작능력이 제대로 발달하지 못했기 때문에 '조작을 할 수 있는 단계의 전 단계'라는 의미에서 전조작기로 부르는 것이다. '조작'은 논리적인 사고능력을 의미하는 것으로 전조작기 단계에서는 논리적인 사고를 할 수 없다는 의미이기도 하다. 전조작기의 특징으로는 상징적 도식의 발달, 직관적 판단, 물활론적 사고, 자기중심적 사고 등을 들 수 있다. '상징적 도식의 발달'은 어떤 대상에 대해 상징적인 의미를 부여하는 것으로 이 시기 아동의 놀이에서 주로 볼 수 있다. 남자아이들은 막대기를 총이라고 하면서 총 쏘는 흉내를 낸다든지, 여자아이들은 베개를 자기 아기라고 하면서 업고 다니는 경우이다. '직관적 판단'은 아동이 실제로 보는 그대로 판단하는 것을 말한다. 똑같은 한 개의 빵을 아이와 다른 형제에게 각각 두 조각과 세 조각으로 잘라서 주면 세 조각의 빵이 더 크고 많은 것으로

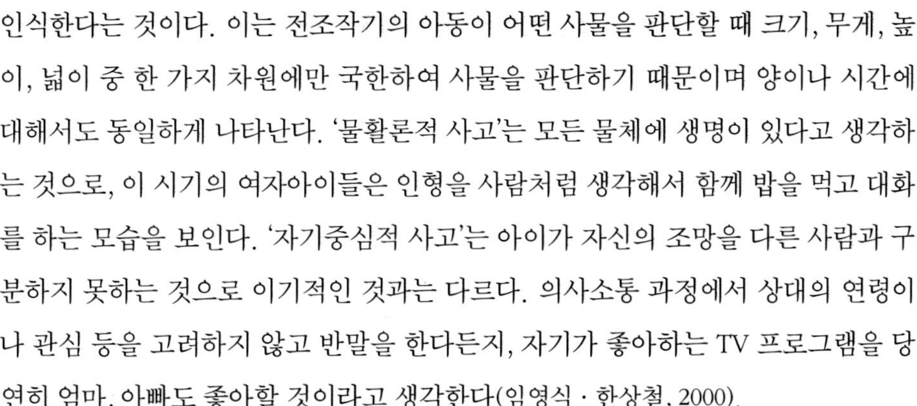

인식한다는 것이다. 이는 전조작기의 아동이 어떤 사물을 판단할 때 크기, 무게, 높이, 넓이 중 한 가지 차원에만 국한하여 사물을 판단하기 때문이며 양이나 시간에 대해서도 동일하게 나타난다. '물활론적 사고'는 모든 물체에 생명이 있다고 생각하는 것으로, 이 시기의 여자아이들은 인형을 사람처럼 생각해서 함께 밥을 먹고 대화를 하는 모습을 보인다. '자기중심적 사고'는 아이가 자신의 조망을 다른 사람과 구분하지 못하는 것으로 이기적인 것과는 다르다. 의사소통 과정에서 상대의 연령이나 관심 등을 고려하지 않고 반말을 한다든지, 자기가 좋아하는 TV 프로그램을 당연히 엄마, 아빠도 좋아할 것이라고 생각한다(임영식 · 한상철, 2000).

세 번째 단계는 '구체적 조작기'이다. 7세부터 12세까지의 단계로 논리적으로 사고할 수 있는 능력인 '조작적 사고'가 가능한데 실제로 제시되거나 아이가 구체적이고 직접적으로 경험한 대상에 한해 조작적 사고를 할 수 있다. 논리적인 조작(조작적 사고)이 가능해짐에 따라 행동에 대한 내적 표상이 가능해져 길 찾기(예, 마트에 다녀오기)가 가능한데, 다만 그 경로를 직접 표현하지는 못한다. 그리고 직관적 판단에서 벗어나 사물이나 사건의 한 면에만 주의를 집중하지 않고 여러 측면을 동시에 고려할 수 있는 탈중심화 능력이 발달한다. 즉, 넓이와 깊이가 각각 다르지만 같은 부피의 컵에 같은 양의 물을 담았을 때, 그것이 똑같다는 것을 인지할 수 있게 되는 것이다. 또한 전 단계에서의 자기중심적 사고에서 벗어나 다른 사람의 입장을 고려하고 추론할 수 있다.

네 번째 단계는 '형식적 조작기'이다. 12세 이후로 청소년기에 해당하며, 피아제의 인지발달단계 중 마지막 단계이다. 이 단계에서는 구체적이지 않은 사고에 대해서도 체계적으로 가설검증을 할 수 있으며, 추상적인 사고가 가능해진다. 즉, 구체적이고 눈에 보이는 부분뿐만 아니라 형식적인 부분에서까지 지적 능력이 가능하다는 의미에서 형식적 조작기로 명명하는 것이다. 이 시기에는 추상적 사고, 사고과정에 대한 사고(메타인지, metacognition), 가능성에 대한 사고(가설연역적 사고), 다차원적 사고, 상대적 사고가 가능하다.

① 추상적 사고: 구체적 조작기에서는 불가능한 민주주의, 평화, 종교와 같은 추상적인 개념에 관심을 보이고 이 개념에 대해 이해하기 시작한다.

② 사고과정에 대한 사고(메타인지): 자신과 다른 사람의 사고과정에 대해 사고할 수 있다. 사고뿐만 아니라 정서, 행동에 대한 의미에 대해서도 사고가 가능하다. "내 친구가 말은 그렇게 말하고 있지만 실제 생각은 다른 것 같아." "나는 지금 왜 이런 생각을 하고 있는 걸까?"와 같은 사고를 할 수 있다. 이와 같이 자신의 사고나 감정에 대해 지나치게 생각하게 되면서 자기몰두에 빠질 수 있다. 그 대표적인 예가 '상상 속의 청중'과 '개인적 우화'[2)]이다.

③ 가능성에 대한 사고: 청소년기 이전 아동의 사고는 그들이 직접 관찰할 수 있는 사건에 초점을 맞추고 있지만, 청소년의 사고는 지금은 보이지 않는 가능성에 대해서도 가능하다. 즉, 아동은 앞으로 자신의 성격이 변할 수 있다는 것과 자기가 어떤 선택을 하는지에 따라 자신의 삶이 달라질 수 있다는 것에 대해 생각하지 않지만, 청소년은 이러한 가능성에 대한 사고가 가능해진다. 가능성에 대한 사고는 가설연역적 사고의 발달과 관련이 있다(임영식 · 한상철, 2000). 가설연역적 사고는 'if-then 사고'를 의미하는데, 즉 직접 관찰 가능한 것 외에 현재는 존재하지 않지만 가능한 무엇(if)을 통해 미래에 대한 계획을 세우고, 행동의 결과를 예상하고, 현상에 대한 대안적 설명(then)을 제공하는 사고를 말한다. 이와 같은 사고의 영향으로 청소년들은 어떤 문제가 발생했을 때 가능한 모든 문제점과 해결책을 미리 생각하고 하나씩 체계적으로 검증하려고 노력하게 된다. 즉, 일어날 수 있는 조건들 간의 가설을 설정해 보고, 이를 검증하기 위해 연역적으로 문제를 해결해 가는 사고과정을 거치게 되는 것인데 이를 '가설연역적 사고'로 부르는 것이다(한국청소년개발원, 2004).

④ 다차원적 사고: 아동은 한 번에 한 가지만 사고하는 경향이 있지만 청소년은 어떤 현상에 대해 여러 차원에서 사고할 수 있다. 즉, 문제 상황에 직면했을 때 가능한 해결책을 생각해 보고 해결하게 된다. 또한 사람의 성격이 한 가지 측면만 있는 것이 아님을 알게 되어 대인관계에서 상대방의 의도를 이해할 수 있게 된다.

---

2) 이 절의 '3) 자기중심성'에서 설명한다.

⑤ 상대적 사고: 아동이 절대적인 관점에서 사물을 판단하는 반면 청소년은 다른 사람의 주장에 대해 의문을 가지며 절대적인 진리로 인정하려는 경향이 줄어들면서 부모의 의견이나 생각에 순종하지 않고 비판하게 되어 갈등 상황에 놓이게 된다. 이와 같은 상대적인 사고는 극단적으로 가게 되면 모든 세상사에 대해 무관심하게 되거나 회의를 느낄 수 있다.

표 1-2 피아제의 인지발달단계

단계	주요 특징
감각운동기 (0~2세)	–이때의 영아는 주변이나 환경에 대한 추론이나 지각을 할 수 있는 능력이 없음 –주로 감각 및 반사능력을 통해 세상을 인식함
전조작기 (2~7세)	–정신적 표상에 의한 사고가 가능하지만 아직 개념적 조작능력이 제대로 발달하지 않음 –상징적 도식 발달, 직관적 판단, 물활론적 사고, 자기중심적 사고 등이 특징임
구체적 조작기 (7~12세)	–논리적으로 사고할 수 있는 능력인 '조작적 사고'가 가능하지만 실제로 제시되거나 아이가 구체적이고 직접적으로 경험한 대상에 한해 조작적 사고가 가능함 –탈중심화 능력이 발달함
형식적 조작기 (12세 이후)	–추상적 사고, 사고과정에 대한 사고(메타인지), 가능성에 대한 사고(가설연역적 사고), 다차원적 사고, 상대적 사고가 가능함

2) 정보처리능력

앞에서 제시한 바와 같이 상위수준의 사고발달로 인해 청소년기 동안 정보를 처리하는 능력이 향상된다. 컴퓨터처럼 신속하게 정보를 받아들이고 이에 대해 반응하게 되는 것이며 이 정보처리능력이 곧 지적 능력이 되는 것이다. 일상생활에서 접하게 되는 수많은 정보를 받아들이고, 해석하고, 정보를 조직·저장하고 행동하는 것이 마치 컴퓨터가 정보를 처리하는 것과 같은 과정을 거친다고 보는 것이다(임영식·한상철, 2000).

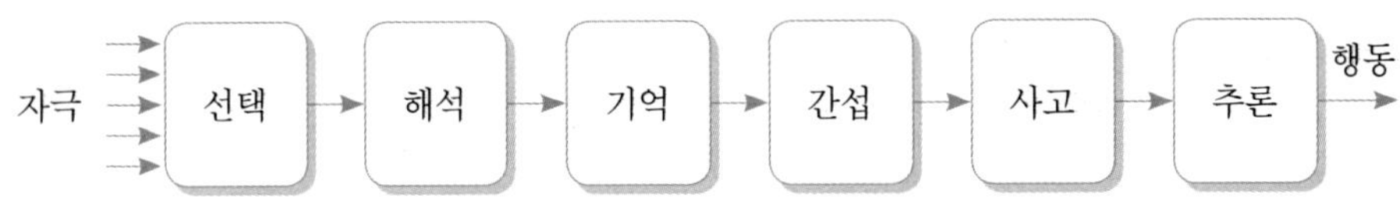

[그림 1-1] 정보처리과정

* 출처: Philip & Kim (2009).

정보처리과정은 연령이 증가하고 성숙해짐에 따라 정보의 수용 · 처리 · 조직화 · 저장능력 및 속도가 빨라지고 향상된다. 청소년들은 대체로 아동에 비해 문제해결에 따른 접근방법을 계획하는 데 좀 더 많이 생각하고 다양한 유형의 정보를 유목화하고 조직화하는 능력이 뛰어나며, 특히 기억하고자 하는 정보에 좀 더 집중할 수 있어서 주의 및 기억능력이 뛰어나다. '주의능력'은 선택적 주의와 분산적 주의로 구분된다. 선택적 주의는 여러 개의 자극이 주어지는데도 하나의 자극에 선택적으로 주의를 기울일 수 있는 능력을 말하며, 분산적 주의는 동시에 여러 자극에 주의를 기울일 수 있는 능력을 말한다. '기억능력'은 감각기억, 단기기억, 장기기억의 세 가지로 구분되며 청소년기 동안 기억능력이 발달하게 된다. 정보가 감각기억 저장소 속에 몇 분의 1초 미만의 짧은 순간 동안 지속되다가 자동적으로 사라지거나 또 다른 감각기억 정보에 의하여 차단된다. 감각기억에 사라지지 않은 정보들은 단기기억 저장소에서 읽혀 들어간다. 단기기억의 용량은 매우 제한적이므로 오랫동안 유지되어야 할 정보는 반복적인 시연을 거쳐 비교적 영구적인 장기기억 저장소로 이동되어야 한다. 장기기억의 용량은 무한하며 인출과정은 회상이나 인식을 통해 저장된 정보를 탐색하고 발견하고 기억해 낸다. 기억의 효율성은 이 세 가지 과정 모두에 의존하는 것이며 보통 청소년기와 초기 성인기 동안 최상의 상태를 유지한다(Philip & Kim, 2009).

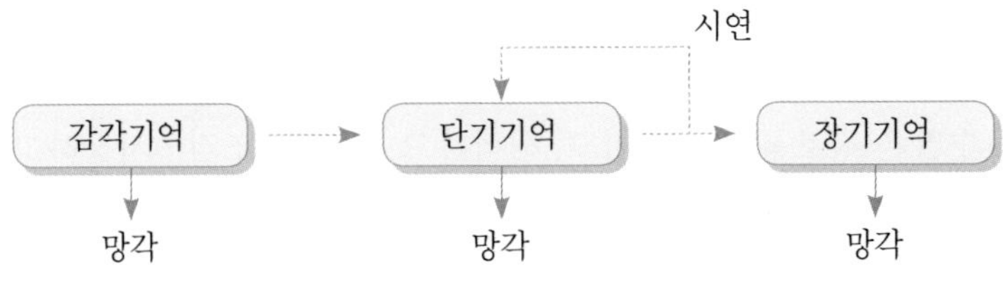

[그림 1-2] 기억의 3단계 모델

3) 자기중심성

청소년기의 지적인 발달은 새로운 형태의 자기중심성으로 발달하게 된다. 자기중심성의 대표적인 방식은 '상상 속의 청중'과 '개인적 우화'로 나타난다. '상상 속의 청중'은 실제가 아닌 상상 속에서 자신이 주인공이 된 무대에 다른 사람들이 청중으로서 자신을 보고 있는 것을 일컫는 말이다. 실제는 주위 사람들이 자신에게 관심을 두고 있지 않으나 청소년 자신이 혼자 그렇게 생각하는 것으로 사람들이 많이 모여 있는 공간을 지나갈 때에는 외모에 신경을 쓰는 등의 행동을 보이게 된다. '개인적 우화'는 개인적으로 꾸며 낸 이야기라는 뜻으로, 청소년들은 자신의 생각이나 정서가 고유하고 특별하기 때문에 아무도 자신의 경험을 이해하지 못할 것이라고 생각하기 쉽다. "다른 사람들은 오토바이를 타고 가다가 사고가 나고 죽을 수 있지만 나는 그렇지 않다." "다른 사람들은 성관계를 하면 임신이 될 수 있지만 나는 그렇지 않다."와 같은 생각을 하게 된다. 이에 대해 부모나 주위의 어른이 청소년에게 "모든 사람이 동일하게 경험하고 너도 그렇게 될 것이다."라고 조언을 하면 크게 분노하거나 자신을 이해하지 못한다고 생각하게 된다.

03 도덕성 발달

청소년은 인지적 성숙과 자아의 발달로 인해 자신의 도덕적 개념을 나름대로 형성해 나가기 시작한다. 그에 따라 타인이나 성인의 선악에 대한 개념을 그대로 받아들이기보다 자기 나름대로 선악의 개념을 형성해 나간다. 청소년들은 높은 이상을 갖게 되고, 자신의 이상을 타인으로부터 인정받고 싶어 하며 스스로 설정해 놓은 자신의 기준에 따라서 행동하고자 한다. 그리고 대부분 그 기준은 타인에 대해서보다 자신에게 더 엄격하다. 따라서 자신이 설정한 기준에 미치지 못할 경우 자기경시, 자아의 축소, 꿈의 세계로의 도피 등이 나타난다. 이러한 상황은 결국 자신의 기준에 도달해야만 만족하게 되어 타인, 주위 성인들의 도덕적 기준이 자신의 기준이나 이상에 비추어 볼 때 모순되거나 이를 인정해 주지 않으면 성인들에게 강한 반항과 도전의식을 갖게 되고 자신들이 사회를 재건해야 된다는 강박적인 생각을 가질 수 있다(임영식 · 한상철, 2000).

1) 도덕성의 개념

도덕성은 어떤 사물이나 상황 등에 대하여 옳고 그름을 판단하고 바르게 행동하는 능력으로 인간으로서 마땅히 지켜야 할 도리 또는 그것에 준하는 행동으로서 관습, 풍습, 선악의 표준을 말한다(김춘경 · 이수연 · 이윤주 · 정종진 · 최웅용, 2016). 도덕성은 도덕적 사고나 정서, 행동으로 구성되어 있어서 이 중 어느 하나만으로는 완전하지 못하다(박균열 · 홍성훈 · 서규선 · 한혜민, 2011). 첫째, 도덕적으로 무엇이 옳고 무엇이 그른지에 대해 뛰어난 추론(사고)을 한다고 해서 그것이 바로 도덕적인 것은 아니다. 때때로 세련된 추론이 이기주의적인 행동을 감추거나 방어하는 데 활용될 수도 있기 때문이다. 둘째, 감정이입이나 죄책감이 크다고 해서 반드시 도덕적인 사람이 되는 것은 아니다. 감정이입의 능력이 도덕적으로 행동하는 데 중요한 동인이 되는 것은 사실이지만, 지나친 감정이입은 오히려 도덕적 행동을 저해할 수도 있는 까닭이다. 셋째, 행동의 동기나 의도가 아닌, 행동 그 자체가 도덕성을 보장

하는 것은 더욱 아니다. 행동의 결과만으로 도덕성이 정의된다면, 남을 해치기 위해 음식에 독약을 넣은 것이 그의 위장병을 고쳤을 때 그것도 도덕적인 것이 되기 때문이다.

2) 도덕성 발달이론

피아제(1932)는 인지발달이 되어야 도덕적 행동이 가능하다고 보았으며 도덕성에 따른 인지발달이론을 최초로 제시하였다. 그리고 콜버그(Kohlberg, 1958)는 피아제의 이론에 근거하여 좀 더 보완된 도덕성 발달이론을 탄생시켰으며 오늘날 콜버그(1958)의 도덕성 발달이론은 많은 국가가 채택하여 이론 및 교육에 활용하고 있다.

(1) 피아제

피아제(1932)는 청소년기 이전에 아동의 도덕적 사고의 발달과정을 전도덕적 단계, 타율적 도덕성 단계, 자율적 도덕성 단계로 구분하였다. 아동은 이 세 가지 단계를 통해 규칙과 정의를 이해하게 된다고 보았는데, 사람들이 합의에 의해 규칙을 만들어 간다는 것과 행동의 결과가 아닌 의도에 의해 판단되는 정의(justice)를 알아 간다고 보았다. 구체적으로 살펴보면 우선 '전도덕적 단계'는 5세 이전의 아동들이 해당되며, 규칙에 대한 이해가 없는 단계이다. 이 시기의 아동은 규칙보다는 재미에 의해 놀이를 하고 옳고 그름에 대한 차이를 모른다. '타율적 도덕성 단계'는 5~10세에 해당되며 이때에는 전 단계와는 달리 규칙에 대해 알게 되고 지키게 된다. 타인의 통제하에 있다는 의미로 '타율적'이라고 일컬으며 아동은 규칙과 정의는 바뀌지 않는 것으로, 사람들이 통제할 수 없는 것으로 받아들인다. 따라서 규칙은 어떤 상황에서도 반드시 지켜야 한다고 생각한다. '자율적 도덕성 단계'는 10세 이상의 아동들이 해당되며 이 시기에는 인지가 발달하게 되면서 성인들의 통제로부터 점차 자유로워지고 또래들과의 상호작용을 하게 되면서 규칙을 이해하기 시작한다. 규칙을 지키지 않으면 친구들과 사이좋게 지낼 수 없음을 알게 되고, 또 상황에 따라 규칙이 바뀔 수 있는 것도 이해하게 된다.

(2) 콜버그

콜버그는 피아제의 도덕성 발달이론을 세분화하여 3수준 6단계의 이론으로 발전시켰다. 이 이론은 72명의 남자, 즉 10~16세의 남자 청소년들을 대상으로 갈등 상황을 제시하여 그 갈등 상황의 주인공의 행동을 어떻게 생각하는지, 왜 그렇게 생각하는지를 질문하여 이들의 도덕적 판단과 이유에 대한 설명을 듣고 기록한 것을 토대로 나오게 된 것이다. 콜버그는 이 연구대상들에게 제시한 도덕적 딜레마를 해결하는 것으로 개인의 도덕적 사고단계를 구분했다. 이 중에서 유명한 도덕적 딜레마가 바로 '하인즈(Heinz)'의 이야기이다.

〈하인즈의 딜레마〉

유럽의 한 동네에서 어떤 부인이 암으로 죽어 가고 있었다. 그 부인을 살리는 약은 오직 한 가지밖에 없었다. 이 약은 같은 마을에 사는 어느 약제사가 발견한 일종의 라듐이었다. 그 약은 재료 원가가 비싸기도 했지만, 약제사는 약값을 원가의 10배나 매겨 놓았다. 그는 라듐을 200달러에 구입하여 적은 분량의 약을 만든 후, 그 약에 2,000달러를 요구한 것이다. 아픈 부인의 남편인 하인즈는 돈을 구하려고 아는 사람들을 모두 찾아다녔으나 약값의 절반인 1,000달러밖에 마련하지 못했다. 남편은 약제사에게 부인이 죽기 직전이라는 사정을 설명하고 약을 싸게 팔거나 아니면 외상으로라도 팔아 달라고 간청한다. 그러나 약제사는 "안 됩니다. 나는 이 약을 개발하기 위해 일생의 공을 들였고, 이 약을 통해서 돈을 벌려고 합니다."라고 대답했다. 절망한 하인즈는 마침내 약방 문을 부수고 들어가 부인을 위하여 약을 훔쳤다.

* 출처: Colby & Kohlberg (1987).

위에 제시된 하인즈의 이야기를 듣고 남편의 결정에 대한 옳고 그름, 약사의 권리, 남편의 임무, 남편에 대한 적절한 벌, 개인이 친척이나 남에 대해 가진 임무를 탐색해 보아야 한다. 콜버그는 개인이 해결방법을 제시하는 것이 아니라 그렇게 대답하게 된 도덕적 사고에 기초해서 반응들을 분류했다. 그러나 콜버그의 딜레마는 청소년의 문제와 갈등을 포함하고 있지 않다는 비판을 받는다.

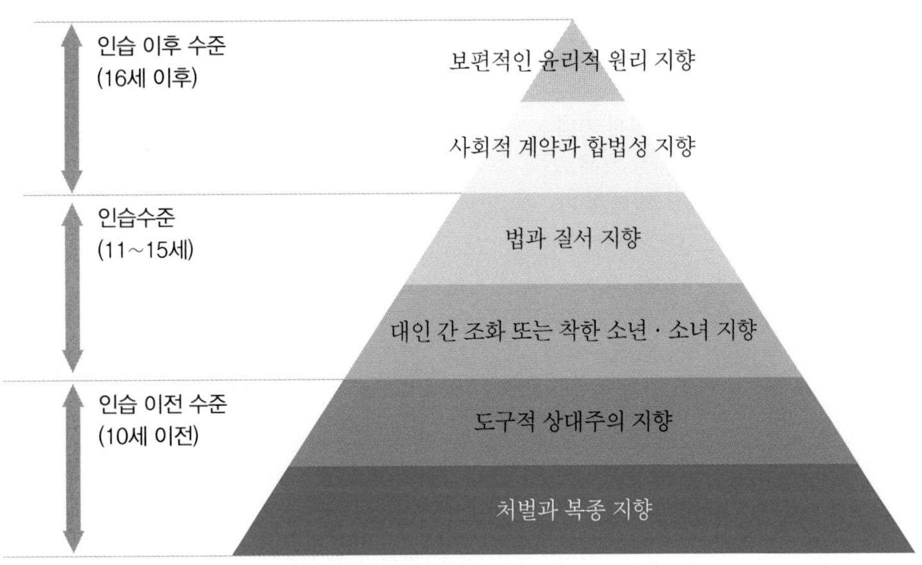

[그림 1-3] 콜버그의 도덕성

표 1-3 콜버그의 도덕성 발달단계

수준		단계	내용
1수준 인습 이전 수준 (preconventional level)	이 단계에서는 자신의 행위의 결과가 아니라 결과가 가져다주는 보상이나 처벌에 의해 옳고 그름을 판단하거나 규칙을 정하는 사람들의 물리적인 권위에 따라 도덕성을 판단함	1단계	〈처벌과 복종 지향〉 –인간적 의미나 가치와는 무관하게 행위의 물리적 결과에 의해 옳고 그름을 결정함 –처벌을 피할 수 있거나 힘이 있는 사람에게 무조건 복종하는 것 자체가 도덕적 가치를 가짐
		2단계	〈도구적 상대주의 지향〉 –자신이나 타인의 욕구를 도구적으로 충족시키는 것이 옳은 행위임 –인간관계는 시장원리와 유사함 –공정성, 상보성, 분배의 평등성에 대한 인식이 시작되지만, 진정한 정의나 관용보다는 서로의 등을 긁어 주는 것과 같이 자신에게 돌아오는 이익을 생각하는 수단적인 호혜성의 수준에 그침

2수준 인습수준 (conventional level)	가족, 사회, 국가의 기대를 유지하는 것 자체로 그 결과와 무관하게 가치로움. 이러한 태도는 단순히 개인적 기대나 사회적 질서에 동조하는 것일 뿐 아니라 적극적으로 질서를 유지하고 지지하며, 집단이나 그 성원들에게 동일시하고 충성하는 것을 포함함	3단계	〈대인 간 조화 또는 착한 소년 · 소녀 지향〉 –옳은 행동은 타인을 기쁘게 하거나 도와주며, 타인으로부터 인정받는 것임 –대다수의 사람이 갖는 고정관념에 동조함 –타인의 물리적인 힘보다 심리적인 인정 여부에 관심을 가지며, 착해짐으로써 타인의 인정을 얻고자 함 –이 단계에서부터 사회적 규제를 수용하며, 의도에 의해 행위의 옳고 그름을 판단하기 시작함
		4단계	〈법과 질서 지향〉 –권위, 고정된 규칙, 사회적 질서를 지향함 –자신의 의무를 다하며, 권위자를 존중하고, 사회적 질서를 유지하는 것이 옳은 행동이라고 판단함
3수준 인습 이후 수준 (postconventional level)	집단의 권위나 권리를 행사하는 사람들과는 무관하게 도덕적 가치와 원리를 규정하려는 노력을 보임	5단계	〈사회적 계약과 합법성 지향〉 –개인의 권리를 존중하고 사회 전체가 인정하는 기준을 준수하는 것이 옳은 행위임 –법은 개인의 자유를 규제하는 것이 아니라 자유를 극대화하기 위해 제정된다는 것을 인식함 –사회적 약속은 대다수 성원의 보다 나은 이익을 위해 항상 바뀔 수 있는 것으로 판단하며, 이전 단계와는 달리 도덕적 융통성을 가짐
		6단계	〈보편적인 윤리적 원리 지향〉 –옳은 행동은 자신이 선택한 윤리적 원리와 일치하는 양심에 의해 결정됨. 이 원리는 구체적인 규율이 아닌 인간의 존엄성, 정의, 사랑, 공정성에 근거를 둔 추상적이며 보편적인 행동 지침임 –이 단계의 도덕성은 극히 개인적인 것이므로 때로 대다수가 수용하는 사회적 질서와 갈등을 일으킬 수 있음. 그러나 이 단계에 도달한 사람들은 자신의 양심이 가하는 처벌을 사회가 가하는 처벌보다 더욱 고통스럽게 생각함

* 출처: 임영식 · 한상철 (2000).

(3) 길리건

길리건(Gilligan)은 콜버그가 소년들로만 대상으로 하여 연구한 것에 대해 성차별적이라고 비판하였다. 그녀는 남성의 도덕성이 추상적 원칙(정의 지향적)에 기초하고, 여성의 도덕성은 사회적 성향(대인 지향적)에 기초하는데 이 두 가지 측면이 모두 포함되어야 한다고 주장했다. 길리건은 폭력, 낙태 등 여러 가지 도덕적 상황에서 청소년들이 보여 주는 여성 특유의 도덕적 사고를 분석해, 여성의 도덕 추론과정을 두 개의 이행과정을 포함한 세 개의 수준으로 단계화하였다(한국청소년개발원, 2004).

표 1-4 길리건의 도덕성 발달단계

수준		내용
1수준	자기 이익 지향 (자기중심적 단계)	–여성이 자기의 이익과 생존을 위해 자기중심적으로 몰두하는 단계 –타인에 대한 관심과 배려가 결여되어 오직 자기 자신을 위한 욕구만 보임 –아동기의 미성숙한 대인관계의 도덕적 사고가 해당됨
제1이행기	이기심에서 책임감으로	–제1이행기 동안 여성들은 개인적 욕구와 책임을 구별하기 시작함 –1수준 당시보다 타인에 대한 관심이 생겨나면서 성숙한 수준의 도덕적 추론이 시작되지만 여전히 자신의 행복이 중요함
2수준	타인에 대한 책임으로부터 선의 선별	–청소년기 동안 도덕성의 사회적 조망이 발달하게 되며 자신의 욕구를 억제하고 타인의 요구에 응하려는 시도가 나타남 –타인에 대한 책임과 보살피고자 하는 모성애적 도덕률, 희생 등을 지향하게 됨
제2이행기	동조로부터 새로운 내재적 판단으로	–여성은 자신의 가치와 욕구에 대한 관심이 이기심이었는지 다시 생각하게 되며, 개인적 욕구와 타인에 대한 배려나 책임감 간의 균형이 필요하다고 느끼게 됨 –선의 본질에 대해 새로운 인식이 시작됨
3수준	자신과 타인 간의 역동	–개인의 이기심과 책임감 간의 대립이 해소됨 –더 이상 자신을 무기력하거나 복종적인 존재로 여기지 않음 –의사결정 과정에 적극적이고 동등한 참여자가 됨

요약

1. 청소년들은 신체 · 인지 · 정서 등의 여러 분야에서 급격한 발달을 경험한다.

2. 청소년기에는 2차 성징이 시작되는데 남자 청소년은 남성 호르몬인 테스토스테론으로 인해 음경과 고환이 발달하고, 자위나 몽정을 통한 첫 사정을 경험하게 된다. 또한 어깨가 벌어지며, 체모가 나면서 근육이 생기고 후두가 확장됨에 따라 성대가 두꺼워져서 목소리가 낮아지는 변성기가 시작되고, 피지선의 분비가 증가하면서 소년에서 남성으로 성숙하게 된다.

3. 여자 청소년은 여성 호르몬인 에스트로겐이 분비되면서 월경을 하게 되고, 여성의 2차 성징이 나타나게 된다. 에스트로겐의 일종인 에스트라디올은 가슴과 자궁, 골반을 발달시켜서 출산 가능한 여성으로서 신체적 성숙을 이루게 한다.

4. 피아제는 인지발달단계를 감각운동기, 전조작기, 구체적 조작기, 형식적 조작기로 구분하였으며, 청소년들은 형식적 조작기에 해당되며 추상적이고 논리적인 사고가 가능하다고 하였다.

5. 청소년기의 지적인 발달은 새로운 형태의 자기중심성으로 발달하게 된다. 자기중심성의 대표적인 방식은 '상상 속의 청중'과 '개인적 우화'로 나타난다.

6. 콜버그는 피아제의 도덕성 발달이론을 세분화하여 3수준 6단계의 이론으로 발전시켰다.

7. 길리건은 콜버그가 소년들로만 대상으로 하여 연구한 것에 대해 성차별적이라고 비판하였다. 그녀는 남성의 도덕성이 추상적 원칙(정의 지향적)에 기초하고, 여성의 도덕성은 사회적 성향(대인 지향적)에 기초하는데 이 두 가지 측면이 모두 포함되어야 한다고 주장하였다. 그래서 여성의 도덕 추론과정을 2개의 이행과정을 포함한 3개의 수준으로 단계화하였다.

참고문헌

김춘경 · 이수연 · 이윤주 · 정종진 · 최웅용(2016). **상담학 사전**. 서울: 학지사.

박균열 · 홍성훈 · 서규선 · 한혜민(2011). **청소년 도덕성 진단 검사도구 개발 연구 I: 도덕적 감수성**. 서울: 한국청소년정책연구원.

배진주(2005). 중학생의 지각수준과 성형수술 허용도. 한국교원대학교 교육대학원 석사학위 논문.

신철(2002). **청소년의 외모에 대한 인식 및 건강수준 실태조사**. 서울: 보건복지부.

이양환 · 권숙영(2010). 신체이미지 인식에서 행위적 반응까지의 과정에 영향을 미치는 요인들 간의 관계연구: TV노출과 사회문화적 요인의 역할. **언론과학연구, 10**(4), 390-424.

임영식 · 한상철(2000). **청소년 심리의 이해**. 서울: 학문사.

질병관리본부(2019). **2018 청소년건강행태조사**. 충북: 질병관리본부.

한국청소년개발원(2004). **청소년심리학**. 서울: 교육과학사.

한국청소년연구원(1992). **청소년심리**. 서울: 한국청소년연구원.

Colby, A., & Kohlberg, L. (1987). *The measurement of moral judgment*. Cambridge, UK: Cambridge University Press.

Havighust, R. J. (1953). *Developmental tasks and education*. NY: McKay.

Hurlock, E. B. (1975). *Child development* (6th ed.). NY: Mcgraw Hill Co.

Kohlberg, L. (1958). *The development of modes of thinking and choices in years 10 to 16*. Ph. D. Dissertation, University of Chicago.

Lee, Julie. (2012). The relationship between appearance-related stress and internalizing problems in South Korean adolescent girls. *Social Behavior and Personality, 40*(6), 903-918.

Philip Rice, F., & Kim Gale Dolgin (2009). **청소년심리학**[*Adolescent: Development, relationship, and culture* (12th ed.)]. 정영숙, 신민섭, 이승연 공역. 서울: 시그마프레스. (원전은 2007년에 출판).

Piaget, J. (1932). *The moral judgment of the child*. NY: The Free Press.

제2장

청소년기 발달적 특성 II

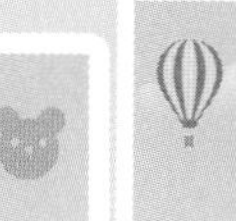

학습개요

1장에서 다룬 신체발달, 인지발달, 도덕성 발달에 이어 2장에서는 성격발달과 정서발달, 진로발달을 중심으로 학습하게 된다. 우선 성격은 10대부터 서서히 형성되어 20대에 대부분 완성되어 쉽게 변하지 않는다는 특성이 있어 청소년기의 성격형성 및 발달이 중요하다고 할 수 있다. 따라서 이 장에서는 대표적인 성격이론인 프로이트의 정신분석이론을 중심으로 발달단계와 성격특성, 방어기제를 살펴본다. 그리고 정서발달은 청소년기 정서 및 감정이 비교적 기복이 커서 행동으로 이어져 혼란에 빠질 수 있는데, 정서변화의 원인과 특징을 먼저 학습하고, 우울, 불안, 공포, 분노 등의 정서유형을 살펴본다. 마지막으로 진로발달에 있어서 청소년기는 주로 진로를 탐색하고 선택하기 위해 나름대로 고민과 함께 중요한 의사결정을 하는 시기이다. 이에 대해 기존의 이론들, 즉 긴즈버그의 절충이론, 슈퍼의 자아개념이론, 홀랜드의 성격유형이론을 중심으로 진로발달단계를 살펴본 뒤에 진로선택에 영향을 미치는 요인에 대해 학습하고자 한다.

사람의 성격은 청소년기인 10대부터 서서히 형성되어 20대에 대부분 완성된 뒤 그 후로는 크게 변하지 않는다. 성격은 한마디로 정의하기는 어렵지만 개인이 가지고 있는 고유의 성질이나 품성으로 정의할 때 그 안에는 생각, 판단, 감정 등이 다양하게 포함된다. 따라서 청소년기에 성격발달을 논의하기 위해서는 이러한 부분을 감안해야 하며, 청소년기 정서 역시 아동기나 성인기의 정서와 매우 큰 차이가 있는 데 비해 청소년기 정서변화에 대한 대처능력과 조절능력이 부족하게 되어 개인의 성장 · 발달, 대인관계, 심리적 적응 등에 심각한 영향을 미치게 된다. 그러므로 앞 장에서 살펴본 신체 · 인지 · 도덕성 발달뿐만 아니라 이들의 정서에 대해서도 관심을 갖고 살펴보아야 한다. 또한 청소년기는 진로를 선택하고 나아가는 것에 대해 의사결정을 해야 하는 시기이기도 하다. 진로에 대한 불확실성이 청소년들이 정체성을 수립하는 데에도 영향을 줄 수 있어 중요하게 다루어져야 할 부분이라고 할 수 있다. 이에 이 장에서는 청소년기의 성격 · 정서 · 진로발달에 대해 살펴보고자 한다.

01 성격발달

1) 성격의 정의 및 속성

일반적으로 다른 사람의 성격을 평가할 때 겉으로 드러난 모습이나 얼굴 생김새가 중요한 요인으로 작용하게 되는데, 이는 사람들이 다양한 탈 또는 가면을 쓰고 세상을 살아간다는 것과도 연결된다. 성격(personality)은 어원적으로 탈 혹은 가면의 뜻을 함축한 라틴어 페르소나(persona)를 내포한 말로 겉으로 사람들에게 나타나는 개인의 모습 및 특성을 나타낸다. 이는 겉으로 드러난 탈의 모습을 통해 그 사람의 성격을 미루어 알 수 있다는 의미이기도 하다(노안영 · 강영신, 2013).

사람의 외형적인 모습을 통해서도 성격이 어떨지에 대해 유추해 볼 수 있지만 성격은 개인이 가지고 있는 고유의 성질이나 품성을 의미한다. 성격(性格)의 한자를 살펴보면 성품의 성(性)자와 격식의 격(格)자로 이루어져서 내적인 성품이 외적인 격식을 차리고 있음을 뜻한다. 즉, 성격은 내적인 요인과 외적인 요인이 모두 포함되어 있는 개념이다. 따라서 성격은 다른 사람에게 드러내 보이는 개인의 전체적인 인상을 의미한다고 볼 수 있다(한국청소년개발원, 2004).

성격에 대한 다양한 정의들을 종합하여 이를 속성으로 제시하면 다음과 같다(민경환, 2002). 첫째, 성격은 내적 속성이다. 성격은 직접 관찰할 수 없으며, 외적으로 접근할 수 있는 현상을 관찰함으로써 간접적으로 측정할 수 있을 뿐이다. 둘째, 성격은 정신신체적 체계들(인지, 감정, 행동)의 통합과정이다. 성격은 환경에 대한 개인의 독특한 적응을 결정하는 개인 내 정신신체적 체계들의 역동적인 조직으로, 인지와 감정, 행동이 통합되어 성격을 이루고 있음을 나타낸다. 셋째, 개인은 고유한 성격을 지니고 있다. 성격은 사람마다 다르며 개인은 다른 사람들과는 다른 그 개인만의 고유한 패턴을 가지고 있다. 넷째, 성격에는 일관성이 있다. 성격이 불변하거나 변화를 아예 하지 않는 것은 아니지만 시간이 지나도 대체로 큰 변화 없이 안정적인 형태를 띠며, 여러 상이한 상황에서도 일관되게 행동하는 특성을 보인다. 다섯째, 성격은 역동적이다. 성격은 내적 역동성과 외적 역동성을 지니고 있으며, 내적인 역동성에 있어서는 프로이트(Freud)의 정신역동이론이 대표적이다. 그에 따르면 사람의 마음은 원초아(id), 자아(ego), 초자아(superego)로 구성되어 있고 이들의 역동이 마음의 모든 활동을 지배한다고 하였다. 외적인 역동성은 상황과의 관계에서 표출되는 역동성으로 성격과 상황이 서로 영향을 주고 변화시키며 시간에 따라 그 관계의 질이 변화하는 역동적인 관계라는 것이다.

2) 정신분석이론

성격을 이해하는 데 있어 관련된 연구들은 '특성이론'과 '과정이론'으로 구분된다. 특성이론은 성격을 단면적인 상태로 이해하려는 연구들, 즉 어떤 유형(특질)의 사람은 어떤 성격인지를 다루고, 과정이론은 성격이 어떻게 형성되고 발달하는지, 그러

한 성격이 생활하는 데에 어떤 기능을 하는지 알고 이해하고자 하는 영역이다(한국청소년개발원, 2004).

성격이론에는 여러 다양한 이론이 존재하지만 앞에서 제시한 특성이론과 과정이론 중에서도 청소년들의 성격이 형성되는 과정을 이해하기 위한 과정이론을 살펴보려고 한다. 이 과정이론 중에서는 대표적인 프로이트의 정신분석이론을 중심으로 제시하고자 한다.

(1) 주요 개념 및 특징

현대의 성격이론에 가장 많은 영향을 끼친 인물을 프로이트라고 말할 정도로 프로이트의 정신분석이론은 지대한 영향을 끼쳐 왔다. 정신분석은 프로이트에 의해 시작되었으며, 그의 정신분석은 무의식과 성충동을 핵심적인 개념으로 두고 있다. 청소년기와 관련하여 살펴보면 몇 가지 기본적인 원리가 있다(Adelson & Doehrman, 1980: 임영식 · 한상철, 2000에서 재인용). 우선 정신분석이론은 과거에 뿌리를 두고 있는데, 이는 청소년의 현재 행동이 개인의 과거 경험과 개인적인 역사를 통해 좀 더 잘 이해될 수 있다는 것이다. 다음은 정신분석이론이 본능이론에 근거를 두고 있는데, 특히 사춘기에 있는 청소년들의 증가하는 성적인 본능을 강조한다는 것이다. 결국 정신분석이론에 따르면 청소년기는 청소년이 속한 가족의 갈등이나 성적인 에너지가 청소년의 행동을 동기화시킨다고 보았다.

프로이트는 인간의 '성격'을 '빙산'으로 비유하였는데, 빙산은 대부분이 수면 아래 잠겨 있고, 일부만 수면 위에 떠 있다. 이를 성격에 적용해서 수면 위에 떠올라 있는 '빙산의 일각'은 '의식', 파도에 의해 수면 위로 오를 때도 있고 잠길 때도 있는 부분은 '전의식', 수면 아래 잠겨 있는 부분은 '무의식'으로 구분하였다. 의식은 자신이 알아차릴 수 있는 생각이나 감정을, 전의식은 무의식보다는 의식에 가까운 부분이지만 평소에 잘 인식하지 못하는 부분으로 주의를 집중하면 자각할 수 있는 생각이나 감정을, 무의식은 억압되어서 의식수준에서는 알아차리지 못하는 생각이나 감정을 의미한다.

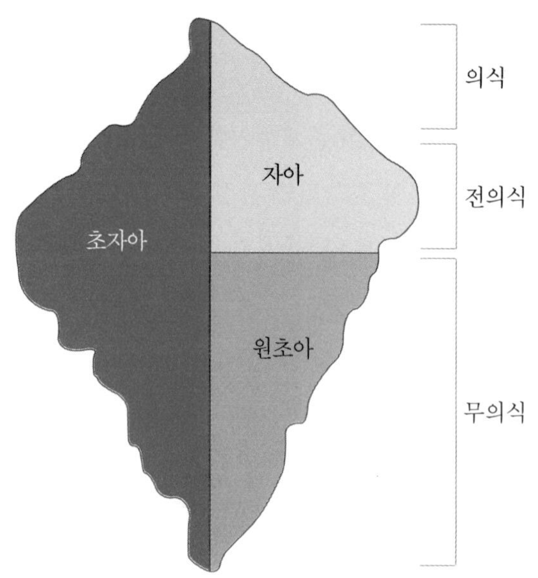

[그림 2-1] 프로이트의 의식수준과 성격구조

앞에서 살펴본 의식의 수준은 성격의 공간을 구성하는 요소였다면, 다음에서 제시할 원초아(id), 자아(ego), 초자아(superego)는 성격의 구조를 구성하는 요소라고 할 수 있다. 원초아는 출생하면서부터 존재하는 본능적 욕구이며, 즉각적이고 직접적인 만족을 원하는 성격으로 쾌락원칙에 의해 작동된다. 자아는 현실적인 상황을 고려하여 본능적 욕구를 조절해서 충족시킨다. 초자아는 옳고 그름을 판단하고 원초아로부터 오는 충동이나 자아의 활동을 감시하고 제지한다. 부모와 주위 사람들로부터 물려받은 사회의 기대, 가치, 규준이 내재화된 도덕적이고 이타적인 성격의 한 특성을 갖는다.

프로이트는 인간의 성장에 따라 심리성적인 에너지인 리비도(libido)가 신체의 어느 부위에 집중되는지에 따라 인간의 성격발달이 결정되고, 리비도가 얼마나 원만하게 해결되는지에 따라 성격특성이 결정된다고 하였다. 이에 인간의 발달단계를 리비도가 집중되는 신체부위에 따라 구분하고 출생하면서부터 청소년기까지 5단계를 걸쳐 성격이 발달한다고 하였다. 구체적으로 살펴보면 다음과 같다.

1단계는 '구강기(oral stage)'로, 리비도가 입에 집중되는 시기로서 출생 직후부터 1세까지 해당된다. 유아의 욕구나 인식, 표현 등 모든 쾌감이 입으로 빨고, 삼키고,

뱉고, 깨무는 등의 구강경험을 통해 이루어지는 시기를 의미한다. 생존에 필요한 빨기 반사가 발달하여 리비도가 젖을 빠는 데 집중된다. 이 시기에 적절한 보살핌을 받지 못하면 성인이 되어서도 구강기에 고착되어 음주, 흡연 등을 좋아하고 자주 불안해하거나 남을 비꼬는 등의 부적응 행동을 보이게 된다.

2단계는 '항문기(anal stage)'로, 리비도가 항문에 집중되는 시기로서 2세부터 3세까지 해당된다. 이 시기에는 리비도가 배설물의 보유와 배설에 집중되고 배변훈련을 하면서 쾌감을 느끼게 된다. 적절한 배변훈련은 아이의 창의성과 생산성에 기초가 되지만 지나치게 배변훈련을 하게 되면 인색하거나 고집을 부리는 등의 고착행동을 보인다.

3단계는 '성기기(phallic stage)'로, 리비도가 성기와 이성의 부모에 집중되는 시기로서 3세부터 5세까지 해당된다. 이 시기의 남녀 아동은 모두 이성부모에게 애착을 느끼게 되고 동성부모와는 대립적인 관계가 된다. 남아는 어머니에게 성적으로 접근하려는 욕망과 애착을 느끼면서 동시에 아버지를 경쟁자로 생각하게 되는데 이를 오이디푸스 콤플렉스(oedipus complex)라고 한다. 이때 남아는 아버지가 자신의 성기를 없앨까 두려워하는 거세불안을 느낀다. 한편, 여아는 아버지에 대해 갖는 성적 애착과 욕망의 감정을 느끼면서 동시에 어머니를 경쟁자로 생각하게 되는데 이를 엘렉트라 콤플렉스(electra complex)라고 한다. 이 단계에서 고착되면 남성은 무모하고 잘난 체하며 경박하게 행동하게 되고, 여성은 성적 방종에 빠지게 된다.

4단계는 '잠재기/잠복기(latent stage)'로, 6세부터 12세까지 해당되며 리비도가 잠복하는 시기로 성적인 관심이 감추어지는 시기이다. 이때에는 성적 충동이 억압되면서 리비도가 집중되는 신체의 특정 부위가 없고 비교적 평온한 시기를 보내게 된다. 주위 환경에 대한 탐색과 지적 활동이 활발하게 되는데 친구, 선생님, 이웃들에게 관심을 갖게 되면서 사회적으로 용납되는 행동에 에너지를 투여하게 된다.

5단계는 '생식기(genital stage)'로, 12세 이후로 청소년기에 해당된다. 잠복했던 리비도가 되살아나 이성과의 사랑과 성관계에 대한 욕망이 시작되는 시기로 이 시기에 적응을 잘하게 되면 타인에 대한 관심과 협동심을 갖고 이타적이게 된다.

표 2-1 프로이트의 발달단계와 성격특성

단계	주요 특징
구강기 (0~1세)	–리비도가 입에 집중됨 –빨고, 삼키고, 뱉고, 깨무는 등의 구강경험을 통해 쾌락을 경험함 –고착 시 불안, 비꼬기, 음주, 흡연 등이 나타남
항문기 (2~3세)	–리비도가 항문으로 이동함 –배변훈련을 하면서 쾌감을 느낌 –고착 시 인색하거나 결벽증이 나타남
성기기 (3~5세)	–리비도가 성기에 집중됨 –오이디푸스 콤플렉스, 엘렉트라 콤플렉스를 경험함 –부모와의 동일시, 역할습득 등을 통해 양심과 자아이상(ego-ideal; 개인이 도달하고자 노력하는 인간의 의식적인 의식 표준)을 발달시키면서 콤플렉스를 해결하게 됨
잠재기/잠복기 (6~12세)	–리비도가 잠복하는 시기로 성적인 관심이 감추어지고 비교적 평온한 시기를 보냄 –지적인 활동, 운동, 동성친구와의 우정에 집중하게 됨
생식기 (12세 이후)	–잠복되었던 리비도가 나타남 –이성과의 사랑과 성관계에 대한 욕망이 시작되는 시기

(2) 방어기제

방어기제는 원초아의 본능적이고 충동적인 욕구를 현실에서 충족시킬 수 없을 때 발생하는 불안감을 완화하고 안정감을 찾기 위해 사용하게 된다. 사람이 스트레스에 직접적으로 대처하려면 스트레스의 원인을 없애는 것이 일반적인데 방어기제는 원인을 없애기보다 자신을 보호하기 위해 자연스럽게 갈등, 불안, 긴장감 등을 낮추게 되는 것이다. 따라서 방어기제는 스트레스와 관련된 불안의 경험으로부터 개인을 보호하는 방법으로서 심리적인 안정을 주게 되어 스트레스로부터 대처할 수 있는 유용한 방법이 되기도 한다.

청소년 초기에는 신경증적인 방어기제들이 사용되는데, 주지화, 금욕주의, 전위, 억압과 같은 것들이다. 신경증적인 방어기제들은 연령이 증가함에 따라 점차 감소되어 청소년기가 끝날 무렵에는 이런 방어기제의 사용이 현저히 줄어들고 승화와

같은 바람직한 방어기제로 바뀌는 경향이 있다.

① **주지화**(intellectualization)

감정으로부터 자신을 분리하여 이성적이고 지적인 분석을 통해 문제의 상황에 대처하고자 하는 것이다. 지능이나 교육수준이 높은 사람들이 자신의 불안한 상황에 대처하기 위해 논리적이지도 않은 지식들을 쏟아 내면서 침착한 척 말을 이어 나가는 것을 볼 수 있다. 성적 욕구가 강해지는 청소년기에는 직접적인 성행위를 통해 성적인 욕구를 해소하기보다 성적인 지식을 얻으려고 노력하는 지적인 활동을 함으로써 성적인 충동을 억제하려고 한다.

② **금욕주의**(asticism)

금욕주의는 성적 충동과 같은 본능적인 욕구의 존재를 거부하는 것이다. 심한 금욕주의를 가진 청소년의 경우, 성적 욕구 충족과 관련된 행동뿐만 아니라 섭식, 수면과 같은 신체적인 욕구와 관련된 모든 본능적인 욕구를 거부하게 된다.

③ **전위**(displacement)

자신에게 덜 위협적인 대상에게 자신의 내적인 충동이나 욕망을 분출하는 것을 말한다. 이 경우, 자신에게 관련된 대상은 위협적이기 때문에 덜 위협적인 대상으로 선택하는 것이다. 속담 중 "종로에서 빰 맞고 한강에서 눈 흘긴다."라는 예를 들 수 있다.

④ **억압**(repression)

사회적으로 수용할 수 없는 욕구를 무의식으로 밀어내는 것이다. 인간은 수치스러운 경험, 죄의식 등을 느끼게 하는 불쾌한 기억과 같은 떠올리기 싫은 일들은 의식수준 이하로 묻어 버리고 싶어 한다. 그러나 그것은 의식되지 않을 뿐 무의식 속에 존재하며, 때로는 억압에 실패하여 정서적인 반응으로 표출되기도 한다(한국청소년개발원, 2004).

⑤ **반동형성**(reaction formation)

억압이 과도하게 일어난 결과 그 반대의 욕구나 생각을 의식에서 가지게 되는 것이다. 즉, 갈등을 유발하는 욕구를 정반대로 표현하고 행동하는 것이다. 동생이 태어나 어머니의 사랑을 뺏겨 그 동생을 미워한 누나가 미운 감정을 과도히 억압한 결과 지나치게 동생을 귀여워하는 누나로 변한 경우가 이에 해당된다.

⑥ **투사**(projection)

투사는 용납할 수 없는 자신의 부정적인 욕구를 자신의 것으로 인정하지 않고 다른 사람의 욕망으로 돌림으로써 심리적 갈등에 대처하는 것이다. 운동경기에서 진 선수가 운동장의 조건, 감독의 작전실패, 심판의 부정에 자신의 실패원인을 돌리는 행위가 이에 해당된다.

⑦ **동일시**(identification)

자신에게 중요하다고 생각되는 사람을 닮는 것으로 특정 대상의 사고, 감정과 행동을 그대로 받아들여 그 대상과 동일하게 생각하고 느끼게 되는 것이다. 아이돌 스타와 같은 연예인을 동일시하여 해당 스타의 옷차림, 행동 등을 모방하는 청소년의 모습이 이에 해당된다.

⑧ **퇴행**(regression)

현재의 상황이 불만족스러울 경우, 과거 만족스러웠던 어릴 때의 생각이나 행동으로 되돌아가는 것이다. 한 명의 자녀만 있는 집안에 또 아이가 태어나면 동생에게 빼앗긴 어머니의 사랑을 독차지하기 위해 잘 걸어 다니던 첫째 아이가 갑자기 동생처럼 기어 다니는 경우가 이에 해당된다.

⑨ **승화**(sublimation)

자신의 욕구불만으로 인해 생기는 충동과 갈등을 사회적으로 수용 가능하고 가치 있는 것으로 표출하는 것이다. 공격적인 충동이 있는 사람이 주위 사람을 공격하는 데 자신의 특성을 사용하기보다 격투기 선수가 되어 이름을 떨치는 경우가 이에 해당된다. 승화는 다른 방어기제들에 비해 성숙한 방법이라고 할 수 있다.

⑩ **합리화**(rationalization)

자신의 잘못에 대해 죄책감(자책감)을 갖지 않기 위해서 무의식적으로 나름의 변명을 통해 정당화하는 것이다. 이솝우화의 '여우와 신포도' 이야기를 살펴보면, 여우가 키가 작아 높은 나무의 포도를 따 먹지 못하는 것인데, 여우는 포도가 너무 시어서 맛이 없으니 따 먹지 않는 것이라고 말한다. 이러한 경우를 '합리화'라고 부른다.

02 정서발달

청소년기에는 앞서 살펴본 신체 · 인지발달 외에도 정서의 변화가 동반된다. 청소년기의 정서 및 감정은 그 기복이 비교적 큰 편이며 행동으로 이어질 수 있어 혼란에 빠지기도 한다. 이에 청소년기의 정서발달과 변화를 이해하고 그에 따른 대처 방안을 모색하는 것이 요구된다.

1) 정서의 개념

정서는 사전적으로 정서를 지칭하는 'emotion'이라는 단어를 사용하는데, 이는 "움직이다(to move)"와 "휘젓다(to stir up)"를 의미하는 라틴어에서 시작되었다. 웹스터 사전에는 "정서란 주관적인 강한 감정으로 경험되는 항상성으로부터의 생리적 이탈을 의미하며, 외현적 행위로 표현되거나 때로는 표현되지 않을 수도 있지만, 이에 앞서 신경근육, 호흡기, 심장혈관, 호르몬 또는 다른 신체적 변화로 표현된다." 라고 정의되어 있다(정옥분 · 정순화 · 임정하, 2007). 사실 정서의 개념은 하나의 정의로 규정하기 어려운 속성을 지니고 있지만, 기존의 여러 학자가 제시한 의미를 종합해 보면 정서란 구체적인 맥락 속에서 일어나는 자극, 즉 구체적인 사건이나 인물 등과 같이 광범위한 종류의 자극에 의해 유발되며, 특정 목표나 대상에 가까이 또는 멀리하려는 동기화된 행동을 수반하는 개인의 심리적 · 생리적 상태라고 할 수 있

다(정명화 외, 2005).

정서는 기분(mood), 감정(affect) 등과 같은 용어로 혼동해서 사용하기도 하지만 이 용어들 간에 다소 차이가 존재한다(정옥분 외, 2007). 우선 정서와 기분을 비교하자면, 첫째, 예를 들면 시간적으로 여유가 있을 때보다 출근시간에 쫓기는 상황에서 고속도로가 차단되면 더욱 화가 나게 되는데 이처럼 '정서'의 유발은 상황에 따라 달라진다. 그리고 '기분'은 특정 정서 자극에 대한 역치[1]를 변화시키는 중요한 기능을 가지고 있다. 다시 말하면 정서는 정서가 유발되는 시점에서 상황이 어떠한지에 따른 인지적 평가와 당시의 기분에 따라 영향을 받는다고 할 수 있다. 둘째, 정서는 '무엇', 즉 대상으로 인해 유발된다. 동생이 내 말을 듣지 않아서 화가 나고, 취업이 되지 않아서 속상한 것과 같이 대상 지향적인 반응이라고 할 수 있다. 그에 비해 기분은 대상 지향적이지 않다. 짜증 나는 기분이지만 그것이 어떤 대상 때문에 화가 나는 것은 아니며, 기분은 대상이 없거나 있더라도 전반적인 일상생활의 상황이나 포괄적인 대상에 대한 것이다. 셋째, 정서와 기분은 지속성에 있어서도 차이가 있는

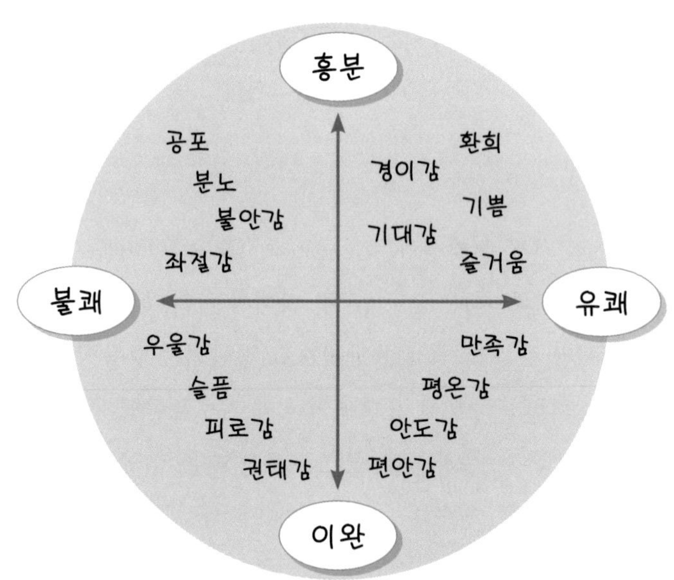

* 출처: Russell & Barrett (1999).

1) 자극에 대해 어떤 반응을 일으키는 데 필요한 최소한의 자극의 세기

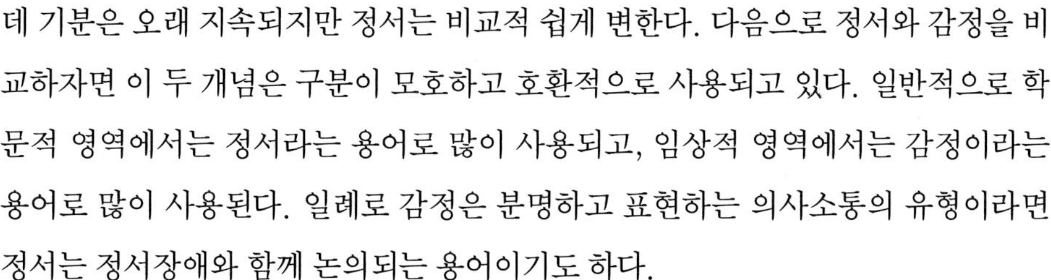

데 기분은 오래 지속되지만 정서는 비교적 쉽게 변한다. 다음으로 정서와 감정을 비교하자면 이 두 개념은 구분이 모호하고 호환적으로 사용되고 있다. 일반적으로 학문적 영역에서는 정서라는 용어로 많이 사용되고, 임상적 영역에서는 감정이라는 용어로 많이 사용된다. 일례로 감정은 분명하고 표현하는 의사소통의 유형이라면 정서는 정서장애와 함께 논의되는 용어이기도 하다.

2) 청소년기의 정서변화

청소년기는 아동기에서 성인기로 넘어가는 과도기적인 시기로, 아동기나 성인기에 비해 정서의 경험과 표현이 격렬하고 동요가 크며 특히 부정적 정서가 증가하는 시기이기도 하다(박경애 · 김혜원 · 주영아, 2010; 장휘숙, 2009). 청소년기의 이러한 정서적인 변화는 청소년기에 경험하게 되는 신체 · 인지 · 사회적 변화로부터 시작된다. 청소년기의 정서변화에 대해 구체적으로 살펴보면 다음과 같다(임영식 · 한상철, 2000).

첫째, 청소년기의 초기는 사춘기의 정서적 특징이 나타나는 시기로 지적인 바탕위에 성적인 충동을 강하게 경험하게 되며 이 시기 청소년들의 정서는 성적인 특징을 지닌다. 신체적 · 성적 성숙과 함께 성에 대한 의식과 이성에 대해 관심이 높아지지만 그에 대해 강한 수치심을 갖게 되고 오히려 이성에 반발하는 등의 이중적인 정서를 표출한다. 이들의 정서는 일관성이 없고 불안정하며, 아동기에 비해 훨씬 정서의 기복이 넓고 격렬하다고 할 수 있다.

둘째, 청소년기의 중기, 즉 중학교 후반부터 고등학교 정도까지는 초기의 정서에 비해 더욱 강렬해지지만, 직접적인 표출을 억제하는 경향이 높다. 성적인 것을 비롯한 여러 정서에 있어서 의식적인 억압 작용이 활발하게 일어난다. 그러나 이러한 억압으로 인해 자기혐오와 열등감을 가지게 되며 이것은 내면적인 침울이나 정서의 불안정성을 고조시키는 요인이 되기도 한다.

셋째, 청소년기 후기에 청소년들의 정서는 사회적으로 안정을 갖게 된다. 이상을 추구하지만 현실에 대한 적응을 위해 노력하며 자신을 합리적으로 통제한다. 즉, 이 시기의 청소년들은 주관과 객관의 결합, 자기와 사회와의 타협, 현실과 이상과의 조

화를 발전시키면서 완성된 자아의식을 갖게 된다. 그리고 이 시기에는 이성을 사모하는 마음과 연애의 체험을 하게 되면서 정서를 더욱 풍부하고 윤택하게 만드는 계기가 된다. 이와 같은 정서적 안정과 발달은 이들 나름대로의 인생관과 세계관을 수립하는 데 크게 기여하게 된다.

3) 청소년기 정서변화의 원인

청소년들은 청소년기 동안 일어나는 신체변화와 인지발달과 함께 아동기에서 경험하지 못한 여러 사건을 통해 다양한 정서변화에 맞닥뜨리게 된다. 이러한 정서변화의 구체적인 원인은 다음과 같다(Lloyd, 1985: 장휘숙, 1999에서 재인용; 최성환, 2013).

첫째, 초기 청소년기의 급격한 신체발달과 호르몬의 변화는 청소년들이 경험하게 되는 정서의 강도에 영향을 준다. 이 시기의 청소년들은 신체적 성숙에 따른 설렘, 성취감 등의 긍정적인 정서와 동시에 초조, 불안, 갈등의 부정적인 정서를 경험하게 되는데, 다른 어느 시기보다 좀 더 예민하게 받아들이는 모습을 보인다. 일례로 초기 청소년들과 후기 청소년들이 동일한 상황을 경험하더라도 초기 청소년들이 훨씬 더 즐거워하거나 슬퍼하는 모습을 띤다.

둘째, 인지발달과정상 형식적 조작기에 있는 청소년들은 추상적이고 논리적인 사고가 가능하게 되면서 자신이 경험하는 감정과 그 의미에 대해 아동기 때와는 달리 깊이 있게 생각하게 된다. 자신의 미래를 상상하고, 그 가능성을 분별할 수 있는 능력이 생기게 되면서 미래에 대한 기대와 불안이 함께 가중된다.

셋째, 청소년기에는 자신의 생각에 대해 생각할 수 있는 능력이 생기면서 자기 자신에 대해 집중하게 되고 이로 인해 내성과 자의식이 강화된다. 그 결과 자신의 신체와 행동에 관심을 집중시키다 보니 타인도 자신의 외모와 행동에 관심을 두고 있을 것이라는 자기중심적 사고를 하게 된다. 대표적인 예로 '상상 속의 청중'과 '개인적 우화'가 있다. 이와 같은 자기중심적 태도는 사회불안이나 충동성 같은 청소년기의 부정적 정서를 가중시킬 수 있고 사회적인 관계와 분리되어 자신을 혼자만의 세계에 가둘 수 있는 위험성을 가지고 있다.

넷째, 청소년기의 사회적 역할의 확대와 그에 따른 복잡한 적응의 문제로 인해 정서변화를 경험하게 된다. 아동기에 비해 확대된 교우관계, 이성문제, 진로문제 등을 겪으면서 그 과정에서 다양한 정서적 경험을 하게 되는 것이다.

4) 청소년기 정서의 특징

청소년기에 주로 나타나는 정서의 구체적인 특징은 다음과 같다(한상철 · 김혜원 · 설인자 · 임영식 · 조아미, 2014).

첫째, 청소년기의 정서는 격렬하고 쉽게 동요하는 속성이 있다. 청소년은 주위에 있는 부모, 친구, 교사 등과의 상호작용 과정에서 쉽게 분노하거나 얼굴을 붉히고, 쉽게 슬픔에 잠긴다. 때로는 사소한 것으로 인해 웃거나 감동하기도 한다.

둘째, 청소년은 그들의 정서를 자극하는 대상이 다른 연령대와는 다르다. 아동기의 불쾌경험은 주로 부상, 질병, 체벌, 징계 등이지만 청소년기에는 친구의 죽음, 성적하락, 부모와의 갈등 등이 불쾌감정을 갖게 한다.

셋째, 아동기에는 직접적이고 일시적인 정서표현을 주로 하지만 청소년기에는 정서가 외부로 표출되기보다는 내부에 숨겨지거나 방어기제에 의하여 변용되어 외부에서는 쉽게 알 수 없게 된다.

넷째, 청소년기의 정서적 표현은 이들의 다양한 생활조건에 따라 개인차가 크게 나타난다. 분노나 초조함은 신체적인 조건에 좌우되는데, 피로, 수면부족, 두통, 감기, 공복 등은 주요한 원인이며, 이들 신체조건의 차이에 따라 분노나 초조함 표현에 차이가 나타난다.

5) 청소년기의 정서유형

청소년기에는 긍정적인 정서보다 주로 부정적인 정서가 더 많이 나타나게 된다. 부정적인 정서에는 우울과 불안, 분노, 공포, 죄책감 등이 있으며 이를 중심으로 살펴보면 다음과 같다.

(1) 우울과 불안

우울은 슬프고 불행한 감정을 의미하며 이러한 상태가 지속되어 일상생활에 영향을 줄 때 우울증으로 진단한다. 청소년들은 이들의 기대가 좌절될 때 우울을 경험하게 된다. 청소년의 우울 증상은 대개 성인과 비슷한 양상을 보이기도 하지만 자살 시도가 상대적으로 많고, 반사회적 행동, 약물남용, 가출, 공격성, 사회적 철회, 학업 부진 등으로 다양하게 표현되는 만큼 청소년 우울을 진단하기 어렵고 전혀 다른 문제로 인식될 수 있다(옥정, 1997).

우울 증상은 대체로 남학생보다 여학생들이 더 많이 경험하며(이정학, 1992), 청소년기의 우울은 다양한 부적응의 문제를 야기한다. 우울은 학교에서의 학업수행을 저하시키고(Emslie & Mayers, 1999), 또래관계를 과도하게 제한하며, 타인에 대한 의존감을 증가시켜 결과적으로 사회적 고립으로까지 이어지게 한다(Hodges, Michel, Frank, & Bukowski, 1999). 이 외에도 약물남용, 자살위험을 증가시키며(Birmaher et al., 1996), 자살 가능성도 더 높아지게 한다(Rudatsikira, Muula, & Siziya, 2007).

청소년기의 우울 증상은 성인기에도 지속될 수 있는데, 우울 증상이 지속되면 대인관계의 위축, 권태감, 무력감, 식욕부진, 불면증 등이 나타나고, 사회적 · 인지적 · 정서적 기능의 손상을 보이는 우울장애로 발전될 수도 있다(Garber, Kriss, Koch, & Lindholm, 1998). 더군다나 청소년들은 성인에 비해 문제해결력이 부족하고 스트레스 대처기술이 미흡하기 때문에 동일한 상황에 대해서 느끼는 우울이나 좌절감이 클 수밖에 없다. 따라서 청소년기의 우울이 성인기로 이어지지 않도록 관심을 갖고 초기의 우울을 치료하는 것이 필요하다.

불안은 명확한 원인 없이 미래에 대한 두려움, 근심, 걱정, 긴장으로 특징되는 불쾌한 정서를 경험하는 주관적 자의적 상태를 의미하며(Spielberger, 1972), 막연하게 두려움이나 위협을 느끼는 정서 상태로서 불안을 야기시키는 대상물을 찾을 수 없다는 것이 특징이다.

청소년기의 불안은 동기수준을 높이고, 능력을 최대한으로 사용할 수 있도록 해 주기 때문에 청소년의 발달을 증진시키는 기능을 하기도 한다(조한익 · 손선경, 2010). 그러나 청소년기의 불안은 강박적 행동이나 상황에 대한 부적절한 정서반응 또는 독단적 행동 등으로 나타나기 때문에(장휘숙, 1999) 불안이 너무 높거나 불안

유발 상황이 지속되어 매우 빈번하게 불안을 경험하게 되면 여러 적응 문제가 발생하게 된다(Hunt, Keogh, & French, 2006). 불안은 부모의 이혼, 사망, 무시되었던 경험과 같은 심리사회적인 문제, 학교 문제(학업성적, 또래관계), 낮은 자존감과 관련이 있고 우울증, 자살, 약물남용, 중독 등 다른 심각한 상태로의 진행 가능성이 크기 때문에 위험성을 가진다(Breslau, Schultz, & Peterson, 1995; Klein, 1994).

이와 같이 청소년기의 불안은 청소년에게 긍정적인 측면과 부정적인 측면의 기능을 모두 가지고 있어 긍정적인 방향으로 활용할 수 있도록 지도하는 것이 필요하다.

(2) 공포

공포(phobia)는 고통이나 자신을 파괴하려는 위협에 직면했을 경우 이로부터 벗어나려 할 때 발생하는 정서를 말한다. 공포를 경험하면 그 대상으로부터 도망하려는 동기가 발생한다(한국교육심리학회, 2000). 공포를 느끼는 대상으로는 개나 거미, 뱀과 같은 특정한 동물이나 높은 곳, 폭풍, 물과 같은 자연 환경, 주사 맞는 것, 피와 같은 것들, 그 외에도 비행기, 엘리베이터나 막힌 공간과 같은 특정한 상황 등이 포함된다. 자연 환경이나 주사나 피와 같은 것에 대한 공포는 5~9세에 많이 발병하며, 청소년 초기에는 시험, 일, 용모 등 실체적 물체에 대해서 공포를 느끼고, 청소년 후기에는 사람을 만나는 것, 혼자 있는 것과 같은 사회적 관계에 대한 공포를 느끼게 된다. 그러나 청소년기에는 아동기와는 달리 자신이 무서워하는 것을 타인에게 알리고 싶어 하지 않는다. 이로 인해 청소년기에는 타인의 반응을 의식하여 직접적인 도피행동이 줄어들거나 어느 정도 자기방어행동(방어기제)을 취하는 일이 많아진다(김문실 외, 2007). 한편, 대체로 여자가 남자에 비해 더 많이 공포증을 경험하는 것으로 알려져 있다.

(3) 분노

분노는 개인의 요구가 방해받았을 때 불쾌감을 제거하려고 하는 반응을 말한다. 청소년기의 분노를 살펴보면 우선 초기에는 사회적 인정과 자기평가에 대해 분노하며 간섭, 압박, 감정, 불공평, 경멸, 비꼬임, 자기비하 등에서 분노를 표출한다(김문실 외, 2007). 또한 욕구실현의 실패 원인이 자기 자신에게 있다고 반성하고 자신

에 대하여 분노를 느끼는 경향이 많아진다(임영식 · 한상철, 2000). 후기에는 진학으로 인해 교사, 부모, 사회제도에 대해 분노가 생기며, 이는 밖으로 분출되거나 거꾸로 내성적이 되어 자신을 남과 단절시키기도 한다.

03 진로발달

청소년기는 진로를 선택하기 위해 중요한 의사결정을 해야 하는 시기이기도 하다. 이 시기에는 이들의 발달과업인 자아정체감을 형성하는 것과 맞물려 진로에 대한 준비 및 선택이 이루어지게 된다. 따라서 자신의 진로를 어떻게 결정해야 하는지에 대한 탐색과 고민이 청소년기에 이슈가 되기도 한다. 진로에 대한 고민과 선택은 비단 청소년기에만 해당되는 것은 아니며 인간발달의 전 과정에서 진로발달이 이루어진다고 보는데 이와 관련하여 개념 및 이론을 소개하면 다음과 같다.

1) 진로발달의 개념

진로발달의 개념에 대해 이종성(1999)은 과정의 개념으로서 "개인이 전 생애에 걸쳐 가장 보람된 삶을 추구하기 위해 자신의 진로를 정하고, 직업을 선택하며, 새로운 직업기회와 개인목표를 계속적으로 평가하는 과정"이라고 하였다. Savickas(1984)는 직업인으로서의 준비에 중점을 두어 "직업인으로서의 발달과업을 얼마나 잘 수행할 수 있는가에 대한 개인의 준비수준"으로 보았다(노법래, 2013에서 재인용). 김봉환(2010)과 이자형(2015)은 진로발달을 총체적인 관점으로 바라보았는데, 진로발달(career development)을 진로에 관한 개인의 진로목표에 대한 총체적인 접근으로 보고, 개인이 진로(career)를 형성하기 위하여 교육적 · 사회학적 · 심리적인 요인 등 다양한 요인을 동원하고, 효율적으로 발달을 이루기 위해 지식, 기술, 가치 등을 획득하는 일련의 과정이라고 하였다.

이와 같이 진로발달의 개념은 다양하게 정의할 수 있는데, 이들을 종합해 보면, 진로발달은 한 개인이 일생을 통하여 진로에 대한 목표를 정해 그 목표를 이루어 가는 과정이라고 할 수 있다.

한편, 진로발달은 진로성숙, 진로태도, 직업발달, 진로의식 발달 등의 용어와 유사하게 사용되기도 한다.

2) 진로발달 이론

(1) 긴즈버그의 절충이론

경제학자인 긴즈버그(Ginzberg)는 인간의 정신과 신체가 발달하는 것처럼 직업에 관한 태도, 지식, 기능도 어릴 때부터 일련의 단계를 거치면서 발달한다고 보았는데 진로발달의 과정을 3단계로 구분하여 제시하였다.

첫째, 환상적 시기(환상적 직업선택 단계)이다. 6~10세에 해당하며, 이 시기의 아동들은 본인의 능력, 훈련, 직업기회 등의 현실적인 부분을 고려하지 않기 때문에 자신이 원하는 것은 무엇이든 가능한 것으로 받아들인다.

둘째, 시험적 시기(시험적 직업선택 단계)이다. 11~17세에 해당하며, 청소년 초기 단계인 이때에는 이전 시기에 비해 자신의 흥미, 능력, 가치 등을 고려하기 시작한다. 초기에는 자신의 흥미에만 집중해서 직업을 선택하려는 경향을 보이다가 그 이후에는 자신의 관심사가 변하면서 흥미나 관심만으로는 직업을 선택할 수 없음을 깨닫게 된다. 또한 직업의 다양성과 임금, 관련한 교육 및 훈련도 매우 다르다는 것을 인식하게 되며 직업선호에 있어 자신의 가치관과 생애목표 등을 고려하여 생각하게 된다.

셋째, 현실적 시기(현실적 직업선택 단계)이다. 18~22세에 해당하며, 청소년 중기에 해당되는 이때에는 자신의 흥미, 능력, 가치, 직업기회를 비롯해서 직업의 요구조건, 교육기회 등과 같은 현실적인 요인을 고려하여 직업을 선택하게 된다.

(2) 슈퍼의 자아개념이론

슈퍼(Super)는 긴즈버그 이론의 부족함을 지적하고, 당시의 직업선택 및 직업발달에 대한 지식을 분석·종합하여 좀 더 포괄적이고 발전된 이론을 정립하였다. 슈퍼의 이론은 자아개념을 근간으로 하는데 인간이 자아 이미지(흥미, 욕구, 능력 등)

와 일치하는 직업을 선택한다는 것이다. 그의 직업발달단계는 다음과 같다.

첫째, 성장기로 0~14세에 해당된다. 이 시기에는 가정과 학교에서의 주요 인물과 동일시함으로써 자아개념을 발달시킨다. 또한 자신의 흥미, 놀이활동을 통해서 직업의 의미나 특성을 알게 된다.

둘째, 탐색기로 15~24세에 해당된다. 청소년기인 이 시기에는 학교생활, 여가활동, 시간제 일 등과 같은 활동을 통하여 자아를 검증하고 역할을 수행하며 직업탐색을 시도한다.

셋째, 확립기로 25~44세에 해당된다. 직업경험을 통해 자신에게 적합한 분야를 발견하고 종사하게 되며 생활의 터전을 잡으려고 노력한다.

넷째, 유지기로 45~65세에 해당된다. 이미 정해진 직업에 정착하여 지위와 상황을 향상시키기 위하여 노력하며 비교적 만족스런 삶을 살아간다.

다섯째, 쇠퇴기로 65세 이후에 해당된다. 정신적·육체적으로 그 기능이 쇠퇴함에 따라 직업일선에서 은퇴하여 다른 역할과 새로운 활동을 찾게 된다.

(3) 홀랜드의 성격유형이론

홀랜드(Holland)는 자신의 성격에 맞는 직업을 선택하는 것이 바람직하다고 하였다. 자신의 성격에 맞는 직업에 좀 더 쉽게 적응할 수 있고, 즐거움을 느끼며 성공하기 쉽기 때문이다. 사람의 직업적 성격과 흥미는 여섯 가지 유형(RIASEC)으로 구분될 수 있으며, [그림 2-2]와 같이 육각형으로 도식화하였다.

첫째, 현실형(Realistic type)으로 현실적이고 실재적이어서 추상적이고 창의적인 접근보다는 분명하게 정의된 문제나 상황을 선호한다. 대인관계의 기술이 부족하므로 다른 사람과 함께 일하지 않아도 되는 직업이 적절하다(정옥분, 1998). 기술자, 자동기계 및 항공기 조종사, 정비사, 농부, 엔지니어, 전기, 기계기사, 운동선수, 경찰, 건축사, 생산직, 운전공 등의 직업이 있다.

둘째, 탐구형(Intellectual type)으로 과업 지향적이며 추상적인 일을 즐기고, 논리적이며 분석적이고 합리적이며, 정확하고 지적 호기심이 많으며, 비판적이고 내성적이며 신중하다. 과학자, 생물학자, 물리학자, 인류학자, 지질학자, 의료, 연구원, 대학교수, 책자편집인 등 문제를 분석·이해하려는 욕구가 강한 직업들을 선호한다.

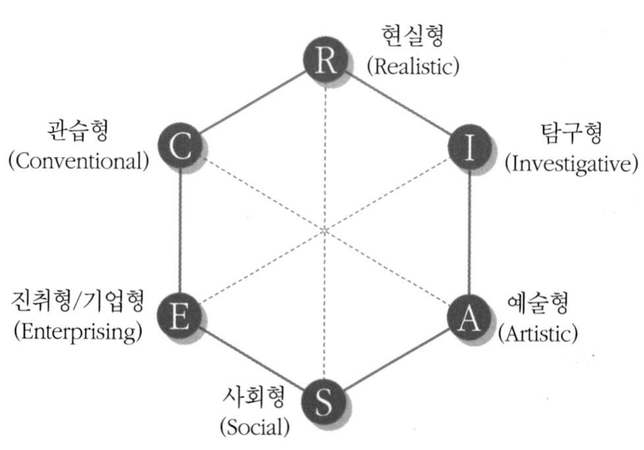

[그림 2-2] 홀랜드의 여섯 가지 직업성격유형

셋째, 예술형(Artistic type)으로 감수성이 풍부하고 자유분방하며 개방적이다. 또한 창의적이고 상상력이 풍부하여 관습적인 것을 싫어한다. 작곡가, 음악가, 디자이너, 영화감독, 만화가 등의 직업이 있다.

넷째, 사회형(Social type)으로 사람을 좋아하고, 봉사하려는 의지가 강하며, 친절하며, 이해심이 많다. 문제에 직면하게 되면 이성보다 감성적인 방법으로 문제를 해결하는 경향을 보인다. 사회복지사, 교육자, 간호사, 교사, 종교지도자, 상담가, 서비스직종 등의 직업을 선호한다.

다섯째, 진취형/기업형(Enterprising type)으로 다른 사람들을 거느리거나 지배하려는 경향이 있으며, 말을 잘하고 설득적이며 경쟁적이고 야심적이며 외향적이고 낙관적이며 열성적이다. 기업경영인, 정치가, 보험회사원, 판매원, 관리자, 연출가, 아나운서, 펀드매니저, 부동산 중개인, 여행가이드, 언론인, 외교관, 동시통역사, 고급공무원 등의 직업이 있다.

여섯째, 관습형(Conventional type)으로 정확하고 빈틈이 없으며 조심성이 있고 세밀하며 계획성이 있고 변화를 좋아하지 않으며, 완고하고 책임감이 강하다. 법률, 규칙 등을 잘 지키고 남의 의사를 반영하는 작업에 능하다. 공인회계사, 경제분석가, 은행원, 세무사, 경리사원, 컴퓨터 프로그래머, 감사원, 법무사, 공무원 등의 직업을 선호한다.

3) 진로선택(직업선택)에 대한 영향요인

진로를 선택하는 데 있어서는 다양한 요인이 영향을 미친다. 적성, 홍미, 지능 등의 개인적인 요인, 부모의 직업 및 사회경제적 지위, 부모의 성취동기 등의 가족요인, 거주지의 규모와 같은 지역사회요인 등 청소년을 둘러싼 환경들과의 상호작용을 통해 청소년들은 진로를 선택하게 된다. 구체적으로 살펴보면 다음과 같다.

첫째, 개인적 요인이다. 개인의 적성, 홍미, 지능이 진로선택에 영향을 미치는데 적성은 일정한 훈련에 의해 숙달될 수 있는 개인의 능력으로 창의성, 공간지각 능력, 음악성, 사회성 등과 같은 적성이 있다면 해당 분야의 진로를 수월하게 선택할 수 있다. 홍미 역시 중요한 요인으로, 자신이 관심 있는 분야에 홍미를 갖고 있다면 그 분야를 선택함은 물론 성공기회 역시 높을 것이다. 지능은 인간의 일반적인 능력으로 개인의 의사결정 능력과 관련이 있어 진로선택에 있어 합리적으로 접근할 수 있다. 또한 지능이 높은 사람이 낮은 사람에 비해 자신의 능력, 직업을 위한 훈련기회 등을 더 고려할 수 있다(정옥분, 1998).

둘째, 가족요인이다. 가족은 어린 시절의 진로에 대한 가치관을 형성하게 하는 중요한 장소이며, 부모, 형제, 친족은 직·간접적으로 개인의 인생행로를 결정하는 데 중요한 영향을 미치는 사람이기 때문에 가족 내에서 진로에 대한 적절한 지도와 관심이 필요하다(신군자, 1981). 특히 부모는 자녀인 청소년에게 많은 영향을 미친다. 일례로 부모의 포부수준이 높을수록 자녀의 포부수준이 높게 나타나기도 하고(Penick & Jepsen, 1992), 조찬성(2000)의 연구에서는 부모가 자녀에게 권하고 싶은 직업과 자녀의 희망 진로의 일치율이 높게 나타났는데, 이는 부모와 자녀의 진로상담 기회가 많아 평소 부모의 직업관이 자녀의 진로인식에 주는 영향이 매우 큰 것으로 보인다.

셋째, 지역사회(거주지)요인이다. 주로 거주지의 규모와 주로 관련이 있는데 대도시 주변에 거주하면 다양한 직업에 대한 정보획득이 유리하기 때문에 거주지 규모가 클수록 높은 지위의 직업을 획득할 가능성이 높다(김정숙·황여정, 2007). 또한 도시 학생들은 주로 초등학교에서부터 미래 직업을 생각하며 비교적 고수입의 직업을 선호하지만 농촌의 학생들은 주로 중학교에서부터 미래직업을 생각한다는 연구

결과(김종운, 2006)와 같이 도시와 농촌 등 지역에 따라 진로선택에 있어서 영향을 받는다.

요약

1. 성격은 내적 속성을 지니고 있으며, 정신신체적 체계들의 통합과정이다. 또한 개인은 고유한 성격을 가지며, 성격은 일관성이 있고, 역동적이라는 특성이 있다.

2. 프로이트는 인간의 의식수준을 의식, 전의식, 무의식으로 구분하였고, 성격의 구조는 원초아, 자아, 초자아로 구성된다고 하였다.

3. 프로이트는 리비도가 집중되는 신체 부위에 따라 성격발달단계를 구분하고, 출생부터 청소년기까지 구강기(0~1세), 항문기(2~3세), 성기기(3~5세), 잠재기/잠복기(6~12세), 생식기(12세 이후) 등의 5단계를 거쳐 성격이 발달한다고 하였다.

4. 방어기제는 원초아의 본능적이고 충동적인 욕구를 현실에서 충족시킬 수 없을 때 발생하는 불안감을 완화하고 안정감을 찾기 위해 사용하게 된다. 방어기제에는 청소년기에 대표적으로 사용하는 주지화, 금욕주의를 비롯해서 전위, 억압, 반동형성, 투사, 동일시, 퇴행, 승화, 합리화 등이 있다.

5. 청소년기의 정서변화는 ① 지적인 바탕 위에 성적인 충동을 강하게 경험하게 되며 이 시기 청소년들의 정서는 성적인 특징을 지닌다. ② 청소년기의 중기, 즉 중학교 후반부터 고등학교 정도까지는 초기의 정서에 비해 더욱 강렬해지지만, 직접적인 표출을 억제하는 경향이 높다. ③ 청소년기 후기에 청소년들의 정서는 사회적으로 안정을 갖게 된다.

6. 청소년기 정서의 특징은 다음과 같다. ① 청소년기의 정서는 격렬하고 쉽게 동요하는 속성이 있다. ② 청소년기에는 친구의 죽음, 성적하락, 부모와의 갈등 등이 불쾌감정을 갖게 되는 등 정서자극의 대상이 다른 연령대와 다르다. ③ 청소년기에는 정서가 외부로 표출되기보다는 내부에 숨겨지거나 방어기제에 의하여 변용되어 외부에서는 쉽게 알 수 없게 된다. ④ 청소년기의 정서적 표현은 이들의 다양한 생활조건에 따라 개인차가 크게 나타난다.

7. 청소년기의 대표적인 정서유형으로는 우울과 불안, 공포, 분노 등이 있다.

8. 대표적인 진로발달이론으로는 긴즈버그의 절충이론, 슈퍼의 자아개념이론, 홀랜드의 성격유형이론 등이 있다.

참고문헌

김문실 · 이경혜 · 이자형 · 이광자 · 변영순 · 신경림 외(2007). **가족건강관리**. 서울: 이화여자대학교출판부.

김봉환(2010). 여대생의 적응유연성, 진로태도성숙 및 진로준비행동 간의 관계. **진로교육연구**, 23(4), 93-111.

김정숙 · 황여정(2007). **일반계 고등학생의 직업결정에 영향을 미치는 요인**. 서울: 한국직업능력개발원.

김종운(2006). 도시와 농촌 인문계 고등학생들의 진로성숙도와 직업관 비교 연구. **진로교육연구**, 19(1), 25-38.

노법래(2013). 후기 청소년의 진로발달 궤적에 관한 종단연구. **한국청소년연구**, 24(3), 171-193.

노안영 · 강영신(2013). **성격심리학**. 서울: 학지사.

민경환(2002). **성격심리학**. 서울: 법문사.

박경애 · 김혜원 · 주영아(2010). **청소년 심리 및 상담**. 경기: 공동체.

신군자(1981). 산업사회와 진로관. **교육개발**, 4(2), 14-16.

옥정(1997). 청소년기의 애착 안정성과 우울 성향의 관계. 이화여자대학교 대학원 석사학위논문.

이자형(2015). 일반계 고등학생의 진로발달 변화 영향요인에 관한 종단적 분석: 진로계획성과 진로 관심을 중심으로. **청소년학연구**, 22(10), 289-316.

이정학(1992). 고교생의 스트레스 유형과 스트레스와의 관계. 전남대학교 교육대학원 석사학위논문.

이종성(1999). **직업교육훈련대사전**. 서울: 한국직업능력개발원.

임영식 · 한상철(2000). **청소년 심리의 이해**. 서울: 학문사.

장휘숙(1999). **청년심리학**. 서울: 학지사.

장휘숙(2009). **청년심리학(제14판)**. 서울: 박영사.

정명화 · 강승희 · 김윤옥 · 박성미 · 신경숙 · 신경일 외(2005). **정서와 교육**. 서울: 학지사.

정옥분(1998). **청소년발달의 이해**. 서울: 학지사.

정옥분 · 정순화 · 임정하(2007). **정서발달과 정서지능**. 서울: 학지사.

조찬성(2000). 부모의 직업과 자녀의 희망 진로 분석. **실과교육연구, 6**(1), 113-124.

조한익 · 손선경(2010). 고등학생의 자의식, 불안과 방어기제간의 관계. **미래청소년학회지, 7**(1), 19-42.

최성환(2013). 청소년 정서조절의 이해: 측정도구의 개발 및 타당화. 한국상담대학원대학교 석사학위논문.

한국교육심리학회(2000). **교육심리학 용어사전**. 서울: 학지사.

한국청소년개발원(2004). **청소년심리학**. 서울: 교육과학사.

한상철 · 김혜원 · 설인자 · 임영식 · 조아미(2014). **청소년심리학**. 경기: 교육과학사.

Birmaher, B., Ryan, N. D., Williamson, D. E., Brent, D. A., Kaufman, J., Dahl, R. E. et al. (1996). Childhood and adolescent depression: A review of the past 10 years. Part I. *Journal of the American Academy of Child and Adolescent Psychiatry, 35*(11), 1427-39.

Breslau, N., Schultz, L., & Peterson, E. (1995). Sex differences in depression: A role for preexisting anxiety. *Psychiatry Reseach, 58,* 1-12.

Emslie, G. J., & Mayers, T. L. (1999). Depression in children and adolescents: A guide to diagnosis and treatment. *CNSDrugs, 11,* 181-189.

Garber, J., Kriss, M. R., Koch, M., & Lindholm, L. (1998). Recurrent depression in adolescents: A follow up study. *Journal of the American Academy of Child and Adolescents Psychiatry, 27,* 49-54.

Hodges, E. V., Michel, B., Frank, V., & Bukowski, W. M. (1999). The power of friendships: Protection against an escalating cycle of peer victimization. *Developmental Psychology, 35*(1), 94-101.

Hunt, C., Keogh, E., & French, C. C. (2006). Anxiety sensitivity: The role of conscious awareness and selective attentional bias to physical threat. *Emotion, 6,* 418.

Klein, R. G. (1994). *Anxiety disorders*. Oxford: Blackwell Scientific Publications.

Penick, N. I., & Jepsen, D. A. (1992). Family functioning and adolescent career development. Special section: Work and family concerns. *Career Denelopment Quarterly, 40*, 208-222.

Rudatsikira, E., Siziya, S., & Muula, A. S. (2007). Suicidal ideation and associated factors among school-going adolescents in Harare, Zimbabwe. *Journal of Psychology in Africa, 17*, 93-98.

Russell, J. A., & Barrett, L. F. (1999). Core affect, prototypical emotional episodes, and other things called emotion: Dissecting the elephant. *Journal of Personality and Social Psychology, 76*(5), 805-819.

Spielberger, C. D. (1972). Anxiety as an emotional state. In C. D. Spielberger (Ed.), *Anxiety: Current trends in theory and research*. New York: Academic.

제3장

청소년기 심리적 부적응

학습개요

이 장에서는 기존 연구들의 개념을 반영하여 청소년부적응을 문제행동, 비행, 일탈 등을 포괄하는 개념으로 사용하였으며, 부적응을 내재화 문제와 외현화 문제로 구분하여 살펴볼 것이다.

내재화 문제로는 우울증, 불안장애, 자살, 섭식장애를 제시하였고, 외현화 문제로는 청소년 비행, 학교폭력, 가출, 약물남용을 중심으로 살펴보고자 한다. 각 문제별로 개념, 원인, 특성, 예방 및 해결방안 등을 다루고 이를 통해 청소년들의 문제와 고민을 파악하여 청소년들을 좀 더 이해할 수 있도록 하는 데 중점을 두고자 하였다.

01 부적응의 정의

청소년기의 부적응행동은 청소년을 둘러싼 가정, 학교, 사회 등의 여러 요인이 복합적으로 작용하면서 발생하는 행동이다. 일반적으로 '부적응'은 개인이 사회생활을 하고, 인간관계를 맺는 데 있어서 그 사회의 질서, 규범에 적응하지 못하여 사회생활에 문제가 될 뿐 아니라 자신의 발전에도 바람직하지 못한 상태를 말한다(한국교육심리학회, 2000).

청소년기의 부적응행동과 관련해서 기존 연구들은 '문제행동' '비행' '일탈행동' 등의 개념을 사용하기도 한다. 우선 '문제행동'은 일반적으로 인간이 생존하기 위해 행동한 것이 사회적으로 문제가 되는 것으로 법과 규범에 위배되는 일탈행동과 범죄, 가치 기준에서 탈락한 이상행동, 환경에 적응하지 못하는 부적응행동 등을 의미한다(김진화 외, 2002). 다음으로 '비행'은 청소년의 행위를 통제하는 법규범에 위배되는 범죄행위와 공공의 사회 가치체계를 침범하거나 도덕적으로 바람직하지 못하다고 간주되는 부도덕 행위를 포함한다(성미숙, 2004). 마지막으로 '일탈행동'은 어느 사회나 제도와 규범, 규칙이 있고 그 사회에 소속된 사람들은 그러한 틀에 맞추어 행동하도록 기대되는데, 허용하는 규범의 한계를 벗어난 행동을 할 때를 의미한다(장상희, 1993). 이 개념들은 다소 차이가 있으나 이 개념들을 종합하면 한 개인이 환경과 균형적이고 조화로운 관계를 유지하면서 욕구좌절이나 갈등을 합리적으로 해결해 나가는 '적응'에 공통적인 관심을 두고 이를 핵심내용으로 하고 있음을 알 수 있다(김혜원, 2009). 이에 앞에서 살펴본 문제행동, 비행, 일탈행동의 개념을 포괄하는 개념으로 부적응을 사용하고자 한다.

청소년기의 심리적 부적응은 크게 내재화 문제와 외현화 문제로 구분된다. 정신질환의 진단 및 통계편람(DSM)을 통해 구분할 수도 있으나, 아헨바흐(Achenbach) 등을 비롯한 학자들은 내재화와 외현화의 두 축으로 구분하였다. 이는 아동기 및 청소년기에는 심리사회적 부적응 문제가 단일 증상으로 나타나기보다는 유사 증상이

중복되거나 공존하는 경우가 많기 때문에 비교적 동시발생적인 문제행동유형을 특정 진단명이 아닌 내재화와 외현화라는 광범위한 두 축으로 구분하는 것이 더 유용하기 때문이다(오경자, 1991). 이 장에서도 청소년기의 심리적 부적응을 내재화 문제와 외현화 문제로 구분하여 살펴보고자 한다. 내재화 문제로는 우울증, 불안장애, 자살, 섭식장애, 외현화 문제로는 청소년 비행, 학교폭력, 가출, 약물남용을 제시하였다.

02 내재화 문제

내재화 문제는 우울, 불안, 신체적 증상 및 사회적 위축 등과 같이 소극적이고 사회적으로 내향적이 되어 지나치게 자신을 통제하거나 정서적으로 불편함을 겪는 행동을 의미한다(박명화, 2013; 이미라 · 박분희, 2017). 특히 고등학생들이 중학생이나 초등학생에 비해 내재화 문제가 심한 것은 고등학생 시기에 해내야 하는 과업이 다른 시기에 비해 많고 무거워 많은 욕구를 억누르기 때문이다(김인홍, 2009; 정은석, 2016). 이와 같이 내면화 문제는 타인에게 피해를 주거나 갈등을 불러오기보다는 내면적이고 심리적인 성격을 보이는 것으로 본인 스스로가 심리적 고통을 겪는 것이 특징이다.

1) 우울증

'우울한 기분'이 누구나 일상에서 자주 느낄 수 있는 것인 데 비해 '우울증'은 정신의학에서 사용하는 용어로, 일시적으로 기분이 저하되는 것이 아니라 생각의 내용, 상호과정, 동기, 의욕, 관심, 행동, 수면, 신체활동 등 전반적인 정신기능이 떨어진 상태를 의미한다. 이러한 증상이 거의 매일, 거의 하루 종일 나타날 경우 우울증이라고 할 수 있다(보건복지부 국가건강정보포털, 2019a). 우울증의 핵심증상으로는 슬픔, 죄책감, 자기비하, 불안과 동요 같은 감정변화가 대표적이며, 피로, 수면과다, 체중변화의 생리적 증상의 변화 및 정신운동 지연의 특성이 있다. 청소년기의 우울

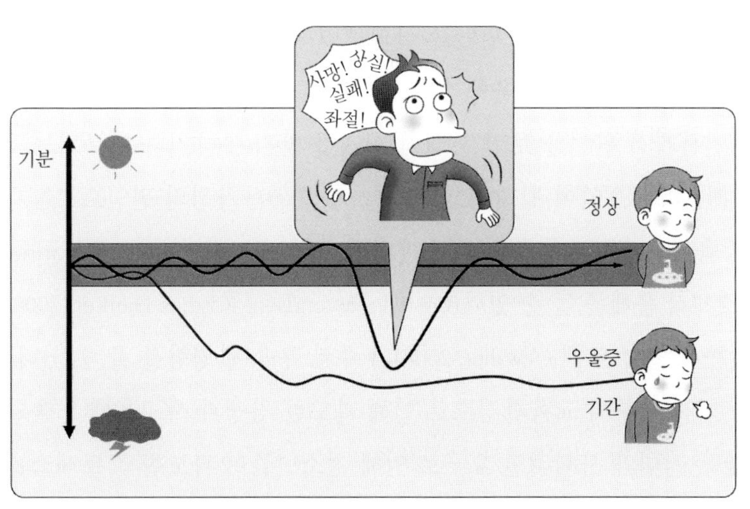

[그림 3-1] 우울한 기분과 우울증의 차이

증상은 우울감을 직접 호소하기보다는 불면증, 피로, 두통, 복통 등의 신체 증상으로 나타나는 경우가 일반적이다. 또한 은폐된 상황에서 예측할 수 없는 충동적이고 파괴적인 행동표현으로 나타나는 경향이 있는데, 반항, 결석, 가출과 같은 행동의 문제나 범죄행위도 우울증의 한 증상으로 보고 있다(신민섭 · 박광배 · 오경자, 1991).

구체적인 청소년기 우울증의 특징을 살펴보면 다음과 같다(Cantwell & Baker, 1991). 첫째, 지속적으로 슬픈 감정을 보이거나, 둘째, 이전까지 좋아하던 활동을 하지 않고, 셋째, 활동 자체가 줄어든다. 넷째, 화를 잘 내고, 다섯째, 두통이나 복통과 같은 신체적 증상을 많이 보이며, 여섯째, 학교의 잦은 결석과 낮은 성적, 그리고 숙제를 잘 하지 않는 경향을 보인다. 일곱째, 신체적으로 나른해 하거나 활동력 및 주의집중 역시 떨어지고, 여덟째, 식사나 수면의 패턴이 바뀌며, 아홉째, 죽고 싶다고 하거나 자살에 대해 많이 이야기하고, 열째, 혼자 지내거나 친구들과의 놀이에 흥미를 상실하는 경우가 많다.

우울증의 원인으로는 생물학적 · 인지적 · 대인관계적 원인, 가정 및 학교 등 다양하다. 우선 생물학적 원인으로는 뇌신경전달물질의 불균형을 들 수 있다. 즉, 세로토닌이라는 뇌 내 신경전달물질의 저하가 우울증과 관련되며 항우울제는 이 신경전달물질을 조절하여 우울증의 원인을 살펴보면서 치료하게 된다(보건복지부 국가

건강정보포털, 2019a). 인지적 원인을 살펴보면 낮은 자존감과 신체적 불만족, 비관적인 사고 등이 청소년의 우울에 영향을 주며(Lewinsohn, Clarke, Seeley, & Rohde, 1994), 대인관계적 원인을 보면 사회적 지지를 받지 못하거나 거부되는 경우 청소년 우울의 주요한 요인이 될 수 있다(Rudolph, 2009). 가정의 원인으로는 부모의 부정적인 양육태도, 부모의 우울, 가족관계의 질(Brendgen, Wanner, Morin, & Vitaro, 2005)과 경제적 문제를 들 수 있다(Costello, Swendsen, Rose, & Dierker, 2008). 그리고 학교에서는 학업 스트레스(Wilks, 2008)가 주로 우울에 영향을 줄 수 있다. 특히 우리나라는 입시 위주의 교육환경으로 인해 과도한 경쟁과 사교육에 노출되어 있고, 부모의 높은 기대와 사회적인 요구로 인해 청소년들이 과도한 스트레스를 받고 있으며 이러한 환경이 청소년들의 우울을 유발하기 쉽다.

우울증의 치료는 정신치료와 약물요법이 있으며, 정신치료는 지지정신치료, 정신분석, 인지행동치료, 대인관계치료 등 다양한 정신과적 상담이 가능하며, 이 과정에서 부정적인 사고를 감소시키고, 스트레스 대처능력을 향상시켜 우울증을 치료할 수 있다. 약물요법은 항우울제를 사용하여 뇌신경에 세로토닌을 증가시키고, 수용체 수를 정상화시켜 우울증을 치료하고, 불면증이 심한 경우 일시적으로 수면제를 처방하기도 한다. 또한 동반되는 불안증의 치료를 위하여 항불안제를 사용하기도 한다(보건복지부 국가건강정보포털, 2019a).

청소년들의 경우 우울증 치료에 앞서 우울증을 예방할 수 있도록 평상시에 스트레스를 대처할 수 있는 능력을 키우고, 문제해결능력이나 일상에서의 생활기술을 가르치는 것이 필요하다. 주위의 가족이나 친구들은 해당 청소년이 우울증을 극복할 수 있도록 관심과 세심한 배려로 적극적인 경청과 공감하며 격려해 주는 것이 필요하고, 우울증 치료를 잘 받을 수 있도록 적극적으로 권유하고 도와야 한다.

2) 불안장애

불안장애는 정상적인 사람이라면 쉽게 극복할 수 있는 상황에서 별다른 이유 없이 민감해지거나 공포의 감정을 갖게 되는 현상이다. 대개 불안장애는 그 원인을 알지 못하므로 효과적 대응이 어렵다. 또한 심장박동의 증가, 근육긴장, 발한과 같은

생리적 증세를 수반하며 만성인 경우에는 일상생활에 지장을 초래할 수도 있다(한국교육심리학회, 2000)

청소년기에 나타나는 불안장애의 형태는 다음과 같다(김봉년, 2007). 첫째, 자신이나 부모의 안전에 대해 공포가 지속된다. 둘째, 등교를 거부하는 모습을 보인다. 셋째, 잦은 위통과 다른 신체 증상들을 호소한다. 넷째, 부모와 떨어질 경우 공포 상태를 경험하거나, 짜증이 생긴다. 다섯째, 낯선 사람들과 이야기하거나 만나는 것을 힘들어한다. 여섯째, 일어나지 않은 일에 대하여 과도하게 걱정한다. 일곱째, 새로운 것을 시도하기 위해 주변의 많은 지지가 필요하다. 여덟째, 청결, 손 씻기에 열중한다. 아홉째, 편안하게 수면을 취하는 것에 어려움이 있다.

이와 같은 증상이 발생될 경우 청소년들의 일상에 많은 영향을 주게 되는데, 불안장애의 원인에 대해서 몇몇 이론에서 제시한 내용을 살펴보면 다음과 같다. 우선 프로이트(Freud)의 정신분석이론에서는 불안을 자아에 대한 위험신호로 보았는데 무의식에 받아들여질 수 없는 충동들이 의식에 표출되기 위한 압력으로 가해질 때 이는 위협이 되고, 자아가 이에 대한 방어적인 체제를 갖추는 과정에서 불안이 일어난다고 하였다. 인지이론에 따르면 불안감을 잘 느끼는 사람은 현실과는 달리 위험성을 지나치게 지각하거나, 평소 자신의 능력을 과소평가하기도 하고, 사고체계가 자동적으로 자기패배적인 생각을 하여 비적응적 행동양상을 보인다고 하였다. 한편, 학습이론에서는 불안이 환경에서 특수한 자극이 있었을 때 이에 대한 조건반응으로 생긴다고 하였다. 이 외에도 개인의 선천적인 기질, 불안에 대한 가족력, 주위 사람으로부터 불안한 행동을 배우게 되는 것 등의 원인이 있다.

청소년기에 나타나는 대표적인 불안장애로는 분리불안장애, 강박증, 공황장애, 공포증, 외상 후 스트레스장애 등이 있다.[1] 우선 '분리불안장애'는 애착대상과 떨어져 있는 것에 대한 불안이 나이에 비해 심해서 일상생활에 심각한 문제를 초래하게 된다. 일례로, 아이들은 학교에 가야 할 때에 자주 소화장애(복통)나 두통을 호소하는데, 대체로 부모가 아이들과 함께 학교에 가거나, 집에 있는 것을 허락하게 되면 이러한 증상들은 마법처럼 사라지는 것이 특징이다. 학교 가는 것을 거부하는 아이

1) 분리불안장애, 강박증, 공황장애, 공포증의 내용은 김봉년(2007)의 문헌을 발췌하여 재구성하였다.

들의 경우, 가까운 사람들의 죽음, 가족으로부터의 분리, 중요한 인생의 변화와 같은 충격적인 사건들의 결과로 나타날 수 있다.

'강박증'은 본인의 의지와 무관하게 어떤 생각이나 장면이 떠올라 불안해지고, 그 불안을 없애기 위해서 어떤 행동을 반복하게 되는 경우를 말한다. 손 씻기에 강박증을 가진 아이들은 청결에 사로잡히게 될 수 있고, 손을 몇십 분 동안 반복해서 씻는 경향을 보인다.

'공황장애'는 갑자기 강렬한 불안이 밀려오는 것으로, 심장이 빨리 뛰거나 가슴이 답답하고 호흡곤란 등의 신체 증상이 동반되어 죽음에 이를 것 같은 공포를 느끼는 불안 증상인 공황발작이 반복적으로 발생할 때를 말한다. 공황발작이 끝나면 아이는 다른 발작에 대하여 공포를 지속으로 느끼고 이러한 공포로 인해 밖에 나가거나, 부모를 떠나는 등의 공황발작을 유발할 수 있는 행동들을 피하려고 한다.

'공포증'은 특정한 상황이나 대상을 두려워하여 미리 예견되는 상황에서 벗어나거나 접근하지 않으려는 상태를 말한다. 뱀, 개 등을 무서워하는 동물공포, 높은 곳에 못가는 고소공포, 특정소리를 무서워하는 소리공포, 좁은 공간을 두려워하는 폐쇄공포증 등이 있다. 청소년기에 흔히 나타나는 사회공포증의 경우, 다른 사람 앞에서 말할 때와 같이 타인의 응시나 주시에 대해 심한 공포감을 갖게 되는데, 이는 수행불안으로 이어져 수행능력의 심각한 손상을 가져올 수 있다.

'외상 후 스트레스장애(Post-Traumatic Stress Disorder: PTSD)'는 충격적이거나 두려운 사건(정신적 외상)을 당하거나 목격한 뒤에 발생하는 심리적 반응을 의미한다. 외상을 겪고 나서 생존자들이 처음 느끼는 것은 살아남았다는 것에 대한 안도감이지만 생존자들은 이후 자신이 겪은 일에 대한 생각을 멈출 수가 없으며, 많은 생존자가 주변의 소리나 자극에 대해 강렬하게 반응하거나 높은 각성 상태로 고통을 받기도 한다. 청소년의 경우, 성적 혹은 신체적 학대를 통해 경험할 수 있다. 외상 후 스트레스장애를 경험한 이후에는 식사를 잘 못 하거나 잠을 잘 이루지 못하고, 신체 질환이 악화되기도 한다. 또한 과민하거나, 희망이 없다고 느끼거나, 공포, 슬픔 등을 느끼게 되고, 자신을 비난하거나, 타인과 세상에 대한 부정적인 생각을 하게 된다(보건복지부 국가건강정보포털, 2019b).

3) 자살

자살은 라틴어의 sui(자기 자신을)와 cædo(죽이다)의 합성어로, 그 원인이 어떠하든지 간에 한 개인이 자유의사에 따라 자신의 목숨을 끊는 행위를 말한다. 또한 자살을 하는 행동은 자살생각(suicidal ideation), 자살시도(attempted suicide), 자살행위(completed suicide)로 구분된다. '자살생각'은 자살을 하고 싶어 하고 실행하려는 의도나 계획으로, 일시적으로 죽고 싶다는 생각을 하는 것에서부터 실제 계획을 세우는 것까지 포함한다. '자살시도'는 자살을 하려는 행동을 취하는 것으로, 실제 목적이 자살이 아닌 타인의 관심을 끌거나 타인에게 위협하기 위해 하는 행동을 포함해서 자살을 하려고 행동으로 옮겼으나 타인에 의해 실제 자살이 되지 않은 경우를 모두 포함한다. 자살시도는 그 결과로 상해를 입을 수도 있다. '자살행위'는 자살행동의 결과가 죽음으로 나타나며 자신이 죽으려는 의도를 가지고 있어야 한다. 자살시도는 여자가 남자에 비해 많이 하는 반면, 자살행위를 통해 죽음으로 이어지는 비율은 남자가 여자에 비해 약 4배 정도 높다(Berman & Jobes, 1991).

청소년기의 자살은 청소년기의 개인적 · 가정적 · 사회적 · 환경적인 다양한 요인의 변화와 관련이 있으며 이러한 변화는 청소년의 충동적 특성을 더욱 강화시키게 되고 결국 자살을 시도하는 데 이를 수 있다. 청소년기의 발달특징과 관련한 자살의 특징을 살펴보면 다음과 같다. 첫째, 청소년 자살은 충동적인 경우가 많다. 청소년들의 자살시도가 대부분 사전에 계획되지 않는다는 특징이 있다(Brent, 1987). 청소년기는 성취해야 할 과업이 많은 데 비해 인지적으로는 성숙에 이르는 과정에 있고, 정서적으로는 충동성이 심화되는 시기에 있어서 현실도피의 한 방법으로 자살을 선택할 수 있다(신민섭 · 박광배 · 오경자 · 김중술, 1990). 따라서 평소에 잘 기능하던 청소년들도 갑작스런 스트레스나 어려움을 회피하려는 충동으로 자살을 시도하기도 한다(Glaser, 1981). 둘째, 청소년의 자살은 실제 죽고자 하는 의도가 아니라 자신의 고통을 극단적인 방법으로 표현한 것일 수 있다(한국청소년상담원, 2008). 자신을 부당하게 대했다고 지각하는 가족이나 친구에 대한 보복, 남을 조종하려는 의도가 자살의 중요한 결정요인이 되기도 한다. 실제로 자살을 시도한 청소년 중 재시도한 청소년은 10%에 불과하며, 나머지 90%는 다시 자살을 시도하지 않았고, 자살시도를 한 대

부분의 청소년이 1개월 정도가 지나면 정상적인 기능을 회복하게 된다는 보고가 있다(Hawton, 1986). 셋째, 청소년들은 다른 연령층에 비해 외부요인의 영향을 많이 받기 때문에 평상시 친하게 지내던 또래와 모방자살이나 동반자살을 시도하는 경우가 많다(오승근, 2006). 특히 청소년들은 자신이 좋아하는 아이돌 스타와 같은 연예인이 자살을 할 경우, 모방하려는 경우가 있어 사회문제가 되기도 한다. 넷째, 청소년들은 인터넷게임이나 판타지 소설류 등의 영향으로 죽음에 대한 환상을 가진 경우가 많다. 현실세계에서 압력과 위기를 느낄 때 죽음을 일종의 도피수단으로 보고, 자살로서 문제를 해결해 보려는 의존성을 보이기도 한다(한국청소년상담원, 2008).

자살의 원인으로는 신경전달물질인 세로토닌 부족과 같은 생물학적인 요인, 자살에 대한 가족력과 같은 유전적 요인, 우울, 조현병, 약물남용 등의 정신장애요인, 인지적 특징, 절망감, 성정체성, 신체적 · 성적 학대, 자아존중감과 같은 개인요인, 가족의 사회경제적 수준 등의 가족요인과 그 밖에 스트레스, 대중매체와 같은 사회환경적 요인 등이 있다.

자살을 예방하기 위하여 우선 가정에서는 자녀에 대한 세심한 주의와 관찰이 필요하고, 자녀에게 충분한 정서적 지원을 해 주며, 자녀의 자존감을 높여 주고, 자녀와의 대화 시간을 확보하며, 부모와 자녀 간에 친밀한 관계형성을 하는 것이 필요하다. 학교에서는 전문기관을 통한 자살예방 교사교육을 실시하고, Wee 센터 등을 통한 상담 프로그램을 강화하며, 청소년 또래상담자를 양성하고, 청소년 인성교육 강화 및 건전 여가문화 프로그램을 제공하여 즐거운 학교생활 풍토를 조성해야 한다. 사회에서는 연예인 및 대중매체를 활용하여 생명존중에 대한 캠페인을 실시하고, 자살에 이용될 수 있는 도구(약물, 무기류 등)를 제도적으로 규제를 해야 하며, 각종 청소년 유해환경에 대한 단속을 강화해야 한다.

4) 섭식장애

섭식장애는 체중증가와 비만에 대한 지나친 두려움과 마른 체형에 대한 지나친 욕구로 음식의 섭취를 과도하게 줄이거나 또는 계속 굶거나 과한 운동이나 구토 다이어트, 약을 먹는 등 부적절하게 체중조절 행위를 하며 극단적 다이어트에 집착하

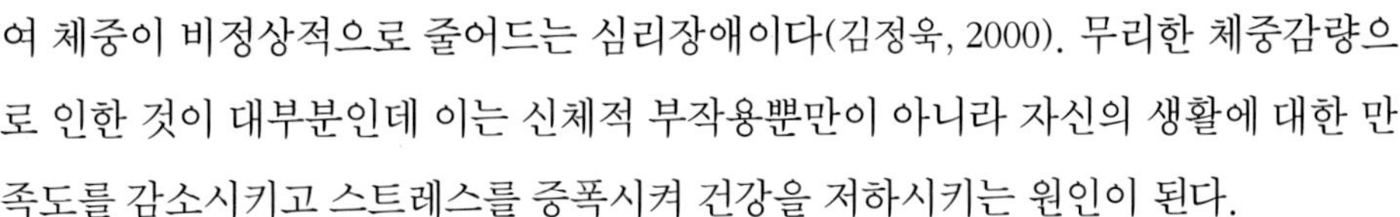

여 체중이 비정상적으로 줄어드는 심리장애이다(김정욱, 2000). 무리한 체중감량으로 인한 것이 대부분인데 이는 신체적 부작용뿐만이 아니라 자신의 생활에 대한 만족도를 감소시키고 스트레스를 증폭시켜 건강을 저하시키는 원인이 된다.

섭식장애는 음식 먹는 것을 몸에서 거부하는 '신경성 식욕부진증(거식증)'과 지나치게 많이 먹는 '신경성 폭식증(폭식증)'의 두 가지로 나눌 수 있는데 이를 구체적으로 살펴보면 다음과 같다. 우선 신경성 식욕부진증은 체중과 음식에 몰두해서 체중감소를 위한 행동과 체중증가에 대한 두려움, 무월경, 환자 스스로 하거나 의도적으로 하는 체중감소, 심각한 신체적 장애, 잔인할 정도의 날씬함을 추구하는 것이 특징이며 종종 기아 상태에도 이르기도 한다. 남자보다 여자에게서 흔하고 대체로 청소년기에 나타난다(Weinberg & Gould, 1995). 신경성 폭식증은 많은 음식을 빠른 시간에 참을 수 없는 듯이 먹어 치우는 폭식과 체중조절에 지나치게 매달리는 것이 특징이다. 복통과 구역질이 날 때까지 먹고 체중조절을 위해 토하고, 그로 인하여 죄책감, 우울, 자기혐오감으로 이어져 괴로워한다. 먹는 것을 절제하지 못하는 것에 대해 두려움을 가지고 있으며, 먹기 쉬운 고칼로리 음식을 먹고, 정상체중을 유지하기도 한다. DSM-IV에 제시된 각각의 기준은 다음과 같다(Fairburn & Cooper, 1986).

표 3-1 DSM-IV에 제시된 신경성 식욕부진증과 신경성 폭식증의 기준

신경성 식욕부진증	신경성 폭식증
-나이와 신장에 비하여 체중을 정상수준, 그 이상으로도 유지하는 것을 거부하는 경우 -저체중이지만 체중증가, 비만에 대한 극심한 두려움이 있는 경우 -체형인식이 왜곡되고, 체중과 체형이 자기평가에 있어서 지나친 영향을 받으며, 자신의 낮은 체중의 심각함을 부정하는 경우 -이미 월경이 시작된 여성이지만 적어도 3회 연속으로 무월경증을 보이는 경우	-일정한 기간 내에 일반적으로 먹는 양보다 눈에 띄게 많이 먹는 경우 -일정 기간 동안 과식에 대해 조절하는 감각이 부족한 경우 -체중증가를 방지하기 위해 스스로 토하거나 설사제, 이뇨제, 관장제, 기타 약물을 남용하거나 끼니 거름, 과도한 운동과 같은 부적절한 행동을 계속해서 하는 경우 -폭식, 부적절한 행동이 최소한 주 2회 이상 3개월 이상 발생하는 경우 -체형과 체중 변화에 대한 자신의 평가를 지나치게 하는 경우

섭식장애의 특징으로는 첫째, 체중의 증가와 비만에 대한 강박적인 걱정과 함께 왜곡된 신체상을 가지고 있다는 점, 둘째, 건강하게 체중을 유지하기 위한 음식 섭취를 적절히 통제하지 못한다는 점, 셋째, 자신의 체형과 체중을 어떻게 지각하느냐에 따라 자기평가가 쉽게 변한다는 점이 있다(최정윤 · 박경 · 서혜희, 2000).

섭식장애의 원인으로는 생물학적 요인, 발달과업, 대인관계나 가족관계, 날씬함을 강조하는 사회적 경향 및 심리학적 요인 등으로 인한 스트레스가 복합적으로 작용하는 것으로 알려져 있다(노지혜, 2018). 이 외에도 개인적 요인으로는 완벽주의, 우울감, 신체에 대한 불만족, 낮은 자아존중감과 자기효능감 등이 있고, 환경적 요인으로는 학교생활 스트레스와 가족 간의 의사소통이나 다이어트 압력 등이 있다. 사회적 요인으로는 TV 프로그램과 광고를 통한 대중매체의 영향력이 많은 영향을 미치고, 최근에는 사생활을 노출하여 개인의 일상에 보다 구체적으로 관여하는 소셜네트워크 서비스(SNS)가 보편화되면서 많은 젊은 여성이 섭식장애에 좀 더 가까이 접근할 수 있게 되었다.

03 외현화 문제

외현화 문제는 감정이나 행동의 적절한 억제가 결여되어 타인에게 해를 끼치거나 공격적인 행동, 비행 등 외적으로 드러난 과소 통제된 행동들이 포함된다(신현숙 · 이경성 · 이해경 · 신경수, 2004). 외현화 문제는 겉으로 드러나서 타인에게 부정적인 영향을 주기 때문에 사회적으로 문제가 되기도 한다.

1) 청소년 비행

청소년 비행(juvenile delinquency)은 사전적으로 청소년의 반사회적 행위 또는 범법행위를 의미한다(The American Heritage, 2000). 비행은 라틴어의 '과오를 범하다.' '의무를 태만히 하다.'라는 뜻에서 유래된 것으로(김제한 · 공석영 · 김충기, 1984), 현실 규범을 벗어날 때 일어나는 사회적 일탈행위를 의미한다. 청소년 비행은 성인의 경우와는 달리 법률의 위반뿐만 아니라 공공의 사회적 가치를 침범하거나 도덕적으로 바람직하지 못하다고 간주하는 부도덕행위까지도 포함하며, 특히 청소년들의 도덕성을 해하는 행위를 중요한 비행으로 간주한다. 따라서 청소년 비행에는 성인 일탈로 간주될 수 있는 행동들보다 더욱 다양한 행동들이 내포된다(김성이 · 강지원 · 구본용 · 황순길, 1996). 이와 유사하게 김준호 등(2009)도 청소년 비행의 영역을 크게 세 가지 비행군으로 나누었다. 첫 번째는 형법을 위반하는 중한 범죄행위들로 살인이나 강도 등의 강력범죄이고, 두 번째는 사소한 절도, 폭행과 같은 형법 위반행위 그리고 세 번째는 음주, 흡연, 가출 등과 같은 비행을 일컫는다. 이와 같이 청소년 비행행동에는 극소수 청소년이 저지르는 강력범죄에서부터 가출, 무단결석, 심각한 음주와 약물남용 등과 같은 문제행동 및 가벼운 흡연, 음주, 유흥가 배회 등 경미한 일탈행위에 이르기까지 매우 다양한 행동이 포함되어 있는데, 그 경계가 분명하게 정의되지는 않으며 넓은 의미로 제 법률 위반행위와 도의에 어긋나는 반사회적 행위까지 포괄하는 개념으로 이해할 수 있다(이희연, 2004).[2]

청소년 비행과 관련하여 우리나라에서는 「소년법」(제4조)에서 그 대상 청소년을 범죄소년, 촉법소년, 우범소년으로 정의하고 있다. 우선 범죄소년은 14세 이상 19세 미만의 죄를 범한 소년이며, 촉법소년은 형벌 법령에 저촉되는 행위를 한 10세 이상 14세 미만인 소년이며, 우범소년은 10세 이상 19세 미만의 소년으로 집단적으로 몰려다니며 주위 사람들에게 불안감을 조성하는 성벽(性癖)이 있는 경우, 정당한 이유 없이 가출하는 경우, 술을 마시고 소란을 피우거나 유해환경에 접하는 성벽이 있는 경우를 의미한다. 청소년 인구의 감소에 따라 청소년 범죄자의 수도 감소하고 있지만, 청소년범죄의 상습화가 심각한 수준에 있고(여성가족부, 2018), 촉법소년의 강력범죄가 계속되고 있으나 「소년법」의 규정에 의해 형사처벌을 할 수 없어 사회적으로 논란이 되고 있기도 하다. 또한 비행청소년의 연령이 낮아지고 있고, 집단화하는 경향이 있으며, 흉악해지고 있고, 비행의 동기가 일차적인 것(생리적 · 신체적 · 안정 욕구)에서 이차적인 것(쾌락적 · 심리적 · 사회적 욕구)으로 변모하고 있는 점이 특징

2) 청소년 비행의 범주는 본문에서 제시한 바와 같이 매우 포괄적이나 이 장에서는 외현화 문제의 유형으로서 비행과 학교폭력, 가출, 약물남용 등을 별도로 다루었다.

이라고 할 수 있다(이태경, 2005).

청소년 비행을 설명하는 대표적인 관점(이론)에는 주로 생물학적 관점, 심리학적 관점, 사회·문화적 관점 등이 있다(양돈규·임영식, 1998). 생물학적 관점은 유전, 뇌의 손상, 까다로운 기질 등의 요인들이 부모 및 또래들로부터 부정적인 반응을 일으키고, 그 결과 비행 혹은 일탈을 저지르게 될 가능성이 높은 것으로 본다. 심리학적 관점에서는 개인이 가지고 있는 심리적·행동적 특성이 청소년의 부적응 문제와 관련된 것으로 본다. 특히 개인의 특성들 가운데서도 높은 충동성, 사회적 기술의 부족, 낮은 자아개념, 낮은 자아존중감, 인지능력의 결함 등이 부적응 문제와 많은 관계가 있는 요인으로 밝히고 있다. 사회·문화적 관점은 사회생활, 특히 개인의 발달에서 중요한 환경 및 대상으로 작용하는 가족 및 친구 등과의 부정적인 경험이 청소년 비행에서 중요한 요인으로 작용하는 것으로 본다. 일례로 부모로부터 자주 처벌을 받으면서 자랐거나 가족구성원들이 일탈이나 공격적인 행동을 하는 것을 관찰하면서 성장해 온 청소년들은 그렇지 않은 청소년들에 비해 부적응행동 혹은 비행을 보이게 될 가능성이 훨씬 더 높은 것을 알 수 있다.

이러한 청소년 비행과 관련된 요인으로는 개인적·심리적 요인, 사회적 요인, 가족환경요인 등이 있으며 양돈규와 임영식(1998)의 연구를 통해 살펴보면 다음과 같다. 첫째, 개인적·심리적 요인으로는 낮은 지능, 낮은 학업성취도, 낮은 도덕 추론 수준, 부정적 자아개념, 부정적 신체이미지, 부정적 자아정체감, 낮은 자기통제수준, 청소년기 이전의 비행경험 등이 있다. 둘째, 사회적 요인으로는 비행친구나 비행을 하는 사람들과의 관계, 학교에서의 교육에 대한 낮은 기대, 낮은 학업성취 및 학교생활에서의 부적응, TV, 비디오, 영화 및 컴퓨터 게임 등과 같은 대중매체에서의 폭력 및 공격행동, 범죄율이 높은 도시에서의 거주 등이 있다. 셋째, 가족환경요인으로는 부모의 무관심과 소홀, 가족의 구조적 결손, 부모의 애정 및 사회적 지지의 결핍, 가족의 부도덕한 사고 및 행동, 가족 간의 갈등, 강압적이거나 폭력적인 가정, 부모 간의 심한 갈등과 같은 혼란스러운 가족환경, 부모의 이혼, 가정폭력, 빈곤 등이 있다. 앞에서 제시한 이러한 요인들이 청소년들의 비행에 위험요소로서 부정적인 영향을 준다.

청소년 비행을 예방하기 위해서는 무엇보다 가정기능이 강화되어 가정 내에서

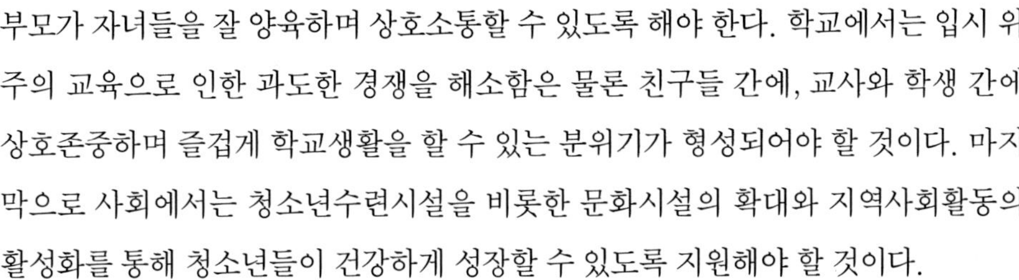

부모가 자녀들을 잘 양육하며 상호소통할 수 있도록 해야 한다. 학교에서는 입시 위주의 교육으로 인한 과도한 경쟁을 해소함은 물론 친구들 간에, 교사와 학생 간에 상호존중하며 즐겁게 학교생활을 할 수 있는 분위기가 형성되어야 할 것이다. 마지막으로 사회에서는 청소년수련시설을 비롯한 문화시설의 확대와 지역사회활동의 활성화를 통해 청소년들이 건강하게 성장할 수 있도록 지원해야 할 것이다.

2) 학교폭력

학교폭력이라는 용어는 1995년 6월 학교폭력으로 인해 고등학생이 자살하게 되면서 청소년폭력예방재단(민간단체)이 설립되었고 이때 처음 사용하게 되었다(문용린, 2007). 이후 2004년 1월에 「학교폭력예방 및 대책에 관한 법률」이 제정되면서 학교폭력이 사회적인 문제로 관심을 받아 왔다. 학교폭력은 학교 내외에서 학생을 대상으로 발생한 상해, 폭행, 감금, 협박, 약취 · 유인, 명예훼손 · 모욕, 공갈, 강요 · 강제적인 심부름 및 성폭력, 따돌림, 사이버 따돌림, 정보통신망을 이용한 음란 · 폭력 정보 등에 의하여 신체 · 정신 또는 재산상의 피해를 수반하는 행위를 말한다(「학교폭력예방 및 대책에 관한 법률」 제2조 제1호). 이와 같이 학교폭력은 자기보다 약한 처지에 있는 청소년에게 학교 안이나 밖에서 신체적 · 물리적 상해를 입히는 행동뿐 아니

「학교폭력예방 및 대책에 관한 법률」 제2조

1. "학교폭력"이란 학교 내외에서 학생을 대상으로 발생한 상해, 폭행, 감금, 협박, 약취 · 유인, 명예훼손 · 모욕, 공갈, 강요 · 강제적인 심부름 및 성폭력, 따돌림, 사이버 따돌림, 정보통신망을 이용한 음란 · 폭력 정보 등에 의하여 신체 · 정신 또는 재산상의 피해를 수반하는 행위를 말한다.

1의2. "따돌림"이란 학교 내외에서 2명 이상의 학생들이 특정인이나 특정집단의 학생들을 대상으로 지속적이거나 반복적으로 신체적 또는 심리적 공격을 가하여 상대방이 고통을 느끼도록 하는 일체의 행위를 말한다.

1의3. "사이버 따돌림"이란 인터넷, 휴대전화 등 정보통신기기를 이용하여 학생들이 특정 학생들을 대상으로 지속적, 반복적으로 심리적 공격을 가하거나, 특정 학생과 관련된 개인정보 또는 허위사실을 유포하여 상대방이 고통을 느끼도록 하는 일체의 행위를 말한다.

라 타인에게 미치는 심리적 영향까지 모두 포괄하는 개념으로 이를 반복적으로 실시하는 청소년 간의 모든 행동은 학교폭력으로 볼 수 있다(청소년폭력예방재단, 2013).

앞에서 제시한 바와 같이 학교폭력은 신체적 · 물리적 폭력, 언어적 · 심리적 폭력, 집단따돌림, 괴롭힘, 금품갈취 등이 포함된다. 우선 신체적 · 물리적 폭력은 「형법」상 폭행죄에 해당하는 협의의 개념으로서 사람의 신체에 대한 폭력행사로 학교폭력 중 가장 높은 비율로 나타나는 유형이기도 하다. 구체적으로는 주먹으로 때리거나 발로 차기, 찌르고 목 조르는 행위, 꼬집기 등 자신의 신체 일부를 사용하는 폭력이 있고, 칼, 몽둥이 등 물리적 도구를 이용하여 상대방에게 위해를 가하는 폭력 등이 이에 해당이 된다(한국청소년상담원, 2009). 둘째, 언어적 · 심리적 폭력은 신체적 · 직접적인 위해를 행사하는 것이 아니라 정서나 감정 등 정신적으로 부정적인 반응을 불러일으키는 폭력유형으로 언어나 상징의 사용에 중점을 두며, 타인에게 공갈, 협박, 비어, 약점을 이용하여 놀림으로써 심리적 · 정서적 피해를 입히는 폭력행위이다(윤성근, 2000). 상대에 대한 놀림, 조롱, 저속한 욕설, 비난, 이유 없이 헐뜯기, 약점의 확대과장 유포, 타인이 싫어하는 별명 부르기 등과 같은 행위로 주로 나타나며, 자신의 욕구불만을 해소하기 위한 하나의 기제로 사용하고 있다(곽영길, 2007). 셋째, 집단따돌림은 한 집단 내에서 한 학생이 둘 이상의 학생에 의해, 반복적 · 지속적으로 구타와 폭행, 소외, 심리적 배척의 형태로 이루어지는 부정적인 행동에 노출되는 현상으로 남에게 의도적으로 상처를 주거나 고통을 주려는 행동을 의미한다(Olweus, 1994). 또한 집단따돌림은 직접적인 괴롭힘과 간접적인 괴롭힘으로 나누어 볼 수 있는데 직접적인 괴롭힘은 피해학생에 대해 폭행, 구타, 위협이나 못살게 굴고 놀리는 등 공격적 행동을 가하는 것이고, 간접적인 괴롭힘은 집단으로부터 소외시키거나 배척하는 행위를 말한다(한국청소년상담원, 2009). 넷째, 괴롭힘은 일반적인 언어적 폭력이나 신체적 폭력과는 다르게 특별히 친구를 귀찮게 하는 행동으로 심부름, 숙제 등을 강제로 시키거나 하기 싫은 일을 강요하는 것으로서(박상도, 2001), 학교 내에서 주로 빈번하게 일어나는 학교폭력의 한 유형이다. 처음에는 장난으로 시작하여 폭력의 정도가 미미하기 때문에 피해 · 가해학생 모두 폭력으로 인식하지 못하는 경우가 많다(김정옥 · 박경규, 2002). 다섯째, 금품갈취는 다른 학생을 공갈 · 협박하여 돈이나 물품을 요구하거나 불법한 이익을 취하는 행동으로, 돌려줄 생각이 없으면서 돈이나 물품을 빼앗기, 옷 · 문구류 등을 빌린 후 되돌려 주지 않기, 일부러 물품을 망가뜨리기, 돈을 걷어 오라고 시키기 등을 들 수 있다(이명조, 2014).

학교폭력의 발생요인을 개인내적 요인과 환경요인으로 구분하여 살펴보면 다음과 같다(윤초희, 2013). 개인내적 요인으로는 낮은 자존감, 비합리적인 신념, 공격성, 정서불안, 낮은 공감능력, 낮은 자아통제력과 충동성, 반사회성, 학교폭력에 대한 태도, 폭력문화 허용성 등을 들 수 있다. 환경요인은 가정, 학교, 사회 · 문화환경으로 구분할 수 있는데, 가정환경은 핵가족화, 빈곤, 부적절한 부모의 양육태도와 의사소통 방식 등을 들 수 있다. 학교환경은 비행을 경험하고 있는 또래집단의 소속감과 가치관 형성, 교사의 높은 체벌, 학교 부적응, 낙인효과 등을 들 수 있다. 사회 · 문화적 환경은 대중매체 프로그램에서의 폭력장면 노출, 학교와 가정 주변의 유해환경 등을 들 수 있다.

학교폭력을 예방하기 위해서는 우선 가정에서는 가족 간 원활한 의사소통, 가족의 교육적 기능 회복이 필요하고 학교에서는 교사와 학생 간의 신뢰회복, 건전한 학교문화 형성을 위한 또래활동 지원, 실제적인 학교폭력예방교육 실시 등이 요구된다. 마지막으로 사회에서는 지역사회 내 유해환경의 근절, 유관기관 간의 협력 등이 필요하다.

3) 가출

'가출'은 부모나 보호자의 허락을 받지 않고 24시간 이상 집 밖에서 지내는 것을 말하며, 18세 미만의 청소년이 부모나 보호자의 동의 없이 집을 떠나서 24시간 이상 귀가하지 않는 경우에 '가출청소년'[3])으로 지칭한다. 청소년들이 가출하는 이유는 개인적인 요인, 가정환경 요인, 학교 관련 요인, 사회적인 요인으로 구분할 수 있으며, 그 내용은 다음과 같다(여성가족부, 2010).

3) 가출청소년은 가정의 보살핌이 부족해 학대와 같은 피해를 겪고 있지만, 비행청소년이나 예비범죄자로 간주되어 보호받지 못하고 있다는 지적에 따라 '가정 밖 청소년'으로 불리고 있다.

(1) 개인적인 요인

–부모로부터 독립하고자 하는 욕구

–욕구불만, 실패 및 좌절경험의 반복

–부정적 자아개념 혹은 자아정체감 혼란

–불안정한 정서, 충동적 경향성

–스트레스 및 문제상황에 대한 대처능력 결여

–가정 및 학교환경에 대한 부정적 지각

(2) 가정환경 요인

–가정의 구조적 결손(부모의 사망, 질병, 이혼, 혹은 별거 등)

–가정의 기능적 결손(가족불화, 갈등, 가족규범의 해체, 결속감 붕괴 등)

–부모의 부적절한 양육태도(무관심, 애정결핍, 방임, 과보호, 간섭 등)

–부모–자녀 간의 대화부족 및 비효율적 의사소통

–가출에 대한 부모의 태도 및 반응

–가정 내에서의 신체적 · 성적 혹은 정신적 학대

–가정의 빈곤으로 인한 스트레스 및 경제적 독립에 대한 압력

(3) 학교 관련 요인

–지나친 경쟁과 입시 위주의 획일적 교육환경

–부모의 과잉기대로 인한 학업 스트레스

–시험실패와 성적부진으로 인한 열등감 및 좌절감

–교사와의 관계에 대한 불만족(무관심, 체벌 등)

–또래관계와 관련된 부적응(폭력, 따돌림, 외톨이 등)

–학교생활과 관련된 부적응 및 불안(흥미상실, 등교거부 등)

–비행 및 가출경험이 있는 또래들과의 교류 및 동일시

(4) 사회적인 요인

–청소년의 탈선을 조장하는 유해환경 및 매체

–청소년을 상대로 윤락행위를 일삼는 퇴폐업소의 증가

–청소년의 권리 및 보호에 대한 성인들의 의식부족

–가출청소년의 선도 및 보호를 위한 관계 법령 미비

–가출청소년의 선도 및 예방을 위한 서비스와 시설의 부족

–청소년을 위한 건전한 놀이 및 문화시설의 부족

가출의 유형에는 연구자별로 다양한 형태가 존재한다. '가출인원'을 중심으로 청소년들의 가출유형을 구분해 보면(강성래, 2003), 첫째, 개인적 가출은 혼자서 가출하는 형태를 의미하며, 둘째, 집단가출은 친구들과 어울리면서 일어나는 가출형태로 가출기간도 길고 다른 비행과 범죄 등을 일으키는 비율도 높다. 셋째, 연쇄적인 가출로서 먼저 가출한 청소년이 다른 친구를 끌어들이는 것으로, 이 유형 역시 범죄를 일으키는 비율이 높다. 마지막으로, 재가출은 청소년들이 가출 후 사회에 복귀하는 과정에서 다시 가출하는 형태이며 이러한 재가출은 계속되는 경향이 있다. '가출준비과정'으로 구분하면(김준호, 1992), 첫째, 충동성 가출로 가출계획이나 의사 없이 충동적으로 집을 나가게 된 경우이다. 둘째, 계획적 가출로 어느 정도 가출에 대해 생각해 볼 시간적 여유와 준비 기간을 가지고 가출하는 경우이다. '가출동기'에 의해 분류해 보면(장수한, 1993), 첫째, 목적 지향적 가출로서 현재의 생활에 불만을 품고 새로운 세계로 나가고자 해서 가출하는 형태로 시골에서 도시로의 상경 또는 경제적인 이유로 인한 가출이 대부분이다. 둘째, 도피형 가출로 이는 욕구불만이나 자신의 의사에 맞지 않는 가족, 사회 등에 의해 비판을 받기 때문에 이를 피해 가출하고자 한다. 셋째, 단순형 가출로서 단순한 호기심과 놀이를 위해 동료집단과 동조해서 소속감을 느끼기 위해 가출한다. '가출원인'에 따라 분류해 보면(이상순, 1994), 첫째, 학업 중단형 가출이다. 교우관계의 어려움으로 무단결석을 자주 하다 보니 학습장애를 일으켜 성적이 떨어지고 학교공부에 흥미를 상실해 더 이상 학교나 부모님께 면목이 없어 가출하는 유형으로서 일반적인 가정의 청소년이 가출하는 경우가 보통 이 경우에 해당된다. 둘째, 동정형 가출로 이성친구나 동네 친구 등 친한 친구들이 가출하여 거리를 방황하는 것을 돕다가 함께 가출하는 경우이다. 셋째, 부모의 관심을 끌기 위한 가출(시위형 가출)이다. 사춘기에 자신의 열등감이나 부모의 편

애로 인하여 이유 없이 짜증을 내다 부모의 관심을 끌기 위하여 하는 가출로서 대개 집 주위에서 2~3일 빙빙 돌다가 귀가하는 것이 대부분이다. 넷째, 현실 탈피형 가출이다. 빈곤 가정의 경제적 영세성을 벗어나기 위하여, 아버지나 의붓아버지의 성 학대를 피하기 위하여, 농촌에서 도시로 탈피하기 위하여 하는 가출이다. 다섯째, 추방된 가출이다. 부모가 자녀의 행동을 도저히 참을 수 없어 자녀를 집에서 내쫓아 어쩔 수 없이 하게 되는 가출이다.

가출의 특성을 살펴보면 다음과 같다(이용교 · 남미애, 2006; 정재우, 2013).

첫째, 청소년기에 경험하는 가출 충동이나 시도는 특별한 청소년만의 문제가 아니라 지역에 살고 있는 어떤 청소년도 경험할 수 있다. 둘째, 가출 당시의 자신이 겪었던 학대에 대한 경험, 욕구불만 등이 가출 후 표출되어 비행행동 등으로 연계될 수 있다. 셋째, 청소년이 가출을 하게 되는 것은 자신을 둘러싼 환경에서 쫓겨나거나 불가피한 상황에 의해 가출을 할 수밖에 없는 경우도 상당수 있으며, 가출 이전부터 가출청소년은 환경의 희생자이기도 하다. 넷째, 이러한 가출행동이 임신, 절도, 폭력으로 인한 이차적 피해를 야기할 수 있다는 점이다. 이는 가출 후 우울과 자살의 가능성을 높이게 될 것이다. 다섯째, 많은 가출청소년이 가정이나 사회로부터 적절한 보호나 지원을 받지 못하고 방치되어 있다. 따라서 가출을 예방하기 위한 초기 단계의 노력이 필수적이며 가출 후에는 가출경험의 경감을 위한 적절한 보호자의 개입과 가출청소년을 위한 다양한 전략적 서비스가 제공되어야 할 것이다.

청소년들의 가출을 예방하기 위해서는 우선 가정에서는 자녀의 지도 및 교육이 강화되어야 하고, 가족 간의 유대와 결속력 역시 강화되어야 하며, 학교에서는 전인적인 교육의 실현과 함께 생활지도 및 상담이 강화되어야 하고, 학교 주변의 환경정화가 필요하다. 사회에서는 매스컴의 교육적 환경을 제고하고, 유해환경을 정화하는 등의 노력이 요구된다.

4) 약물남용

'약물'은 일반적으로 의학적 목적으로 사용되는 약품을 의미하는 개념이기도 하지만 약품뿐만 아니라 인간의 정신기능에 변화를 초래하는 물질 전반을 총칭하는 개념으로도 사용된다. 따라서 술이나 담배는 후자의 개념으로 사용되고, 본드, 신나, 부탄가스 등의 흡입제, 대마, 메스암페타민(필로폰), 코카인, 헤로인 등 인간의 정신기능에 영향을 미치는 마약류도 모두 포함된다(김정식, 2004). 세계보건기구(WHO)의 정의에 따르면 약물은 한번 사용하기 시작하면 자꾸 사용하고 싶은 충동을 느끼고(의존성), 사용할 때마다 양을 늘리지 않으면 효과가 없으며(내성), 사용을 중지하면 온몸에 견디기 힘든 이상을 일으키고(금단 증상), 개인에게 한정되지 않고 사회에도 해를 끼치는 물질로 규정되고 있다(한국마약퇴치운동본부, 1998). '약물남용(drug abuse)'은 의학적 상식, 법규, 사회적 관습으로부터 일탈하여 쾌락을 추구하기 위하여 약물을 사용하는 행위를 말한다(김성이, 1989).

청소년들이 주로 남용하는 약물에는 술, 담배, 본드, 가스, 대마초, 카페인, 감기약, 진통제 등이 있다. 약물남용은 주로 청소년기 때 실험적인 시도로 시작되며 각 개인의 인지, 태도, 사회, 성격, 화학 및 발달적 요인이 약물남용에 복합적으로 작용하게 된다. 좀 더 구체적으로 청소년기의 약물사용은 신체적 성장을 저해할 뿐만 아니라 인지발달장애, 신경심리학적 기능장애, 이차적인 학업실패 및 학습장애, 비행집단과의 연관에 따른 행동장애, 사고와 폭력의 위험률 증가 등 청소년기의 발달과업과 맞물려 생물학적 · 정신사회적 후유증을 초래하기 때문에 심각한 상황에 이를 수 있다(Kaminer, Bukstein, & Tarter, 1991). 이러한 현상은 청소년기라는 불안정한 심리 · 사회적 특성, 왕성한 신체적 · 정서적 성장과 발달적 맥락에서 발생하는 것이기 때문에 특별한 관심이 요구된다(이영순, 2000). 이에 약물남용의 원인을 살펴볼 필요가 있는데 크게 생물학적 · 심리적 · 사회환경적 요인으로 구분하여 살펴보면 다음과 같다(오영균, 2002). 첫째, 생물학적 요인으로는 유전과 관련한 것으로 아직 확실한 유전적 인자를 파악한 것은 아니지만 많은 연구가 유전적 특성이 있음을 보고 하는데, 일례로 일란성 쌍생아의 경우 한쪽이 알코올 중독에 걸리면 다른 쪽도 걸릴 확률이 53.5%로 이란성 쌍생아의 28.3%보다 높은 것을 알 수 있다. 둘째, 심리적 요인으로는 약물남용자들이 자존감이 낮고, 자기확신 및 자기만족감도 낮으며, 공격적이고, 개인조절능력이 떨어지는 것으로 보고된다. 또한 불안감이 높고, 충동적이며 배신을 잘하고 인내심 역시 낮다. 이 외에도 감정조절능력이 부족하고, 대인관계에 어려움이 있으며 자기보호능력이 부족하고 판단력장애와 인격장애가

있기도 하다. 셋째, 사회환경적 요인으로는 가족, 친구, 사회학습적 관점으로 나누어 볼 수 있다. 우선 가족은 부모나 형제가 약물을 사용할 경우에 청소년들에게 모델링의 효과가 있어 청소년도 약물을 사용하게 되고, 애정과 애착이 잘 형성되어 있지 않거나 부모가 약물에 대해 허용적인 태도를 보이는 경우가 많다. 또 가족 간 갈등이 심하고 자녀를 방임하거나 과도하게 허용적인 가정의 청소년들이 약물을 사용할 가능성이 높다. 친구관계에서는 친구들에게 소외되지 않고 무시당하지 않으려고 약물을 사용하기도 하는데 이로 인해 건전한 또래와의 유대가 점점 단절되며 급속히 약물사용이 증가하게 된다. 사회학습적 관점에서는 사람들이 개인적인 목표충족의 실패, 불안, 타인으로부터의 거절 등에 대항하는 수단으로 약물사용을 학습한다는 것이다. 대중매체를 통해 약에 대한 긍정적인 판단을 하게 되는데 이러한 분위기가 약물사용에 대한 관대한 태도와 규범을 형성하고 약물을 사용하는 것을 자연스러운 행동으로 수용하게 되면서 결국 사회화된다.

약물남용의 단계는 3단계로 나뉜다(금명자 · 이향림 · 권해수, 1995). 우선 1단계는 실험적인 약물사용이 시작되고, 이때에는 사회적응에 심각한 문제를 보이지는 않지만 약물사용의 충동을 경험한다. 2단계에서는 일차적으로 약물을 사용하게 되며, 일상생활에 역기능적인 행동 및 태도로 문제가 발생하기 시작한다. 3단계에서는 2단계보다 심화된 약물사용으로 발전하며, 약물로 비롯된 문제행동의 근원이 어린 시절에 있음을 알게 되고, 생활 전체에 통합적인 개입이 요구된다.

약물남용을 예방하기 위한 방법으로 세계보건기구(WHO)에서 실행하고 있는 전략을 소개하고자 한다(한국형사정책연구원, 1996).

(1) 일차적 예방

첫째, 개인에게 약물소비, 약물남용 및 약물의존에 대해 저항할 수 있는 능력을 키우고 경우에 따라서는 또래집단에서의 약물소비에 대한 압력에 저항할 수 있게 하는 적절한 행동방식을 구축하는 것이다.

둘째, 약물이나 기호품에 있어서 적절하고 올바른 접촉을 위한 교육을 하는 것이다.

또 다른 견해로는 정보교육, 기술훈련, 지역사회의 예방프로그램을 일차적 예방에 포함시키기도 한다.

(2) 이차적 예방

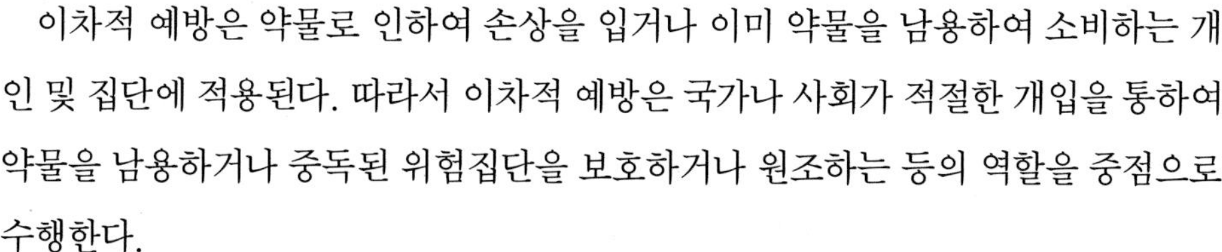

이차적 예방은 약물로 인하여 손상을 입거나 이미 약물을 남용하여 소비하는 개인 및 집단에 적용된다. 따라서 이차적 예방은 국가나 사회가 적절한 개입을 통하여 약물을 남용하거나 중독된 위험집단을 보호하거나 원조하는 등의 역할을 중점으로 수행한다.

(3) 삼차적 예방

삼차적 예방에서는 치료와 연결되거나 치료 영역에서의 심리사회적 사전 · 사후 보호와 관련된다. 삼차적 예방은 약물남용자의 자기신뢰와 삶의 용기를 강화시키고 자신의 삶을 영위하여 장래에도 약물을 포기할 수 있도록 용기를 줄 수 있는 치료를 하거나 이미 끝난 치료에 따른 보호를 중점적으로 수행한다.

용어 이해를 위한 참고자료

약물의 과다한 사용을 의미하는 전문용어들로서는 약물중독(drug addiction), 약물남용(drug abuse), 약물의존(drug dependence), 물질남용(substance abuse) 등이 있다. 이들 용어들은 종종 비슷한 의미로 이해되기도 하나 엄밀하게는 이들 용어들이 의미하는 바는 다르다.

약물남용은 헤로인과 같은 불법약물이나 신경안정제 같은 합법약물을 의학적 지도감독 없이 사용하는 행위를 말한다. 약물남용을 의학적으로 정의하면 특정 물질을 규칙적으로 그리고 과다하게 사용함으로써 개인의 건강이 손상되고, 대인관계가 위협을 받으며, 그 과정에서 사회 자체가 마비되는 상태로 간주된다. 결국 약물남용이란 일정 기간 동안 의사의 처방 없이 자신의 정신적 쾌락을 추구하기 위해 약물을 사용하는 것을 의미한다.	약물중독은 아편이나 신경안정제 또는 알코올과 같은 약물에 대한 신체적인 반응을 지칭한다. 약물중독은 세 가지 차원을 갖는데 그것은 내성, 금단증상 및 습관화이다. 때로는 약물의 사용으로 인한 통제력의 상실을 의미하기도 한다.	약물의존이란 약물에 대한 신체적 · 정신적 의존 상태를 나타내는 용어로서 최근에는 약물남용이나 약물중독이란 용어 대신 많이 사용되고 있다. 물질남용이란 약물남용과 동의어로 사용되기도 하지만 약물이 아닌 화학물질(예를 들어, 시너나 부탄가스 등)의 남용현상을 지칭할 때 적합한 용어이다.

* 출처: 대한임상건강증진학회.[4]

4) http://www.healthpro.or.kr/health/viewC.php?cat=6&number=54 (2019. 11. 28. 다운로드)

요약

1. 청소년부적응은 문제행동, 비행, 일탈 등을 포괄하는 개념으로, 내재화 문제와 외현화 문제로 구분할 수 있다. 내재화 문제에는 우울증, 불안장애, 자살, 섭식장애 등이 있고, 외현화 문제에는 청소년 비행, 학교폭력, 가출, 약물남용 등이 있다.

2. 청소년기의 우울 증상은 우울감을 직접 호소하기보다는 불면증, 피로, 두통, 복통 등의 신체 증상으로 나타나는 경우가 일반적이다. 청소년들은 우울증 치료에 앞서 우울증을 예방할 수 있도록 평상시에 스트레스를 대처할 수 있는 능력을 키우고, 문제해결능력이나 일상에서의 생활기술을 가르치는 것이 필요하다.

3. 청소년들이 불안장애를 경험하게 되면 등교를 거부하기도 하고, 잦은 위통과 다른 신체 증상들을 호소하는 경향이 있다. 청소년기의 대표적인 불안장애로는 분리불안장애, 강박증, 공황장애, 공포증, 외상 후 스트레스장애 등이 있다.

4. 자살은 자살생각, 자살시도, 자살행위로 구분되며, 청소년기의 자살은 충동적인 경우가 많다. 실제 죽으려고 하기보다 자신의 고통을 극단적으로 표현한 것일 수 있으며, 친한 친구와의 모방자살이나 동반자살을 시도하는 경우가 많은 것이 특징이다.

5. 섭식장애에는 신경성 식욕부진증과 신경성 폭식증이 있다. 체중의 증가와 비만에 대한 강박적인 걱정과 함께 왜곡된 신체상을 가지고 있으며, 건강하게 체중을 유지하기 위한 음식섭취를 적절히 통제하지 못하고, 자신의 체형과 체중을 어떻게 지각하느냐에 따라 자기평가가 쉽게 변한다는 특징이 있다.

6. 청소년 비행은 성인의 경우와는 달리 법률의 위반뿐만 아니라 공공의 사회적 가치를 침범하거나 도덕적으로 바람직하지 못하다고 간주하는 부도덕행위까지도 포함하며, 특히 청소년들의 도덕성을 해하는 행위를 중요한 비행으로 간주한다.

7. 학교폭력은 학교 내외에서 학생을 대상으로 발생한 상해, 폭행, 감금, 협박, 약취·유인, 명예훼손 · 모욕, 공갈, 강요·강제적인 심부름 및 성폭력, 따돌림, 사이버 따돌림, 정보통신망을 이용한 음란·폭력 정보 등에 의하여 신체·정신 또는 재산상의 피해를 수반하는 행위를 말한다.

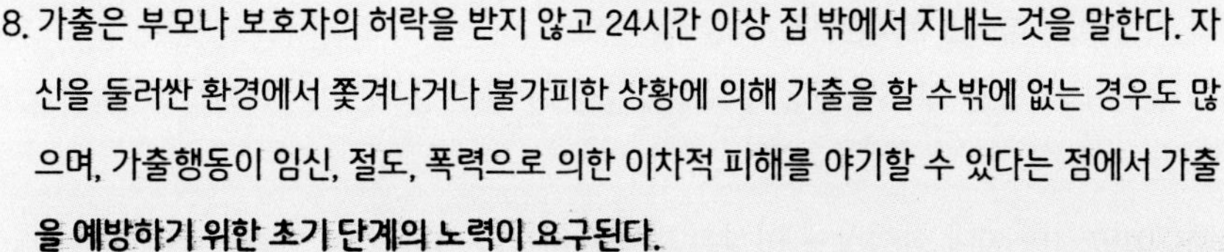
8. 가출은 부모나 보호자의 허락을 받지 않고 24시간 이상 집 밖에서 지내는 것을 말한다. 자신을 둘러싼 환경에서 쫓겨나거나 불가피한 상황에 의해 가출을 할 수밖에 없는 경우도 많으며, 가출행동이 임신, 절도, 폭력으로 의한 이차적 피해를 야기할 수 있다는 점에서 가출을 예방하기 위한 초기 단계의 노력이 요구된다.

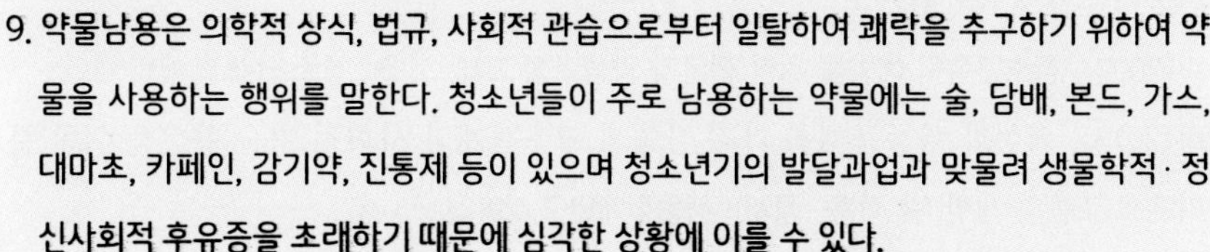
9. 약물남용은 의학적 상식, 법규, 사회적 관습으로부터 일탈하여 쾌락을 추구하기 위하여 약물을 사용하는 행위를 말한다. 청소년들이 주로 남용하는 약물에는 술, 담배, 본드, 가스, 대마초, 카페인, 감기약, 진통제 등이 있으며 청소년기의 발달과업과 맞물려 생물학적 · 정신사회적 후유증을 초래하기 때문에 심각한 상황에 이를 수 있다.

강성래(2003). 가출청소년에 대한 실태분석: 가출경험집단과 가출미경험집단비교 중심으로. **국민대학교 대학원 석사학위논문.**

곽영길(2007). 학교폭력 피해에 대한 인식과 경험에 관한 연구: 서울시 고등학생을 중심으로. 동국대학교 대학원 박사학위논문.

금명자 · 이향림 · 권해수(1995). **약물남용 청소년프로그램 1.** 서울: 청소년대화의광장.

김붕년(2007). 소아-청소년기 불안장애. **대한치과마취과학회지, 7,** 101-106.

김성이(1989). 청소년 약물남용의 실태와 예방. 이화여자대학교 한국문화연구원.

김성이 · 강지원 · 구본용 · 황순길(1996). **청소년 비행상담.** 서울: 청소년대화의광장.

김인홍(2009). 일 지역사회 청소년의 정신건강 실태. **농촌의학 · 지역보건, 34**(2), 234-243.

김정식(2004). 청소년약물남용 실태 및 예방대책에 관한 연구. 수원대학교 사회복지대학원 석사학위논문.

김정옥 · 박경규(2002). 청소년의 가정폭력경험과 학교폭력의 관계연구. **한국가족관계학회지, 7**(1), 93-115.

김정욱(2000). **섭식장애: 날씬한 몸매를 위한 처절한 투쟁.** 서울: 학지사.

김제한 · 공석영 · 김충기(1984). **청소년발달심리학.** 서울: 세광공사.

김준호(1992). **청소년의 가출과 비행의 관계에 관한 연구.** 서울: 한국형사정책연구원.

김준호 외(2009). 청소년 비행론. 서울: 청목출판사.

김진화 외(2002). 청소년 문제행동론. 서울: 학지사.

김혜원(2009). 청소년 부적응행동과 자아존중감의 관련성 재조명. 미래청소년학회지, 6(3), 1-22.

노지혜(2018). 10~30대 섭식장애 여성의 집단미술치료 체험연구. 서울여자대학교 특수치료전문대학원 석사학위논문.

문용린(2007). 청소년폭력 예방을 위한 전문가 양성과정 교재. 서울: 청소년폭력예방재단.

박명화(2013). 외현화 행동문제를 가진 아동의 교우관계와 사회적 기술 향상을 위한 분노관리프로그램의 개발 및 적용. 정서 · 행동장애연구, 29(2), 45-67.

박상도(2001). 청소년 학교폭력의 원인과 대처방안에 관한 연구. 대전대학교 대학원 박사학위논문.

성미숙(2004). 청소년의 스트레스와 자아개념 및 비행과의 관계. 원광대학교 대학원 석사학위논문.

신민섭 · 박광배 · 오경자(1991). 우울증과 충동성이 청소년들의 자살행위에 미치는 영향. 한국심리학회지: 임상, 10(1), 286-297.

신민섭 · 박광배 · 오경자 · 김중술(1990). 고등학생의 자살성향에 관한 연구: 우울-절망-자살간의 구조적 관계에 대한 분석. 한국심리학회지: 임상, 9(1), 1-19.

신현숙 · 이경성 · 이해경 · 신경수(2004). 비행청소년의 생활적응문제에서 우울/불안 및 공격성의 합병효과와 성차. 한국상담심리학회지: 상담 및 심리치료 16(3), 491-510.

양돈규, 임영식(1998). 청소년 비행의 최근 동향과 원인에 관한 고찰. 사회과학연구, 11, 109-132.

여성가족부(2010). 가족의 특성에 따른 가출청소년 유형별 귀가지도. 서울: 여성가족부.

여성가족부(2018). 2018 청소년백서. 서울: 여성가족부.

오경자(1991). 아동 · 청소년 문제행동의 분류 진단. 한국아동학회 추계워크숍 자료집, 5-20.

오승근(2006). 청소년의 자살태도, 자살위험성 및 생명존중교육 참여 요구와의 관계. 고려대학교 대학원 박사학위논문.

오영균(2002). 청소년의 약물남용 실태와 대책에 관한 연구. 중앙대학교 행정대학원 석사학위논문.

윤성근(2000). 중학생의 가정폭력과 학교폭력의 연계성. 경기대학교 교육대학원 석사학위논문.

윤초희(2013). 학교폭력 가해자 대상 상담 및 심리치료 프로그램과 학교폭력 예방 프로그램의 효과에 대한 메타분석. 동국대학교 교육대학원 석사학위논문.

이명조 (2014). **학교폭력의 예방과 대책**. 경기: 교문사.

이미라 · 박분희(2017). 청소년의 외현화문제, 내재화문제, 성취가치, 학교생활적응 간의 구조적 관계. **학습자중심교과교육연구, 17**(1), 517-535.

이상순(1994). 청소년 가출로 야기되는 문제와 가정에서의 치료법. **(교회 사회복지의 미래를 여는) 나눔연구 제2호**. 서울: 서울가톨릭사회복지회.

이영순(2000). 약물남용 비행청소년을 위한 생활기술훈련 프로그램의 효과. 전북대학교 대학원 박사학위논문.

이용교 · 남미애(2006). **가출청소년 및 청소년쉼터 실태조사**. 서울: 국가청소년위원회 · 한국청소년쉼터협의회.

이태경(2005). 청소년 비행의 예방대책에 관한 연구. 동아대학교 사회복지대학원 석사학위논문.

이희연(2004). 청소년기 탈비행화 과정에 관한 연구. 연세대학교 대학원 박사학위논문.

장상희(1993). **일탈의 사회학**. 서울: 경문사.

장수한(1993). 상담사례분석을 통한 청소년가출의 원인과 대책. 부산대학교 대학원 석사학위논문.

정은석(2016). 고등학생의 체질량지수, 외모만족도가 내재화 문제에 미치는 영향: 자아존중감의 매개 및 성별 차이를 중심으로. 서울대학교 대학원 석사학위논문.

정재우(2013). 청소년 가출에 영향을 미치는 변인 및 가출경험 과정에 관한 연구. 중앙대학교 대학원 박사학위논문.

청소년폭력예방재단(2013). **전국 학교폭력 실태조사 보고서**. 서울: 청소년폭력예방재단.

최정윤 · 박경 · 서혜희(2000). **이상심리학**. 서울: 학지사.

한국교육심리학회(2000). **교육심리학 용어사전**. 서울: 학지사.

한국마약퇴치운동본부(1998). **마약류 및 약물남용 예방교육 교재**. 서울: 한국마약퇴치운동본부.

한국청소년상담원(2008). **청소년자살 예방프로그램 및 개입방안 개발**. 서울: 한국청소년상담원.

한국청소년상담원(2009). **학교폭력: 학부모 개입지침서**. 서울: 한국청소년상담원.

한국형사정책연구원(1996). **청소년의 약물남용 예방전략**. 서울: 한국형사정책연구원.

Berman, A. L., & Jobes, D. A. (1991). *Adolescent suicide: Assessment and intervention*. Washington DC: American Psychological Association.

Brendgen, M., Wanner, B., Morin, A. J. S., & Vitaro, F. (2005). Relations with parents and with peers, temperament and trajectories of depressed mood during early adolescence. *Journal of Abnormal Child Psychology, 33*(5), 579-594.

Brent, D. A. (1987). Correlates of medical lethality of suicide attempts in children and adolescent. *Journal of the American Academy of Child Psychiatry, 26*, 87-89.

Cantwell, D. P., & Baker, L. (1991). Manifestation of depressive affect in adolescence. *Journal of Youth and Adolescence, 20*, 121-134.

Costello, D. M., Swendsen, J., Rose, J. S., & Dierker, L. C. (2008). Risk and protective factors associated with trajectories of depressed mood from adolescence to early adulthood. *Journal of Consulting and Clinical Psychology, 76*(2), 173-183.

Fairburn, C. G., & Cooper, P. J. (1986). The depressive symptoms of bulimia nervosa. *British Journal of Psychiatry, 148*, 268-274.

Glaser, K. (1981). Psychopathologic patterns in depressed adolescents. *American Journal of Psychotherapy, 35*, 368-382.

Hawton, K. (1986). *Suicide and attempted suicide among children and adolescents*. New bury Park, CA: Sage press.

Kaminer Y., Bukstein O., & Tarter, R. E. (1991). The teen-addiction severity index: Rationale and reliability. *International Journal of the Addictions, 12*, 216-219.

Lewinsohn, P. M., Clarke, G. N., Seeley, J. R., & Rohde, P. (1994). Major depression in community adolescents: Age at onset, episode duration, and time to recurrence. *Journal of the American Academy of Child and Adolescent Psychiatry, 33*(6), 809-818.

Olweus, D. (1994). Annotation: Bullying at school: Basic facts and effects of aschool based intervention program. *Journal of Child Psychiatry, 35*, 1171-1190.

Rudolph, K. D. (2009). *The interpersonal context of adolescent depression*. In S. Nolen-Hoeksema & L. M. Hilt (Eds.), *Handbook of depression in adolescents* (pp. 377-418). New York: Routledge.

The American Heritage (2000). *Dictionary of the english language* (4th ed.). Boston: Houghton Mifflin Company.

Weinberg, R. S., & Gould, D. (1995). *Foundation of sport and exercise psychology*. Champaign, IL: Human Kinetics Publishers.

Wilks, S. E. (2008). Resilience amid academic stress: The moderating impact of social support among social work students. *Advances in Social Work, 9*(2), 106-125.

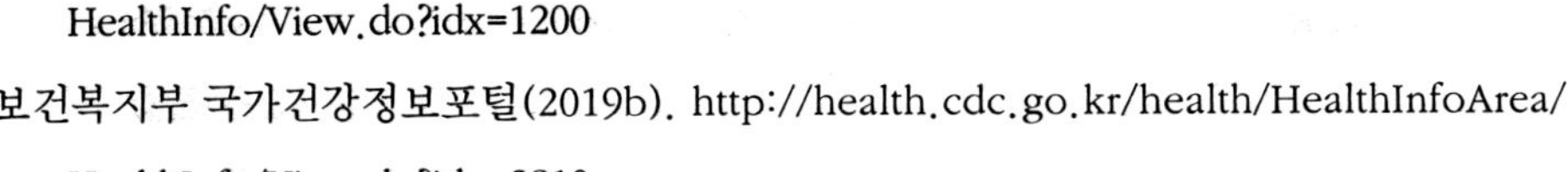

보건복지부 국가건강정보포털(2019a). http://health.cdc.go.kr/health/HealthInfoArea/HealthInfo/View.do?idx=1200

보건복지부 국가건강정보포털(2019b). http://health.cdc.go.kr/health/HealthInfoArea/HealthInfo/View.do?idx=3810

제4장

청소년상담의 개념

학습개요

청소년상담은 성인상담과는 다르며, 아동상담의 연장이라고도 볼 수 없는 청소년상담만의 고유한 특성을 지닌다. 청소년상담은 청소년기의 발달특성상 나타나는 어려움을 극복하고 사회에 잘 적응하여 자신의 잠재력을 최대한 실현할 수 있도록 도와주는 전문적인 활동으로 정의할 수 있다.

이 장에서는 청소년상담을 하기 위한 기본적인 내용들을 중심으로 제시하였는데, 청소년상담의 개념과 특징, 목표를 살펴보고, 청소년 상담자의 자질 및 윤리, 청소년 내담자의 특징을 학습하고자 한다.

청소년상담은 상담의 대상이 청소년이라는 점에서 청소년기의 발달특성이 충분히 반영되어야 하는 상담이라고 할 수 있다. 그래서 기존의 성인상담과는 다르며, 아동상담의 연장이라고도 볼 수 없는 청소년상담만의 고유한 특성을 지닌다. 이 장에서는 청소년상담의 개념 및 특징을 중심으로 살펴보고자 한다.

01 청소년상담의 개념 및 특징

1) 청소년상담의 개념

청소년상담에 대해서는 여러 학자가 다양하게 정의를 내리고 있다. 우선 이형득(1992)은 성장기에 있는 청소년들이 사회에 잘 적응하고 청소년 자신의 잠재가능성을 최대한 실현할 수 있도록 도와주기 위한 전문적인 활동이라고 정의한다. 박재황, 남상인, 김창대와 김택호(1993)는 청소년상담에 대해 성인과 차이가 있는 청소년의 심리적 측면과 환경적 특성을 고려하여 "청소년 및 청소년 관계자(부모, 교사, 청소년 지도자)와 청소년 관련 기관(가정, 학교, 청소년기관 · 단체 · 시설 등)을 대상으로 하는 봉사(개인 및 집단상담, 교육 및 훈련), 자문 활동, 그리고 매체를 통하여 청소년의 바람직한 발달 및 성장을 추구하는 활동"으로 정의하였다. 이 외에도 김세일(2013)은 청소년기의 특징을 고려하여 이들의 불안정한 정서와 그에 따른 어려움을 중심으로 정의하였다. 즉, 청소년들이 본인의 의지와는 달리 신체적 · 심리적으로 발달상의 여러 가지 변화를 겪는 혼란의 시기를 보내게 되며, 불안정한 심리와 특징적 발달양상으로 인해 여러 가지 어려움에 직면하게 된다. 이때 청소년들이 느끼는 어려움은 신체적 변화에 따른 당혹감, 불투명한 미래에 대한 불안, 그리고 의존성과 독립성 사이에서의 혼란 등으로 이러한 것들이 복합적으로 나타나게 되는데 이를 돕는 것을 청소년상담이라고 하였다(김세일, 2013).

이와 같이 청소년상담은 "청소년기의 발달특성상 나타나는 어려움을 극복하고 사회에 잘 적응하여 자신의 잠재력을 최대한 실현할 수 있도록 도와주는 전문적인 활동"이라고 정의할 수 있다.

2) 청소년상담의 특징

첫째, 청소년들은 성인과는 달리 발달단계상 성장기에 있어서 이들의 어려움은 신체적 · 정서적 · 인지적 발달과 밀접하게 관련이 있다. 이 시기에는 신체적 · 인지적 성장이 급격히 일어나며, 이에 따른 정서적인 변화도 다른 연령대에 비해 크다. 이러한 상황이 학업 스트레스, 또래와의 관계, 가족관계 등으로 이어져 어려움을 호소하게 되는 것이다(서미 외, 2018).

둘째, 앞에서 언급한 바와 같이 청소년들이 성장기에 있기 때문에 청소년상담을 진행할 경우, 이들의 문제만을 다루는 것이 아니라 이들의 건강한 발달과 성장에 초점을 맞춰야 한다. 이는 문제의 해결에만 초점을 맞추는 것이 아니라 예방과 교육 등을 병행하여 이들의 조화로운 성장과 발달로 이끌어야 한다는 것이기도 하다. 즉, 교육적 요소와 치료적 요소가 적절하게 어우러져야 한다.

셋째, 그렇기 때문에 청소년을 대상으로 하는 상담방법으로는 개인상담뿐만 아니라 집단상담, 문제예방과 건강한 성장을 지원하는 각종 교육 프로그램 등이 효과적이다. 이 부분이 성인상담과는 다른 차이이기도 하며, 청소년상담만의 고유한 상담방법과 기법이 필요하다고 하겠다(서미 외, 2018).

넷째, 청소년상담의 방법에 있어서는 일반적으로 수행하는 상담자와 내담자 간의 대화를 주고받는 상담 외에도 다양한 활동, 게임, 놀이 등이 활용된다. 실제로 청소년상담기관에 가 보면 개인 및 집단상담실 외에도, 모래놀이치료실이 마련되어 있기도 하다. 이러한 다양한 방법을 사용하기 위해서는 청소년 상담자가 관련 분야의 전문성을 갖추고 있어야 한다.

다섯째, 청소년을 상담하기 위해서는 청소년만을 대상으로 하지 않는다. 청소년이 어려움을 겪는 이유는 이들만의 문제라기보다 다양한 주위 환경, 즉 가족, 친구, 학교 및 교사, 청소년기관 등과 관련이 있기 때문이다. 따라서 상담을 할 때에 청소년은 물론 관련된 주변인이나 기관 등에서 함께 상담에 참여하게 된다.

여섯째, 청소년들이 상담을 시작하게 될 때 이들이 스스로 찾아오기보다는 주로 부모, 교사 등의 주변 어른들에 의해서 상담기관에 방문하게 되고 그때부터 상담을 시작하게 되는 경우가 일반적이다. 그래서 청소년들은 대체로 상담에 대한 동기부여가 되지 않은 상태로 시작하게 된다. 청소년들의 동기부족은 상담이 지속적으로 이루어지는 데 큰 걸림돌이 되며, 상담자로 하여금 상담에 대해 회의를 느끼게 하고 전문성에 대해 계속 고민하게 한다. 이와 같이 청소년 내담자는 성인 상담자에 대해 폐쇄적이고 거부하는 경향이 있기 때문에 청소년상담에서는 내담자의 비자발성을 다루는 것이 중요하다(서미 외, 2018).

3) 청소년상담의 목표

청소년상담의 목표는 크게 여덟 가지로 제시할 수 있다. 이혜성, 이재창, 금명자와 박경애(1996)는 George와 Cristiani(1995)가 제시한 일반적인 상담에서의 목표 다섯 가지를 포함하여 청소년상담의 목표를 최종 여덟 개의 목표로 제시하였다. 구체적인 내용은 다음과 같다.

첫째, '행동변화의 촉진'이다. 내담자의 행동변화를 가져오도록 하는 것으로, 사고, 감정, 행동의 변화를 모두 일컫는 것이다. 상담의 목표를 일반적인 목표에서 구체적인 목표로 전환함으로써 상담자와 내담자가 같이 행동변화의 정도를 정확하게 이해할 수 있어야 한다. 또한 행동변화를 확인하기 위해서는 내담자로 하여금 상담목표의 성취 정도를 직접 관찰할 수 있어야 한다.

둘째, '적응기술의 증진'이다. 청소년들은 성장과정 중에 있으면서 여러 가지 변화를 동시에 경험하게 되어 적응하는 데 어려움을 호소한다. 즉, 신체 · 인지 · 정서의 변화, 가정에서의 역할변화, 부모와 사회에서의 기대변화 등 변화의 소용돌이 속에서 생활하고 있기 때문에 그 어떤 시기보다 적응의 문제가 두드러진다. 따라서 청소년상담의 중요한 목표는 내담자인 청소년이 변화하는 자신과 환경에 대해서 적응할 수 있는 기술을 갖도록 하는 것이다.

셋째, '의사결정기술의 함양'이다. 청소년들이 그동안 의사결정에 익숙해 있지 않

다 보니 합리적인 의사결정을 내리기는 더더욱 어렵다. 이로 인해 의사결정의 결과에 만족하기보다는 불만일 경우가 많고, 이러한 불만족스러운 상태는 여러 가지 다른 문제로 이어질 수 있다. 따라서 청소년 내담자로 하여금 가장 합리적인 의사결정 과정을 체험하고 학습할 수 있도록 상담목표를 세워야 할 것이다.

넷째, '인간관계의 개선'이다. 청소년기는 또래와의 관계가 매우 중요해지는 시기로 또래들의 가치와 규범을 따르며 또래들로부터 인정받기를 원하는 때이다. 따라서 인간관계가 일상에서 중요한 부분을 차지하게 되는데, 또래관계를 중심으로 한 인간관계를 원만히 할 수 있도록 하는 것이 청소년상담의 중요한 목표 중 하나가 된다.

다섯째, '내담자의 잠재력 개발'이다. 상담과정은 내담자로 하여금 자기탐색의 기회를 갖게 하는 시간이기도 하다. 자기탐색의 과정을 거쳐서 자신의 새로운 능력과 특성을 발견하게 됨은 물론 지금까지 부정적으로 인식했던 자신의 특성을 긍정적으로 볼 수 있는 계기를 갖게 된다. 청소년들은 지금까지 자신을 탐색할 기회가 적었고 종종 자신을 왜곡해서 지각하는 경우가 있다. 이에 자신의 새로운 능력을 발견하고, 잘못 인식하고 있는 자신의 특성을 새롭게 발견하도록 하는 것 역시 청소년상담의 목표가 된다.

여섯째, '자아정체감 형성'이다. 청소년기는 피아제(Piaget)의 인지발달단계 중 형식적 조작기에 해당하는 단계로 아동기 때와는 달리 자신의 정체성에 대한 고민을 많이 하게 되는 시기이기도 하다. '나는 누구인가?' '내 인생은 어디로 가고 있는 것인가?' 등의 수많은 질문을 통해 자아정체감을 형성하기 위해 노력하게 된다. 이러한 자아정체감의 형성은 청소년기의 가장 중요한 발달과업이며, 자아정체감을 적절히 형성하지 못하면 정체감 위기를 겪게 된다. 이에 청소년들에게 자아정체감을 형성할 수 있도록 하는 것이 청소년상담의 목표라고 할 수 있다.

일곱째, '긍정적 자아개념 형성'이다. 자신이 지각한 자신의 모습인 자아개념이 긍정적이거나 자신이 원하는 모습과 일치하게 될 때 자신감을 갖게 되지만 자신이 지각한 자신의 모습이 마음에 들지 않게 되면 자신에 대해서 부정적인 태도를 갖게 된다. 즉, 부정적인 자아상(self image)과 부정적인 자아개념(self concept)을 갖게 되는 것이다. 긍정적인 자아상과 자아개념을 갖게 되면 자신감을 가지고 행동할 수 있으나 부정적인 자아상과 자아개념을 갖게 되면 자기 자신에 대해 열등감을 갖게 되고 원만한 인간관계를 형성하기도 어렵다. 그리고 적응에 어려움을 호소하는 청소년들 역시 자신에 대해 자신감이 없고 부정적인 자아개념을 가진 경우가 많다. 따라서 청소년상담은 청소년들이 긍정적인 자아상과 자아개념을 형성하도록 그에 따른 목표를 세워야 한다.

여덟째, '건전한 가치관 정립'이다. 가치관은 개인의 행동양식, 수단, 목적 등에 있어서 우선한다. 즉, 개인의 가치관에 따라 행동양식과 수단이 달라진다. 가치관이 개인의 사고와 행동의 기준이 되기 때문이다. 따라서 청소년들이 올바른 가치관을 갖고 성장할 수 있도록 하는 것 역시 청소년상담의 목표가 된다.

02 청소년 상담자의 자질 및 윤리

1) 청소년상담의 자질

청소년 상담자는 위기(가능)청소년이 있는 현장에 직접 찾아가는 상담을 통해 심리적 지원을 하기도 하고, 위기(가능)청소년과 지속적인 교류를 통하여 심리적 · 정서적 지지를 제공하여 상호 신뢰감을 구축하는 역할을 수행하는 사람이다. 또한 사회적 관계망을 연결하여 대상 청소년의 자기개발에 필요한 서비스를 지원하고, 긍정적인 인간관계 구축의 토대를 제공한다(여성가족부, 2011). 이와 같이 청소년 상담자는 청소년과의 상담과정에서 많은 영향을 주게 되며, 이에 청소년 상담자는 기본적인 자질을 갖추고 있어야 한다. 청소년 상담자의 자질은 크게 인성적인 자질과 전문적인 자질로 구분하여 설명할 수 있다.

(1) 인성적인 자질

인성적인 자질은 상담자로서 갖추어야 할 사람됨의 특징을 말한다. 상담은 상담자와 내담자가 만나서 내담자의 문제를 해결해 가는 과정으로 상담자의 인성이 자연스럽게 내담자에게 영향을 미치게 된다. 따라서 상담자의 인성적인 자질은 상담

과정에서 중요한 요소 중 하나이다. 특히 상담을 비롯해서 청소년을 대상으로 일을 하는 사람들은 기본적으로 청소년에 대한 긍정적인 시선이 필요하다.

기성세대를 중심으로 한 사회 전반적인 분위기를 살펴보면 청소년에 대한 시선이 긍정적이기 보다 부정적일 경우가 많다. 그간 매스컴을 비롯해서 기성세대들의 관점이 청소년성장의 관점을 취하기보다 청소년가출, 학교폭력 등 청소년들의 문제에 초점을 두는 경우가 많았기 때문이다. 또한 성인들의 입장에서는 청소년들이 발달과정 중에 있기 때문에 아직 덜 성장한, 완성되지 못한, 무언가 부족하다는 선입견이 있어 왔다. 이는 발달이 이미 완료된 성인들이 미숙한 청소년들을 지도 · 감독 · 관리해야 한다는 생각으로까지 이어졌다. 그러나 청소년들은 자아실현과 자기개발의 주체로서 자기 삶의 주인일 뿐 아니라 우리 사회의 구성원이다. 이들이 건강하게 잘 성장할 수 있도록 이들의 가능성을 북돋우며 긍정적인 성장의 관점으로 바라봐 주는 시각이 요구된다. 특히 과거와는 달리 정보화 시대를 살고 있는 오늘날은 그 어느 때보다 청소년들의 사회적 영향력이 증가되고 있다. 경제 분야 역시 청소년을 주요 고객으로 마케팅전략을 수립하는 경우도 있어 청소년들이 점차 사회의 중심부로 들어오고 있음을 알 수 있다. 이러한 상황들은 기존에 청소년을 소극적이고 수동적인 존재로 바라보았던 것에서 벗어나 적극적이고 능동적인 존재로 바라볼 수 있도록 하는 기회가 되고 있다. 청소년 상담자도 청소년에 대한 무한한 가능성을 인지하고, 이들이 성인들과 함께 사회를 이끌어 가는 존재임을 염두에 두고 상담에 임해야 할 것이다.

(2) 전문적인 자질

전문적인 자질이란 전문적인 활동인 상담에 필요한 각종 지식과 기술을 의미한다. '지식'은 상담이론이나 내담자의 발달단계, 성격의 구조와 형성과정, 심리적인 역동과 같이 상담활동에 필요한 지식과 새로운 상담자를 양성하기 위한 사례 지도의 방법, 교육자와 피교육자 간의 심리적 역동, 연구방법 등과 같이 상담 지원활동에 필요한 지식 등을 의미한다. '기술'은 상담활동의 기법에 대한 지식을 토대로 하지만, 단순히 아는 수준을 넘어서 이론과 기법을 실제 상담 장면에 통합하여 가장 적절한 개입을 하고 상담과정에서 순간순간 내려야 하는 판단을 적절히 할 수 있는 능력이다(이혜성 외, 1996).

청소년 상담자의 전문적인 자질인 지식과 기술에 대해 정순례, 양미진과 손재환(2010)은 다음과 같이 구체적으로 설명하였다. 우선 "지식"은 청소년에 대한 기본 지식으로 '일반적인 지식' '상담이론과 기법에 대한 지식' '실무 관련 지식' 등으로 구분하였다.

① 청소년에 대한 일반적인 지식은 청소년 개인, 환경, 청소년문제에 대한 지식으로, '청소년 개인'의 경우 청소년의 신체 · 심리발달, 개인차에 관한 내용을 다룬다. '환경'은 청소년의 문화와 학교, 유해환경과 직업세계를 중심으로 하는 내용이며 '청소년문제'는 이론적 관점과 환경적 관점으로, 문제의 유형과 종류에 대한 지식이 요구된다고 하였다.

② 상담이론과 기법에 대한 지식으로는 청소년상담에 필요한 이론 및 기법으로, 진로 · 학업 · 비행상담 등 다양하게 진행할 수 있으므로 청소년 상담자들은 이와 같은 다양한 상담 접근 및 기법들을 활용할 수 있어야 한다.

③ 실무에 대한 지식은 청소년 상담자가 일하게 되는 기관에서의 실무를 의미한다. 보통 내담자가 상담을 받게 되는 절차에 대한 이해가 필요하다. 즉, 내담자가 전화를 통해 접수예약을 하고, 예정된 시간에 접수면접을 받으며 그 후 상담자(접수면접 담당자)는 문제의 유형과 심각성 정도를 파악한 후에 제공할 서비스의 종류를 결정한다. 상황에 따라 단회 상담으로 종결할 수도 있고, 지속적인 상담이 필요한 경우 기관 내 전체 사례배정회의를 통해 상담자를 배정하게 된다. 그리고 나서 상담이 시작되면 매 회기 상담결과를 시스템에 입력하는 등의 실무를 담당해야 한다. 이 외에도 관련 법과 윤리, 조직(기관이 소속된 상위기관 및 관련 조직의 파악 등), 사례관리 등에 대해서도 알고 있어야 한다. 특히 사례관리는 상담 관련 파일의 기록 및 보관, 종결처리 등에 관한 행정처리와 상담과정 중의 임상적 판단 및 의사결정, 위기나 돌발 사태 등에 대한 대처를 의미하며 청소년 상담자가 이를 잘 감당할 수 있어야 한다.

"기술"은 '내담자의 문제를 진단 · 평가 · 분류'하는 것과 '전문적인 개입능력', 그

리고 '일반적인 대인기술'을 말한다.

① 내담자의 문제를 진단 · 평가 · 분류하는 것은 내담자의 문제를 진단하고 내담자의 기능수준과 자원을 평가하며 내담자의 문제를 체계적으로 분류하는 것이다. 이때 정신의학의 진단분류체계나 심리치료이론에 근거한 진단 및 분류법을 정확하게 이해하고 숙지함으로써 내담자의 문제를 신속 · 정확하게 진단할 수 있어야 한다. 그리고 상담초기에 내담자의 기능과 자원을 평가할 수 있어야 한다.
② 전문적인 개입능력은 상담자가 면접기술을 비롯하여 청소년집단을 구성하고 이끌어 가는 기술, 소규모 집단에서 대규모 교육집단에 이르기까지 효과적인 개입전략들을 적용할 수 있는 능력을 말한다.
③ 일반적인 대인기술은 청소년 상담자가 청소년뿐만 아니라 부모, 교사, 지역사회 인적 자원들과 원활한 소통 및 상호작용을 할 수 있어야 한다는 것이다. 청소년 내담자들은 비자발적으로 상담에 참여하는 경우가 많아 상담에 비협조적일 수 있는데 이때 인내하면서 능숙하게 다룰 수 있어야 한다. 또한 내담자의 부모를 만나야 할 때에는 이들과 원활하게 대화하면서 협조와 지지를 받을 수 있어야 한다. 그뿐만 아니라 필요한 경우에, 학교 교사, 지역사회 인사들과 만나게 되는데 이들의 지원과 협조를 받을 수 있도록 원만한 관계를 유지할 수 있어야 한다.

앞에서 제시한 지식과 기술 외에도 상담의 현장에서는 행정처리능력, 기관의 동료와 잘 어울릴 수 있는 능력, 기관에서의 사업추진능력, 연구 및 조사능력 등이 요구된다.

한편, George와 Cristiani(1995)는 상담자의 자질과 관련하여 '효과적인 상담자'를 다음과 같이 제시하였는데 이 역시 청소년 상담자들에게 필요한 자질이라고 판단된다.

① 자신의 감정과 경험에 대해서 개방적이고 수용적인 상담자
② 자기인식을 하는 상담자

③ 자신의 가치와 신념을 인식하는 상담자
④ 개방적인 상담자
⑤ 모험적인 상담자
⑥ 온정적이고 깊은 인간관계를 발전시켜 나갈 수 있는 상담자
⑦ 타인에게 자신을 그대로 내보일 수 있는 상담자
⑧ 자신의 행동에 책임을 지는 상담자
⑨ 현실적인 포부수준을 갖고 있는 상담자
⑩ 개인의 성격과 행동에 대하여 관심을 갖고 있는 상담자
⑪ 유머 감각을 지닌 상담자
⑫ 통찰력이 있는 상담자

2) 청소년 상담자의 윤리

청소년을 상담하다 보면 여러 가지 문제와 갈등 상황에 직면할 수 있는데 이때 상담자는 내담자와 상담자 본인을 동시에 보호할 수 있는 윤리적 판단을 내릴 수 있어야 한다. 여기에서는 특히 내담자와의 관계에서 벌어질 수 있는 내담자의 권리와 관련한 상담자의 윤리를 중심으로 살펴보고자 한다.

내담자의 권리와 관련해서는 상담자가 스스로 어떤 상황은 명확하게 비윤리적이라고 판단할 수 있으나 또 다른 상황에서는 판단하기 곤란한 애매한 상황들이 있다. 이때 상담자는 자신의 행동을 진실하게 들여다보고 이로 인해 내담자에게 어떠한 영향을 미치는지 정직하게 판단해 봐야 한다. 대개 상담자가 내담자를 소홀하게 대하는 경우는 교묘하게 이루어지기 때문에 상담자가 언제, 어떻게 자신이 내담자의 욕구를 희생시키면서 자신의 욕구를 추구하는지를 깨닫는 것은 쉽지 않다(이형득 · 김계현 · 김선남 · 이숙영 · 유성경, 1999). 따라서 상담자의 윤리기준(윤리강령[1] 등)도 참고해서 자신을 점검해 보는 것이 필요하다.

---

1) 청소년 상담자의 윤리기준을 구체적으로 살펴보기 위해 국가자격인 청소년상담사의 윤리강령 중 내담자의 권리와 관련된 부분을 중심으로 발췌하여 다음에 제시하였다.

윤리의 기준은 상담자가 속한 집단 내에서 그 구성원들이 따르도록 정해 놓은 윤리적 원칙과 규칙들을 의미한다. 이러한 윤리적 원칙과 규칙들은 잘 지켜지지 않는다고 해서 법적인 처벌을 받는 것은 아니며 보통 상담자가 속한 학회의 윤리위원회로부터 징계를 받는 수준 정도이다. 그러나 청소년 상담자는 청소년을 상담하는 전문가로서 청소년상담과정에서 이들을 보호하고 이들의 권리를 지켜 내는 것이 중요한 만큼 청소년 상담자로서의 윤리를 지키는 것 역시 반드시 요구되는 일이라 하겠다.

청소년상담과정에서 전문가로서 윤리를 준수하기 위해서는 반대로 비윤리적인 경우를 살피고 주의하는 것이 필요하다. 청소년 상담자의 비윤리적인 행동은 다음과 같다.

① 청소년 내담자에게 비밀보장이 된다고 말하였음에도 불구하고 내담자의 허락을 받지 않고 부모에게 상담내용을 전달하는 경우
② 상담 외의 일로 상담기관 밖에서 사적인 관계를 추구하는 경우
③ 상담을 종결하거나 다른 상담자에게 의뢰해야 하는데도 불구하고 계속 내담자의 상담을 지속하고 있는 경우
④ 내담자로 하여금 상담자를 의존하게 하는 경우
⑤ 상담 외에 신체접촉을 하는 경우
⑥ 내담자를 이용하여 상담자 자신의 이익을 추구하는 행동(예, 물건판매 등)

청소년상담사 윤리강령 일부

나. 청소년상담사로서의 전문적 자세
 1. 전문가로서의 책임
  가) 청소년상담사는 「청소년 기본법」에 따라 청소년의 권리와 책임을 다할 수 있게 지원해야 한다.
  나) 청소년상담사는 자기의 능력 및 기법의 한계를 인식하고, 전문적 기준에 위배되는 활동을 하지 않도록 한다.

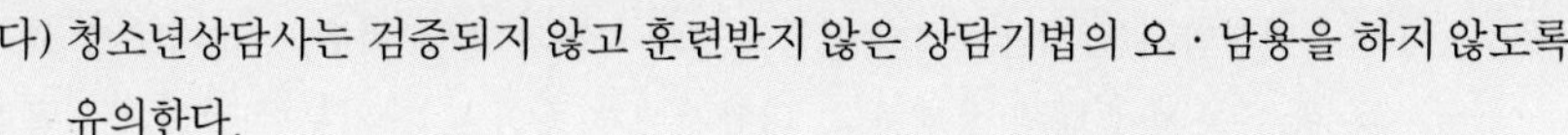

다) 청소년상담사는 검증되지 않고 훈련받지 않은 상담기법의 오·남용을 하지 않도록 유의한다.

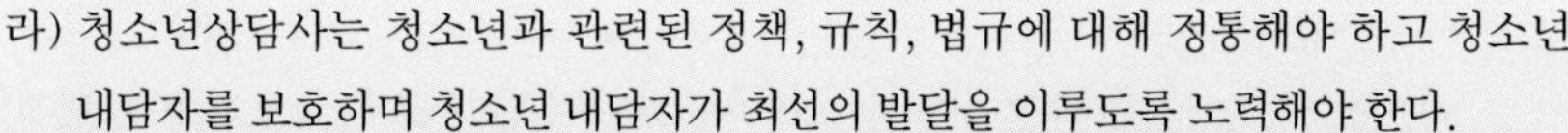

라) 청소년상담사는 청소년과 관련된 정책, 규칙, 법규에 대해 정통해야 하고 청소년 내담자를 보호하며 청소년 내담자가 최선의 발달을 이루도록 노력해야 한다.

2. 품위유지 의무

가) 청소년상담사는 전문상담자로서 품위를 손상하는 행위를 하지 않는다.

나) 청소년상담사는 현행법을 우선적으로 준수하되, 윤리강령이 보다 엄격한 기준을 설정하고 있다면, 윤리강령을 따른다.

다) 청소년상담사는 상담적 배임행위(내담자 유기, 동의를 받지 않은 사례 활용 등)를 하지 않는다.

3. 보수교육 및 전문성 함양

가) 청소년상담사는 자신의 전문성을 유지·향상시키기 위해 법적으로 정해진 보수교육에 반드시 참여한다.

나) 청소년상담사는 다양한 사람을 상담함에 있어 상담에 필요한 이론적 지식과 전문적 상담 및 연구능력을 향상시키기 위해 교육, 자문, 훈련 등 지속적인 노력을 기울여야 한다.

다. 내담자의 복지

1. 내담자의 권리와 보호

가) 청소년상담사는 내담자의 복지를 증진하고 존엄성을 존중하는 것에 최우선 가치를 둔다.

나) 청소년상담사는 내담자가 상담 계획에 참여할 권리, 상담을 거부하거나 개입방식의 변경을 거부할 권리, 거부에 따른 결과를 고지받을 권리, 자신의 상담 관련 자료를 복사 또는 열람할 수 있는 권리 등을 보장해 주어야 한다. 단, 기록물에 대한 복사 및 열람이 내담자에게 해악을 끼친다고 판단될 경우 내담자의 기록물 복사 및 열람을 제한할 수 있다.

다) 청소년상담사는 외부 지원이 적합하거나 필요할 때 의뢰를 요청할 수 있으며 이를 청소년 내담자 및 보호자(만 14세 미만 내담 청소년의 경우)에게 알리고 서비스를 받을 수 있도록 노력한다.

라) 청소년상담사는 자신의 질병, 죽음, 이동, 퇴직 등으로 인하여 상담을 중단해야 하는 경우 이에 대한 적절한 조치를 취해야 한다.

마) 청소년상담사는 청소년 내담자에게 무력, 정신적 압력 등을 사용하지 않는다.

2. 사전 동의

가) 청소년상담사는 상담을 시작할 때 내담자가 충분한 설명을 듣고 선택할 수 있도록 적절한 정보를 제공해야 하고, 상담자와 내담자 모두의 권리와 책임에 대해 알려줄 의무가 있다.

나) 청소년상담사는 내담자에게 상담과정의 녹음과 녹화 여부, 사례지도 및 교육에 활용 할 가능성에 대해 설명하고, 내담자에게 동의 또는 거부할 권리가 있음을 알려야 한다.

다) 청소년상담사는 내담자가 만 14세 미만의 청소년인 경우, 보호자 또는 법정대리인의 상담활동에 대한 사전 동의를 구해야 한다.

라) 청소년상담사는 내담자에게 상담의 목표와 한계, 상담료 지불방법 등을 명확히 알려야 한다.

3. 다양성 존중

가) 청소년상담사는 모든 인간의 기본적인 권리, 존엄성, 가치를 존중하며 성별, 장애, 나이, 성적 지향, 사회적 신분, 외모, 인종, 가족형태, 종교 등을 이유로 내담자를 차별하지 않는다.

나) 청소년상담사는 내담자의 다양한 문화적 배경을 이해하고, 청소년상담사 자신의 고유한 문화적 정체성이 상담과정에 영향을 주지 않도록 노력해야 한다.

다) 청소년상담사는 자신의 개인적 가치, 태도, 신념, 행위를 자각하고 내담자에게 자신의 가치를 강요하지 않는다.

라. 상담관계

1. 다중관계

가) 청소년상담사는 법적·도덕적 한계를 벗어난 다중 관계를 맺지 않는다.

나) 청소년상담사는 내담자와 연애관계 및 기타 사적인 관계를 맺지 않는다.

다) 청소년상담사는 내담자와 상담 비용을 제외한 어떠한 금전적, 물질적 거래 관계도 맺지 않는다.

라) 청소년상담사는 내담자와 상담 이외의 다른 관계가 있거나, 의도하지 않게 다중관계가 시작된 경우에는 적절한 조치를 취해야 한다.

2. 부모/보호자와의 관계

가) 청소년상담사는 부모(보호자)의 권리와 책임을 존중하고, 청소년 내담자의 건강한 성장을 위해 부모(보호자)에게 상담자의 역할에 대해 설명하여 협력적인 관계를 성립하도록 노력한다.

나) 청소년상담사는 내담자의 성장과 복지에 필요하다고 판단되는 경우, 내담자의 동의하에 부모(보호자)에게 내담자에 관한 최소한의 정보를 제공한다.

3. 성적 관계

가) 청소년상담사는 내담자 및 내담자의 가족, 중요한 타인에게 자신의 지위를 이용하여 성적 접촉 및 성적 관계를 가져서는 안 된다.

나) 청소년상담사는 이전에 연애관계 또는 성적인 관계를 가졌던 사람을 내담자로 받아들이지 않는다.

마. 비밀보장

1. 사생활과 비밀보장의 의무

가) 청소년상담사는 내담자와 부모(보호자)의 사생활과 비밀보장에 대한 권리를 최대한 존중해야 한다.

나) 청소년상담사는 상담기관에 소속된 모든 구성원과 관계자 · 슈퍼바이저 · 주변인들에게도 내담자의 사생활과 비밀이 보호되도록 주지시켜야 한다.

다) 청소년상담사는 청소년 내담자 상담 시 사전에 상담에 대한 내담자의 동의를 받고 상담과정에 부모나 보호자가 참여할 수 있으며, 비밀보장의 한계에 따라 정보를 제공할 수 있음을 알린다.

라) 청소년상담사는 청소년 내담자 상담 시, 상담 의뢰자(교사, 경찰 등)에게 내담자 및 보호자(만 14 세 미만 내담 청소년의 경우)의 동의하에 정보를 제공할 수 있다.

마) 청소년상담사는 비밀보장의 의미와 한계에 대하여 청소년 내담자의 발달단계에 적합한 용어로 알기 쉽게 설명해 주어야 한다.

바) 청소년상담사는 강의, 저술, 동료자문, 대중매체 인터뷰, 사적 대화 등의 상황에서 내담자의 신원 확인이 가능한 정보나 비밀 정보를 공개하지 않는다.

2. 기록 및 보관

가) 청소년상담사는 내담자에게 전문적인 서비스를 제공하기 위해 상담 내용을 기록하고 보관한다.

나) 기록의 보관은 공공기관이나 교육기관 등은 각 기관에서 정한 기록 보관 연한을 따르고, 이에 해당하지 아니한 경우에는 3년 이내 보관을 원칙으로 한다.

다) 청소년상담사는 기록 및 녹음에 관해 내담자의 사전 동의를 구한다.

라) 청소년상담사는 면접기록, 심리검사자료, 편지, 녹음 및 동영상 파일, 기타 기록 등 상담과 관련된 기록을 보관하고 처리하는 데 있어서 비밀을 준수해야 한다.

마) 청소년상담사는 원칙적으로 내담자 및 보호자(만 14세 미만 내담 청소년의 경우)의 동의 없이 상담의 기록을 제3자나 기관에 공개하지 않는다.

바) 청소년상담사는 내담자와 보호자가 상담 기록의 삭제를 요청할 경우 법적 · 윤리적 문제가 없는 한 삭제하여야 한다. 상담 기록을 삭제하지 못할 경우 타당한 이유를 내담자와 보호자에게 설명해 주어야 한다.

사) 청소년상담사는 퇴직, 이직 등의 이유로 상담을 중단하게 될 경우 기록과 자료를 적절한 절차에 따라 기관이나 전문가에게 양도한다.

아) 전자기기 및 매체를 활용하여 상담 관련 정보를 기록 관리하는 경우, 기록의 유출 또는 분실 가능성에 대해 경각심과 주의 의무를 가져야 하며 내담자의 정보보호를 위해 적극적인 노력을 해야 한다.

자) 내담자의 기록이 전산 시스템으로 관리되는 경우, 접근 권한을 명확히 설정하여 내담자의 신상이 공개되지 않도록 조치를 취한다.

3. 상담 외 목적을 위한 내담자 정보의 사용
   가) 청소년상담사는 자신의 사례에 대해 보다 나은 전문적 상담을 위해 내담자 및 보호자(만 14세 미만 내담 청소년의 경우)의 동의를 구한 후 내담자에 대해 사실적이고 객관적인 정보만을 사용하여 동료나 슈퍼바이저에게 자문을 받을 수 있다.
   나) 청소년상담사는 교육이나 연구 또는 출판을 목적으로 상담 관련 자료를 사용할 때에는 내담자 및 보호자(만 14세 미만 내담 청소년의 경우)의 동의를 구해야 하며, 신상 정보 삭제와 같은 적절한 조치를 취하여 내담자에게 피해를 주지 않도록 한다.
4. 비밀보장의 한계
   가) 청소년상담사는 상담 시 비밀보장의 일차적 의무를 내담자의 보호에 두지만 비밀보장의 한계가 있는 경우 청소년의 부모(보호자) 및 관계 기관에 공개할 수 있다.
   나) 비밀보장의 한계가 있는 경우는 다음과 같다.
      1) 청소년상담사는 내담자의 생명이나 사회의 안전을 위협하는 경우 비밀을 공개하여 그러한 위험의 목표가 되는 사람을 보호하기 위한 합당한 조치 등 안전을 확보한다.
      2) 청소년상담사는 법적으로 정보의 공개가 요구되는 경우 내담자에게 그 사실을 알리고 최소한의 정보만을 제공한다.
      3) 청소년상담사는 내담자에게 감염성이 있는 치명적인 질병이 있을 경우 관련 기관에 신고하고, 그 질병에 노출되어 있는 제3자에게 정보를 공개할 수 있다.
   다) 청소년상담사는 아동학대, 청소년 성범죄, 성매매, 학교폭력, 노동 관계 법령 위반 등 관련 법령에 의해 신고의무자로 규정된 경우 해당 기관에 관련 사실을 신고해야 한다.

* 출처: 청소년상담사 홈페이지.[2)]

03 청소년 내담자의 특징

청소년상담의 대상자인 청소년 내담자들은 다음과 같은 특징을 지닌다.

첫째, 상담에 있어 상담의 동기는 내담자의 자발성과 관련이 있어 상담과정 내내 영향을 미칠 수밖에 없는데 청소년 내담자의 경우, "상담의 동기가 부족하다"는 것

---

2) http://www.youthcounselor.or.kr/new/sub05_1_view.html?idx=779 (2019. 7. 11. 검색)

이다. 청소년들이 처음 상담을 받게 될 때, 스스로 찾아오기보다 부모나 학교 선생님 등에 의해서 상담을 하게 되는 경우가 대부분이다. 청소년 자신도 상담을 받는 것 자체로 문제가 있음을 입증하는 것으로 생각하기 때문에, 상담실을 방문하는 것만으로도 불쾌하게 여기고, 잘 모르는 어른(상담자)에게 자신을 드러내는 것에 대해 불안과 두려움을 느끼게 된다. 그로 인해 상담과정에 무성의하게 임할 수 있고 이후에 지속되는 상담에서도 수동적으로 반응할 수 있어 상담자를 곤란하게 하는 경우가 종종 있다.

둘째, 앞서 제시한 낮은 동기의 청소년 내담자는 한 회기 동안 자신의 어려움이나 문제를 드러내기에는 "끈기가 부족하다"는 것이다. 보통 한 회기(50분 정도) 상담이 진행되는 동안 상담자와 내담자 간에 원활한 언어와 감정의 소통이 이루어지게 된다. 그러나 청소년에게 50분 정도의 시간은 집중하기에 다소 길고, 특히 어른(상담자)과 함께 자신의 이야기를 나누는 것이 익숙하지 않기 때문에 불편할 수 있다. 그러다 보니 자신이 별로 드러내고 싶지 않은 어려움이나 문제에 대해 질문을 받게 되면 예, 아니오, 무응답 등으로 일관하게 되어 상담이 계속 진행되기 어렵다. 추후에 상담이 지속되면서 상담자와의 관계를 형성하게 되면서 내담자의 모습이 긍정적으로 변화되기도 하지만 낮은 동기의 청소년 내담자에게 상담의 과정은 인내를 요하는 과정이기도 하다.

셋째, 청소년 내담자는 "상담자를 자신을 상담실로 데리고 온 선생님이나 부모님과 관련이 있는 사람으로 오해하는 경우"가 있다. 즉, 상담자를 자신의 어려움에 대해 귀를 기울여 주는 대상이 아니라 나의 의견을 순순히 들어주지 않는 부모님이나 학교에서 자신을 평가하고 상벌을 주는 학교 선생님과 동일할 것이라고 생각한다. 그래서 상담자에 대해 상담을 하는 전문가라기보다 부모님이나 선생님의 의견을 전달하기 위한 대리인 정도로 생각하기도 한다. 따라서 청소년 내담자가 오해하지 않도록 상담 초기에 상담자의 역할에 대해 올바르게 이해할 수 있도록 알려 주어야 하고, 또한 상담의 전반적인 과정, 비밀보장 등에 대해 설명을 해 주어야 한다. 이는 청소년 내담자뿐만 아니라 내담자를 상담실에 데리고 온 부모, 학교 선생님에게도 동일하게 알려주어 상담 및 상담자에 대해 불필요한 기대를 하거나 왜곡하지 않도록 해야 한다.

넷째, 상담과정에서 내담자의 문제해결을 위해서는 어느 정도 자신을 통찰하는 것이 필요한데 청소년들은 형식적 조작기가 시작되어 "추상적이고 논리적인 사고가 가능하긴 하지만 활발하게 이루어진다고 보기 어렵다". 따라서 청소년들은 문제해결을 위해 자신을 잘 들여다보고 앞으로 어떻게 해야 될지를 고민하는 것이 쉽지 않고 자신의 문제 상황을 종합적으로 이해하는 것 역시 어렵다. 따라서 내면의 성찰에 따른 행동변화보다는 내담자가 생각하고 행동할 수 있는 범위 내에서의 대안을 마련하고 이를 지킬 수 있도록 하는 것이 필요하다.

다섯째, 청소년들은 부모를 비롯한 가족의 울타리 안에서 보호를 받으면서 성장하게 된다. 아동기 때와는 달리 부모로부터 정서적으로 분리되어 독립을 추구하는 시기이기도 하지만 청소년기는 성장하는 과정으로서 여전히 가정과 학교, 지역사회의 보호와 도움이 필요하다. 부모로부터의 경제적인 지원도 필요하고, 부모와 학교로부터의 격려 및 지지도 있어야 한다. 만약 청소년들이 이러한 도움을 받지 못한다면 성장과정에서 문제가 발생할 수 있다. 따라서 "청소년이 부모나 학교의 보호와 도움을 받을 수밖에 없고 청소년상담에 있어서도 이러한 주위의 영향 및 관계 등에 대해 두루 살피는 것이 요구된다".

여섯째, 청소년기는 신체 · 정서 · 인지발달에 있어 급격한 변화를 겪는 시기이다. 청소년 개인의 의지와 상관없이 일어나는 이와 같은 "급격한 변화로 인해 여러 가지 문제에 봉착할 수 있다". 즉, 신체발달은 성인과 같이 이루어지고 있으나 정체성에 대한 고민, 정서적인 불안, 논리적 사고의 부족 등은 청소년 내담자로 하여금 혼란스럽게 만든다. 그래서 청소년들은 종종 확신에 차서 무언가를 좇지만 이내 그에 대한 관심은 사라지고 전혀 다른 무언가를 추구하게 되어 상담자는 당황하거나 실망할 수 있다. 따라서 상담자는 청소년 내담자에게 과도한 기대를 하기보다는 이들이 문제해결과정에서 여러 가지 대안을 생각해 볼 수 있도록 기회를 제공하는 것이 필요하다.

일곱째, "청소년들의 문제는 복합적인 성격을 띤다". 청소년문제는 해당 청소년 또는 그 문제 자체에만 초점을 맞출 것이 아니라 청소년을 둘러싸고 있는 환경들, 즉 가족, 친구, 학교 등이 고려되어야 한다. 이들이 관련되어 있고, 원인이 될 수 있기 때문이다. 만약 가출청소년이 있다고 하면, '이 청소년 개인이 문제가 있어서 가

출했다'고 보거나 '가출하지 말았어야 했다'라고 판단하기 이전에 해당 청소년의 친구, 부모, 학교 선생님 등을 통해 가출원인에 대해 종합적으로 파악하는 것이 요구된다. 또한 그 해결방법에 있어서도 상담실 내부에서 할 수 있는 이론, 기술은 물론 상담실 외부, 즉 지역사회 네트워크 등을 통해서 할 수 있는 방법들도 동원하여 다양하고 적극적인 방법으로 해결하는 것이 필요하다.

요약

1. 청소년상담은 청소년기의 발달특성상 나타나는 어려움을 극복하고 사회에 잘 적응하여 자신의 잠재력을 최대한 실현할 수 있도록 도와주는 전문적인 활동이라고 정의할 수 있다.
2. 청소년상담의 특징으로는, ① 청소년의 어려움은 신체적 · 정서적 · 인지적 발달과 밀접하게 관련이 있고, 문제뿐만 아니라 이들의 건강한 발달과 성장에 초점을 맞춰야 한다. ② 다양한 활동, 게임, 놀이 등이 활용되고, 청소년뿐만 아니라 가족, 친구, 학교 및 교사, 청소년기관 등이 청소년상담의 대상이 된다. ③ 개인상담, 집단상담, 각종 교육 프로그램 등이 효과적이고, 스스로 찾아오기보다는 주로 부모, 교사 등의 주변 어른들에 의해서 상담기관에 방문하게 되는 경우가 일반적이다.
3. 청소년상담의 목표는 행동변화의 촉진, 적응기술의 증진, 의사결정기술의 함양, 인간관계의 개선, 내담자의 잠재력 개발, 자아정체감 형성, 긍정적 자아개념 형성, 건전한 가치관 정립 등이다.
4. 청소년 상담자의 자질은 상담자로서 갖추어야 할 사람됨의 특징인 인성적인 자질과 전문적인 활동으로서의 상담에 필요한 각종 지식과 기술인 전문적인 자질로 구분된다.
5. 청소년상담과정 중에 여러 가지 문제와 갈등상황에 직면할 수 있는데 이때, 상담자는 내담자와 상담자 본인을 동시에 보호할 수 있는 윤리적 판단을 내릴 수 있어야 한다.

6. 청소년 내담자의 특징은 다음과 같다. ① 상담의 동기와 끈기가 부족하다. ② 상담자를 선생님이나 부모님과 관련이 있는 사람으로 오해하는 경우가 있다. ③ 추상적이고 논리적인 사고가 가능하긴 하지만 활발하게 이루어진다고 보기 어렵다. ④ 청소년기는 성장하는 과정으로서 여전히 가정과 학교, 지역사회의 보호와 도움이 필요하다. ⑤ 청소년기는 신체·정서·인지발달에 있어 급격한 변화를 겪는 시기이다. ⑥ 청소년들의 문제는 복합적인 성격을 띤다.

참고문헌

김세일(2013). 청소년상담자의 성장 경험에 관한 현상학적 연구. 경성대학교 대학원 박사학위논문.

박재황 · 남상인 · 김창대 · 김택호(1993). **청소년상담 교육과정 개발 연구**. 서울: 청소년대화의광장.

서미 · 소수연 · 장유진 · 조은희 · 이지은 · 양명진(2018). **청소년상담 사례지도 모형개발 연구**. 부산: 청소년상담복지개발원.

여성가족부(2011). **2011년 청소년동반자프로그램 운영 지침**. 서울: 여성가족부.

이형득(1992). **집단상담의 실제**. 서울: 중앙적성출판사.

이형득 · 김계현 · 김선남 · 이숙영 · 유성경(1999). **청소년상담자론**. 서울: 한국청소년상담원.

이혜성 · 이재창 · 금명자 · 박경애(1996). **청소년 개인상담**. 서울: 청소년대화의광장.

정순례 · 양미진 · 손재환(2010). **청소년상담이론과 실제**. 서울: 학지사.

George, R. L., & Cristiani, T. S. (1995). *Counseling: Theory and practice*. Boston: Allyn and Bacon.

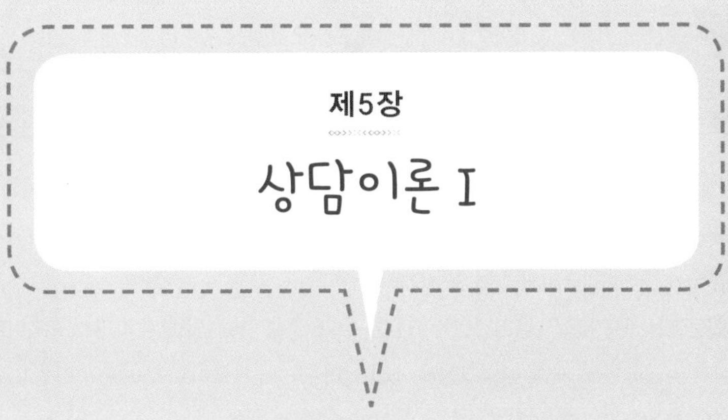

제5장

상담이론 Ⅰ

학습개요

상담자로서 청소년을 이해하고 조력하기 위해 상담이론을 이해하는 것은 매우 중요하고 필수적이다. 5장과 6장에서는 주요 상담이론을 요약하여 설명하고 있다. 먼저, 5장에서는 정신분석적 관점과 인간중심 관점을 살펴보도록 한다.

정신분석은 프로이트의 정신분석에 기원을 두고, 형성 · 발전되었다. 따라서 프로이트의 정신분석의 기원과 주요 개념, 상담과정에 대해 살펴보면서, 프로이트의 이론이 이후 다른 이론의 발전과 변형에 어떠한 영향을 미쳤는지 살펴보도록 하겠다.

인간중심 관점은 인간의 긍정적인 잠재력과 성장에 초점을 맞추고 있으며, 로저스가 주창하였다. 로저스의 인간중심이론은 인본주의 사상의 핵심인 무한한 발전 가능성의 잠재력을 지닌 인간관에 입각하였으며, 인본주의 이론에 기초한 대표적인 상담이론이다.

청소년을 위한 상담의 원리를 이해하기 위해 각 상담이론에서 인간을 바라보는 관점과 주요 개념, 상담목표와 과정, 기법을 중심으로 살펴보도록 하겠다.

01 정신분석 상담이론

정신분석은 인간의 무의식을 탐구한다. 프로이트(Sigmund Freud, 1856~1939)는 정신분석학의 창시자로 체코의 프라이버그에서 가난한 유대인 가정의 7남매 중 장남으로 태어났다. 프로이트의 어머니는 20세나 연상인 제이콥 프로이트와 결혼을 했으며, 아버지 프로이트에게는 사별한 전처와의 아들이 둘 있었다.

프로이트는 25세에 빈 의과대학을 졸업했으며, 이후 1880년 무렵 그의 인생에서 중요한 인물인 브로이어(Joseph Breuer) 박사를 만났다. 프로이트와 브로이어는 히스테리에 대한 연구를 하였으며, 브로이어는 프로이트에게 최면술과 카타르시스로 치료한 환자에 대한 얘기를 들려주었다. 1885년 프로이트는 파리에서 유학 중 샤르코(Jean Martin Charcot) 교수 밑에서 연수를 받게 되었다. 이때 프로이트는 샤르코 교수가 최면을 통해 환자를 고치는 것을 보고 놀라운 경험을 하게 되었으며, 정신이 육체를 지배하는 것을 시각적으로 확인했던 프로이트는 이때부터 인간 정신에 대한 관심을 갖기 시작했다. 그리고 프로이트는 존경하는 샤르코 박사가 히스테리 증세들의 결정적인 원인이 성문제(question of genital)라고 한 말을 듣고 깊은 영향을 받게 되었다.

1886년 프로이트는 신경과 의사로 개업하여 히스테리 환자 등 다양한 환자를 통해, 정신적 손상을 준 기억이 육체에 병을 일으킨다는 사실을 확인했다. 그리고 기억을 회상하게 하여 치료를 했으며 이러한 사례를 모아 브로이어와 함께 최초의 정신분석 책이라 할 수 있는 『히스테리 연구』라는 책을 썼다. 프로이트는 여기서 무의식(unconscious)의 존재를 발견하고, 잊혀진 기억을 말하게 하는 치료법으로 자유연상 기법을 개발하기 시작했다. 이것이 정신분석의 시작이었다. 정신분석에서 신경증의 증세들은 심리적 손상의 경험이 원인이고, 치료는 손상 때 받은 감정이 억눌린 채 남아 있는 것을 풀어 주는 작업이 되었다. 즉, 이런 감정을 일으킨 기억을 의식으로 데리고 오는 것이 정신분석 치료였다. 한편, 신경증을 일으키는 손상은 거의 성

적인 흥분과 관계된 것이었으며, 이러한 이유로 프로이트는 히스테리의 원인이 성욕(sexuality)이라 생각했다.

정신분석은 1897년부터 1923년 무렵 이론과 치료기법이 급속도로 발전하게 되었다. 프로이트는 환자들의 꿈과 공상에 관심을 기울이면서 손상이 실제 있었던 사건이라고 자신이 터무니없이 믿고 오해를 해 왔다는 것을 깨닫게 되었다. 즉, 아이는 부모가 자기를 유혹해 주기를 바라는 기대를 갖고 공상을 하는데, 마치 실제 사건처럼 기억한다는 것을 발견함으로써 유아기 손상이론에서 유아기 공상이론으로 수정하게 되었다. 신경증의 원인이 되는 정신적 손상이 실제 사건이 아니고 공상적 산물일 수 있다는 것을 알고 나서 프로이트의 관심은 환자의 내면세계로 옮겨졌다.

한편, 프로이트는 심리 내적 충동을 이해하는 데 꿈의 분석이 매우 유용함을 알게 되어 자기분석에서도 꿈을 이용했고 많은 환자에게도 적용하였다. 이렇게 얻어진 꿈에 대한 경험들을 모아 기념비적인 『꿈의 해석』(1900)을 출판하였다. 그의 『꿈의 해석』을 통해 의식과 무의식의 개념인 지정학적 모델(topographical model)의 기본틀을 볼 수 있다. 이후 1923년 프로이트는 『자아와 이드(The Ego and the Id)』를 발표했다. 여기서 그는 성격구조론을 구체적으로 제시하며 지정학적 모델에서 구조론 모델로 이행했다. 여기서 구조론이란 인간의 정신구조를 세 개의 구조, 즉 원초아(id), 자아(ego), 초자아(superego)의 구조를 뜻한다(이무석, 2002).

이와 같이 프로이트에서 시작된 정신분석은 이후 정신분석의 기본가정과 방법들을 계승하면서 여러 학자에 의해 발전되기도 하고, 독자적인 이론의 체계로 발전되기도 하였다.

1) 인간관

프로이트의 인간을 바라보는 관점은 다음과 같다.

먼저, 프로이트는 인간을 갈등의 존재로 보았다. 프로이트에 의하면 생물학적인 존재로서 본능이 추구하는 쾌락과 현실의 갈등, 자아와 외부세계와의 갈등, 적극성과 수동성의 갈등이 인간을 지배하기 때문에 인간은 삶이 지속되는 한 갈등을 겪는다고 주장하였다. 즉, 삶이 지속되는 동안 인간이 가진 세 가지 자아인 원초아, 자아, 초자아가 서로 갈등을 겪는다는 것이다(노안영, 2005).

둘째, 프로이트는 인간을 정신결정론적 관점으로 보았으며 인간의 모든 행동은 원인 없이 일어나지 않는다고 가정하였다. 아무리 사소하고 이해하기 어려운 사람의 감정과 행동들도 아무런 이유 없이 나타나는 것이 아니라 어떤 원인의 작용, 즉 심리적 원인에 의해 결정된다는 것이다(권석만, 2017). 정신결정론에 의하면, 우리의 모든 현재 행동은 의식이 아닌 무의식의 내적 정신에 의해 결정된다고 가정하며, 충동, 욕구, 공포, 원망, 공격성, 성욕 등의 원초적인 본능이 존재하고 있다고 가정하고 있다. 즉, 무의식에 존재하고 있는 유아기의 충동, 갈등, 좌절 등이 현재의 성격 형성에 영향을 주는 결정적 요소로 보았다(정순례 · 양미진 · 손재환, 2015). 이처럼 정신결정론의 관점에서는 우리에게 주어진 어떤 현상을 있는 그대로 이해하는 것에서 한 걸음 더 나아가 이면의 그 무엇을 발견하려는 '분석적 태도'를 유지할 것을 요구하며, '원인이 무엇인가'에 대한 질문을 끊임없이 던지는 자세가 필요하다고 본다(이장호 · 정남운 · 조성호, 2005).

요약하면, 프로이트는 인간을 쾌락을 추구하는 생물학적인 존재로 보고 본능의 중요성을 강조했으며, 성적 본능과 공격성의 본능은 인간 종 특유의 본능으로 무의식에 존재하면서 인간행동의 원천이 된다고 보았다(정순례 외, 2015).

2) 주요 개념

프로이트의 정신분석을 이해하기 위한 주요 개념으로 무의식, 성격구조에 대해 살펴보도록 하겠다.

(1) 무의식

프로이트는 '무의식'이라는 용어에 실체적인 지위를 부여하는 공헌을 했다. 프로이트가 무의식적 측면에 관한 개념을 발견한 것은 아니었으며, 19세기 철학자들과 소설가들은 무의식적 동기, 시적 창조의 원천으로서의 무의식, 무의식과 꿈의 연결 등을 통해 무의식적 감정과 사고의 중요성에 대해 직접적 혹은 간접적으로 기술하며 마음에 무의식적인 부분이 있다는 것을 오랫동안 인식하고 있었다(Jacobs, 2007).

프로이트는 마음의 세계를 '지정학'이라는 이름을 붙혀서 지리적 개념으로 설명하였으며, 무의식의 특별한 특성을 기술하였다. 지정학적 모델은 인간의 정신세계를 의식 · 전의식 · 무의식의 3층 구조로 설명하고 있으며, 프로이트는 마음의 지형은 해부학적 위치라기보다 심리장치 영역에 관한 것으로 몸의 어디에든 있을 수 있다고 하였다. 의식(conscious)은 우리가 아는 부분이고 보이는 부분이며, 전의식(preconscious)은 의식과 무의식(unconscious)의 중간에 있는 자각으로서 현재는 의식에 어떤 내용이 없지만 주의를 기울이면 쉽게 의식으로 떠오르는 내용들을 의식으로 가져올 수 있는 정신의 부분이다. 엄격히 말하면, 전의식은 무의식의 부분이지만 쉽게 거기에 저장된 기억, 지각, 생각이 의식으로 변화될 수 있는 의식의 아랫부분이다. 무의식은 프로이트가 가장 중요하게 생각했던 자각의 수준이며, 정신분석의 초점이 되는 부분이다(노안영 · 강영신, 2003). 무의식은 상식이나 합리성이 통하지 않기 때문에 접근이 어렵다. 이곳에는 '충족되지 못한 본능적 소망들(unsatisfied instinctual wishes)'이 살고 있다. 지정학설의 입장에서 무의식의 내용물은 유아기에 느꼈던 것과 같은 성질의 성욕과 공격소망, 그리고 여기서 파생된 파편(repressed derivatives)들로 구성되어 있다고 하겠다. 이 욕망들은 검열 때문에 직접 표현될 수 없고 해소(discharge)되지도 않는다. 다만 정상적인 상황에서는 상황에 맞게 위장된 파편들(disguised derivatives)의 형태로 의식의 표면에 떠올 수 있을 뿐이다. 이렇게 위장시킨 파편들은 전의식으로 나갔다가 조건에 맞으면 의식에까지 등장할 수 있지만, 만일 의식에서 받아들일 수 없는 요소가 있을 때는 계속 억압된다(이무석, 2002). 정신분석에서는 무의식적 내용들이 변형되거나 상징화된 형태로 표출되는 꿈, 실언, 농담 등을 분석함으로써 무의식에 접근한다.

(2) 성격구조

프로이트는 성격이 원초아, 자아, 초자아의 구조로 이루어져 작동된다고 보았다. 이 세 가지 성격구조들이 어떠한 내용을 포함하고 있으며, 각각의 작동원리가 무엇인지 살펴보면 다음과 같다.

① 원초아(id)

원초아는 성격의 생물학적 구성요소로, 본능적인 욕망과 욕구들을 말한다. 즉, 먹고 싶은 욕구, 성적 욕구, 사람을 때려 주고 싶은 공격욕구, 의지하고 싶은 욕구들이 모두 원초아에 속한다. 원초아는 본능적 추동에서 나오는 에너지로 조직화되어 있지 않고 충동적으로 작동한다. 원초아는 직접적인 신체적 욕구만족과 관련되며 쾌락원리(pleasure principle)를 따른다. 쾌락원리는 쾌락을 추구하고 싫은 일이나 의무, 긴장이나 불쾌를 회피하는 것으로 현실이 없고 도덕적인 감각도 가지고 있지 않다. 또한 원초아는 무의식으로 가득 차 있으며 무의식과 같다고 할 수 있다.

② 자아(ego)

자아는 성격의 심리적인 구성요소로, 원초아와 달리 심리과정을 통합하고 결합하려는 시도를 하며 상당한 정도의 조직화가 일어나게 한다. 프로이트는 『히스테리 연구』에서 '자아'라는 용어를 사용하였으며 이 책에서 그는 자넷(Janet)과 그의 추종자가 사용한 '원초적 자아(primary ego)'라는 용어를 빌려 왔다(Freud & Breuer, 1895: Jacobs, 2007에서 재인용). 자아는 합리적인 측면으로 현실 검증(reality-testing)과 관련되며, 성숙된 행동원칙인 현실원리(reality principle)에 따라 작동한다. 자아는 궁극적인 만족을 위해 욕구를 지연할 줄 알고 충족시키는 적절한 방법을 찾으며, 초자아가 주도하는 도덕적인 측면을 고려하여 합리적이고 규범적인 행동을 위한 조정 역할을 수행한다(노안영 · 강영신, 2003).

③ 초자아(superego)

초자아는 성격의 사회적 구성요소로, 자신을 평가하고 비판하며, 도덕적 행동을 하게 한다. 초자아는 4~5세경부터 발달하기 시작하며, 양심(conscience)과 자아이상(ego ideal)에 의해 작동된다. 초자아의 형성 과정은 거세불안을 느끼는 아이가 부모의 공격을 피하기 위해서, 부모와 동일시하는 과정에서 부모의 가치관과 도덕적 기준을 모방함으로써 형성된다. 부모의 선악의 기준은 곧 아동의 초자아가 되며, 초자아의 하위체계인 양심과 자아이상으로 발달한다. 양심은 금지된 악의 기준에 따랐을 때 죄책감을 느끼게 하며, 자아이상은 도덕적 선을 추구하며 자부심과 자존감

을 느끼게 한다. 이와 같은 초자아의 양심과 자아이상은 부모의 도덕적 기준뿐만 아니라 사회문화적 규범, 규제들을 내면화하면서 발달한다(정순례 외, 2015).

3) 성격의 발달단계

성격의 발달과정에 관한 프로이트의 이론을 심리성적 발달이론이라 부른다. 프로이트는 성적 본능(리비도, libido)이 연령에 따라 우리 신체부위 어느 부위에 집중되는지에 초점을 두고 성격 발달과정을 설명하고 있다. 심리성적 발달이론은 다섯 단계, 즉 구강기, 항문기, 성기기(남근기), 잠재기(잠복기), 생식기로 나누어 설명하고 있다. 이 단계에서 아동 초기에 해당하는 구강기, 항문기, 성기기에 어떤 경험을 하느냐에 따라 성격 발달에 큰 영향을 받게 된다고 하며, 아동기 이후는 뚜렷한 심리성적 욕구가 나타나지 않아서 잠재기라고 설명하고 있다. 제2차 성징이 나타나는 청소년기는 생식기로서 아동기와는 다른 성적 욕구 및 생식능력을 갖는다고 하였다. 이처럼 정신분석이론에서는 성격 형성과 발달을 이해하는 데 있어 인생의 초기 경험과 발달과정을 중요시하고 있다(이장호 외, 2005).

한편, 프로이트의 심리성적 발달단계를 이해하기 위해서는 고착과 퇴행에 대한 이해가 필요하다. 고착(fixation)이란 인간 발달과정 중 특정한 시기, 예를 들어 구강기 또는 항문기 등의 시기에 성적 욕구가 심하게 좌절을 경험하거나 반대로 욕구가 과대 충족되었다면 이 시기를 무의식적으로 집착하게 되어 일종의 발달 정지가 일어나는 현상을 말한다. 퇴행(regression)이란 말 그대로 이전의 발달단계로 후퇴하는 현상을 말한다. 심한 좌절을 당했을 때나 스트레스를 심하게 받는 경우 고착시기로 퇴행하는 현상이 나타날 수 있다. 예를 들어, 대소변을 잘 가리던 네 살짜리 아이가 동생이 태어나자 오줌을 싸게 되는 경우를 들 수 있다(이무석, 2002; 이장호 외, 2005).

(1) 구강기(oral stage)

유아가 출생 후 1세(또는 출생~1.5세)에 이르기까지 성적 에너지(리비도)가 입(구강) 주위에 집중되는 시기를 구강기라고 한다. 유아들은 빨기, 핥기, 깨물기, 씹기

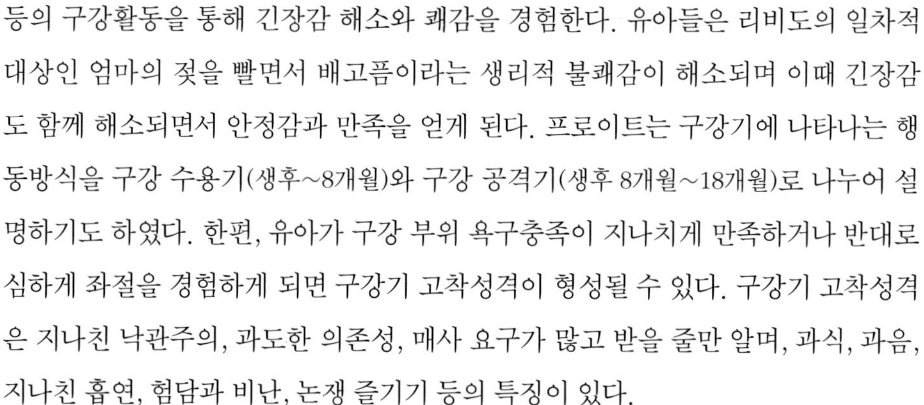

등의 구강활동을 통해 긴장감 해소와 쾌감을 경험한다. 유아들은 리비도의 일차적 대상인 엄마의 젖을 빨면서 배고픔이라는 생리적 불쾌감이 해소되며 이때 긴장감도 함께 해소되면서 안정감과 만족을 얻게 된다. 프로이트는 구강기에 나타나는 행동방식을 구강 수용기(생후~8개월)와 구강 공격기(생후 8개월~18개월)로 나누어 설명하기도 하였다. 한편, 유아가 구강 부위 욕구충족이 지나치게 만족하거나 반대로 심하게 좌절을 경험하게 되면 구강기 고착성격이 형성될 수 있다. 구강기 고착성격은 지나친 낙관주의, 과도한 의존성, 매사 요구가 많고 받을 줄만 알며, 과식, 과음, 지나친 흡연, 험담과 비난, 논쟁 즐기기 등의 특징이 있다.

(2) 항문기(anal stage)

리비도가 항문에 집중되는 시기로 구강기 이후 3세까지를 말한다. 이 시기 유아는 대소변 훈련이 행해진다. 유아는 항문이나 대소변을 만지거나, 자신이 만들어 낸 대변을 자랑스러워하기도 한다. 또한 유아는 대소변을 보유하면서 긴장을 경험하기도 하고 적합한 장소에 배설함으로써 안도와 쾌감을 경험하기도 한다. 이렇게 유아가 배설물을 보유하거나 배출하는 것은 항문의 수축과 이완을 자유롭게 할 수 있는 괄약근이 성숙해야만 가능하며, 자발적인 대소변 훈련은 괄약근의 성숙과 함께 적절한 시기에 이루어져야 한다. 이러한 대소변 훈련을 통해 유아들은 언제 어디에서 어떤 행동을 해도 되는지, 하면 안 되는지를 부모를 통해 학습하게 된다. 즉, 바람직하고 바람직하지 않은 행동을 하나씩 알게 되며 도덕적 규범을 확립해 나가는 데 있어 출발점이 된다(이장호 외, 2005).

그러나 부모의 성급하고 지나치게 엄격한 대소변 훈련은 유아를 규칙에 얽매이게 함으로써 괄약근의 수축에 고착하는 강박적인 항문기적 성격을 형성할 수 있다. 강박적인 항문기적 성격은 배변을 참음으로써 주변을 어지럽히지 않으려는 노력을 반영하는 성격특성으로, 지나친 질서와 청결, 인색함, 옹고집으로 나타난다. 반대로 부모의 대소변 훈련이 허술하게 진행되거나 적절한 시기에 이루어지지 않을 경우 유아는 부모의 요구나 규칙을 거절하는 행동을 하게 된다. 즉, 부모에 대한 반항을 선택한 유아는 이완(배설) 쾌감에 고착하게 되며 자제력이 없고, 안하무인격인 반항적인 성격으로 나타난다.

항문기 경험을 통해 유아는 즉각적인 욕구 만족을 지연하는 자기조절을 학습하게 되며, 스스로 대소변을 통제함으로써 신체의 자율성과 독립성, 자존심을 갖게 된다.

(3) 성기기(phallic stage)

아동의 리비도의 초점, 쾌락의 관심이 성기 부위에 집중되는 시기로 3~5세 나타나 6세경까지 계속된다. 성기기는 심리성적 발달단계 중 성격형성에 가장 중요한 시기로 남근기라고도 한다. 이 시기 아이들은 성기의 크기, 남녀 간의 성적인 차이, 생식기에 관심이 높아지며, 자신의 성기를 만지거나 환상을 통해 쾌감을 느낀다. 이 시기 아이들의 성기에 대한 관심은 어른들이 느끼는 성과 같은 것은 아니며, 성기기에 경험하는 갈등은 아이가 부모와 형성하게 되는 삼각관계에서 만들어진다. 아이는 이성의 부모에 대해서 애정을 느끼고 동성의 부모에 대해서는 질투와 경쟁적인 증오심을 나타내게 된다. 프로이트는 아들과 어머니의 성관계와 비극적인 결과를 묘사한 그리스 신화에서 오이디푸스 콤플렉스(oedipus complex)라는 용어를 가져와서, 남자아이의 경우 오이디푸스 콤플렉스, 여자아이의 경우 엘렉트라 콤플렉스(electra complex)를 경험한다고 하였다. 한편, 프로이트는 이러한 콤플렉스를 '인간이면 누구나 성장 과정 중에 경험하는 인류의 보편적인 현상(universal process)이며, 신경증의 핵심적 원인'이라고 했다(이무석, 2002).

성기기에 남자아이는 오이디푸스 콤플렉스를 경험한다. 남자아이는 어머니에 대한 애정과 연정, 환상을 통해 성적 소망을 나타내며, 동시에 아버지를 어머니에 대한 경쟁자로 여기며 적대감을 갖게 된다. 그러나 힘 있고 경쟁자인 아버지가 자신의 성기를 거세할 것이라는 두려움, 즉 거세불안을 갖게 된다. 거세불안에 직면한 남자아이는 적대감을 드러내는 대신 자신보다 우월한 아버지를 동일시함으로써 오이디푸스 콤플렉스를 극복한다. 또한 동일시과정을 통해 아버지의 가치, 도덕, 사회적 규범을 내면화하게 되는데 이는 초자아를 형성하게 한다.

엘렉트라 콤플렉스는 여자 아이가 성기기에 겪는 갈등으로, 아버지는 여자아이의 애정의 대상이 된다. 프로이트는 남자아이의 거세불안과 달리 여자아이는 남근을 부러워하는 남근선망(penis envy)을 갖는다고 보았다. 그러나 여자아이는 남근이

회복될 수 없음을 알게 되고 결국 어머니에 대한 동일시를 통해 엘렉트라 콤플렉스를 해결하고 초자아를 형성하게 된다.

이처럼 갈등을 극복하는 동일시과정을 통해 아이들은 부모의 도덕과 규범, 가치를 내면화하고 초자아를 발달시킨다.

(4) 잠재기(latency period)

잠재기(잠복기)는 성적 본능이 휴면을 취하는 시기로, 리비도가 집중되는 신체 부위가 존재하지 않으며 6세경부터 초등학생 시기이다. 성적 활동이 비활성화되어 뚜렷한 성적 관심은 드러나지 않지만 더욱 부모를 동일시하고 초자아가 발달한다.

초등학생 시기인 잠재기는 사회적 관습과 태도를 배우는 등 교육활동이 시작되며, 또래 친구들 등 인간관계가 다양해지면서 사회화가 일어난다. 아동은 다양한 인간관계 경험을 통해서 새로운 사회적 기술과 적응하는 기술을 습득하기도 하고 행동양식이 수정되기도 한다. 또한 또래들과의 집단활동을 통해서 유대감을 경험하기도 하고 다양한 학교활동, 우정관계를 통해 성적 에너지를 방출시킨다.

(5) 생식기(genital stage)

생식기는 사춘기에 시작되며 이전과는 다른 성적 만족을 추구한다. 사춘기가 시작되면서 청소년들은 성호르몬의 분비가 증가하고 급격한 신체성장과 함께 잠복해 있던 리비도가 활성화된다. 또한 청소년들은 자신의 급격한 신체변화에 대한 적응이 필요하며, 성욕과 공격성 증가로 인한 정서적 불안정에 안정적으로 적응해 가는 시기이다. 리비도가 신체 부위 중 성기에 집중되면서 청소년들은 이성에 대해 관심을 갖게 되고 청소년들의 성적 만족은 이성에게로 향하게 되며 성적 행동이 나타난다. 이들은 성적 충동의 증가 및 정서적 불안정을 극복하기 위한 대안을 찾는다. 프로이트의 딸인 안나 프로이트(Anna Freud)는 청소년들이 이를 극복하기 위해 금욕주의, 지식화(intellectualization) 등의 방어기제를 사용한다고 했으며, 때로는 이와 반대로 성적 행동화 및 극심한 쾌락주의로 행동화하기도 한다고 했다(이무석, 2002).

이처럼 생식기는 급격한 신체적 변화와 더불어 성인으로 발달해 가는 시기이다.

청소년들은 부모로부터 심리적 독립과 자기정체성 확립이라는 궁극적 발달과제를 안고 있는 시기이기도 하다. 프로이트는 생식기를 통해 성격형성이 완결된다고 보았다(권석만, 2017).

4) 정신분석 상담

(1) 상담목표

정신분석 상담의 궁극적 목표는 내담자의 성격구조를 건강하게 변화시키는 데 있다. 정신분석 상담은 무의식적 불안과, 억압, 성적 욕구 등으로 인해 유발되는 심리적 증상들을 해소하려고 한다. 이때 정신분석은 증상의 제거에 초점을 두기보다는 증상을 유발하는 성격구조적 갈등의 세력인 원초아, 자아, 초자아 간의 역동과 무의식적 갈등을 해결하면 심리적 증상은 해소될 수 있다고 본다. 정신분석은 무의식을 의식화함으로써 무의식이 왜곡된 방식으로 현재에 영향을 미치지 못하도록 한다. 원초아가 있는 곳에 자아의 기능과 힘을 강화함으로써 건강한 성격의 변화와 함께 삶의 균형과 조화를 잘 이루는 사람이 될 수 있도록 한다.

프로이트의 정신분석적 상담목표를 세 가지로 요약하면, 첫째, 신경증적 고통을 인생살이에서 흔히 만나는 현실적인 고통으로 변하게 하는 것이다. 둘째, 원초아가 있던 자리에 자아로 대체함으로써 현실적이고 합리적으로 적응하게 하는 것이다. 셋째, 정신건강을 회복시켜 사랑과 일을 할 수 있는 능력을 갖게 하는 것이다(이무석, 1995; Wolitzky, 1995: 노안영, 2015에서 재인용).

(2) 상담과정

정신분석 상담은 초기(치료동맹)·중기(훈습)·종결기로 구분하며, 일반적으로 장기간에 걸쳐 이루어지는 과정이다.

초기단계에서 먼저 내담자가 정신분석적 상담에 적합한지를 평가한다. 정신분석 과정은 장기간 동안 이루어지기 때문에 시간, 진지한 노력, 치료비, 인내와 동기가 요구되며, 또한 정신분석에서 요구하는 심리적 자각, 통찰, 의사소통능력 등을 고려할 때 보통이나 그 이상의 지능수준을 요구한다. 이러한 요인으로 정신적 장애를 가지고 있는 사람들은 정신분석의 대상에서 제한될 수 있다. 그리고 무엇보다도 내담자의 성격구조(원초아 · 자아 · 초자아)의 힘과 기능에 따른 적합성 여부와 분석가 스스로 자신의 내적 요인들을 잘 알고 있는지, 내담자의 선택과 평가를 현실에 근거해 객관적으로 할 수 있는지 살펴보아야 한다.

이러한 적합성 여부를 고려한 후 내담자 치료계약(약속)을 맺고 상담이 시작된다. 상담자는 내담자에게 정신분석에 대한 설명을 한 다음, 내담자와 상담목표에 대한 합의를 한다. 그리고 계약에 관한 구체적인 내용들, 즉 시간, 치료비, 결석의 처리, 비밀보장 등에 대해 약속한다. 이러한 과정에서 상담자와 내담자는 상담초기의 주요한 과제인 치료동맹을 형성한다.

상담중기에는 전이와 저항이 나타나고 훈습이 진행된다. 전이(transference)는 정신분석에서 중요한 개념으로, 상담자에 대한 내담자의 감정반응을 말한다. 내담자의 유년기 삶에서 중요한 인물(부모)과의 감정이 상담자에게 이동하는 것으로, 내담자는 상담에서 자신의 이러한 감정을 모르고 있다는 것이 특징이다. 한편, 저항은 상담을 방해하는 모든 것을 말한다. 침묵, 지각, 불참 등으로 나타날 수 있으며 정신분석에서는 저항의 이면에 있는 의미 있는 내용(repressed material)을 인식하고 분석한다. 내담자는 전이와 저항을 경험하고 분석을 통해 무의식적 의미를 이해하게 되면서 자신의 무의식적 갈등에 대한 통찰을 얻게 된다. 통찰을 얻는 것 또한 상담중기의 주요한 과제이며, 통찰의 경험은 치료효과도 크다. 그러나 통찰을 얻었다고 해도 효과가 지속되거나 유지되기는 쉽지 않다. 상담자는 반복적인 해석을 통해 내담자의 무의식적 이해를 통합할 수 있도록 개입하며, 이를 훈습(working-through)작업이라 한다.

통찰과 훈습을 통해 전이가 해소되고 저항이 극복되면 종결을 준비한다. 일반적으로 상담의 종결 여부는 다음과 같다. 첫째, 심각한 갈등의 해결과 자아기능의 향상, 둘째, 병리적 방어기제의 사용 감소, 셋째, 성격구조의 중요한 긍정적 변화, 넷째, 증상의 상당한 호전 또는 증상을 극복할 수 있는 능력이 생겼다는 증거의 존재 등이다. 상담자는 내담자의 치료효과를 검토하며 상담의 종결을 준비하며 내담자 스스로 자신의 무의식을 탐색하고 분석하는 작업을 계속하도록 권장한다(권석만, 2017).

(3) 상담기법

프로이트의 정신분석 상담의 주요 기법들은 무의식을 의식화하는 것에 초점을 맞추고 있다.

① **자유연상**(free association technique)

프로이트는 젊을 때 최면술을 사용해 내담자의 무의식을 탐구했으나, 최면이 잘 걸리지 않는 내담자가 있기도 하고, 최면 치료를 한 내담자의 재발률, 최면분석 과정에서 내담자가 상담자에게 성적 충동을 많이 느낀다는 점 등의 이유로 최면술 대신 자유연상을 사용하였다(이무석, 2002). 자유연상은 내담자를 카우치(couch)에 눕히고 분석가는 볼 수 없게 내담자의 머리맡에 앉아서 내담자에게 마음속에 떠오르는 것들을 무엇이나 자유롭게 이야기하도록 한다. 이때 수정하거나 판단하거나 제거하지 말고 솔직하게 말하는 것을 요구하는데, 솔직함은 정신분석 상담의 기본 전제이기도 하다. 내담자는 자신의 과거 경험과 증상, 기억들을 말하며 상담자는 이에 귀를 기울인다. 그리고 내담자의 무의식에 숨어 있는 경험과 사건이 내담자에게 어떤 의미를 주는가를 해석함으로써 내담자의 무의식을 통찰할 수 있도록 돕는다.

② **꿈 분석**(dream analysis)

프로이트는 꿈에 과학적 의미를 부여한 것이 자신의 가장 위대한 업적이라고 여겼다(McWilliams, 2007). 꿈은 질서가 없고, 부조리하며 다음과 같은 특성이 있다. 첫째, 꿈은 최근의 인상을 뚜렷이 반영한다는 것, 둘째, 꿈은 중요하고 본질적인 것보다는 부수적이고 사소한 것을 기억한다는 것, 그래서 깨어 있을 때의 기억과는 다른 원칙에 따라 재료를 선택한다는 것, 셋째, 꿈은 어린 시절의 인상을 마음대로 반영하며 오래전의 세세한 일까지 끄집어낸다는 것 등이 있다. 이러한 특징들은 겉으로 드러난 꿈의 내용들에서 관찰한 것이다(Freud, 2011). 꿈의 상징과 심상, 줄거리 속에는 많은 정보가 응축되어 있으며, 잠을 자는 동안에는 무의식에 대한 자아의 방어가 약해지므로 억압된 욕구와 충동들이 의식의 표면으로 쉽게 떠오르게 된다. 이처럼 꿈은 무의식의 활동에 관한 지식을 얻는 중요한 수단이며 의미 있는 정신활동이다.

프로이트는 꿈을 '무의식에 이르는 왕도'라고 하였으며, 꿈은 내담자가 기억하는 내용을 의미하는 현재몽(manifest dream)과 꿈에 상징적으로 표현되고 있는 무의식적 동기를 뜻하는 잠재몽(latent dream)으로 구분된다. 꿈은 논리적인 사고의 결과물이 아니기 때문에 꿈의 장면들을 논리적 관계로 이해할 수 없다. 그리고 꿈은 응축, 상징화, 대치 등 다양하게 가공되고 변형되어 있기 때문에 그 의미를 이해하기 어렵다. 분석가는 내담자로 하여금 꿈을 자유연상 하도록 하며, 꿈의 의미를 분석하고 해석함으로써 내담자가 무의식에 접근할 수 있도록 돕는다. 이러한 과정을 통해 내담자는 자신의 문제를 이해할 수 있게 된다.

③ 해석(interpretation)

해석은 내담자가 스스로 이해하기 어려운 꿈, 자유연상, 저항, 전이 등의 의미를 이해할 수 있도록 내담자에게 설명하는 것이다. 해석을 통해 내담자는 자신의 무의식적 갈등과 소망, 억압된 분노를 의식적으로 이해하고 받아들이게 된다. 이때 주의할 점은 해석은 내담자가 받아들일 준비가 되어 있을 때 제공되어야 한다는 점이다. 상담자의 해석은 내담자로 하여금 무의식적 갈등이 내담자의 삶에 어떠한 영향을 미치고 있는지를 이해하고 통찰하게 함으로써 실제 생활에서 더욱 적응적인 행동을 실천할 수 있도록 돕는다.

5) 프로이트 이후의 정신분석이론

프로이트의 정신분석은 내담자에 대한 이해와 탐색, 증상의 근원과 기능을 심층적으로 이해할 수 있는 개념과 역동적 이해의 틀을 제공하였다.

프로이트 이후 정신분석은 크게 두 유형으로 발전되었다. 먼저 정신분석이론을 수용하면서 발전된 이론으로는 '자아심리학(ego psychology), 대상관계이론(object relations theory), 자기심리학(self-psychology)'이 해당된다.

자아심리학은 프로이트 딸인 안나 프로이트와 하트만(Heinz Hatmann) 등에 의해 발달하였으며 이들은 '방어기제와 자아기능의 역할'에 대한 이론들을 추가로 정립하였다. 대상관계이론은 아동기 초기에 성격구조가 발달하는 과정을 중시하고 있

으며, 멜라니 클라인(Melanie Klein), 도날드 위니컷(Donald Winnicott), 오토 컨버그(Otto Kernberg), 로날드 페어번(Ronald Fairbairn) 등 여러 이론가에 의해 발전되었다. 대상관계이론은 어린 시절의 갈등경험이 자기표상과 대상표상의 형성에 영향을 주었을 뿐 아니라 성인기의 대인관계에 강력한 영향을 미친다고 주장한다. 자기심리학은 하인즈 코헛(Heinz Kohut)에 의해 제시되었으며 자기(self)를 가장 중요한 심리적 구조로 여긴다. 코헛에 따르면, 유아는 부모와 상호작용하면서 자기감(sense of self)을 발달시키며 유아의 욕구나 감정에 대한 부모의 반응은 통합된 자기를 발달시키는 데 매우 중요하다(권석만, 2017).

또 다른 유형은 프로이트의 핵심 가정들을 비판하면서 독자적인 이론을 발전된 정신역동이론들이다. 융(Carl Gustav Jung, 1875~1961)의 분석심리학, 아들러(Alfred Adler, 1870~1937)의 개인심리학과 오토 랭크(Otto Rank), 호나이(karen Horney), 설리번(Harry Stack Sullivan), 프롬(Erich Fromm) 등의 신프로이트 학파가 이에 해당한다(김규식 외, 2013).

융은 프로이트와 함께 정신분석 연구활동에 참여하기도 했으며, 프로이트의 공헌을 높이 평가하였다. 그러나 프로이트의 성적 발달과 관련된 개념은 받아들이지 않고 결별한 후 융의 독자적인 이론체계인 분석심리학을 제시하였다. 융은 인간은 성적 욕망에 의해 이끌리거나 과거 사건에 의해 만들어지는 것이 아니라, 인간본성이 끊임없이 성장하며 진정한 자기를 실현한다고 보았다.

아들러 또한 프로이트와 함께 정신분석 연구활동을 했으나 견해 차이로 결별하고, 독자적인 이론체계인 개인심리학을 제시하였다. 아들러의 개인심리학의 기본 전제는 성격은 전체적이라는 것이다. 즉, 성격의 통일성을 강조했다. 개인심리학은 다음과 같은 다섯 가지를 가정한다. 첫째, 인간행동의 목적성, 둘째, 인간행동의 가장 기본적인 목적은 열등감을 극복하는 것이라는 점, 셋째, 현실에 대한 주관적 인식을 강조하며 의식을 중시해야 한다는 점, 넷째, 인간은 사회적 존재라는 점, 다섯째, 인간을 통합적으로 움직이는 존재라고 보며 인간을 분석적으로 이해하기보다는 전일적인 존재로 이해해야 한다는 점이다(권석만, 2017).

02 인간중심이론

오늘날 상담심리학에 커다란 영향을 미친 인간중심이론은 로저스(Carl Rogers, 1902~1987)에 의해 시작되었다. 로저스는 1902년 미국 일리노주 시카고 근교에서 태어나 위스콘신 대학교를 졸업한 후 목사가 되기 위해 신학교에 진학했으나, 심리학에 더 흥미를 느꼈다. 1931년 컬럼비아 대학교에서 박사학위를 받고, 로체스터 상담소(Rochester Guidance Center)의 연구원과 소장을 거쳐 위스콘신 대학교 심리학교수로 재직했다. 이후 1964년 캘리포니아주 라욜라의 참인간연구소(Center for Studies of the Person)에서 상담과 인간의 본성에 대한 자신의 이론을 개발하고 실천에 옮기며 전 세계에 널리 전파하였다. 로저스는 미국 심리학회가 심리학을 과학적으로 발전시키는 데 탁월한 공헌을 한 학자에게 수여하는 상(Distinguished Scientific Contribution Award)과 전문직으로서의 심리학의 발전에 탁월한 공을 세운 인사에게 수영하는 상(Distinguished Professional Contribution Award)를 둘 다 받은 최초의 심리학자이다.

로저스는 1942년 『상담과 심리치료(Counseling and Psychotherapy)』를 저술하면서 비지시적인 상담이론을 제안하였다. 로저스는 지시적 상담과 비지시적 상담에는 상담에 관한 철학과 중요하다고 생각하는 가치에 대한 깊은 차이가 있다고 보았다.

먼저, 목적에서의 차이는 지시적 상담은 내담자가 달성해야 하는 바람직스럽고 사회적으로 인정받는 목표를 상담자가 선정한 후 내담자가 그것을 달성하도록 도와주어야 한다고 본다. 이는 내담자는 목표를 선택할 만한 충분한 책임을 질 능력이 없다고 보는, 상담자가 내담자보다 우월하다는 것을 암시한다. 비지시적 상담은 내담자 스스로 선택할 권리가 있다는 생각에 기초하고 있으며, 사람은 자기 자신과 자신의 문제에 대해 약간의 통찰만 있다면 현명한 선택을 할 것이라는 신념을 가지고 있다고 본다.

둘째, 비지시적 상담은 심리적으로 독립적이며, 심리적 통합을 유지하려고 하는 모든 사람의 권리를 매우 중요시한다. 그러나 지시적 상담은 사회적 동조와 무능한 사람을 지도할 유능한 사람의 권리에 높은 가치를 둔다.

셋째, 지시적 상담은 내담자가 표현하는 문제 자체를 해결하기 위해 노력을 집중시키며, 비지시적 상담은 문제가 아니라 내담자 자신에게 중점을 둔다. 즉, 내담자는 상담경험을 통해서 현실과의 관계를 이해할 수 있는 충분한 통찰력을 갖는다면, 자신에게 가장 가치 있는 현실에 적응하는 방법을 선택할 수 있다고 본다.

그리고 비지시적 상담은 지적인 면보다 정서적인 요소, 과거보다는 현재의 상황과 치료적 관계에 중점을 둔다(Rogers, 1998).

이후 로저스(1951)는 『내담자중심 치료(Client-Centered Therapy)』를 기술하면서 비지시적 상담보다는 내담자의 중요성과 중심을 강조하는 내담자중심 상담이론을 제안하였다. 1961년에는 『인간적 성장(On Becoming a Person)』을 저술하면서 '진정한 자기가 되는' 것에 초점을 두며 경험중심적 상담이론을 제안하였다. 한편, 로저스와 그의 동료들은 수많은 연구를 통해 내담자중심 접근의 기본가설을 계속해서 검증하고, 심리상담과 치료방법, 내담자와 치료자와의 관계에 관한 연구를 통해 내담자중심 접근을 계속 수정 · 보완하였다. 그리고 로저스의 상담이론은 상담장면뿐 아니라 교육, 생활지도, 산업, 집단, 세계 평화를 위한 노력 등 광범위한 범위로 확대 · 적용되기 시작하였다. 로저스(1975)는 『인간중심적 접근(A Person Centered Approach)』을 저술하였으며, 그의 이론은 인간중심 접근으로 알려지게 되었다. 로저스는 '타고난 상담자'로서 그의 성격이나 상담 접근으로 인해 많은 상담자들에게 성인(saint)로 불리었으며, 1970년대부터 1980년대에 걸쳐 인간중심 접근을 인종, 국제 관계, 세계평화의 성취 등 더욱 폭넓게 적용하려 노력하였다.

인간중심 접근은 정신분석과 행동주의 접근의 대안적인 치료방법으로 더욱 관심을 받고 발전하게 되었으며, 정신분석과 행동주의와 더불어 3대 이론으로 불리게 되었다. 이처럼 로저스의 인간중심 접근은 인본주의 이론에 기초한 가장 대표적인 상담방법이며, 애매하고 추상적일 수 있는 인본주의적 접근을 과학적으로 체계화시킨 이론으로 평가받고 있다(김규식 외, 2013).

1) 인간관

로저스의 초기 저서에서부터 일관성 있게 지속된 주제는, 상담은 내담자에게 무엇을 해 주는 것이 아니며, 또 내담자로 하여금 자신에게 무엇을 하도록 하는 것도 아니라고 하였다. 로저스는 정상적으로 성장하고 발달할 수 있도록 내담자를 해방시키고 장애를 제거함으로써 그가 다시 앞으로 나아가도록 하는 것이라 하였으며, 상담의 초점은 그 사람이지 문제 자체가 아니라고 강조하였다(Rogers, 1998). 이는 내담자의 성장을 촉진하는 존경과 신뢰의 분위기만 갖추어진다면, 내담자는 충분히 잘 통합된 방식으로 대처하고 건설적인 방향으로 발전할 수 있다는 로저스의 인간에 대한 믿음에 기초한다.

로저스는 "상담자가 가장 잘 알고 있다." "상담자는 상담자가 선택한 목표에 가장 효과적인 방법으로 내담자를 도달시키는 기술을 발견할 수 있다."라는 상담 접근방법에 반대한다. 로저스는 인간은 자기를 실현할 수 있는 기본적인 동기와 능력을 이미 가지고 있다고 믿었다. 그에 의하면 심리상담의 세 속성인 일치성, 무조건적 긍정적 관심, 공감적 이해가 내담자에게 잘 전달되면, 즉 내담자의 잠재력과 성장을 촉진하는 분위기를 만든다면 내담자는 보다 개방적이고 통합된 방식으로 자신의 문제를 다루고 해결할 수 있다. 또한 로저스는 인간행동의 기원을 이해하기 위한 과거사는 중요하나 상담이 이루어지는 데 반드시 중요한 것은 아니라고 보았다. 특히 그는 과거를 위한 과거에는 거의 흥미를 느끼지 않았으며, 인간은 과거에 얽매인 존재가 아니라 현재를 살고 미래를 추구하는 존재로 보았다. 또 로저스는 인간은 무엇이든 될 수 있는 형성과정 중에 있는 존재로 보았다.

이처럼 인간 본성에 대한 긍정적인 견해를 갖고 있는 로저스의 인간에 대한 관점을 정리하면 다음과 같다(Hazler, 1995: 한재희, 2006에서 재인용). 첫째, 인간은 누구나 믿을 만한 존재이다. 둘째, 인간 모두는 자아실현을 향해 나아가는 경향성이 있다. 셋째, 모든 개인은 자아실현의 동기와 욕구만이 아니라 자아실현을 위한 능력을 갖고 있다. 넷째, 인간은 개인마다 자신의 독특한 관점을 통해 세상을 감지한다. 다섯째, 인간은 외부적 요인과 상호작용하는 존재이다.

로저스의 인간에 대한 잠재력과 가능성에 대한 믿음은 인간중심 상담의 핵심을 이루며, 심리상담에 중요한 시사점을 제공한다.

2) 주요 개념

(1) 유기체

유기체란 한 개인이 가지고 있는 사상이나 언행 그리고 신체적인 모두를 포함한 전 인격체로서 개인을 지칭하는 말이다. 그리고 로저스는 유기체의 원리란, 개인이 취하는 어떤 행동이 가치 있는 일처럼 느껴질 때 그 행동은 가치가 있는 것으로 본다고 하였다(한재희, 2006). 유기체, 즉 전 인격체로서의 개인은 모든 경험의 소재이며, 로저스는 "경험은 나에게 최고의 권위이다."라고 하며 유기체의 경험을 중시하였다. 인간은 경험을 통해 가치를 형성해 나가며, 건강한 사람은 자신의 경험 속에서 스스로를 신뢰할 뿐만 아니라 자신의 결정까지도 신뢰한다는 것을 의미한다.

한편, 경험의 전체는 현상학적 장(phenomienal field)을 구성한다. 현상학적 장이란 주관적으로 경험하는 현실을 의미하며, 여기서 중요한 것은 대상이나 사건, 즉 외적 조건이 아니라, 개인이 대상이나 사건을 어떻게 지각하고 이해하는가 하는 주관적 현실이다. 로저스는 현상의 장은 단지 경험하는 개인에게만 알려질 수 있는 자신의 참조의 틀이기 때문에, 현상의 장을 이해하는 가장 효과적인 방법은 내적 참조의 틀에 기반한 공감적 접근이라고 하였다.

(2) 실현화 경향성

로저스는 모든 존재는 자기를 성장 및 향상시키려는 경향성을 선천적으로 가지고 있다고 보았으며, 이를 실현화 경향성이라 하였다. 인간도 자신을 발전시키고 자신의 잠재력을 실현하려는 경향성을 가지고 있으며 이를 자기실현 경향성이라 하였다. 로저스에 의하면 인간의 성장과 완성에 도달하는 '인간 존재성(human-beingness)'를 성취하는 것은 모든 사람에게 가능한 것이며, 유전적인 구성으로 프로그래밍 되어 있는 인간의 모든 변화는 실현화 경향성에 의해 달성된다고 보았다. 또한 그는 이러한 변화가 유전적으로 결정되어졌을지라도 유기체의 완전한 발달에 대한 진전은 자동적이지 않고 노력 없이 이루어지지 않는다고 하였다(김규식 외, 2013; 노안영, 2005).

따라서 인간중심 상담에서는 내담자의 문제해결능력은 이미 내담자 내부에 잠재

되어 있으므로 상담자는 내담자 스스로가 어려움을 해결해 나갈 수 있도록 촉진해 주는 역할을 한다.

(3) 가치의 조건화

가치의 조건(conditions of worth)이란 가치가 있고 없음을 규정짓는 외적인 조건들을 말한다. 로저스는 자기에 대한 자각이 출현하면서 아동은 사랑과 인정을 받으려는 '긍정적 자기존중' 욕구도 발달한다고 보았다. 아동은 부모와 같은 중요한 인물의 양육 태도와 행동에 따라 긍정적 가치를 부여하기도 하고 부정적 가치를 부여하기도 하며 이러한 과정을 통해 어른들에 의해 '주입된' 가치체계를 내면화하게 된다. 즉, 가치의 조건화를 형성한다.

이렇게 형성된 가치의 조건화는 유기체로서의 실현화 경향성을 방해하는 주요원인이 된다. 왜냐하면 아동은 의미 있는 대상, 즉 부모로부터 긍정적 자기존중을 받기를 원하기 때문에 자신의 내적 경험을 부정하며 겉으로 최선을 다하기 때문이다. 따라서 가치의 조건화는 인간중심에서 강조하는 개인의 주관적인 경험을 왜곡하고 부정하는, 즉 독특한 존재로서의 자기성장을 이루지 못하게 한다. 이러한 아이들의

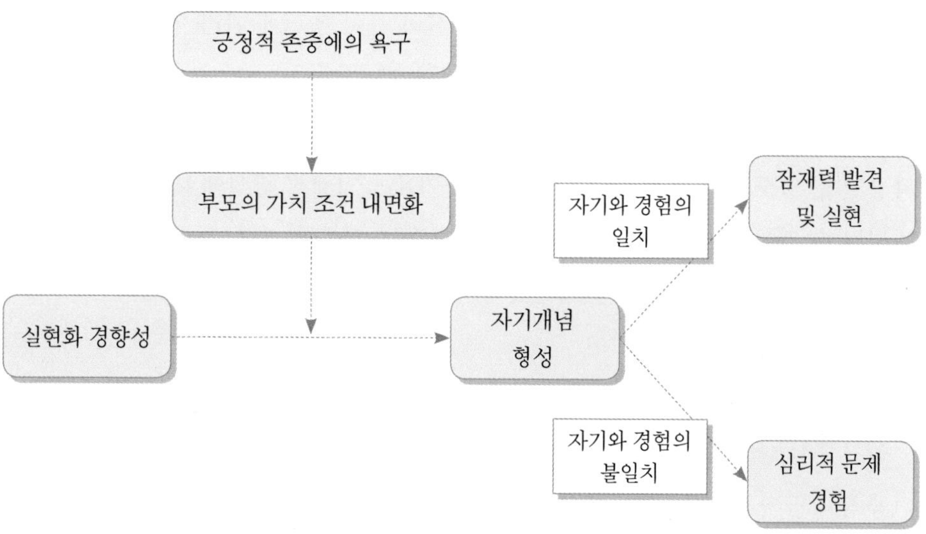

[그림 5-1] 인간중심적 이론에 따른 심리적 증상의 형성과정

* 출처: 이장호 외(2005).

발달과정은 실존적 존재로서 '자기'와 '경험'의 불일치를 이루며 심리적 문제와 부적응을 야기할 수 있다([그림 5-1] 참조).

3) 인간중심 상담

(1) 상담의 목표

인간중심 상담의 목표는 내담자로 하여금 자기실현을 이루며 충분히 기능하는 인간이 되도록 도와주는 것이라 할 수 있다. 이를 좀 더 구체적으로 살펴보면 다음과 같다(정순례 외, 2015; 한재희, 2006).

첫째, 내담자의 자기개념과 유기체적 경험 간의 불일치를 제거하도록 돕는다. 즉, 인간중심 상담은 부모를 비롯한 타인과의 관계를 통해 지각한 왜곡된 자리로부터 벗어나 진정한 자신의 모습을 찾도록 돕고, 왜곡된 자기개념을 수정함으로써 자기를 실현할 수 있도록 돕는 것이다.

둘째, 가치 조건들의 해제를 통해 '거짓된 자기'에서 벗어나 '진실한 자기(real self)'를 발견하도록 돕는다. 타인의 가치 조건에 맞춰질 때만 일시적으로 얻을 수 있었던 긍정적인 존중과 자기존중을 안전하게 회복할 수 있도록 한다. 상담을 통해 진실한 자기를 발견하고 자기성장에 부합되는 자신의 가치 조건에 따라 행동을 선택하면서 자기성장의 방향으로 나아갈 수 있도록 돕는다.

셋째, 내담자의 자기확신(self-confidence)과 자기이해(self-understanding)가 더욱 확장될 수 있도록 도움으로써, 내담자로 하여금 유기체적 경험에 대한 개방성을 증대시킬 수 있도록 돕는다. 이렇게 될 때 참다운 자기를 발견하고, 현실의 장에서 하게 되는 모든 경험을 불안감 없이 자신의 것으로 받아들일 수 있다.

(2) 상담의 과정

인간중심 상담에서는 상담의 시작부터 종결까지 내담자의 경험을 강조한다. 인간중심 상담과정에서 내담자는 상담자의 무조건적 존중과 공감, 진실성, 수용적인 태도를 통해 자신의 경험에 대해 더 개방적일 수 있으며, 스스로 참된 성장의 과정으로 나아가게 된다. 로저스는 상담과정을 12단계로 나누어 설명하였으며, 그는 이

과정은 절대로 분리된 것이 아니라 상호 간 혼합되어 있어 구분이 분명하지 않을 수 있다고 하였다. 상담과정 12단계를 살펴보면 다음과 같다(Rogers, 1998).

하나, 내담자가 도움을 받으러 온다. 로저스는 이 점을 상담에 있어서 매우 중요한 단계의 하나라는 점을 분명히 인식해야 한다고 하였다. 즉, 내담자 스스로 일에 착수해서 처음으로 중요한 일에 책임을 지는 행동을 하게 되었다는 점이다. 이러한 독립적인 행동이 자라나면 내담자가 주체성을 갖고 상담을 이끌 수 있다는 것이다.

둘, 도움을 주는 상황, 즉 상담 상황이 규정된다. 상담자가 해답을 가지고 있지는 않지만 상담에서는 내담자가 자신의 문제에 대해 그 자신이 해결책을 찾아나갈 수 있는 장소를 제공한다는 점을 내담자에게 알려 준다. 그리고 상담이란 필요로 하는 해결책을 자신이 자유스럽게 찾아야 하는 상황이라고 내담자가 느낄 수 있도록 해야 한다.

셋, 상담자는 문제에 관한 감정을 자유롭게 표현할 수 있도록 내담자를 격려한다. 상담자는 친밀하면서도 관심을 기울이는 수용적이며 숙련된 태도를 통해, 내담자의 자연스러운 표현, 즉 적의와 불안, 관심과 죄책감 등의 감정의 흐름을 막지 않도록 한다.

넷, 상담자는 내담자가 표현하는 부정적인 감정 그 밑바닥에 놓여 있는 감정에 대해 대응하려고 노력해야 한다. 상담자는 감정의 원인을 해석하거나 그 효율성을 논의하려는 것이 아니라, 그런 감정이 존재하고 또 상담자가 그것을 수용하면서 감정들을 말로써 명확히 해 준다. 상담자가 그 감정을 정확하게 표현한 것이기만 하면, 거의 대부분의 내담자는 더욱더 자유로운 태도를 갖게 된다.

다섯, 내담자의 부정적인 감정이 완전히 표현되면 뒤이어 성장에 도움이 되는 긍정적인 충동이 다소 시험적으로 약하게 표현된다.

여섯, 상담자는 부정적인 감정을 수용하고 인정한 것처럼, 긍정적으로 표현되는 감정도 수용하고 인정한다.

일곱, 통찰, 즉 자신에 대한 이해와 수용은 전체 상담과정 중 이 단계에서 나타나는 중요한 측면이다.

여덟, 가능한 선택과 행동방향을 명확히 해 주는 과정이다. 상담자가 해야 할 일은 내담자의 다양한 선택을 분명히 알도록 해 주고, 내담자가 경험하고 있는 두려운

감정과 앞으로 나아갈 수 있는 용기가 부족하다는 것을 인정하도록 도와주는 것이다. 강요나 조언은 피해야 한다.

아홉, 약하기는 하지만 대단히 중요한 적극적인 행위가 나타난다.

열, 자신에 대해 더 완전히 정확한 이해를 한다. 내담자가 자신의 행동을 더 깊이 볼 수 있는 용기를 얻어 감에 따라 더 많은 통찰, 더 완전하고 정확한 이해를 하게 된다.

열하나, 내담자는 더욱더 통합된 적극적인 행동을 하며, 마지막으로 내담자는 도움을 받을 필요가 점차 없어진다고 느끼게 되고 상담관계를 끝내야겠다고 인식하게 된다.

(3) 상담기법

인간중심 상담에서는 내담자의 긍정적 성격변화를 이루는 필요충분조건으로 상담자의 세 가지 태도를 강조하고 있다. 따라서 인간중심 상담의 기법은 내담자의 행동변화를 위한 표면적인 기법(technique)보다는 상담관계를 맺는 상담자의 태도와 자질에 집중하고 있다. 상담자의 세 가지 태도에 대해 살펴보면 다음과 같다.

① 일치성

일치성 혹은 진솔성은 상담자의 세 가지 특성 중에 가장 중요하다. 일치성은 상담자가 진실하고 솔직하다는 것을 의미하며, 진솔성, 현재성, 개방성이라고도 한다. 즉, 상담관계에서 상담자가 경험하는 감정이나 태도를 겉치레 없이 진솔하게 인정하고 개방하는 것을 말하며 일치성에는 다음의 두 가지 측면이 있다(이장호 외, 2005). 먼저, 내담자를 대함에 있어서 상담자가 무엇을 경험하는가이다. 예를 들어, 매력, 관심, 짜증, 지루함, 귀찮음 등 상담자가 내담자를 대하면서 드는 생각이나 느낌에 솔직하고 충실해야 한다는 것이다. 둘째, 내담자에게 무엇을 표현하는가이다. 이는 상담자가 상담과정에서 경험하는 생각이나 느낌을 그대로 진솔하게 표현하는 것을 의미한다.

일치성의 태도를 가진 상담자는 경험하는 유기체로서 내담자와 인간 대 인간의 만남과 신뢰로운 만남을 가능하게 하며, 더 나아가 상담자는 내담자에게 본보기가

되기도 한다. 상담자의 자기이해와 진실한 자세는 내담자로 하여금 자신을 진지하게 탐색할 수 있도록 촉진한다.

② 무조건적 긍정적 존중

무조건적 긍정적 존중은 '무조건적 수용'을 의미하며, 있는 그대로 수용하고 존중하는 것이다. 무조건적 긍정적 존중을 기술하는 동의어로는 돌봄, 칭찬, 수용, 존경, 비소유적 온화 등이 있으며, 로저스의 무조건적 긍정적 존중은 내담자의 잠재력을 실현할 수 있는 올바른 양육환경을 제공하는 것과 관련되어 있다. 무조건적 긍정적 존중은 가치 조건의 해제에 핵심적인 것으로, 내담자를 상담자의 가치 조건에 비추어 판단하거나 평가하지 않고 내담자를 존중하고 가치 있는 존재로 대한다는 것을 의미한다. 상담자가 이러한 태도를 일관되게 유지할 때 내담자 역시 기존의 가치 조건에서 벗어나 자신을 있는 그대로 느끼고 표현할 수 있는 자유로운 존재가 되며, 비로소 이제까지 숨겨지고 왜곡되어 왔던 가능성과 잠재력이 발휘되어 성장과 성숙의 길로 접어들게 된다(이장호 외, 2005).

③ 공감적 이해

공감적 이해는 내담자가 주관적으로 경험하는 내적 세계, 즉 내적 참조 틀(internal frame of reference)에 근거해서 내담자를 정확하고 민감하게 이해하는 것을 의미하며, 공감, 정확한 공감, 공감적 태도, 공감적 자세 등으로 불린다. 공감적 이해는 상담사가 내담자는 될 수는 없지만, '마치 내담자인 것처럼(as~if)'의 가정을 잃지 않으면서 내담자의 내적 세계로 들어가 그들이 경험하는 감정을 느끼고 온전하게 이해하는 것이다.

이처럼 일치성과 무조건적 긍정적 존중이 내담자를 대할 때 상담자의 기본적인 자세와 태도와 관련된다면, 공감적 이해는 태도에 머물지 않고 공감적 이해를 통해 내담자와 소통하는 것이다. 공감적 이해는 인간중심 상담에서 꽃이면서, 깊은 공감은 한 개인이 다른 사람에게 줄 수 있는 가장 큰 선물인 것이다. 로저스는 인간은 공감을 필요로 하는 존재, 공감을 주고받아야 하는 존재라고 강조하였으며, 공감적 존재가 되는 방식은 공감적인 사람에게서 배울 수 있다고 하였다.

4) 인간중심 상담의 발전과 공헌

현재의 인간중심 상담은 계속된 변화와 수정을 거치면서 발달되어 온 결과이다. 로저스는 원래 정서적 요소, 즉 상황에 대한 감정적인 측면과 감정 반영을 강조하였으나, 인간중심에 대한 로저스의 견해가 발전됨에 따라 점차 인간적 자질, 태도, 치료적 관계로 중점을 두게 되었다. 로저스의 중요한 공헌을 몇 가지 살펴보면 다음과 같다.

첫째, 인간을 보다 긍정적으로 이해하고 바라볼 수 있는 안목과 여유를 주었다. 둘째, 치료관계의 질적 측면이 내담자에게 매우 중요한 변수가 될 수 있음을 제안하였으며, 상담자 자신이 치료적 도구가 될 수 있음을 제시하였다. 셋째, 상담자의 기본적 태도의 중요성뿐만 아니라 인간으로서 내담자에게 다가서야 함을 일깨워 주었다. 넷째, 인간중심 상담은 다양한 사회문화집단의 인간관계 영역에 지대한 공헌을 하였으며 갈등과 긴장을 감소시키는 데 도움을 주었다.

이와 같이 인간중심 상담은 심리상담뿐만 아니라 다양한 문화, 사회 분야에서도 광범위한 영향을 미치며 지대한 공헌을 하였다.

요약

1. 프로이트는 인간을 생물학적 존재로 보고 본능이론에 근거하여 정신분석을 개발하였으며, 인간을 갈등의 존재, 결정론적 관점으로 보았다. 프로이트는 마음의 세계를 지정학적으로 설명하였으며, 지정학적 모델에서는 인간의 정신세계를 의식·전의식·무의식의 3층 구조로 설명하고 있다.

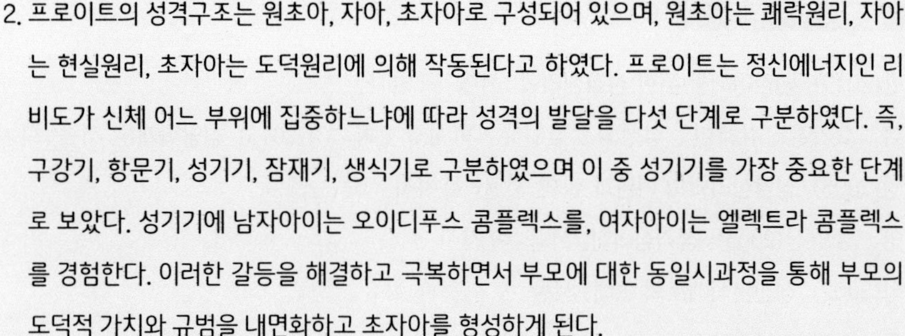

2. 프로이트의 성격구조는 원초아, 자아, 초자아로 구성되어 있으며, 원초아는 쾌락원리, 자아는 현실원리, 초자아는 도덕원리에 의해 작동된다고 하였다. 프로이트는 정신에너지인 리비도가 신체 어느 부위에 집중하느냐에 따라 성격의 발달을 다섯 단계로 구분하였다. 즉, 구강기, 항문기, 성기기, 잠재기, 생식기로 구분하였으며 이 중 성기기를 가장 중요한 단계로 보았다. 성기기에 남자아이는 오이디푸스 콤플렉스를, 여자아이는 엘렉트라 콤플렉스를 경험한다. 이러한 갈등을 해결하고 극복하면서 부모에 대한 동일시과정을 통해 부모의 도덕적 가치와 규범을 내면화하고 초자아를 형성하게 된다.

3. 정신분석 상담의 목표는 내담자의 성격구조를 건강하게 변화시키는 데 있다. 원초아가 있는 곳에 자아의 기능과 힘을 강화함으로써 건강한 성격의 변화와 함께 삶의 균형을 잘 이루는 사람이 될 수 있다는 것이다. 프로이트의 정신분석은 내담자에 대한 이해와 탐색, 증상의 근원과 기능을 심층적으로 이해할 수 있는 개념과 역동적 이해의 틀을 제공하였으며, 프로이트 이후 정신분석은 자아심리학, 대상관계이론, 자기심리학, 융의 분석심리학, 아들러의 개인심리학 등의 이론으로 발전하였다.

4. 로저스는 인간 본성에 대한 긍정적인 견해를 갖고 있으며, 인간은 믿을 만한 존재이고, 인간 모두는 자아실현을 향해 나아가는 경향성이 있으며, 모든 개인은 자아실현을 위한 능력을 갖는 존재라고 보았다. 로저스는 유기체, 즉 전 인격체로서의 개인은 모든 경험의 소재이고, 인간은 경험을 통해 가치를 형성해 나가며, 건강한 사람은 자신의 경험 속에서 스스로를 신뢰할 뿐만 아니라 자신의 결정까지도 신뢰한다는 것을 의미한다.

5. 로저스는 가치의 조건화는 유기체로서의 실현화 경향성을 방해하는 주요원인이 된다고 보았으며, 자기와 경험의 불일치는 심리적 문제와 부적응을 야기할 수 있다고 하였다. 인간중심 상담의 목표는 내담자로 하여금 자기실현을 이루며 충분히 기능하는 인간이 되도록 도와주는 것이다. 즉, 가치 조건의 해제를 통해 진실한 자기를 발견하고 자기성장에 부합되는 자신의 가치 조건에 따라 행동을 선택하면서 자기성장의 방향으로 나아갈 수 있도록 돕는다.

6. 인간중심 상담에서는 내담자의 행동변화를 위한 표면적인 기법보다는 상담관계를 맺는 상담자의 태도와 자질을 강조하였다. 일치성, 무조건적 긍정적 존중, 공감적 이해는 내담자의 긍정적 성격변화를 이루는 필요충분조건으로 내담자는 자신의 잠재력을 발휘할 수 있고 성장과 성숙의 길로 접어들게 된다.

참고문헌

권석만(2017). **인간이해를 위한 성격심리학**. 서울: 학지사.

김규식 · 고기홍 · 김계현 · 김성회 · 김인규 · 박상규 · 최숙경(2013). **상담학개론**. 서울: 학지사.

노안영(2005). **상담심리학의 이론과 실제**. 서울: 학지사.

노안영 · 강영신(2003). **성격심리학**. 서울: 학지사.

이무석(2002). **정신분석에로의 초대**. 서울: 도서출판 이유.

이장호 · 정남운 · 조성호(2005). **상담심리학의 기초**. 서울: 학지사.

정순례 · 양미진 · 손재환(2015). **청소년 상담이론과 실제**. 서울: 학지사.

한재희(2006). **상담패러다임의 이론과 실제**. 서울: 교육아카데미.

Freud, S. (2011). **꿈의 해석: 무의식의 세계를 열어젖힌 정신분석의 보고**(*Interpretation of dreams*). 이환 역. 서울: 돋을새김.

Jacobs, M. (2007). **지그문트 프로이트: 정신분석의 창시자**(*Sigmund Freud*). 이용승 역. 서울: 학지사.

McWilliams, N. (2007). **정신분석적 심리치료**(*Psychoanalytic psychotherapy: A practitioner's guide*). 권석만 · 이한주 · 이순희 공역. 서울: 학지사.

Rogers, C. R. (1998). **칼 로저스의 카운슬링의 이론과 실제**(*Counseling and psychotherapy*). 한승호 · 한성열 공역. 서울: 학지사.

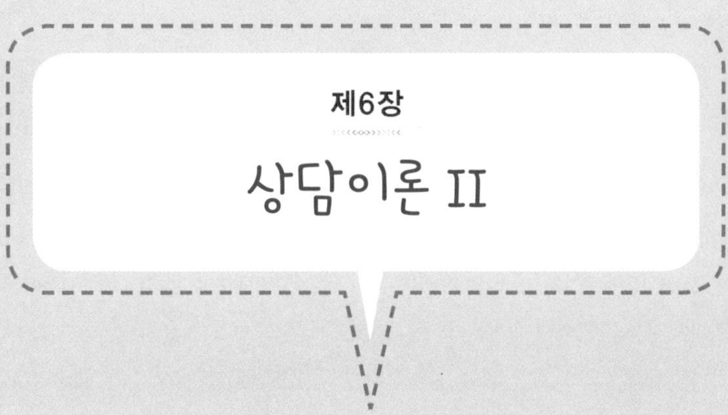

제6장

상담이론 II

학습개요

행동주의는 무의식이나 사고와 같은 관찰할 수 없는 내적인 정신과정이 아닌 관찰할 수 있는 행동만을 연구대상의 초점으로 둔다. 행동주의에서는 인간의 모든 행동은 학습을 통해 습득되는 것으로 보며, 문제행동 또한 경험에 의한 학습이기 때문에 새로운 행동을 학습하는 과정을 통해 수정되고 변화될 수 있다고 본다. 행동주의자로는 왓슨을 기원으로 해서 파블로프와 스키너를 대표적으로 들 수 있다. 행동주의는 1970년대에 밴듀라에 의해 관찰학습이론 또는 사회학습이론으로 발전되어 그 적용영역을 넓혔으며, 사회학습이론은 개인의 행동과 환경의 상호작용을 강조한다.

인지행동적 상담이론은 인지의 중요성과 인지를 변화시킴으로써 내담자의 심리적 문제를 변화시킬 수 있다는 기본 가정을 전제로 하는 문제해결접근 이론이다. 이 장에서는 다양한 인지행동적 이론들 중에서 가장 대표적이며 널리 알려진 벡의 인지치료와 엘리스의 합리정서행동치료(REBT)를 중심으로 살펴보도록 한다. 인지치료는 벡에 의해 체계화되었으며 우울증 치료에서 그 효과성이 인정되면서 그 적용범위가 넓혀졌다. 엘리스의 REBT는 인지를 주요 개념으로 하면서 인지, 정서, 행동은 서로 구분되는 인간의 기능이 아니며, 본질적으로 통합된 것이며 전체적이라는 가정에서 출발하였다. 또한 REBT는 중다양식적 방법을 활용하며, 통합적이고 절충적으로 적용되고 있다.

이 장에서는 행동주의와 인지행동적 상담이론에서 인간을 바라보는 관점, 주요 개념, 상담목표와 과정, 기법을 중심으로 살펴보도록 하겠다.

01 행동주의

행동주의는 우리가 통제하는 대부분의 행동이 학습된다는 전제, 즉 학습이론을 이론적 토대로 하고 있다. 행동주의에서는 인간행동의 원리나 법칙을 학습이론에 근거하여 설명하였으며, 인간의 관찰될 수 있는 행동만이 심리학의 연구주제가 된다고 주장하며, 과학적인 방법으로 이를 설명하고 시도하였다. 이러한 행동주의는 미국의 실용주의와 함께 1930년부터 1960년까지 전성기를 이루며 20세기 실험심리학의 중요한 한 분야가 되었다.

행동주의에 영향을 미친 주요한 업적으로는 파블로프(Ivan P. Pavlov)의 고전적 조건형성에 관한 실험과 저술, 손다이크(Edward. L. Thorndike)의 보상학습에 관한 연구, 스키너(Burrhus F. Skinner)의 조작적 조건형성, 인간의 심리적 장애에 고전적 조건형성의 원리를 적용한 왓슨(John B. Watson)의 실험과 저술 등이 있다.

초기의 행동주의자들은 행동주의에 대한 지나친 열정으로 독단적인 태도를 보이기도 하고, 인간의 마음을 심리학적 대상에서 완전히 배제하는 주장을 했다. 특히 행동주의 심리학의 창시자라 할 수 있는 왓슨은 건강한 어린이라면 누구라도 환경의 형성을 통하여 자신이 원하는 어떤 인간 유형의 전문가, 즉 의사, 변호사, 예술가 심지어 거지와 도둑으로도 만들 수 있다고 주장하였다. 이러한 경향의 행동주의를 급진적 행동주의라고 부르며 1950년대 스키너에 이르기까지 행동주의의 주류를 이루고 있었다.

그러나 1970년대 밴듀라(A. Bandura)의 사회학습이론과 더 나아가 헐(C. L. Hull), 밀러(N. Miller)에 의해 신행동주의가 대두되었다. 이들은 인간의 마음을 내면적 행동으로 포함시켜 객관적으로 접근할 수 있는 연구영역을 확장시켰으며, 새로운 기법 등 다양한 발전을 이루었다(김영환, 1988; 한재희, 2013).

1) 인간관

행동주의 관점은 인간을 선(good)하지도 않고 악(bad)하지도 않은 존재, 즉 인간 행동은 환경적 사건에 의해 수동적으로 결정된다는 입장을 취한다. 또한 행동주의자들은 인간이 조건형성과 강화의 학습법칙에 의해 결정되는 산물이라고 본다. 이처럼 행동주의 관점은 인간의 행동이 환경의 자극과 상호작용하는 경험의 과정을 통해 학습된다는 '환경결정론'에 기초하고 있다.

행동주의에서는 인간의 무의식과 같은 내면의 정신적 작용을 고려하지 않았다. 이들은 정신적 작용은 과학적 근거가 없고 무의미하다고 보았으며, 무의식 등의 정신기능을 상담이나 치료의 대상으로 인정하지 않았다. 이들은 오직 관찰 가능한 '행동'만을 의미가 있다고 보는 입장을 취하였다.

이처럼 행동주의에서는 인간을 주로 환경적 사건에 의해 결정되는 수동적인 존재로 보며 인간학습의 기본적 유형으로 자극-반응의 패러다임을 주장하였다. 그러나 시대의 변화와 더불어 최근 행동주의 관점은 인간의 행동은 부분적으로나마 환경을 창조할 수 있고, 인간도 환경에 영향을 줄 수도 있다는 점이 강조되는 경향으로 나아가고 있다.

2) 주요 이론

행동주의를 대표하는 이론으로 파블로프의 고전적 조건형성과 스키너의 조작적 조건형성, 밴듀라의 사회학습이론을 중심으로 살펴보도록 하겠다.

(1) 고전적 조건형성이론(classical conditioning theory)

1904년 러시아의 생리학자 파블로프(1849~1936)에 의하여 제창된 고전적 조건형성은 고전적 조건반사이론이라고도 한다. 파블로프는 처음에 개의 소화에 관한 연구를 하던 중 개가 타액(침)이 분비하는 데는 일정한 법칙이 있음을 발견하였다. 즉, 개들이 먹이가 입속으로 들어갈 때마다 무조건적으로 침을 흘리기도 하고, 먹이가 없어도 실험자의 발자국소리나 다른 소리에 대한 반응으로 침을 흘리는 것 등이다.

표 6-1 고전적 조건형성 절차 도식

1. 조건형성 전		
무조건적 자극(음식) (Unconditioned Stimulus: US)	→	무조건적 반응(침) (Unconditioned Response: UR)
2. 조건형성 중		
중성자극(종소리) + 무조건적 자극(음식)	→	무조건적 반응(침)
3. 조건형성 후		
조건 자극(종소리) (Conditioned Stimulus: CS)	→	조건 반응(침) (Conditioned Response: CR)

파블로프는 이러한 현상에 관심을 갖고 체계적으로 연구하였다. 파블로프가 실험한 조건형성 절차의 도식은 〈표 6-1〉과 같다.

〈표 6-1〉 고전적 조건형성 절차의 도식을 살펴보면, 조건형성 전 단계에서 개는 음식(무조건적 자극, US)을 보면 자연스럽게 생리적으로 침(무조건적 반응, UR)을 흘리게 된다. 조건형성 중 단계에서 개는 처음 종소리(중성자극)만을 들었을 때는 침을 흘리지 않고, 무조건적 자극(음식)과 종소리라는 중성자극을 짝을 지어 연합하여, 반복적으로 훈련을 시킴으로써 종소리(중성자극)는 침의 분비 반응을 유발하게 된다. 즉, 중성자극인 종소리와 무조건적 자극인 음식을 반복적으로 연합시키는 조건화과정을 통해 종소리가 침의 분비를 유발한 것이다. 결국, 조건형성에 의해 종소리는 더 이상 음식(무조건적 자극)이 없이도 개에게 침의 분비를 유발하는 조건자극이 되고, 종소리(조건자극, CS)에 의한 침의 분비는 조건반응(CR)이 된다.

① 고전적 조건화의 기본원리

고전적 조건화가 잘 진행되기 위해서는 근접성, 강도, 일관성의 원리가 기본적으로 지켜져야 한다. 근접성(contiguity)은 무조건적 자극(음식)과 중성자극(종소리)의 시간적인 동시성을 의미한다. 두 자극이 거의 동시에 제시, 즉 중성자극이 무조건적

자극보다 0.5초가량 먼저 주어졌을 때 조건형성이 가장 잘 이루어진다(Crain, 2011). 강도(intensity)에서는 무조건적 자극이 중성자극에 대한 반응보다 훨씬 커야 조건화가 일어날 수 있다. 일관성(consistency)의 원리는 조건화과정에서 조건화가 완성될 때까지 동일한 종류의 중성자극이어야 한다는 것이다.

② 정서의 조건형성 실험

왓슨(1927)은 정서반응은 고전적 조건형성을 통해 학습에 영향을 받기 쉽다고 주장하였다. 왓슨과 레이너(Rosalie Rayner)는 앨버트(Albert)라는 1세의 어린아이가 흰쥐에 대한 공포반응을 학습할 수 있도록 조건형성을 시도하였다. 실험의 초기에는 앨버트가 흰쥐에 대해 공포반응을 보이지 않았다. 그러나 흰쥐를 보여 주는 것과 거의 동시에 뒤에서 큰 굉음을 들려주며 놀라는 반응을 반복적으로 일으키자, 앨버트는 흰쥐만 보고도 울고 두려워하는 반응을 보였다. 즉, 흰쥐를 두려워하도록 조건형성이 된 것이다.

이후 앨버트는 털이 있는 모든 것을 무서워하는 공포반응을 보였다. 즉, 앨버트는 토끼, 강아지, 솜, 흰 수염이 있는 산타클로스 가면 등에 대해서도 모두 울면서 공포반응을 나타냈다. 이처럼 조건자극(흰쥐)과 유사한 자극에 대해 조건반응(공포반응)을 보이는 것을 일반화(generalization)라고 하며, 앨버트의 공포는 털이 있는 모든 대상에 일반화된 것이다.

(2) 조작적 조건화이론(operant conditioning theory)

스키너(1904~1990)는 1904년 미국 펜실베이니아주에서 태어났다. 그는 대학에서 영문학을 전공했으며 작가를 꿈꾸기도 했다. 인간과 동물에 대한 관심으로 그는 대학원에서 심리학을 전공하고 박사학위를 받았으며, 미네소타 대학, 인디애나 대학에 이어 하버드 대학교에서 명예교수로 은퇴하였다. 스키너는 행동주의자로서 대단한 명성을 얻었지만, 문학에 대한 열정을 가지고 1948년 자신의 조작적 조건형성 원리에 기초하여 이상사회를 묘사한 『월덴 투(Walden Two)』라는 소설을 출간하였다.

초기의 학습이론은 20세기 들어서면서 손다이크에 의해 제안되었다. 그는 보상이 따르는 행동은 반복되는 경향, 즉 어떤 행동이 만족스러운 결과를 가져오게 되면 앞으로도 그 행동이 일어날 확률이 계속적으로 증가한다고 하였다. 손다이크의 초기 학습법칙들은 스키너의 사상에 대한 전조가 되었으며, 스키너는 이를 체계화된 이론으로 정립하였다. 스키너는 행동은 그 행동 후에 나타나는 강화자극에 의해 통제된다고 보았으며, 환경이 어떻게 행동을 통제하는지 관심을 가졌다.

스키너는 인간의 모든 행동은 두 가지 범주로 나눌 수 있다고 보았다. 첫 번째는 반사로서 반응을 유발하는 자극으로 구성된다. 그에 의하면 파블로프가 연구한 조건형성은 반응적 행동에 관한 것으로, 반응적 행동들은 대개 단순한 반사들이다. 예를 들면, 생리적 반응과 정서적 반응적 형태로 반응적 행동을 보이기도 하지만 그 종류는 매우 적다고 보았다. 두 번째는 조작적 행동(operant behaviors)으로, 스키너는 인간행동의 대부분이 조작적 행동이라고 보았다. 조작적 행동은 어떤 행동이 야기하는 결과에 의해서 통제된다. 여기서 '조작적(operant)'이라는 말은 라틴어가 그 어원으로, 바라는 결과를 얻기 위해 행해지는 노력을 의미한다(정옥분, 2009). 이러한 두 가지 범주의 가장 큰 차이점은 고전적 조건화는 행동을 유발하는 자극에 관심을 두며, 조작적 조건화는 자극보다는 유발된 행동의 결과에 관심을 둔다는 것이다.

스키너의 조작적 조건화는 능동적으로 환경을 다루는 의도적인 조작적 행동을 다루며, 그는 조작적 조건형성을 연구하기 위해 '스키너 상자'라는 장치를 만들었다. 작은 상자 안에는 지렛대와 먹이접시를 장착하여 작은 동물이 상자 안을 돌아다니다가 지렛대를 밟으면 먹이가 나오게 되어 있다. 스키너는 상자 안에 실험용 쥐를 넣었으며, 처음에 쥐는 이리저리 돌아다니기 시작했다. 그러다가 우연히 지렛대를 밟게 되었고 먹이가 떨어지는 것을 발견하였다. 이러한 현상이 반복되자 쥐는 지렛대와 먹이의 연관성을 알게 되고 더 자주 지렛대를 누르게 되었다. 즉, 조작적 조건화가 형성된 것이다. 이처럼 조작적 조건화에서는 행동이 그 행동 후에 나타나는 강화자극에 의해 어떻게 통제되는지에 관심을 둔다.

① 강화, 소거, 처벌

조작적 조건형성에서 강화의 종류 및 형식은 매우 다양하며, 주요한 조건형성 원

리를 중심으로 정리하면 다음과 같다.

조작적 조건형성에서 강화(reinforcement)란 어떤 행동의 발생비율을 증가시키도록 만드는 과정을 말하며, 어떤 행동을 증가시키기 위해 제시되는 자극(먹이)을 강화물(reinforcer)이라 부른다. 정적 강화(positive reinforcement)란 가치 있는 어떠한 것을 제공하고 보상함으로써 행동발생을 증가시키는 것이며, 정적 강화물의 예로는 칭찬이나 인정, 포상 등이 있다. 부적 강화(negative reinforcement)란 원치 않는 어떤 혐오자극의 철회(제거)가 행동발생을 증가시키는 것이며, 부적 강화물의 예로는 경고음, 큰 소리 등이 있다.

소거(extinction)란 강화된 조작적 행동이 보상이 제시되지 않음으로써 소멸되는 것을 말한다. 즉, 스키너 상자에서 쥐가 지렛대를 눌러도 더 이상 먹이가 나오지 않으면 쥐의 지렛대를 누르는 학습된 행동은 점차 사라지게 될 것이다.

처벌(punishment)은 어떤 행동의 발생을 감소시키기 위해 불쾌하거나 혐오스러운 자극을 제시하는 것을 말한다. 처벌의 예로는 회초리, 꾸지람, 기합 등이 있으며, 처벌은 '제시형 처벌'과 '박탈형 처벌'로 구분된다. 제시형 처벌은 혐오자극을 제시해서 행동발생 비율을 억제하거나 감소시키는 것으로, 지각에 대한 벌점, 행동에 대한 체벌 등이 예이다(정순례 · 양미진 · 손재환, 2015). 박탈형 처벌은 자극을 제거하거나 빼앗아 행동발생 비율을 억제하거나 감소시키는 것으로 타임-아웃(time-out)이 한 예이다.

② 강화계획

강화조건을 여러 가지 형식에 따라 조절하면 각각 다른 반응현상이 나타나며, 이러한 강화조건을 체계적으로 제시한 것을 강화계획이라 한다. 즉, 행동을 통제하기 위해 어떤 반응을 어떻게 강화할 것인가에 대한 계획이다. 강화계획은 크게 계속적 강화와 간헐적 강화로 구분된다. 계속적 강화는 행동이 발생할 때마다 강화물을 주는 방식으로, 새로운 행동을 학습시킬 때 주로 사용된다. 간헐적 강화는 행동이 발생할 때 계속 강화물을 주지 않고 가끔씩, 즉 시간 간격 혹은 반응비율에 근거해서 강화를 하는 것이다. 간헐적 강화는 시간과 비율에 따라 네 가지 유형으로 분류할 수 있다(노안영, 2005).

• 고정간격계획

일정한 시간 간격마다 강화물이 주어지는 경우이다. 즉, 반응비율과는 관계가 없다. 매달 일정한 시간이 되면 받게 되는 월급이 한 예이다.

• 변동간격계획

일정한 시간 간격 없이 무선으로 강화물이 주어지는 것으로, 한 강화에서 다음 강화가 일어날 시간 간격을 예측할 수 없다. 예로는 낚시꾼이 던진 낚싯밥을 고기가 변동 시간 간격으로 간헐적으로 건드리는 경우이다.

• 고정비율계획

일정한 반응비율에 따라 강화물이 주어지는 것으로, 시간과는 관계없이 반응의 수에 근거한 강화계획이다. 예를 들어, 근로자가 만든 생산품의 개수에 따라 일정한 보수가 지불되는 경우이다.

• 변동비율계획

변동된 반응비율에 따라 강화물이 불규칙적으로 주어지지만, 요구되는 변동 반응의 수는 일정한 평균치를 중심으로 변화한다. 변동비율계획은 언제 강화를 받을지 예측하기 어렵지만 높은 반응비율을 유지하는 데 효과적이다. 예를 들어, 언젠가는 대박이 터지겠지 하면서 그만두지 못하고 계속해서 도박을 하고 복권을 구매하는 경우이다.

이상의 간헐적 강화 네 가지 유형에서 반응률이 가장 높게 일어나는 것부터 순서대로 나열하면 변동비율계획, 고정비율계획, 변동간격계획, 고정간격계획이다.

(3) 사회학습이론(social learning theory)

사회학습이론은 밴듀라에 의해 체계화된 이론이며 행동주의 이론의 확장으로, 관찰학습, 대리적 학습, 모방학습과 같은 다양한 명칭으로 불린다. 밴듀라는 인간의 새로운 행동은 거의 타인의 행동을 모방하거나 관찰함으로써 학습된다고 보았다. 그는 기본적인 사회학습기제로 모델링(modeling)을 제안하면서 강화원리에 따라 행동을 설명하는 대신 모방과 동일시 등을 통한 관찰학습을 강조하면서, 관찰학습과 모방이 아동의 사회화를 위한 가장 강력한 도구라고 주장하였다.

밴듀라에 의하면 관찰학습에는 주의, 파지, 운동재생, 동기유발의 네 가지 과정이 필요하며, 이 중 한 과정이라도 빠지면 사회학습이론으로 불완전한 것이 된다(정옥분, 2009; Crain, 2011).

첫째, 모델의 행동에 주의를 집중하는 주의단계이다.

둘째, 주의를 집중해서 본 것을 기억하는 파지단계이다.

셋째, 모방하고자 하는 행동을 재생하는 운동재생단계이다.

넷째, 동기를 지속적으로 유발하는 동기유발단계이다.

밴듀라는 새로운 반응의 획득과 수행을 구별했다. 즉, 우리는 한 모델을 관찰하여 새로운 지식을 획득할 수 있으나, 그 반응을 수행할 수도 있고 수행하지 않을 수도 있다. 수행은 강화와 동기변인들에 의해 좌우되며, 보상을 얻게 될 것 같으면 타인을 모방할 것이다. 이때 수행은 대리강화에 의해서도 영향을 받게 된다. 예를 들면, 어느 청소년이 다른 사람에게 욕을 했을 때 이에 대해 칭찬받는 것을 본다면 소년은 그 청소년을 모방할 것이며, 그 청소년이 비난을 받는다면 소년은 모방하려 하지 않을 것이다. 그리고 수행은 자기강화, 즉 스스로의 행동에 대해 내리는 평가에 의해서도 영향을 받는다. 한편, 실제 수행은 강화 가능성에 따라 좌우되는데 그중 많은 부분이 대리강화이다. 이와 같이 밴듀라의 대리강화(vicarious reinforcement)는 사회학습이론 접근에서만 나타나는 주요한 개념이다.

3) 행동주의 상담

(1) 상담의 목표

행동주의 상담에서는 새로운 적응행동을 학습시킴으로써 부적응행동을 소거하고 바람직하고 효과적인 행동을 학습, 유지시키는 것을 목표로 한다. 행동주의 상담의 특징은 변화시킬 구체적 목표를 강조하는 것이며, 상담의 목표는 분명하고 구체적인 행동적 언어로 서술되는데, 이러한 목표와 관련된 범주를 살펴보면 다음과 같다(한재희, 2013; 강경미, 2012).

첫째, 내담자의 부적응행동을 바람직한 적응행동으로 수정하여 변화시킴으로써 행동상의 문제를 해결한다.

둘째, 자신의 감정이나 생각, 행동을 일상생활에서 자유롭게 표현할 수 있도록 훈련하는 것이다.

셋째, 사회적인 관계나 일상의 활동을 방해하는 비현실적인 불안, 공포, 문제행동을 제거하는 것이다.

넷째, 장기적으로 자신이나 타인에게 해를 주는 행동이나 잘못된 습관을 제거하는 것이다.

(2) 상담의 과정

행동주의 상담의 과정은 내담자의 행동을 분석하여 문제를 정의하고 구체적 목표를 설정하여 달성하도록 조력하는 것이다. 이러한 과정은 다음과 같은 단계를 거쳐 진행된다.

- 1단계: 바람직한 목표행동을 설정하고 행동과학적 용어로 서술한다.
- 2단계: 행동의 기초선을 정한다.
- 3단계: 목표행동 학습을 위한 강화와 소거의 환경적 조건과 단계별 행동을 위한 조형(shaping) 전략을 마련한다.
- 4단계: 행동변화를 위한 구체적인 강화물이나 강화방식을 규정한다.
- 5단계: 목표행동을 위한 강화와 기법을 적용하고 계속 강화한다.
- 6단계: 기초선 자료와 결과를 비교 및 평가한다.
- 7단계: 상담의 효과를 조정하고 평가한다.
- 8단계: 상담효과를 유지하고 일반화하며 상담을 종결한다.

(3) 상담기법

먼저, 고전적 조건화에 기초한 행동수정 기법으로는 체계적 둔감법과 이완훈련, 혐오기법이 대표적이다.

① 체계적 둔감법

체계적 둔감법(systematic desensitization)은 고전적 조건화에 기초한 행동수정

기법 중 가장 대표적인 기법이다. 울프(J. Wolpe)에 의해 개발된 절차로, 이 기법은 제이콥슨(Edmund Jacopson)의 이완훈련과 거스리(E. R. Guthrie)의 연상의 억제(associative inhibition)를 도입하여 상담현장에 적용한 것이다. 체계적 둔감법은 두려움이 있는 사람이 두려움을 야기하는 자극을 상상하면서 이완을 연습하는 것으로, 이완훈련, 불안위계목록 작성, 단계적 둔감의 순서로 진행된다([그림 6-1] 참조).

첫째, 이완훈련은 근육의 긴장과 이완을 번갈아 반복하는 방식으로 신체적 이완을 통해 심리적 안정을 얻는 방법이다. 점진적 근육이완은 팔과 얼굴, 어깨, 가슴, 배에서부터 엉덩이, 다리 위쪽, 다리 아래쪽, 발에 이르기까지 신체 각 부위를 충분히 이완하는 방법이다.

둘째, 불안위계목록은 내담자의 불안이나 두려움을 유발하는 자극의 위계표를 작성하는 것이다. 내담자는 주관적 불편척도를 사용하여 불안이나 두려움의 정도, 즉 1~100점 척도에서 0점은 두려움이나 불안이 전혀 없음을, 100점은 두려움이나 불안이 최대임을 나타낸다. 이때 위계표는 점진적으로 두려움을 야기하는 10~20가지의 다른 상황을 내담자가 정하여 작성하게 된다. 예를 들어, 혼자 있는 것에 대한 불안을 갖고 있는 경우, 낮에 도서관에서 사람들과 함께 있는 것, 돌보는 아이와 함께 집에 있는 것, 실제로 혼자가 되기 전 혼자 있게 되는 것을 생각하는 것, 문을 닫은 채 혼자 집에 있는 것 등의 순서로 불안위계가 작성될 수 있다(Miltenberger, 2010).

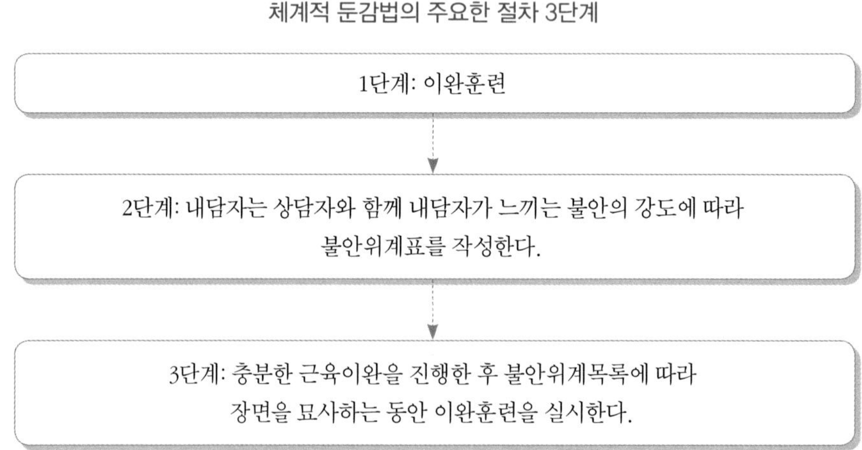

[그림 6-1] 체계적 둔감법 절차

셋째, 단계적 둔감은 이완연습을 익히고 불안위계목록을 작성한 내담자가 상담자의 인도에 따라 단계적으로 진행하는 것이다. 단계적 둔감을 시작할 때, 내담자는 충분히 이완된 상태에서 가장 낮은 불안장면부터 상상하게 하는데 성공하면 위계표의 다음 단계로 넘어간다. 상담자는 약간 더 불안을 야기하는 장면을 묘사하며, 내담자는 이완반응을 유지하면서 그 장면을 상상한다. 이러한 과정에서 상담자는 내담자가 확실히 이완반응을 유지하면서 그 장면을 상상할 수 있도록 한 장면을 여러 번 반복하며, 불안 정도를 확인하여 불안 정도가 0점이 될 때까지 반복해 나가는 것이다. 이 과정은 내담자가 불안위계목록에 있는 모든 장면에서 이완을 유지할 수 있을 때까지 여러 회기 동안 계속된다.

② 이완훈련

이완훈련(relaxation training)의 전제는 근육긴장이 어떤 방식으로든 불안과 관련이 있다는 것과 긴장된 근육이 이완된다면 개인이 느끼는 불안은 감소할 것이라는 점이다. 따라서 이완훈련의 일반적인 형식은 몸의 긴장을 완화하는 방법이다. 이완훈련은 근육의 긴장, 빠른 심장박동, 차가운 손, 빠른 호흡 등 자율적 각성이 되는 신체반응 대신 근육의 긴장을 감소시키고 심장박동과 호흡을 느리게 하며 손을 따뜻하게 한다. 이러한 신체반응을 경험한 사람들은 불안의 감소를 보고한다(Miltenberger, 2010).

이완훈련의 대표적인 점진적 근육이완은 신체의 주요 근육들을 체계적으로 긴장시키고 이완시킨다. 이완절차를 시행하기 위해서 상담자는 먼저 내담자를 안락의자에 앉히고 근육이완에 대해 편안한 음성으로 다음과 같이 설명한 후, 다음 절차 순으로 실시한다(김영환, 1988).

> 지금부터 근육긴장을 점진적으로 이완시키는 방법을 가르쳐 주려고 합니다. 긴장을 느끼기 시작할 때마다 또는 잠을 이루지 못하거나 머리가 아프기 시작할 때마다 당신은 스스로 근육을 이완시킬 수 있습니다.

이 방법은 특정한 근육이나 일련의 근육을 긴장시키고 다시 그 근육을 이완시키고, 다시 반대편 근육을 긴장시키고 이완시키는 것입니다. 먼저 손을 완전히 이완되게 한 후 팔과 어깨 등 몸 전체를 이완시키게 될 것입니다.

전체적인 점진적 근육이완의 절차는 다음과 같다.

- 손: 주먹을 꽉 쥐어 긴장했다가 이완한다. 손가락을 쑥 펼쳤다가 이완한다.
- 이두박근과 삼두박근: 이두박근과 삼두박근을 긴장했다가 이완한다.
- 어깨: 어깨를 뒤로 당겼다가 이완한다. 그리고 어깨를 앞으로 당겼다가 이완한다.
- 입: 얼굴에서 먼저 입을 가능한 한 넓게 벌렸다가 이완한다. 입술을 오므리고 최대한 앞으로 쭉 내밀었다가 이완한다.
- 눈과 이마: (상담자는 온화하고 분명한 목소리로 말한다) 이제 눈을 감고 아주 멀리 떨어져 있는 어떤 기분 좋은 것을 바라보고 있다고 상상해 보세요. 자동차를 몰고 가면서 멀리 바라보이는 산이 있다고 상상해 보세요. 산맥의 경치를 즐기도록 하세요. 어느 정도 이완이 되는 것 같으시죠(상담자는 내담자 스스로 혼자서 1분 정도 연습을 하도록 한다).
- 호흡: 내담자는 가능한 한 깊이 들이쉬고 이완하도록 한다. 긴장시간은 5~7초 정도가 바람직하다.
- 등: 어깨가 의자의 등받침대로 닿도록 앉았다가 등이 아치형으로 되도록 몸을 앞으로 굽혔다가 이완한다. 등이 다치지 않도록 주의해야 한다.
- 엉덩이: 엉덩이 근육을 긴장시키고 허벅다리를 살짝 들었다가 이완한다. 엉덩이로 의자를 누르다가 이완한다.
- 허벅지: 다리를 뻗고 바닥에서 약 15cm 정도 들었다가 이완한다. 또는 발뒤꿈치나 발바닥으로 바닥을 짓누르듯 한다.
- 복부: 복근이 마치 등뼈에 닿을 정도로 가능한 한 끌어당겼다가 이완한다.
- 장단지와 발: 두 다리를 바닥에 의지하고 발가락이 머리쪽을 향하도록 발을 구

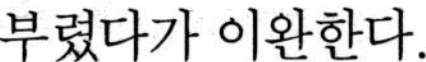

부렸다가 이완한다.

- 발가락: 발가락으로 신발의 윗부분을 힘껏 밀었다가 이완한다.
- 정리: (긴장-이완을 마친 후 상담자는 내담자에게 말한다) 이제 당신이 훨씬 더 이완할 수 있도록 도와드리겠습니다. 당신은 자신의 호흡에 유의하도록 하면서, 숨을 내쉴 때마다 스스로 '마음을 평온하게' 또는 '긴장을 풀고'라고 말하도록 하세요. 그러면 당신은 점점 더 이완할 수 있을 것입니다.

이러한 방식으로 4~5회 정도 반복한 후 이완절차를 마치게 된다. 그리고 상담자는 내담자에게 자신의 느낌을 0점에서 10점의 척도(가장 불안한 상태 10점)로 평정하도록 요구할 수 있다. 이완훈련에서 초심자들이 범하기 쉬운 실수로는 이완절차를 급히 서두른다는 점이다. 따라서 초심자들은 대부분의 상담자가 적절하다고 하는 의견, 즉 적어도 5초 동안의 긴장, 10초 동안의 이완을 갖는 절차속도로 진행하는 연습이 필요하다.

③ **혐오치료**

혐오치료(aversion therapy)는 역제지의 한 형식으로 내담자의 부정적인 행동에 혐오자극을 결합하여 '쾌' 자극의 연결을 끊는 방식이다. 예를 들어, 금주하고자 하는 사람을 위해 술에 구토제를 혼합한다거나 비만으로 인해 음식을 절제하고자 하는 사람이 냉장고에 혐오스러운 사진을 붙여 놓은 것도 혐오치료의 한 방법이다. 혐오치료는 주로 알코올 중독, 흡연, 약물중독, 도박 등에 혐오자극을 제시하여 행동을 억제시키는 데 효과적이다. 혐오자극으로는 심리적 혐오자극, 물리적 혐오자극, 화학적 혐오자극 등이 있으며, 인체에 해롭지 않으면서 효과를 볼 수 있는 다양한 혐오자극을 활용하여야 한다.

다음으로, 조작적 조건화에 기초한 행동수정 기법에는 행동조형, 프리맥의 원리, 토큰경제법이 대표적이다.

① 행동조형

행동조형(shaping)은 현재 나타나지 않는 표적행동을 발생시키는 데 이용되며, 고난이도의 체육, 두통 치료를 위한 운동, 영아의 대변훈련 등을 포함하여 다양한 사람들의 다양한 표적행동을 발생시키기 위해 사용되어 왔다. 즉, 행동조형은 목표행동에 도달할 때까지 표적행동의 연속적 근사치 행동들을 단계적으로 강화하면서 학습시키는 행동수정 전략이다. 행동조형의 가장 기본적인 전략은 차별강화(differential reinforcement)와 연속적 근사치(successive approximation, 점진적 접근)이다. 차별강화는 특정 상황에서 어떤 특정 행동이 강화되고 그 밖의 다른 행동은 강화되지 않는 것이며, 연속적 근사치(점진적 접근)는 표적행동의 근사치인 이미 존재하고 있는 행동을 차별강화하면서 동시에 목표행동에 점진적으로 접근해 가는 행동을 강화하는 것이다. 이러한 행동조형을 적절히 사용하기 위해서는 다음과 단계들을 따라야 한다(Miltenberger, 2010).

1. 표적행동을 정의한다. 즉, 내담자가 학습할 목표행동을 정확하고 구체적으로 규정한다.
2. 행동조형이 적합한 절차인지를 결정한다. 만일 대상자가 이미 표적행동을 약간이라도 보이고 있다면 행동조형을 사용할 필요가 없다.
3. 시작행동을 규명한다.
4. 행동조형의 단계들을 선택한다. 행동조형에서는 다음 단계로 넘어가기 전에 각 단계를 숙달해야 한다. 각 단계는 전 단계에 비해 표적행동에 더 가까운 근사치여야 하며, 한 특정 단계가 숙달되면 다음 단계에 있을 행동이 촉진될 것이라 기대하고 행동조형 단계를 선택하여야 한다.
5. 강화물을 선택한다. 내담자에게 가장 적절한 강화물을 선택하여 적절한 행동에 유관하여 즉시 강화물을 제공할 수 있어야한다. 이때 강화물의 양은 내담자가 쉽게 만족할 수 없는 것이어야 한다.
6. 각 연속적 근사치를 차별하여 강화한다. 시작행동에서부터 이 법칙이 적용되며, 연속적 근사치들의 차별과정을 표적행동이 발생하여 강화될 때까지 계속한다.
7. 적절한 속도로 행동조형 단계를 진행한다. 한 단계에서 다음 단계로 나아갈 때, 그 사람이 원하는 것을 말해 주거나 적절한 행동을 지시 또는 격려함으로써 촉진될 수 있다.

② 프리맥의 원리

강화는 행동수정방법에서 가장 기본적인 방법으로, 프리맥의 원리(Premack's principle)란 내담자가 좋아하는 활동을 강화물로 제시(사용)해서 어떤 빈도가 낮은 행동을 강화하는 방법이다. 예를 들어, 친구들과 밖에 나가서 놀기 전에 숙제를 마치라고 아동에게 요구하는 것으로, 숙제를 마친 뒤에 뒤따르는 놀 수 있는 기회는 숙제하는 행동을 강화하는 것이다. 즉, 놀기 위해 숙제를 빨리 하게 될 것이다(Miltenberger, 2010).

③ 토큰경제법

토큰경제법(token economy)은 전형적으로 조작적 조건화이론에 따른 행동수정의 한 방법이다. 토큰경제의 목적은 내담자의 바람직한 행동을 강화하고 바람직하지 않은 행동을 감소하는 데 있다. 여기서 토큰은 1차 강화물과 교환될 수 있는 2차 강화물을 의미한다. 즉, 청소년들이 바람직한 행동을 했을 때 받는 점수가 토큰이 된다. 토큰경제에서 사용되는 토큰의 예로는 도장, 스티커, 별, 쿠폰, 모아서 퍼즐이 될 수 있는 퍼즐 조각 등이 있으며, 이것은 직접적인 강화의 효과는 없지만 일정량을 누적한 뒤 1차 강화물과 교환할 수 있기 때문에 강화물의 역할을 한다. 청소년들의 경우 토큰을 특별한 간식이나 디저트와 교환할 수 있으며, 이 외에도 토큰은 놀기, 자유시간 갖기, 게임하기, 영화, 당구, 취미활동 등과 교환될 수 있다. 이렇게 바람직한 행동을 강화하기 위해 토큰을 사용하는 방법이 바로 토큰경제법이다(정순례 외, 2015; Miltenberger, 2010).

토큰을 사용한 강화가 다른 강화체계에 비해 유리한 점은 다음과 같다(한재희, 2013).

- 토큰을 주는 것 자체로 인하여 사회적 보상의 역할을 할 뿐만 아니라 교환가치로 인한 강화로 이중강화의 효과가 있다.
- 토큰은 바람직한 행동과 강화제공 사이의 시간적 지연을 메우는 역할을 하기 때문에 행동의 강도를 지속적으로 유지시킬 수 있다.
- 하나의 강화를 여러 조각으로 나누어 줄 수 있기 때문에 경제적일 뿐만 아니라

내담자에게 만족을 지연시키는 습관을 길러 줄 수도 있다.

- 토큰은 여러 가지 강화자극과 교환될 수 있기에 동일한 강화자극에 의한 포화를 방지할 수 있다.

마지막으로, 사회학습이론의 기법에는 관찰학습이 대표적이다.

① 관찰학습

사회학습이론에서는 주로 관찰에 의해 행동이 학습된다고 본다. 관찰학습(모방학습, modeling)에 영향을 미치는 인물의 요인으로는 따뜻하며 명성과 힘, 모방기술을 가지고 있거나 동성의 인물을 더 잘 모방한다. 그리고 어떤 행동을 따라 함으로써 보상을 받은 적이 있을 때 더 잘 따라 하게 된다. 이와 같은 관찰학습은 행동치료에도 유용하게 사용되며, 집단상담에서 사회성이 부족한 내담자가 다른 내담자의 사회적 기술이나 행동을 모방하는 데도 성공적으로 이용된다(강경미, 2012). 이러한 관찰학습에는 실제적 모델링이 아닌 책이나, 영화, 동영상 등을 이용할 수도 있다.

4) 행동주의 상담의 시사점

관찰 가능한 자료와 측정을 근거로 한 행동과학적인 상담기법은 행동주의 상담의 가장 큰 공헌점이라 할 수 있다. 또한 행동주의적 상담은 불안장애 등 다양한 정신병적 행동장애, 아동청소년의 문제행동 교정 등 다양한 임상장면에서 효과적으로 사용되고 있다. 이러한 행동주의적 접근이 청소년상담에 주는 시사점은 다음과 같다(김동일 외, 2014).

첫째, 현재와 관찰 가능한 행동변화에 초점을 둔 행동주의적 상담은 청소년상담에서 학업행동, 생활 습관, 대인관계기술, 중독 치료(흡연, 인터넷 등) 등과 같이 새로운 행동 습득이 필요한 영역에서 유용하게 활용될 수 있다. 둘째, 모델링을 통한 학습을 활용하여 상담을 함으로써 사회적 기술의 습득과 필요한 행동 연습을 할 수 있다.

02 인지행동적 상담이론

1960년대 초에 등장한 인지행동적 상담이론은 상담의 주요한 접근으로서 그 위상을 정립하였다고 볼 수 있다. 상담 및 심리치료에서 인지행동적 접근은 인지치료와 행동치료를 이론으로 통합하여 탄생한 통합모델이다. 즉, 행동주의 심리학자들은 인지적 절차를, 인지주의 심리학자들은 행동적 기법을 채택하였다. 이러한 인지행동적 상담이론은 인지의 중요성과 인지를 변화시킴으로써 내담자의 심리적 문제를 변화시킬 수 있다는 기본 가정을 공유하고 있으며, 직접적인 훈련과 교육을 강조하는 문제해결접근 이론으로 불린다.

인지행동적 이론의 종류에는 벡(Aaron Beck)의 인지치료(Cognitive Therapy: CT), 벡의 딸인 주디스 벡(Judith S. Beck), 마이헨바움(Donald Meichenbaum) 등에 의한 인지행동치료(Cognitive-Behavior Therapy: CBT), 엘리스(Albert Ellis)의 합리적 정서행동치료(Rational Emotive Behavior Therapy: REBT), 불안관리 훈련, 자기통제 치료, 구조적 심리치료, 다이어렉티컬 행동치료(Dialectical Behavior Therapy: DBT), 수용전념치료 등이 있다. 이 장에서는 인지행동적 상담이론의 대표적인 벡의 인지치료(CT)와 엘리스의 합리적 정서행동치료(REBT)를 중심으로 살펴보자.

먼저, 인지행동적 상담이론의 인간에 대한 기본 관점을 살펴보면 다음과 같다.

1) 인간관

인지행동적 접근에서는 인간의 여러 측면 중 인지, 즉 사고 또는 생각이 가장 우선하고 중요하다는 인지 우선성의 관점을 취하고 있다. 즉, 인간의 감정과 행동은 사람들이 생각하는 방식이나 내용에 따라 결정된다는 것이다. 이처럼 인지행동적 접근에서는 사람들의 감정과 생각은 모두 인지에서 나온다는 입장을 취하고 있으며, 부적응을 겪는 사람들을 변화시키기 위한 가장 효율적인 방법은 그 사람의 생각을 변화시키는 것으로 보고 있다. 결국, 인지행동적 상담접근은 인간의 주된 특성을 인지에서 찾으려 하며, 인지를 변화시킴으로써 다른 모든 것을 변화시킬 수 있다고

믿고 있다(이장호 · 정남운 · 조성호, 2005).

2) 벡의 인지치료

인지치료는 미국 펜실베이니아 대학의 벡에 의해 개발되고 체계화된 상담이론이다. 정신과 의사인 벡은 주로 우울증 환자들을 치료하며 많은 경험적 증거를 통해 성격 및 정신병리에 관한 통합된 이론적 체계를 정립하였다.

인지치료의 철학적 기원은 스토아 철학자들에게서 찾아볼 수 있으며, 특히 '인간은 사물로 인해 고통을 받는 것이 아니라 그것을 받아들이는 관점으로 고통을 받는다'라는 에픽테토스(Epictetos)의 말은 인지치료의 이론적 핵심을 보여 주는 것이다(한재희, 2013). 인지치료에서는 모든 심리적인 고통이나 장애에는 왜곡되고 역기능적인 사고가 공통적이며 이러한 부적절하고 역기능적인 사고는 내담자의 기분과 행동에 영향을 미친다고 가정하고 있다. 따라서 상담자는 내담자가 인식하지 못하는 부정적이고 역기능적인 자동적 사고를 찾아서 변화시키는 데 주안점을 둔다.

1960년대 초 우울증 치료법으로 개발된 인지치료는 충실한 이론적 기초와 상담 및 심리치료기법으로 효과가 인정되면서 그 적용범위가 넓어졌다. 특히 1977년 이후 범불안장애, 공황장애, 사회공포증, 물질남용, 부부문제 등의 불안과 공포증을 포함한 정서의 전반적인 문제와 성격적 문제에도 치료효과가 있음이 광범위하게 검증되었으며, 현재 인지치료는 독립된 치료로서 또는 다른 치료와 함께 세계적으로 널리 적용되고 있다(Beck, 1997).

(1) 주요 개념

인지치료는 사람들의 감정이나 행동이 어떤 사건에 대한 그들의 지각에 의해서 영향을 받는다고 가정하며, 인지모델을 근거로 한다(Beck, 1964: Beck, 1997에서 재인용). 인지모델을 살펴보면 다음과 같다([그림 6-2] 참조).

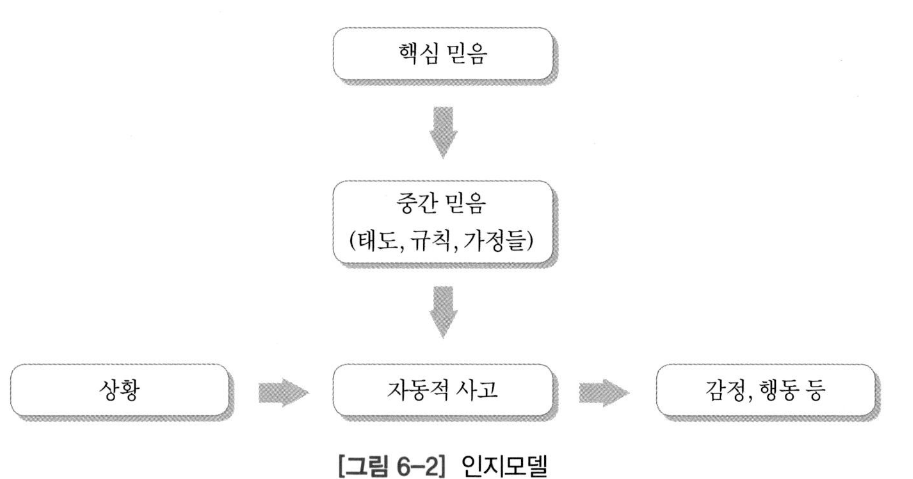

[그림 6-2] 인지모델

* 출처: Beck (1997).

① 핵심 믿음

핵심 믿음(core belief)은 가장 근원적인 수준의 믿음으로, 인지에 바탕이 되는 중심적 생각이다. 핵심 믿음은 모든 영역에 영향을 미치고, 과일반화되고 경직되어 있으며, 사람들은 스스로 인식하지 못한 채 당연한 것으로 받아들인다.

② 중간 믿음

중간 믿음은 태도(attitude), 규칙(rule), 가정(assumption)들로 구성되어 있으며, 핵심 믿음과 자동적 사고 사이에 존재한다. 사람들은 중간 믿음 또한 잘 인식하지 못하는 경우가 흔하며, 중간 믿음은 감정에 영향을 주는 자동적 사고의 형태로 구체화되는 단계를 거친다.

③ 자동적 사고

자동적 사고란 어떠한 상황에 접하게 되면 아무런 의식적 노력 없이 자동적으로 떠오르는 어떤 생각을 말한다. 자동적 사고는 누구에게나 일어나지만, 심리적 장애를 가진 사람의 자동적 사고는 왜곡돼 있거나 극단적·부정적으로 치우쳐 있다. 우울 증상을 경험하는 사람들의 경우, 이들의 자동적 사고는 자기와 세상 그리고 미래에 대한 부정적인 생각과 태도로 구성되어 있으며 이를 인지삼제(cognative triad)라

고 한다.

자동적 사고가 일어나고 있다는 것을 알 수 있는 가장 중요한 단서 중 하나는 강렬한 감정이 생길 때이다. 이처럼 자동적 사고는 감정에 미치며, 더 나아가 생리적 반응에도 영향을 준다. 자동적 사고는 주의를 기울이면 알아낼 수 있고 인식하기 쉽기 때문에, 상담자는 자동적 사고에 초점에 맞추어 내담자가 스스로의 생각을 식별하고 평가, 수정할 수 있도록 돕는다.

④ 인지적 오류

인지적 오류는 어떤 경험이나 사건을 해석하고 받아들이는 과정에서 현실을 제대로 지각하지 못하거나 왜곡하여 받아들이는 비논리적인 추론이나 판단의 오류이다. 인지적 오류는 의식적 노력 없이도 자동적으로 발생하기 때문에 부정적 자동적 사고라고 불리기도 한다. 인지적 오류에는 여러 종류가 있으나 대표적인 몇 가지만 소개하면 다음과 같다(〈표 6-2〉 참조).

표 6-2 인지적 오류

흑백논리

이분법적 사고로, 완전한 실패 아니면 성공과 같이 극단적으로 흑과 백으로 해석하는 오류이다. 흑과 백, 즉 범주의 둘 중 하나만 있고 중간지대나, 둘 사이의 회색을 인정하지 않는 오류이다.

선택적 추상화

상황이나 주된 내용은 무시하고 사건의 일부 정보들만을 기초로 결론을 내리고 전체의 의미를 해석하는 오류이다.

과잉 일반화

한두 번의 사건을 가지고 이에 근거하여 일반적인 결론을 내리고 확장시켜 적용하는 오류이다.

임의적 추론

어떤 결론을 내리기엔 충분한 근거가 없음에도 불구하고 주관적으로 추측하여 최종결론을 내리는 오류이다.

개인화

자신과 관련지을 근거가 없는 경우임에도 불고하고 외적 사건과 자신을 연관시켜 생각하는 오류이다.

(2) 인지치료의 상담의 목표와 과정

인지치료에서는 상담자와 내담자의 치료적 관계를 매우 중요시하며, 치료적 관계의 질이 인지치료 적용의 기초라고 강조한다. 벡은 상담과정에서 내담자가 질문에 자유롭게 답하는 형식의 소크라테스 대화를 사용하여, 그들 자신에 대한 잘못된 생각을 발견하도록 돕는 것을 강조하였다. 또한 치료의 단계에서 내담자들의 능동적인 참여와 협력을 이끌기 위해 노력하였다. 이러한 인지치료의 기본적인 상담목표는 내담자의 부정적인 사고와 인지적 오류를 찾아내어 그 내용을 확인하고, 보다 현실적인 것으로 수정하는 것이다. 또한 광의의 의미에서 상담목표는 종결 후에도 내담자가 자신의 증상 감소와 수정을 지속적으로 할 수 있도록 상담자가 돕고 격려하는 것이다. 즉, 다른 말로 표현하면, 내담자 자신이 치료자가 될 수 있도록 돕는 것을 목표로 한다(Beck, 1997).

인지치료의 과정은 전반적인 계획과 개별 회기시간을 위해 구체적으로 계획하고 구조화한다. 상담과정은 초기, 중기, 말기의 세 단계로 나뉜다(Beck, 1997).

상담의 초기단계에서는 상담자와 내담자와 단순한 라포형성을 넘어 견고하고 생산적인 치료적 협력관계 수립, 상담의 목표 구체화, 내담자에게 인지모델 가르치기, 내담자가 활동적이도록 돕기(특히 내담자가 우울하거나 위축되어 있는 경우), 내담자에게 자동적 사고를 식별·평가하고 반응하는 방법을 가르치기, 내담자를 치료에 동참시키기(과제를 하는 것 등) 등이 이루어지며, 초기단계에서 상담자는 주도적인 역할을 한다.

상담의 중기단계에는 상담자는 언급한 목표들을 위해 지속적으로 노력함은 물론, 내담자의 믿음을 식별하고 평가, 수정하는 것에 강조점을 둔다. 상담자는 내담자의 믿음을 수정하기 위해 다양한 이성적·감정적 기법을 사용한다. 또한 내담자의 목표달성에 필요한 기술을 가르치기도 한다.

상담의 말기에는 종결의 준비와 재발방지가 강조되어야 한다. 종결단계가 되면 내담자는 다양한 문제해결책 제시, 과제 고안 등 보다 적극적인 역할을 하게 된다.

(3) 인지치료의 주요 기법

인지치료에서는 내담자를 돕기 위한 다양한 기법을 하며 주요한 몇 가지 기법을

소개하면 다음과 같다(Wright, Basco, & Thase, 2009; Friedberg & McClure, 2009; 한재희, 2013).

① 문제축약 기법

이 기법은 내담자가 다양한 문제 증상을 호소할 때 유사한 성질을 지니는 문제들을 확인하여 이를 몇 가지 주요 문제로 압축하게 되면 훨씬 더 효율적으로 상담을 진행할 수 있다는 것이다. 즉, 상담자는 개별적인 문제 증상들을 일일이 다루기보다는 여러 가지 증상에 기저하는 공통 요소를 찾아 상담의 초점을 맞추어야 한다.

② 소크라테스식 문답법

소크라테스식 문답법은 인지치료사들이 사용하는 대화에 기초가 된다. 소크라테스식 질문을 통해 내담자는 자신의 부적응적인 사고를 인식하고 이해함으로써 변화의 과정을 시작할 수 있다. 소크라테스식 질문은 내담자의 호기심을 자극하며, 상담자는 내담자에게 치료 개념을 가르치는 것 대신 내담자가 스스로 학습과정에 참여하도록 함으로써 좀 더 적응적인 인지방식으로 변화할 수 있도록 한다.

소크라테스식 문답법을 아동청소년에게 사용할 때 유의점으로는, 아동청소년의 심리적 성숙도에 맞추어야 하며, 미성숙한 아동청소년에게는 재미있으면서 비유를 이용한 전략이 좋다. 그리고 아동청소년들은 상담자의 질문에 민감한 반응을 보이기도 하며, 이들은 질문을 받을 때 방어적으로 뒤로 물러나는 반응을 보이기 쉽다. 이때 상담사는 아동청소년이 질문 공세를 받는다는 느낌이 들지 않도록 천천히 대화를 진행해 나가야 하며, 의문문만 계속 사용하기보다 평서문으로 스타일을 다양하게 할 수 있다.

③ 자동적 사고 다루기

이 기법은 인지치료의 핵심으로, 자동적 사고를 찾아내고 사고방식을 변화시킴으로써 증상을 감소시킬 수 있다는 것이다. 자동적 사고 다루기는 두 단계로 되어 있다. 첫째는 자동적 사고를 찾을 수 있도록 돕는 것이며, 둘째는 부정적 자동적 사고를 수정하고 내담자의 사고를 더 적응적인 방향으로 변화시키는 것이다. 자동적

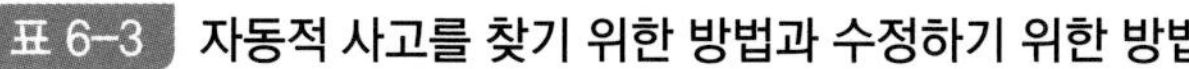

표 6-3 자동적 사고를 찾기 위한 방법과 수정하기 위한 방법

자동적 사고를 찾기 위한 방법들	자동적 사고를 수정하기 위한 방법들
• 감정의 변화 인식하기 • 심리교육 • 안내에 따른 발견 • 생각 기록하기 • 체크리스트 사용 등	• 소크라테스식 질문하기 • 생각의 변화 기록지 사용 • 인지적 오류 찾기 • 파국적 사고에서 벗어나기 • 증거 점검하기 등

* 출처: Wright et al. (2009).

사고를 찾아 변화시키기 위해 흔히 사용되는 방법들은 〈표 6-3〉과 〈표 6-4〉와 같으며, 실제 임상에서 이 두 단계가 명확히 구분되지 않기도 한다.

자동적 사고를 찾기 위한 방식으로 생각 기록지를 이용하며, 보통 세 개의 칼럼으로 된 생각 기록지에는 사건(상황), 생각, 감정을 기록한다. 내담자는 생각 기록지를 작성하는 과정에서 중요한 인지에 주의를 기울이게 되며, 체계적인 방법으로 자동적 사고를 찾는 연습을 할 수 있다(〈표 6-4〉 참조).

표 6-4 생각 기록지 작성 예시

사건(상황)	생각	감정
아침에 늦게 일어났다.	아! 또 지각이다. 역시 난 구제불능이야.	화, 짜증, 슬픔, 우울 등

생각의 변화 기록지는 생각 기록지 세 번째 칼럼 옆에 두 칼럼을 더 마련하며, 네 번째 칼럼에는 사건(상황)에서 떠올랐던 생각을 내담자가 가질 수 있는 다른 긍정적이거나 중립적인 사고를 확인하여 적는다. 그리고 다섯 번째 칼럼에는 생각을 바꾸었을 때 동일한 상황에서의 정서적 결과가 어떻게 달라지는지 적어 본다. 이렇게 생각 기록지와 변화 기록지를 활용하면 인지치료에서 성취하고자 하는 사고의 전환과 그에 따른 정서적 체험의 변화를 매우 효과적으로 달성할 수 있다.

3) 엘리스의 합리적 정서행동치료

합리적 정서행동치료(REBT)의 기원은 엘리스(Albert Ellis)가 정신분석을 그만둔 1953년으로 올라간다. 6년간 정신분석을 받던 엘리스는 정신분석이 내담자에게 그다지 많은 도움을 주지 못한다는 것을 깨달았다. 그는 정신분석 치료경험에서의 통찰과 억압된 감정의 표현이 깨달음 이상의 도움이 되지 않고 치료적으로도 작용하지 않는 사례들을 접하면서, 심리치료에 대해 새로운 견해를 갖게 되었다. 엘리스는 철학에 많은 관심을 가지고 동서양의 다양한 철학자의 저술을 접하면서, 인간에 대한 그의 생각을 명료하게 인식하게 되었다. 엘리스는 인간은 단지 외부의 영향만으로 고통받는 존재가 아니며, 스스로 역기능적인 사고, 감정, 행동의 상당 부분을 결정하고 유지한다는 점에서 구성주의자(constructivists)라고 했다. 또한 그는 실존주의자로서 온건한 포스트모더니스트적인 입장을 취한 현상학자이기도 했다.

이러한 철학적 토대 위에 엘리스는 1955년 합리적 치료(Rational Therapy: RT)를 ABC이론으로 소개하였다. 엘리스는 사람들이 혐오적인 사건(A)을 만났을 때 심한 불안이나 우울감과 같은 고통스러운 심리적 결과(C)를 갖는 것은, 신념체계(B)에 의해 만들어진 결과라고 강조하였다. 그러나 엘리스의 이론, 즉 인지적 개입은 1950년대 정신분석과 행동주의 조건형성에 의해 크게 주목을 받지 못했다. 한편, 1961년 엘리스는 합리적 치료가 적극적이고 지시적이며, 직면적이고 정서적인 치료임을 반영하여, 그의 동료인 하퍼(Robert Harper)와 함께 명칭을 합리적 정서치료(Rational-Emotive Therapy: RET)로 바꾸었다. 1960년대 이후 RET는 상당히 유명해지게 되었으나, 명칭에 문제가 있다는 주장이 지속적으로 제기되었다. 결국 엘리스는 RET가 행동적인 면이 강하므로 합리적 정서행동치료라고 부르는 것이 더 옳다는 의견을 인정하여 1993년 공식적으로 합리적 정서행동치료(Rational-Emotive Behavior Therapy: REBT)로 개명되었다. 엘리스는 REBT라는 명칭이 이 치료의 종합적이고 통합적이며, 중다양식적인 면을 정확하게 반영하고 있다고 보았다(Ellis & MacLaren, 2007).

(1) 주요 개념

① 합리적 신념과 비합리적 신념

엘리스는 생각이 정서와 행동을 유도한다고 강조하였으며, 합리적 신념과 비합리적 신념은 개인의 성장과 적응, 행복을 성취할 수 있도록 도와주는가에 따라 구분할 수 있다고 하였다. 합리적 신념과 비합리적 신념을 구분하는 기준으로는 논리적 일치성, 현실성, 유용성이 있다. 첫째, 논리적 일치성은 생각의 타당성, 융통성을 의미한다. 비합리적 신념은 '반드시' '항상' '결코' 등 융통성이 없고 극단적인 단어가 들어가는 생각들이다. 둘째, 현실성은 생각과 경험이 연결될 수 있는 것을 의미한다. 즉, 합리적 신념은 실현 가능한 내용으로 구성되어 있으며, 비합리적 신념은 현실성이 없는 생각들이다. 셋째, 유용성의 기준은 사람들이 가진 생각이 개인적 성장과 행복에 얼마나 도움이 되는지, 즉 기능적인가와 관련된다.

② 비합리적 신념

엘리스는 1962년 열한 개의 비합리적 신념을 발표하였으며, 이후 엘리스는 임상적 경험과 더불어 몇 가지를 부가하였다. 비합리적 신념 열한 가지는 다음과 같다.

- 알고 있는 모든 중요한 사람으로부터 사랑받고, 인정받고, 이해받아야만 가치 있는 사람이다.
- 우리는 다른 사람에게 의지해야만 하고 의지할 만한 강한 누군가가 있어야만 한다.
- 타인의 문제나 혼란스러움에 함께 괴로워하고 속상해야만 한다.
- 어떤 사람들은 나쁘고 사악하며 따라서 비난받고 처벌받아야만 한다.
- 완벽한 능력이 있고, 사교적이고 성공을 해야만 가치 있는 사람이다.
- 일이 뜻대로 진행되지 않는다면 이는 무시무시하고 끔찍한 일이다.
- 인간의 문제에는 완벽한 해결책이 있고 만약 그 해결책을 발견할 수 없다면 이는 끔찍한 일이다.
- 행복이란 외부 사건들에 의해 결정되며 우리는 통제할 수 없다.

• 인생에서 어려움을 부딪치기보다 피해 가는 것이 안전하다.
• 위험하거나 두려운 일이 일어날 가능성을 늘 생각하고 있어야 한다.
• 과거의 일들이 현재의 행동을 결정한다.

③ ABCDEF 모형

엘리스의 REBT 이론의 핵심이 되는 ABCDEF 모형은 인간이 비합리적 신념으로 인해 부적응과 심리적 어려움이 생긴다고 본다. 즉, 인간의 감정이란 비합리적인 신념의 결과로 보며, 비합리적인 신념을 합리적인 신념으로 수정함으로써 혼란된 정서와 증상이 감소된다고 보았다. ABCDEF 모형을 살펴보면 [그림 6-3]과 같다.

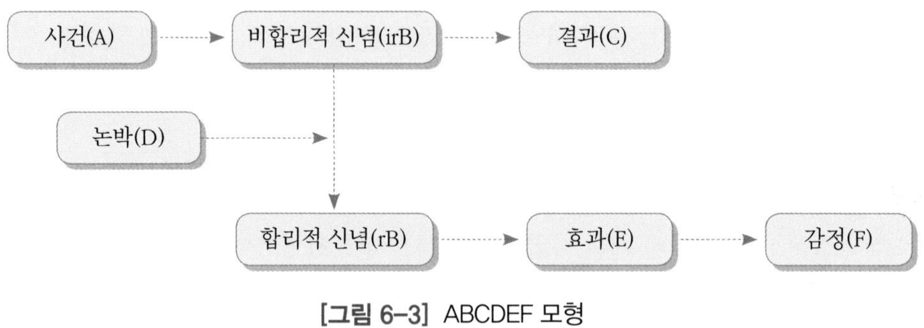

[그림 6-3] ABCDEF 모형

A(Activating events)는 선행 사건이나 경험이다.

B(Belief)는 사건에 대한 신념으로, 합리적인 신념(rB)와 비합리적인 신념(irB) 두 가지이다.

C(Consequences)는 결과로, 내담자가 보고하는 정서적 또는 행동적 결과이다.

D(Dispute)는 비합리적인 신념에 대한 논박이다.

E(Effect)는 비합리적 신념을 논박한 효과이다.

F(Feeling)는 논박하기를 통해 바뀐 합리적인 신념에서 비롯된 새로운 감정이다.

(2) REBT 상담의 목표와 과정

REBT 상담의 목표는 내담자의 문제행동을 일으키는 원인이 되는 비합리적 신념 대신 삶에 대해 보다 기능적 · 현실적 · 합리적인 신념을 갖도록 도와주는 것이다.

REBT 상담과정의 핵심은 [그림 6-3] ABCDEF 모형과 같으며, REBT 단계별 상담과정을 살펴보면 다음과 같다(박경애, 2008).

- 1단계: 부적한 정서적/행동적 결과를 탐색한다.
- 2단계: 상담의 목표를 설정한다. 상담의 목표는 내담자가 긍정적 변화를 위해서 극복하기 원하는 문제여야 하며, 목표는 명확하고 구체적이어야 한다. 한편, 엘리스는 REBT에서 사용하고 있는 많은 방법은 중요한 목적를 위해 존재한다고 주장하였다. 그 중요한 목적은 내담자의 자기파괴적 모습을 최소한으로 줄이고 삶에 대해 더욱 현실적이며 관용적인 철학을 습득하는 것이라고 하였다.
- 3단계: 그 결과와 관계된 선행사건이 무엇인지 탐색한다.
- 4단계: 정서적/행동적 결과와 사고 간의 관계를 교육한다.
- 5단계: 그 결과를 일으킨 근본적인 원인인 사고를 탐색한다.
- 6단계: 탐색된 생각의 체계를 논박을 통해 수정한다. 이때 논박은 비합리적 신념을 수정하는 어려운 작업이다. 그러므로 충분한 시간을 갖고 다양한 방법을 통해 지속적으로, 반복적으로 시행한다.
- 7단계: 생각이 바뀜에 따라 나타나는 정서적/행동적 효과를 알게 한다.
- 8단계: 내담자의 적극적 참여를 통한 상담의 과정들이 성공적이고 목표를 달성하면, 효과적이고 합리적 신념에서 비롯된 새로운 감정과 행동들이 창출된다.

(3) REBT 상담의 기법

엘리스의 REBT는 다양한 인지적 · 정서적 · 행동적 기법을 사용한다. 이를 살펴보면 다음과 같다(박경애, 2008).

① 인지적 기법

REBT의 핵심은 비합리적 신념을 합리적 신념으로 바꾸는 것으로, 인지적 기법은 REBT에서 가장 중요하다. REBT에서는 인지적 기법 중 논박을 많이 사용한다. 논박은 상담과정 중 비합리적인 생각, 즉 비일관된 생각, 절대주의 생각, 파국적 생각 등

을 확인하고 이를 합리적인 생각과 언어로 재구성하기 위해 사용되는 기법이다. 논박을 하는 데는 상당한 시간, 다양한 방법, 지속적인 노력 그리고 열정이 필요하다. 또 논박은 상담과정 중 반복적으로 일어나며, 내담자의 근본적인 신념까지 다루기 때문에 어려운 작업이기도 하다. 이러한 기법 외에도 심리교육적 방법, 유추기법, 자기진술문을 가르치는 기법, ABC 교육, 암시 등이 사용된다.

② 정서적 기법

REBT에서는 정서적 기법을 사용하여 내담자의 자기개방과 정서적 모험을 경험할 수 있도록 도움으로써 내담자의 변화를 이끌어 내기도 한다. 정서적 기법으로는 무조건적 수용, 합리적 정서적 상상, 유머의 사용, 역할 연기 등이 있다. 무조건적 수용은 내담자의 어떤 말이나 행동도 무조건적으로 수용하는 기법으로, 상담자의 언어적 비언어적 태도를 통해 내담자에게 전해질 수 있다. 합리적 정서적 심상법은 내담자에게 자신의 문제 상황을 떠올리게 하며 최악의 상태를 상상하도록 한다. 그리고 내담자에게 부적절한 정서에서 건강한 정서로 바꿔 보라고 지시한 후, 부정적이지만 건강한 정서로 바꾸기 위해서 어떤 노력을 했는지 질문한다. 이때 대부분의 내담자는 인지적 변화가 일어났다고 보고한다. 이처럼 합리적 정서적 심상법은 내담자가 상담회기에 적극 임하도록 격려하며, 내담자가 적절한 합리적 인지를 연습할 수 있도록 한다.

③ 행동적 기법

REBT는 인지행동적 치료의 한 형태로 대부분의 행동치료에서 사용하는 기법을 적용하여 내담자의 변화를 이끌어 낸다. 행동적 기법으로는 합리적 사고의 연습과 강화를 위한 과제나, 자기표현훈련, 이완, 체계적 둔감법 등이 사용된다.

4) 인지행동적 상담의 시사점

지금까지 살펴본 인지치료와 REBT는 인지행동적 상담의 대표적인 이론이다. 이러한 인지행동적 상담이론은 인지를 중심으로 하는 개념과 치료적 절차를 체계화

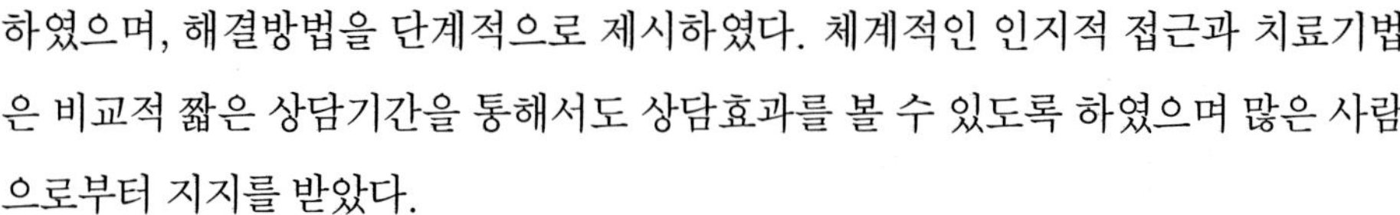

하였으며, 해결방법을 단계적으로 제시하였다. 체계적인 인지적 접근과 치료기법은 비교적 짧은 상담기간을 통해서도 상담효과를 볼 수 있도록 하였으며 많은 사람으로부터 지지를 받았다.

인지행동적 상담이론은 인지적 통찰과 더불어 행동주의를 결합함으로써 그 활용범위를 확장시켰으며, 특히 내담자로 하여금 적극적이고 주체적으로 스스로 자기변화를 일으키도록 하는 점은 상담과 심리치료 분야에서 그 시사점이 크다고 볼 수 있다. 따라서 청소년 인지발달특성과 개인차를 고려하여 그에 맞게 감정을 파악하고 인지와 연결할 수 있는 다양한 기법을 활용한다면, 학교 상황 및 청소년 분야에서 더욱 성공적인 상담의 효과를 거둘 수 있을 것이다.

요약

1. 행동주의는 인간행동의 원리나 법칙을 학습이론에 근거하여 설명하였으며, 인간의 관찰될 수 있는 행동만이 심리학의 연구주제가 된다고 주장하였다.

2. 행동주의를 대표하는 이론으로는 파블로프의 고전적 조건형성과 스키너의 조작적 조건형성, 밴듀라의 사회학습이론을 들 수 있다.

3. 러시아의 파블로프에 의해 제창된 고전적 조건형성은 기본적으로 자극들의 연합(무조건적 자극과 조건자극)을 가정하며, 왓슨은 정서반응은 고전적 조건형성을 통해 학습에 영향을 받기 쉽다고 주장하였다.

4. 스키너의 조작적 조건형성에서는 행동이 그 행동 후에 나타나는 강화자극에 의해 어떻게 통제되는지에 관심을 둔다. 강화계획으로 계속적 강화와 간헐적 강화가 있으며 간헐적 강화에는 고정간격계획, 변동간격계획, 고정비율계획, 변동비율계획이 있다.

5. 밴듀라의 사회학습이론은 행동주의의 이론의 확장으로 관찰학습, 대리적 학습, 모방학습 등 다양한 명칭으로 불리며, 밴듀라는 인간의 새로운 행동학습은 거의 타인의 행동을 모방하거나 관찰함으로써 학습된다고 보았다.

6. 행동주의 상담은 새로운 적응행동을 학습시킴으로써 부적응행동을 소거하고 바람직한 행동을 학습, 유지시키는 것을 목표로 한다. 행동주의의 대표적인 기법으로는 체계적 둔감화, 이완훈련, 혐오치료, 행동조형, 토큰경제법, 관찰학습 등이 있다.

7. 인지행동적 상담이론은 인지의 중요성과 행동치료를 통합한 모델로, 인지를 변화시킴으로써 내담자의 심리적 문제를 변화시킬 수 있다는 기본 가정을 공유하고 있다. 대표적인 이론으로는 벡의 인지치료와 엘리스의 합리적 정서행동치료가 있다.

8. 벡에 의해 개발되고 체계화된 인지치료에서는 상담자는 내담자가 인식하지 못하는 부정적이고 역기능적인 자동적 사고를 찾아 변화시키는 데 주안점을 둔다. 주요 개념으로는 핵심 믿음, 중간 믿음, 자동적 사고, 인지적 오류 등이 있으며, 문제축약 기법, 소크라테스 문답법, 자동적 사고 다루기 등이 있다.

9. 엘리스의 합리적 정서행동치료는 사람들이 고통스러운 심리적 결과를 갖는 것은 사건에 의해서가 아니라 사람들이 가진 신념에 의해 만들어진 결과라고 강조하였다. 엘리스는 논리적 일치성, 현실성, 유용성의 기준으로 합리적 신념, 비합리적 신념으로 구분하였으며, 비합리적 신념과 ABCDEF 모형 등의 주요 개념이 있다.

10. REBT 상담의 목표는 내담자의 문제행동을 일으키는 원인이 되는 비합리적 신념을 삶에 보다 기능적 · 현실적 · 합리적인 신념을 갖도록 도와주는 것으로, 주요 기법으로는 인지적 기법, 정서적 기법, 행동적 기법 등이 있다.

참고문헌

강경미(2012). 아동행동수정. 서울: 학지사.

김동일 · 김은하 · 김은향 · 김형수 · 박승민 · 박중규 외(2014). 청소년상담학개론. 서울: 학지사.

김영환(1988). 행동치료의 원리. 서울: 하나의학사.

노안영(2005). 상담심리학의 이론과 실제. 서울: 학지사.

박경애(2008). 인지 · 정서 · 행동치료. 서울: 학지사.

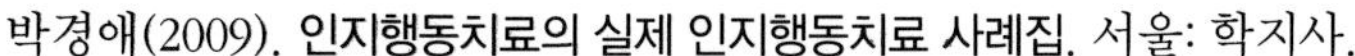

박경애(2009). **인지행동치료의 실제 인지행동치료 사례집.** 서울: 학지사.

이장호 · 정남운 · 조성호(2005). **상담심리학의 기초.** 서울: 학지사.

정순례 · 양미진 · 손재환(2015). **청소년상담이론과 실제.** 서울: 학지사.

정옥분(2009). **발달심리학 전생애 인간발달.** 서울: 학지사.

한재희(2013). **상담패러다임의 이론과 실제.** 서울: 교육아카데미.

Beck, J. S. (1997). **인지치료: 이론과 실제**(*Cognitive therapy*). 최영희 · 이정흠 공역. 서울: 하나의학사.

Crain, W. C. (2011). **발달의 이론: 개념과 적용**(*Theories of development: Concepts and applications*). 송길연 · 유봉현 공역. 서울: 시그마프레스.

Ellis, A., & MacLaren, C. (2007). **합리적 정서행동치료**(*Rational emotive behavior therapy: A therapist's guide*). 서수균 · 김윤희 공역. 서울: 학지사.

Friedberg, R. D., & McClure, J. M. (2009). **아동과 청소년을 위한 인지치료**(*Clinical practice of cognitive therapy with children and adolescents: The nuts and bolts*). 정현희 · 김미리혜 공역. 서울: 시그마프레스.

Miltenberger, R. G. (2010). **최신 행동수정**(*Behavior modification: Principles and procedures*). 안병환 · 윤치연 · 이영순 · 이효신 · 천성문 공역. 서울: 시그마프레스.

Wright, J. H., Basco, M. R., & Thase, M. E. (2009). **인지행동치료**(*Learning cognitive-behavior therapy: An illustrated guide*). 김정민 역. 서울: 학지사.

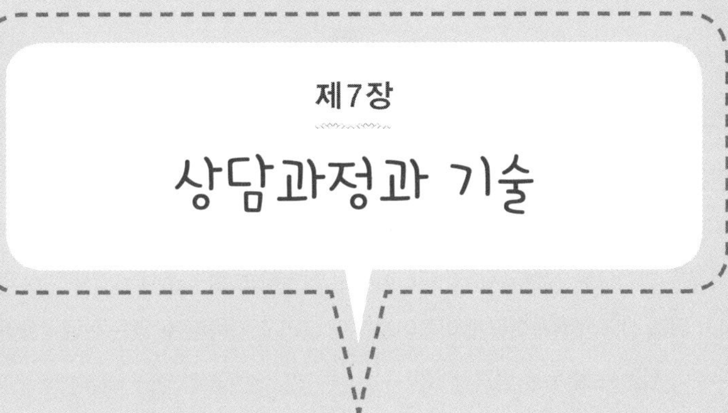

제7장 상담과정과 기술

학습개요

상담은 내담자의 건강한 변화를 위한 촉진과정이며, 내담자의 성숙을 위해 조력하는 과정이다. 이러한 상담은 적게는 단회에서 많게는 1~2년에 걸쳐 수십 회기 진행되는 과정이며, 매 회기 똑같은 방식으로 진행되지 않는다. 따라서 상담자는 청소년 내담자를 대상으로 상담을 실시하기 위해 상담진행이 어떻게 이루어지는지, 그리고 사용할 수 있는 상담기술이나 기법들에는 무엇이 있는지 알아 둘 필요가 있다.

상담의 과정은 내담자가 참여하는 회기의 수, 내담자 문제의 성질, 상담자의 이론적 접근 등에 따라 조금씩 달라지기도 한다. 이 장에서는 상담과정을 상담준비, 접수면접에서부터 상담이 완전 종료되기까지를 전체 과정으로 보고, 이를 각 단계별 과정에서 행해야 할 주요 과제에 따라 구분하여 살펴보고자 한다. 따라서 상담준비를 상담자 태도와 환경을 포함하여 먼저 살펴보고, 다음으로 접수면접, 상담초기 단계, 상담중기 단계, 상담종결 단계, 추수상담으로 구분하여 살펴보도록 하겠다.

그리고 청소년들을 대상으로 상담을 진행할 때 효과적인 상담기술과 기법들에 대해 살펴볼 것이다. 이를 통해 상담자는 내담자와 신뢰로운 관계를 형성할 수 있고 내담자의 상담목표를 효과적으로 달성하는 데 도움이 될 수 있다.

01 상담과정

이 장에서는 상담의 과정을 상담준비에서부터 접수면접, 상담초기, 상담중기, 상담종결, 추수상담의 전체 과정으로 보았으며, 각 단계별 과정에 대해 살펴보도록 하겠다.

1) 상담준비

상담의 과정과 결과가 효율적으로 창출되기 위해서는 무엇보다도 상담자가 전문가로서 준비되어 있고, 상담자가 상담에 집중할 수 있고 내담자가 상담을 편안하게 받을 수 있는 여건이 마련되어야 한다.

이러한 상담준비에는 상담자의 태도 및 책임과 함께 물리적인 환경이 포함된다. 여기서 상담자의 태도는 상담자가 상담에 임할 때의 태도를 의미하며, 상담자는 자신의 경험과 학습, 상담수련, 개인분석, 슈퍼비전 등을 통하여 자신의 욕구와 동기를 파악하고 상담에 임해야 한다는 것이다. 상담자의 책임은 비밀보장과 같은 윤리적인 책임, 내담자를 위한 노력의 책임, 소속 기관에 대한 책임 등을 의미한다. 이와 같이 상담자는 상담에 임하기 전에 상담자의 바람직한 태도와 기본적인 책임감을 갖추면서 내담자와의 대화에 임하는 자세가 요구된다(이장호 · 정남운 · 조성호, 2005).

물리적인 환경에는 상담이 진행되는 상담실, 접수실, 대기실 등의 내부 구성, 각종 서류 및 도구의 구비 등이 포함된다. 상담실은 편안하고 안전한 분위기뿐만 아니라 기본적으로 방음시설이 갖추어져 있어야 한다. 상담실의 대화내용이 외부로 새어 나가지 않아야 하며, 외부의 소음으로부터 상담이 방해되지 않도록 해야 한다. 그리고 대부분의 상담실에서는 심리검사도 진행하기 때문에 편안한 테이블과 의자가 갖추어져 있는 것이 좋다. 또한 내담자에게 햇빛이 직접적으로 영향을 주지 않도록 하는 환경구성과, 필기도구, 휴지 등의 세심한 배려가 준비되어 있고, 필요에 따

라서는 녹화시설 등이 설치되기도 한다. 접수실에는 상담신청서 등 각종 서류를 갖추어야 하며, 대기실은 내담자가 편안하게 기다릴 수 있도록 편안한 의자와 간단한 음료, 조용한 음악이 흐르는 것이 좋다. 그리고 안전한 데이터와 상담사례 보안을 위한 컴퓨터 보안시스템 마련과 더불어 내담자별 상담파일은 안전장치가 갖추어진 곳에 별도로 보관하여야 한다.

2) 접수면접

접수면접은 정기적인 상담회기 이전에 내담자가 상담기관에서 상담을 받을 수 있을지, 상담을 받는다면 어떤 절차와 과정으로 상담이 이루어지는지에 대해 안내를 받는 단계이다. 따라서 상담과정에서 접수면접은 중요하며 접수면접자의 역할이 매우 중요시된다.

접수면접자는 내담자를 편안하게 맞이하는 자세가 필요하며, 적극적 경청기술과 감정, 비언어적 행동에 주의하면서 내담자를 파악하고 상담을 구조화해야 한다. 여기서 구조화는, 첫째, 상담 진행과정에 대해 설명하고 진행될 예상 회기에 대해서 알려 주는 것으로 내담자의 문제 유형과 심각성 정도, 상담의 목표에 따라 상담회기가 다를 수 있음을 안내한다. 둘째는 비밀보장에 대해 알려 줌으로써 비밀보장이 상담자의 기본적인 윤리임을 인식할 수 있도록 하고, 내담자가 안심할 수 있도록 돕는다.

접수면접자는 내담자에 대한 적극적 경청과 질문, 상담신청서 등을 통해 내담자에 대한 기본정보, 외모 및 행동, 내담자의 문제유형과 심각성 정도, 스트레스 요인, 가족관계, 사회경제적 수준, 이전 상담경험, 상담실에 오게 된 계기와 경로 등을 탐색해야 한다. 이를 통해 접수면접자는 내담자의 파악된 호소문제의 유형, 심각성, 긴급성 등을 고려하여 최적의 상담사와 연결시킴으로써 접수면접자로서의 임무를 다하게 된다(정순례 · 양미진 · 손재환, 2015).

3) 상담초기

상담의 초기과정은 내담자와 처음 만나는 첫 회기를 시작으로 관계형성과 상담의 방향을 계획하는 데 중요한 역할을 한다. 상담의 초기단계에서의 주요 과제로는 촉진적인 관계형성, 상담의 구조화, 내담자에 대한 이해와 문제 평가, 내담자와 합의된 목표설정 등이 있으며 상담진행의 기본 구조를 세우게 된다.

(1) 촉진적인 관계형성

상담의 초기단계에서 상담자가 내담자와의 관계형성을 어떻게 하느냐에 따라 이후 진행되는 상담과정은 엄청난 차이를 보인다. 몇몇 연구에 따르면 모든 상담의 40% 이상이 1회 상담으로 끝난다고 하며, 첫 회기 상담이 마지막 상담이 될 가능성이 크기 때문에 상담자는 더욱 초기에 내담자와의 촉진적이고 신뢰로운 관계를 형성할 수 있도록 중점을 두어야 한다(Heaton, 2006). 촉진적인 상담관계란 내담자가 상담을 안전하다고 느끼고 몰입할 수 있으며 자신의 내면을 솔직하게 표현할 수 있는 편안하고 신뢰가 형성된 분위기를 말한다. 이러한 관계형성은 상담자와 내담자가 형성하는 협동적이고 우호적인 상담관계로 상담의 기본조건이라 할 수 있다. 그러나 신뢰로운 상담관계의 형성과 유지는 상담의 초기단계에만 이루어지는 것은 아니다. 상담자는 상담 전 과정에 걸쳐 촉진적인 상담관계를 유지할 수 있도록 관계형성의 중요성을 이해하고 이를 실행에 옮길 수 있도록 하여야 한다.

촉진적인 관계형성을 위한 상담자의 역할에는 내담자에 대한 비판단적인 자세와 경청, 존중하는 상담자의 태도 등이 있다. 이러한 상담의 기본조건에 대한 상담자의 역할을 살펴보면 다음과 같다.

① 상담자의 신체언어

상담에서 상담자의 비언어적인 태도, 즉 신체언어는 매우 중요하다. 이간(Egan)은 이를 머리글자로 SOLER(Squarely, Open, Leaning, Eye contact, Relaxed)로 설명하였으며(Egan, 1994: 노안영, 2005에서 재인용), 이는 다음과 같다(〈표 7-1〉 참조).

표 7-1 이간의 SOLER

- Squarely: 상담자는 내담자를 향하여 바라보는 자세를 취해야 하며 "내담자에게 관심이 있고 내담자에게 도움이 되고 싶다."라는 뜻을 전달하는 자세를 취한다. 여기서 중요한 것은 상담자가 나타내는 관심의 질이다.
- Open: 상담자는 개방적인 자세를 취하며, 개방적인 자세는 내담자가 하는 말에 마음을 열고 있다는 증거가 될 수 있다. 상담자가 팔짱을 끼거나 다리를 꼬고 앉는 자세는 관심이나 도울 자세가 갖추어져 있지 않다는 생각을 내담자에게 갖게 할 수 있다.
- Leaning: 상담자가 내담자를 향해 상체를 약간 기울이는 자세는 "내담자의 말에 관심이 많다."의 뜻을 전달한다. 즉, 넓은 의미에서 상대방 쪽으로 몸을 '기울이는 것'은 내담자와의 의사소통을 촉진하는 일종의 신체적 유연성이나 반응성을 가리킨다.
- Eye contact: 상담자는 내담자와의 적절한 시선 접촉을 유지한다. 좋은 시선 접촉을 유지한다는 것은 "내담자가 하는 말을 듣고 싶다."라는 뜻을 전달한다. 이때 이따금씩 시선을 다른 곳으로 돌린다고 해서 나쁠 것은 없으며 자연스럽게 적절한 시선을 유지하는 것이 좋다.
- Relaxed: 상담자는 편안한 자세를 취한다. 여기서 편안한 자세란 조바심이나 주의를 흩트리는 표정을 짓지 않으면서, 행동이나 자세를 편안하고 자연스럽게 취하는 것을 말한다. 이러한 상담자의 편안하고 자연스러운 자세는 내담자를 편안하게 만들 수 있다.

* 출처: 노안영(2005).

앞의 다섯 가지 자세는 상담자가 내담자에게 관심을 기울일 때 사용하는 상담자의 신체언어이다. 상담자는 이러한 자세의 문화적 차이점을 알고 문화권에 맞는 자세를 취하는 것이 효과적이다.

② 상담자의 태도

로저스(Carl Rogers)는 상담자 속성의 충분조건은 필연적으로 '성장을 촉진'하는 것이라고 보았다. 로저스가 강조한 치료적 관계의 형성을 촉진하는 상담자의 태도는 무조건적 긍정적 존중, 공감적 이해, 진솔성 혹은 일치성이다. 실제로 연구에서도 관계의 질이 상담치료의 전반적인 결과에 가장 중요한 단일요인임이 거듭해서 입증되었으며, 특히 이 치료적 관계의 성공여부는 초기 3회기에 의해 결정된다는 것을 연구결과에서 보여 주었다(Heaton, 2006).

로저스는 무조건적 긍정적 관심을 수용, 존중, 배려로 묘사하고 있으며, 상담자는 내담자의 감정이 어떤 것이든 느끼는 그대로 표현하도록 허용하는 것이다. 즉, 상담자는 조건적이 아니라 총체적으로 내담자를 존중한다는 것이다. 이는 내담자의 모든 생각이나 행동을 무조건적으로 지지하고 동의해야 한다는 것이 아니라 비난이나 판단적인 태도를 유보하고 내담자의 표현을 있는 그대로 받아들이는 자세를 가져야 한다는 것을 말한다(정순례 외, 2015). 공감적 이해는 상담자에게 라포의 기반을 제공하기 때문에 상담 초기에 매우 중요하다. 공감적 이해는 상담자가 내담자가 경험하는 감정을 정확하게 감지하고 이러한 이해를 내담자에게 전달하는 것이다. 이때 상담자는 '마치 ~인 것처럼'의 조건을 절대로 잊지 않고 인식하면서 내담자의 내적 준거체제를 마치 자신이 그 사람인 것처럼 내담자를 이해하는 것이다. 진솔성 혹은 일치성은 상담자가 진솔하게 생각하고 느낀 그대로를 표현하는 것으로 이러한 상담자의 태도는 내담자에게 신뢰감을 주고 내담자의 솔직하고 개방적인 상호교류를 가능하게 한다.

이 외에도 경청은 상담관계의 기반을 제공하는 중요한 요인이다. 경청은 상대방이 하는 말을 듣는 것 이상을 의미하며 주의집중이 포함된다. 따라서 상담사는 스스로 효과적인 경청을 방해하는 요소를 알고, 더 잘 듣고 더 이해하며 충분히 경청하는 노력을 기울여야 한다.

(2) 상담의 구조화

상담의 구조화란 내담자가 상담장면에 편안하게 적응하고, 내담자 자신의 역할이나 상담자의 역할에 대해 알게 도와주는 것으로, 구조화에는 상담의 기간이나 시간, 비용, 비밀보장의 원칙 등이 포함된다(김환 · 이장호, 2006). 구조화의 내용은 다음과 같다(정순례 외, 2015; 김동일 외, 2014).

첫째, 상담여건에 관한 구조화로 상담시간, 빈도, 총 상담횟수, 상담과정과 목표의 구조화, 상담장소, 상담시간 변경 시 연락방법, 노쇼(no show)에 대한 방침, 종결을 하고 싶을 때는 어떻게 하는지에 관한 정보를 알려 준다.

둘째, 상담관계에 대한 구조화로 상담자의 역할, 내담자의 역할, 상담관계의 성격을 설명한다.

셋째, 비밀보장과 비밀보장의 한계에 대한 설명을 한다. 내담자와 상담내용에 대해서는 비밀이 보장되지만 내담자 자신이나 타인에게 위협이 가해지는 경우에는

비밀보장에서 제외된다는 것을 알려 준다.

(3) 내담자에 대한 이해와 문제 평가

상담의 주요한 목표는 내담자가 호소하는 문제의 해결을 돕는 것이다. 이를 위해서는 먼저 내담자의 문제가 무엇인지를 파악하고, 그 문제가 어떻게 발생하게 되었는지, 현재 그 문제로 인해 내담자는 어떤 경험을 하고 있는지 등을 이해할 필요가 있다. 여기서 내담자의 문제를 파악한다는 것은 문제의 내용을 구체적으로 파악하는 것을 의미한다. 상담자는 내담자가 지금 시점에서야 상담을 하게 되었는지를 살펴보아야 한다. 그리고 상담자는 내담자의 문제가 얼마나 심각한지, 내담자의 문제해결능력이 어느 정도인지를 이해하기 위해서 내담자의 배경에 대한 정보, 즉 내담자의 가족관계 및 사회적 · 의학적 배경과 과거의 상담이나 치료경험에 관한 것을 파악한다. 그런데 이러한 정보를 수집하기 위하여 질문공세를 하거나 내담자를 일방적으로 다그쳐서는 안 된다. 상담자는 내담자가 차분하게 자신의 이야기를 해 나가도록 배려하는 자세를 유지하면서 내담자가 경험하는 문제와 구체적인 상황이나 장면을 확인해 나가야 한다. 그리고 문제를 탐색하되 내담자가 '문제 있는 사람'이라는 인식을 받지 않도록 상담자는 '문제'라는 표현의 사용에 주의할 필요가 있다(김환 · 이장호, 2006).

이러한 전반적인 내담자에 대한 이해를 바탕으로 상담자는 내담자의 문제를 진단하고 평가하며 문제해결을 위한 상담계획과 목표를 내담자와 합의하여 설정하게 된다.

(4) 상담목표 설정의 합의

상담은 내담자와 합의된 목표를 설정하고 이를 이루어 가는 과정이며, 상담관계에서 내담자와 상담자의 행동은 목표 지향적이다. 따라서 상담초기부터 상담자와 내담자는 목표설정을 염두에 두고 있어야 하며, 합의되는 목표설정에 따라 상담활동을 유연하게 변화시켜야 한다. 상담목표를 설정할 때 고려해야 할 사항은 다음과 같다(Dyer & Vriend, 1977; 김춘경 · 이수연 · 최웅용, 2006에서 재인용).

첫째, 상담자와 내담자 모두 목표에 동의해야 한다. 상호성이 전제되지 않는다면 상담자와 내담자 모두 상담목표 추구에 전념하지 않을 것이다.

둘째, 목표는 구체적이어야 한다. 너무 포괄적이고 일반적일 경우 도달하기 어렵다.

셋째, 목표는 성취 지향적이어야 한다. 목표는 실제적이고 내담자에게 내면적으로나 외현적으로 보상적인 결과를 가져다주는 것이어야 한다.

넷째, 측정 가능한 목표를 설정한다. 내담자와 상담자가 목표 도달점을 확인하는 것은 중요하다. 목표가 양적인 용어로 진술된다면 그 도달 여부를 쉽게 확인할 수 있다.

다섯째, 행동적이고 관찰 가능한 목표여야 한다. 효과적인 상담목표는 그것에 도달하였을 때 가시적으로 확인할 수 있는 것이어야 한다.

여섯째, 목표는 이해되고 분명하게 재진술될 수 있어야 한다. 내담자와 상담자가 목표를 분명하게 인지하는 것은 중요하다. 목표 설정과정이 성공적이었는지 여부는 각자가 자신의 용어로 설정된 상담목표를 재진술하는 것을 통해 확인할 수 있다.

4) 상담중기

상담의 중기단계는 초기단계에서 설정한 목표를 달성하기 위해 여러 전략을 사용하는 문제해결을 위한 실행단계이다. 중기단계는 내담자 자신의 문제에 대한 자각과 재구성(reframing) 과정을 통한 인식의 변화, 그리고 이로 인한 다른 방식으로 반응하는 변화의 과정이다. 문제에 대한 이해만으로 상담과정이 달성되었다고 보는 경우도 있지만, 대부분의 상담자는 내담자가 행동으로 옮겨 문제를 해결할 것을 강조한다. 그리고 자각의 확장과 통찰을 얻은 내담자 또한 새로운 관점으로 문제해결을 위해 노력한다.

이 단계에서는 공감, 즉시성, 유머, 직면, 상담자의 자기노출, 시연 등이 이루어지기도 하며, 내담자가 대안적 행동 실천에 따른 부담감과 실패에 대한 두려움으로 저항을 보이기도 한다. 이때 상담자는 변화과정에서 일어나는 저항을 알아차리고 내담자의 불안과 두려움을 세밀하게 살펴야 한다. 상담자는 내담자의 저항을 줄일 수 있는 방법을 고안하며 내담자의 변화에 대한 동기를 고취하는 심리적 지원과 실제

적인 안내를 제공해야 한다.

5) 상담종결

종결은 상담과정을 마무리하는 것으로, 상담초기에 설정한 목표가 달성된 것으로 평가되면 상담자는 종결을 준비한다. 또한 엄밀하게 말하면 상담에 대한 종결의 준비는 상담의 시작은 물론 상담이 진행되는 과정과 더불어서 이루어지는 것이 가장 바람직하다. 즉, 상담초기부터 종결 시기에 대해 내담자와 충분히 혹은 어느 정도 미리 언급해 두는 것이 좋고, 종결은 목표와 관련되어 미리 생각되어야 하고, 목표가 달성되면 상담이 종결되리란 것을 서로 합의해 두는 것이 현명하다(김환 · 이장호, 2006). 이처럼 종결은 반드시 상담자와 내담자가 상호 준비가 이루어진 상태에서 이루어지는 것이 바람직하며, 종결에 대한 충분한 협의가 없이 종결을 논하게 되면 내담자는 심리적 당혹감과 함께 상담자로부터 버림받는 느낌을 갖게 될 수 있다.

이 장에서는 먼저 바람직하지 못한 종결과 성공적인 종결조건을 살펴보고, 다음으로 종결시점에 논의하는 주제에 대해 살펴보도록 하겠다.

(1) 바람직하지 못한 종결: 조기종결, 상담의 중도탈락

상담에서의 바람직하지 못한 종결은 내담자로부터의 일방적인 종결이 대표적이다. 상담자와 합의한 목표에 도달하거나, 상담의 끝맺음에 대해서 어떤 논의나 합의가 구체적으로 이루어지지 않은 상태에서 내담자로부터의 일방적인 관계단절을 의미한다(박경애 · 김혜원 · 주영아, 2010). 청소년상담의 경우 부모에 의해 상담이 시작된 경우가 많고, 상담에 대한 동기가 낮은 비자발적인 내담자가 두드러지기 때문에 관계형성의 어려움과 조기종결이 일어나기도 한다. 이 외에도 내담자와 상담자가 원하는 방향이 다를 경우나, 이사 또는 이민 등의 환경의 변화로 인한 외부적 종결, 연락 없이 종결되는 조기종결 등이 있다.

다음의 신호들은 내담자가 보내는 조기종결의 신호나 단서에 대한 내용들이며, 상담자는 이러한 신호들을 민감하게 알아차리고 미리 대비한다면 조기종결을 예방할 수 있다(〈표 7-2〉 참조).

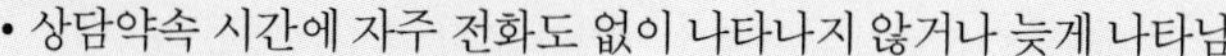

표 7-2 내담자의 조기종결 신호

- 상담약속 시간에 자주 전화도 없이 나타나지 않거나 늦게 나타남
- 상담실에 온 후에도 너무 지겨우니 다음에 만나자고 상담을 연기함
- 상담약속을 할 때 주저하는 태도를 보임
- 상담약속 시간을 자주 변경함
- 엄마에게 상담실에 그만 가게 해 달라고 조름
- 상담자가 하는 조언이나 충고를 무비판적으로 받아들임
- 혼자서도 문제를 해결할 수 있다고 우김
- 상담을 받으러 왔을 때 호소한 어려움이 다 해결되었다고 말함

* 출처: 박경애 외(2010).

이러한 조기종결 신호를 보일 때, 내담자가 오지 않은 상황을 그대로 방치하는 것은 바람하지 않다. 전화나 문자 등을 보내 내담자에게 적극적인 관심을 보여 주는 것이 필요하며, 내담자 입장에서도 상담이 중단되는 것보다 종결과정을 거침으로써 시작한 과정을 마무리하는 경험을 하도록 하는 것이 중요하다(정순례 외, 2015).

(2) 성공적인 상담종결의 조건

성공적인 상담종결의 여러 가지 조건 중 핵심적인 것을 중심으로 살펴보면 다음과 같다(이장호 외, 2005).

첫째, 상담종결의 가장 중요한 기준은 내담자가 호소한 문제 증상이 얼마나 완화되었는가이다. 둘째, 내담자의 현실 적응력이 얼마나 증진되었는지를 고려하여야 한다. 현실 생활이 제대로 이루어지기 위해서는 인간관계가 개선되어야 하고, 학업이나 일에서 어느 정도 성과를 거둘 수 있어야 한다. 셋째, 성격 기능성의 증진이다. 일반적으로 문제 증상의 완화 및 현실 적응력의 증진이 내담자의 성격 기능성의 증진에서 나온 경우 내담자의 변화는 비교적 지속적일 수 있으나, 성격 기능성 증진을 수반하지 않을 경우 스트레스를 경험하는 상황에서 재발 가능성이 커진다. 성격 기능성의 증진 여부를 판단할 때는 여러 가지를 고려하게 되는데, 스스로의 심리적 갈등의 기원이나 이해가 충분할수록, 충동에 대한 인내력을 더 갖출수록, 자기에 대한 평가가 과대 또는 과소하지 않고 현실적일수록, 객관적인 견지에서 자신을 수용할

표 7-3 성공적인 상담종결을 시사하는 내담자의 태도와 생각

- 내가 갖고 있던 큰 문제 중의 하나는 내가 세상의 중심이어야 한다고 집착했던 것이다. 이제는 그것이 나에게 그다지 중요하지 않다.
- 내 문제에 대해 부모님을 더 이상 비난할 필요가 없다. 이제까지는 어떤 일이 일어나든 다 부모님 탓이라 생각했다. 왜 과거가 현재 삶을 물들게 해야 하나? 이젠 나에게 어떤 삶이 주어지든 앞을 보며 살 것이다.
- 나는 항상 앞날을 걱정하느라 현재를 즐길 수 없었다. 하지만 이제 나는 현실에 충실할 수 있다. 나는 바로 지금 내가 할 수 있는 최선을 다할 것이다.

* 출처: 이장호 외(2005).

수록, 긴장과 억제로부터 자유로워질수록, 공격적 경향성을 자제할수록 성격 기능성은 증진되었다고 할 수 있다. 넷째, 성공적인 상담종결을 시사하는 내담자의 태도와 생각이다. 내담자가 〈표 7-3〉과 같은 생각과 태도를 가지게 된다면 상담이 성공한 것으로 보고 종결을 고려해도 된다.

(3) 종결시점에 논의하는 주제

종결은 상담자와 내담자가 유지해 온 상담관계를 마무리하는 것이다. 종결을 맞이하며, 내담자는 상담과정을 통해 획득한 지식과 기술을 바탕으로 다양한 상황에 대처할 수 있다는 자신감 등을 갖기도 하지만, 종결 후 상담자의 도움 없이 혼자 힘든 문제나 스트레스를 잘 다룰 수 있을지 불안해할 수도 있다. 따라서 상담자는 내담자에게 일어날 수 있는 여러 가지 생각과 감정을 적절히 다루어 주어야 하며, 이러한 과정을 통해 내담자는 진정한 심리적 독립을 이룰 수 있게 된다. 이를 구체적으로 살펴보도록 하겠다(김환 · 이장호, 2006; 박경애 외, 2010).

① 지난 상담과정을 점검하고 평가하기

종결할 때 가장 먼저 다루는 주제는 지난 상담과정에 대한 점검과 평가이다. 상담과정을 통해 무엇을 배웠고, 무엇이 변화되었는지를 살펴보며, 상담을 시작할 때 가졌던 기대와 목표가 얼마나 달성되었는지를 확인한다. 그리고 현재에 이르기까지 내담자가 기울인 노력에 대한 의미와 격려를 해 주어야 한다.

② 행동변화가 미진한 이유에 대한 논의

상담과정 중에 모든 문제를 다 다룰 수 없고, 다루어진 모든 문제를 완벽하게 해결하는 것도 불가능하다. 그러므로 상담초기에 세운 목표나 호소문제 중에 잘 해결되지 않은 이유를 내담자와 함께 논의해 볼 필요가 있다. 그리고 이러한 이유들을 잘 파악하여 내담자가 자신의 모습을 바로 볼 수 있도록 조력해야 한다. 또한 상담자 역시 문제이해와 해결을 위해 보완할 방법을 고안할 수 있어야 한다.

③ 증상의 재발 가능성에 대한 논의

종결 시 반드시 논의해야 할 주제로 증상이나 문제의 재발 가능성이 있다. 현재는 문제나 증상이 감소되거나 해결되었다 해도 스트레스를 받거나 환경적인 요인이 악화되면 다시 재발할 가능성이 있다. 내담자가 잘 지낸다는 것이 더 이상 증상이 찾아오지 않는 상태는 아니라는 것을 종결시점에서 함께 이야기해야 한다. 상담자는 "만약에 다시 증상이 나타나면 어떨 것 같으세요?"라고 묻는다든지, "증상이 다시 나타날 수도 있는데 그러면 어떤 느낌이 들까요?"라고 물어보며 이에 대해 논의를 해야 한다.

④ 다시 찾아올 수 있음을 알리기

상담이 종결되어도 내담자가 상담장면에 다시 찾아올 수 있다는 것을 알려 주는 것이다. 때로는 내담자가 먼저 "상담이 끝났지만 나중에 다시 찾아와도 될까요?"라고 말을 꺼내기도 한다. 상담자는 상담을 통해서 증상이 감소되고 성격의 변화와 인간적 성숙을 이루었다고 해도 인생에서는 다시 위기가 찾아올 수 있기 때문에 다른 위기나 삶의 전환기를 맞을 때 다시 상담을 할 수 있다고 설명하는 것이 중요하다.

⑤ 자기탐색과 통찰을 격려하기

상담이 종결되었다고 해서 그동안 상담자와 함께했던 작업을 그만하지 말고, 내담자 스스로 자신에 대한 탐색과 통찰을 계속하게 격려하는 것이다. 자신의 행동이나 감정, 대인관계 등에 대해 집중하면서 탐색과 통찰을 계속 시도하는 것은 증상이 재발하더라도 스스로 증상의 의미를 탐색하고 그것에 대해 대처할 수 있게 한다.

⑥ 의존성의 문제 다루기

종결이라는 것은 상담자와 내담자 모두에게 상실감을 준다. 상담자는 내담자를 잃어버리게 되고, 내담자는 상담자를 잃어버리게 된다. 연구에 의하면, 과거에 상실의 경험이 있었던 사람이 종결을 더욱 힘들어한다고 한다. 상담에서의 친밀한 관계를 종결한다는 것은 내담자에게 쉬운 일이 아니다. 특히 거절당한 경험, 학대받은 경험이 있는 내담자는 상담관계 속에서 안정감, 보호받는 느낌이 없어지는 것을 많이 두려워한다. 최선의 방법은 상담자가 내담자의 불안과 공포에 대해서 이해하려고 노력하고 비지시적인 태도로 대하는 것이다. 내담자의 두려움에 대해서 이해하고 수용하려고 노력하면서도 상담자의 판단에 대해서는 굳건히 버티는 것이다. 즉, 상담자는 "내가 판단했을 때는 종결이라는 것을 통해서 우리가 또 배울 수 있다고 생각한다."라고 하면서 버텨 주는 것이다.

종결이라는 것은 내담자가 더 이상 상담자에게 의지할 필요 없이 스스로 세상을 살아가야 한다는 것을 알려 주기 때문에 그 자체로서 치료적이다. 이런 과정을 통해 내담자는 상담자의 도움 없이도 독자적으로 적응적인 삶을 살아갈 수 있게 된다.

이 외에도 의존성의 측면과 연관 지어 이별의 섭섭함에 대해서 다루는 과정도 필요하다고 하겠다. 지금까지 상담종결에 대한 주요 내용들을 살펴보았다. 다음은 추수상담에 대해 살펴보도록 하겠다.

6) 추수상담

추수상담이란 정기적인 상담이 종결된 후 일정한 간격을 두고 내담자를 만남으로써 내담자의 변화 유지와 그 추이를 파악하는 것이다. 대부분은 종결 후 1개월 혹은 3개월, 6개월 또는 1년까지도 지속된다. 추수상담은 만나서 대화를 할 수도 있고, 사정이 여의치 않으면 편지나 전화를 사용할 수도 있다. 상담자는 추수상담을 통해 내담자가 얼마나 잘 지내며 적응하고 있는지를 평가하고, 종결의 후유증을 다루는 기회를 가진다.

02 상담의 기술

상담은 일상적인 대화나 면담과는 다르다. 상담은 상담사와 내담자의 상담관계에서 이루어지는 전문적인 과정으로 효과적인 상담기술이 필요하다. 따라서 상담사는 청소년 내담자와 상담을 진행할 때 상담목표를 효과적으로 달성할 수 있는 촉진적 상담기술을 다룰 수 있어야 한다. 주요한 상담기술을 살펴보면 다음과 같다.

1) 경청하기

경청은 내담자가 말하는 흐름을 잘 따라가며 듣는 것을 말하며, 면담의 기본이 된다. 상담은 내담자의 말을 듣는 것부터 시작하며, 내담자는 상담에서 자신의 진실한 모습을 그대로 이해받고자 하며, 자신의 문제를 상담자가 잘 들어 주기를 원한다. 이처럼 경청은 내담자에게 자기의 생각과 감정을 자유롭게 표현하는 시간과 기회를 주기도 한다.

또 중요한 것은, 상담자가 경청하는 태도를 가지고 있다는 것은 상담자가 듣기만 하는 것이 아니라 실제로는 많은 것을 내담자에게 전달하고 있다는 것이다. 즉, 경청을 통해 상담자는 내담자에게 주의집중해서 잘 듣고 있다는 것을 보여 주고 있고, 적극적인 관심과 존중하고 있음을 알게 해 주고, 내담자와 함께 한다는 느낌을 전달해 준다.

먼저 경청의 기초가 되는 주의집중을 살펴보고, 다음으로 적극적 경청에 대해 살펴보도록 하겠다.

(1) 주의집중

주의집중은 상담자를 내담자 쪽으로 향하게 하여 그들의 말을 들을 수 있도록 하는 것으로, 모든 다른 도움이나 상담개입의 실행에 기초가 된다. 주의집중의 목표는 상담자가 내담자의 생각과 감정에 대해 터놓고 이야기하는 데에서 내담자에게 주

의를 기울여 그들과 의사소통하고 그들의 참여를 촉진하는 것이다. 주의집중은 내담자가 말해야만 하는 것을 상담자가 듣기 원한다고 느끼게 하기 때문에 내담자에게 생각과 감정을 말로 나타내도록 격려할 수 있다. 또한 주의를 기울이는 행동은 상담과정에서 내담자의 활동적인 참여를 강화할 수 있다(Hill, 2012).

주의집중 행동유형으로는 눈 마주치기, 표정으로 표현하기, 준언어, 인간 공간학, 몸의 자세, 몸 동작 등이 있으며 여러 분야에서 다루어져 왔다. 힐과 오브라이언(Hill & O'Brien, 2001)은 상담자가 내담자에게 주의집중 하는 방법으로 'ENCOURAGES'를 제안하였으며, 이를 하나씩 살펴보면 다음과 같다(Hill & O'brien, 2001).

- E: 적당한 정도의 눈(Eye) 마주치기를 유지한다(자주 다른 곳을 보거나 뚫어지게 보는 것을 피하기).
- N: 고개 끄덕임(Nods)을 적당한 수준으로 사용한다.
- C: 주목하기의 문화적 차이를 인식하고 존중을 유지한다.
- O: 내담자 쪽으로 열린 자세(Open stance)를 유지한다.
- U: "음(Unhmm)" 등의 인정하는 언어를 사용한다.
- R: 편안하고(Relaxed) 자연스럽게 대한다.
- A: 산만한 행동은 피한다.
- G: 내담자의 문법적인 스타일에 맞추어라(자신의 언어 스타일 범위 내에서 내담자와 같은 언어 스타일을 사용한다).
- E: 세 번째 귀(Ear)로 들어라(언어적 메시지와 비언어적 메시지를 주의하여 들어라).
- S: 적절한 공간(Space)을 사용하라(너무 가깝거나 너무 멀리 앉지 않는다).

(2) 적극적 경청

적극적 경청이란 내담자에게 초점을 유지하면서 그가 표현하는 모든 감정, 행동, 생각을 이해하려는 노력을 말한다. 적극적 경청은 모든 상담자 반응의 선행요건이 되며, 적극적 경청은 상담관계를 형성하고 내담자의 문제를 명확히 이해하여 조력하는 데 매우 유용하다. 따라서 상담자는 효과적인 적극적 경청기술을 획득하기 위해 많은 노력을 기울여야 한다(노안영, 2005).

적극적 경청을 하기 위해서는 네 가지가 요구된다(Egan, 1999).

첫째, 내담자의 언어적 메시지를 듣고 이해해야 한다. 상담자가 내담자의 이야기, 즉 언어적 메시지를 들을 때, 그 속에는 내담자의 경험과 행동과 정서가 담겨 있다. 즉, 내담자는 자신에게 일어난 일에 대해 말하고, 자신이 무엇을 했는지 아니면 어떤 것을 피했는지 그리고 자신의 경험과 행동으로 야기되었거나 그것과 관련된 감정과 정서에 대해 말한다. 내담자의 이야기에는 경험, 행동, 정서가 다 얽혀 있으며, 상담자는 내담자가 말하려고 하는 것과 문제 상황을 기술할 때 드러내는 경험과 행동, 정서 그리고 무엇을 보태고 무엇을 빼려고 하는지 적극적으로 경청하여야 한다.

둘째, 내담자가 나타내는 자세, 얼굴 표정, 몸의 움직임, 목소리 등의 비언어적 행동을 관찰하고 읽을 수 있어야 한다. 심리학과 교수였던 메라비언(Albert Mehrabian, 1971)은 연구를 통해 비언어적 행동의 중요성을 강조하였다. 그의 연구에 의하면, 사람들은 의사소통 시 몸짓 언어(body language) 55%, 목소리 38%, 말하는 내용 7%를 통해 의미를 해석한다는 것이다.

따라서 효율적인 상담자는 다음과 같은 비언어적 행동을 읽고 듣고 관찰해야 한다(〈표 7-4〉 참조).

표 7-4 비언어적 행동들

- 신체적 행동: 자세, 몸의 움직임, 제스처 등
- 얼굴 표정: 미소를 짓거나 미간을 찌푸리거나, 눈썹을 치켜세우거나, 입술을 삐죽거리는 등
- 음성 관련 행동: 목소리의 톤, 음률의 고저, 어조, 강약, 억양, 단어 띄우기, 강조, 쉼, 침묵, 말의 유창함 등
- 생리적 반응: 가쁜 숨, 일시적인 발진, 얼굴 붉힘, 창백, 동공 확대와 같은 자율신경계에 의한 관찰 가능한 생리적 반응들
- 신체적 특징: 건강, 키, 몸무게, 안색 등
- 일반적인 외관: 옷 차림새 등

* 출처: Egan (1999).

2) 반영하기

반영하기는 경청과 밀접하게 연관되어 있으며, 상담자는 반영하기를 통해 내담자를 정확하게 이해하고 있음을 전달해 줄 수 있다. 반영하기(reflection)는 내담자가 표현하는 느낌, 감정, 신념 등을 상담자가 정리하여 보다 참신한 말로 표현해 주는 것이다. 상담자는 내담자가 실제로 말한 핵심내용을 짧고 간단하게 재진술하거나 바꾸어 말하기를 함으로써 내용을 반영할 수도 있고, 감정, 즉 내담자가 자신의 정서적 메시지를 표현하는 진술을 반영할 수도 있다. 이처럼 반영에는 내담자가 말한 정보를 일종의 새로운 방식으로 간략하게 정리하는 내용반영과 내담자의 감정을 강조하여 진술을 반복하거나 내담자의 표현을 부연하는 감정반영이 있다(노안영·송현종, 2006).

반영은 내담자의 탐색을 돕는 가장 중요한 기술 중 하나이며, 반영으로 인해 내담자는 좀 더 깊은 자신의 감정을 탐색한다. 결국 반영을 사용하는 최종목표는 내담자가 자기 스스로를 명료화하고 설명할 수 있도록 하는 것이다(Hill & O'Brien, 2001). 상담과정의 모든 단계에서 반영기술은 적절하고 효과적으로 사용되며, 예를 들면 다음과 같다.

반영하기

내담자: 내가 그것을 할 수 있을 것 같지 않아요. 난 실패투성이에요. 나는…… 글쎄…… 음…… 이전에도 그런 성적을 결코 받아 본 적이 없고…… 그래서 지금도 절대 해낼 수 없어요.

상담자: (내용반영) 당신은 과거의 경험 때문에 지금도 그것이 불가능하다고 확신하고 있군요. (감정반영) 당신은 노력하는 것에 대해서조차 좀 두려워하고 있군요.

* 출처: 노안영·송현종(2006).

반영은 상담에서 치료적 관계를 만드는 데 필수이며, 내담자의 감정을 적절히 반영하기 위한 주요 내용은 다음과 같다(Evans et al., 2000; 정순례 외, 2015).

첫째, 감정 파악 시 내담자의 정서 상태와 행동에 주의를 기울인다. 내담자는 감

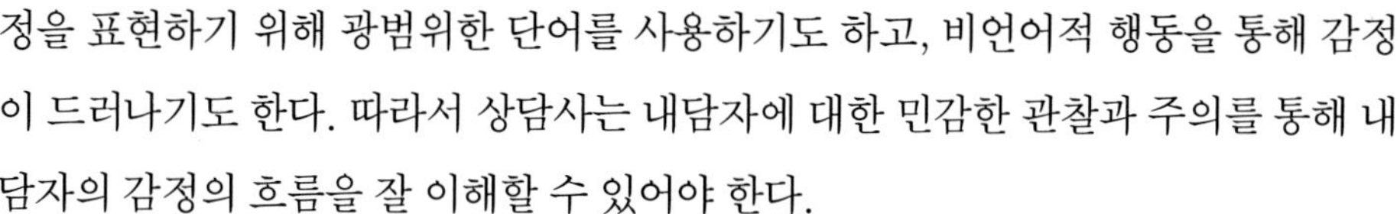

정을 표현하기 위해 광범위한 단어를 사용하기도 하고, 비언어적 행동을 통해 감정이 드러나기도 한다. 따라서 상담사는 내담자에 대한 민감한 관찰과 주의를 통해 내담자의 감정의 흐름을 잘 이해할 수 있어야 한다.

둘째, 감정반영 시 모든 감정을 반영하기보다는 가장 현저한 감정을 집어내야 한다. 상담자에 의해 제공되는 감정 어휘는 완벽하고 정확할 필요는 없으며, 적절하고 근사치에 있는 감정 어휘를 사용하면 된다. 상담자는 현재의 감정에 초점을 맞추며, 내담자가 상담자의 반복적인 형태에 지겨워하지 않도록 반영의 형태를 다양화할 수 있어야 한다. 예를 들면, "당신은 ~게 느끼시는 것 같네요." "~게 들리는데요." "~라고 이해가 되는데요." "~게 믿고 계시나 봐요." 등이다. 그리고 이때 감정을 유발하는 맥락을 적절하게 연관시키면서 반영하면, 내담자는 현재 자신의 감정이 어떻게 일어나게 됐는지 객관적으로 이해할 수 있게 된다. 예를 들어, "엄마가 믿어 주지 않기 때문에 무척 속상하고 우울한가 보네요." 등이 있다. 이처럼 좋은 반영은 내담자 스스로 자신들에게 더 주의를 기울이도록 하며 자기탐색을 계속하도록 돕는다.

셋째, 상담자는 무미건조한 말투로 반영하기보다는 표정, 말의 억양을 적절히 활용하여 내담자가 충분히 감정을 알아차릴 수 있도록 해야 한다. 그리고 상담자의 감정반영이 내담자에게 일치하는지를 내담자의 표정, 억양, 반응 등을 통해 살펴보아야 한다.

연습문제

다음의 내담자 말을 듣고 내담자의 감정을 반영해 보시오.

내담자: 아버지는 나만 보면 계속 핸드폰 그만하라고 잔소리를 해요. 정말 짜증 나요.

상담자: ______________________________

내담자: 엄마가 이번 중간시험에서 국어를 반드시 90점 이상 받아야 된다고 해요. 그런 말을 들을 때마다 가슴이 답답해요.

상담자: ______________________________

3) 질문하기

상담자는 내담자 이야기를 주의 깊게 경청해야 하며, 효과적인 질문을 통해 의사소통을 촉진하고 내담자에게 꼭 필요한 정보를 얻어 내는 기술이 필요하다. 상담자가 질문을 하는 사용하는 목적은, 첫째, 내담자의 자기개방과 자기탐색을 촉진하며 내담자가 지금까지 생각해 보지 못한 것을 생각하기 위해서, 둘째, 질문을 통해 내담자가 더 구체적이 되도록 돕고 내담자의 상황을 더 명확히 이해하기 위해서, 셋째, 효과적인 정보를 수집하기 위해서이다.

효과적인 질문을 통해 내담자는 당연하다고 여겼던 기존의 사고방식과 행동방식의 객관성을 평가하게 되고, 상담이 끝난 후에도 자기 스스로에게 질문하는 태도를 발전시킬 수 있다는 데 질문의 의의가 있다. 즉, 상담자는 내담자의 어리석음을 비판하는 것이 아니라 개방적이며 탐구적인 자세로 진지하게 질문하고, 이러한 상담자의 태도는 내담자에게 모범이 되어 내담자는 질문하는 태도를 내면화하게 된다. 이는 내담자 자신을 검토하고 수정하려는 내적 대화가 이루어질 수 있도록 돕는다.

이처럼 질문을 어떻게 사용하는가는 매우 중요하며, 먼저 상담에서 이용되는 폐쇄형 질문과 개방형 질문 유형을 중심으로 살펴보도록 하겠다.

(1) 폐쇄형 질문

폐쇄형 질문은 상담자가 시간을 절약해서 내담자로부터 정확하고 구체적인 정보를 끌어내는 데 사용될 수 있다. 폐쇄형 질문은 질문의 범위가 좁고 한정되며 내담

폐쇄형 질문

상담자: 오늘도 학교에 지각했니?
내담자: 예.
상담자: 학교에서 또 혼이 났겠구나.
내담자: 예.
상담자: 지난달 지각한 횟수보다 이번 달 지각 횟수가 더 많은 것 같네. 그러니?
내담자: 아니에요.

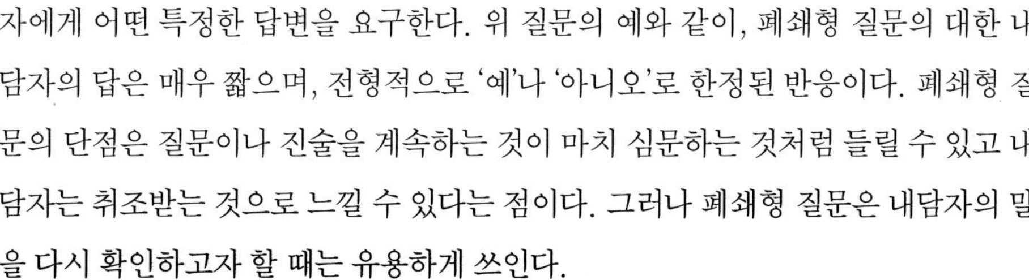

자에게 어떤 특정한 답변을 요구한다. 위 질문의 예와 같이, 폐쇄형 질문의 대한 내담자의 답은 매우 짧으며, 전형적으로 '예'나 '아니오'로 한정된 반응이다. 폐쇄형 질문의 단점은 질문이나 진술을 계속하는 것이 마치 심문하는 것처럼 들릴 수 있고 내담자는 취조받는 것으로 느낄 수 있다는 점이다. 그러나 폐쇄형 질문은 내담자의 말을 다시 확인하고자 할 때는 유용하게 쓰인다.

(2) 개방형 질문

개방형 질문은 폐쇄형 질문과 반대되는 것으로, 내담자로 하여금 질문받은 주제에 대해 자유롭게 여러 가지의 내용을 좀 더 상세하게 대답할 수 있도록 묻는 질문을 말한다. 개방형 질문은 포괄적이고 내담자의 관점, 의견, 사고, 감정까지를 끌어내며 촉진관계를 열어 놓는다. 이러한 개방형 질문은 상담의 초기에 더욱 중요하며, 무엇을, 언제, 어떻게, 어디서, 무엇 때문에 등으로 시작되는 질문을 하는 것은 개방형 질문을 만드는 좋은 방법이다. 다음은 개방형 질문의 예이다.

개방형 질문

예) **상담자:** 무엇 때문에 친구와 다툼이 계속 발생한다고 생각하니?
예) **상담자:** 화가 나면 어떤 행동을 하니?
예) **상담자:** 그런 자신의 반응을 스스로 어떻게 보고 있는지 궁금하네요.

이처럼 질문은 상담에서 커다란 비중을 차지하고 있다. 신중하고 적절하게 쓰이는 질문은 상담의 훌륭한 기술이 된다. 다음은 효과적인 질문을 위한 질문의 형태와 시기에 관한 내용이다(〈표 7-5〉 참조). 이를 살펴보도록 하겠다(김환 · 이장호, 2006).

표 7-5 효과적인 질문을 위한 질문의 형태와 시기

질문의 형태

- 질문은 가능한 한 개방적이어야 한다.
- 질문은 단일 질문이어야 한다.
- 질문은 되도록 간결하고 명확하여 알아듣기 쉬워야 한다.
- '왜'라는 질문은 가능한 한 피해야 한다.
- 질문을 한 다음엔 잠시 멈추고 기다리면서 내담자에게 귀를 기울여야 한다.

질문의 시기

- 질문이 필요한 경우는 상담자가 내담자의 말을 들을 수 없었거나 잘못 알아들었거나 이해할 수 없을 때이다.
- 내담자가 상담자의 말을 이해했는지 알아볼 때 질문이 필요하다.
- 내담자가 지금까지 표현해 온 생각이나 감정을 보다 명확하게 탐색할 수 있게 상담자는 질문할 수 있다.
- 보다 충분히 내담자를 이해하기 위하여 상담자가 자세한 정보를 필요로 하는 경우이다.
- 더 하고 싶은 말이 있는 데도 말을 계속하기 어려워하는 내담자를 격려하기 위한 경우이다.

* 출처: 김환 · 이장호(2006).

4) 요약하기

요약은 여러 가지 생각과 감정을 종합하여 정리하는 과정이다. 요약을 적절히 사용함으로써 다음 대화를 이끌어 나갈 수 있게 잠시 내담자를 준비시키거나, 흩어진 생각과 감정에서 초점을 찾을 기회를 갖게 된다. 또한 요약하기는 특정 주제를 철저하게 탐색할 수 있게 자극하며, 특정 주제를 종결짓게 하는 효과를 지닌다. 이러한 요약은 상담회기를 끝낼 때만 하는 것은 아니다. 요약은 상담회기를 시작하는 수단으로 그리고 주요 사항들을 종합하기 위해서 상담 중간에 사용한다. 다음의 요약하기 예시를 살펴보자(홍경자, 2001).

요약하기를 할 때 상담자는 가장 뚜렷했던 내용을 종합하여 그것들을 가능한 한 간결하고 분명하게 진술해야 한다. 그리고 내담자에게 상담자의 요약이 정확하게 되었는지 물어보아야 한다. 요약의 단계를 정리하면 대체로 다음과 같다(김환 · 이장호, 2006).

요약하기

- 상담회기를 시작할 때

상담자: 지난번에 우리가 ……에 대해 함께 이야기했었죠.

- 상담 중간에

상담자: 지금까지 우리의 계획이 효과가 별로 없었지만 한 가지 효력을 본 것은 당신이 아내와 말다툼하지 않고 이야기할 수 있었다는 것입니다.

- 상담회기가 끝날 무렵

상담자: 이번 상담시간에는 엄마에 대한 슬기 씨의 감정을 알아보았습니다. 슬기 씨가 이제 엄마에게 소리치지 않고 이야기할 수 있다는 점을 말씀하셨고, 상담하면서 효과적인 소통법을 사용하면 더 좋을 방향으로 바뀔 수 있다는 점을 알게 되었습니다. 이렇게 오늘 상담을 정리할 수 있을까요.

* 출처: 홍경자(2001).

첫째, 내담자의 말 중에서 중요한 내용과 감정에 주의를 기울인다. 둘째, 상담자가 요약하는 것이 좋은지 내담자가 요약하는 것이 좋을지를 결정한다. 셋째, 파악된 주된 내용과 감정을 통합해서 전달한다. 넷째, 상담자 자신의 새로운 견해를 추가하지 않는다.

5) 공감하기

공감은 상담관계를 형성하는 데 아주 좋은 상담기술이며, 상담의 목표를 달성하는 데도 매우 유용한 상담기술이다. 또한 공감은 내담자들이 상담받을 때 가장 도움이 되었다고 하는 기술로 상담에서 그 위력을 발휘한다.

공감이란 내담자의 입장과 경험의 세계 속으로 들어가서 마치 내담자처럼 느끼고 생각하고 이해하려고 하는 것을 말한다. 좋은 공감적 반응은 내담자의 직접적인 말이나 비언어적 행동에만 토대를 두는 것이 아니라 내담자가 놓은 상황, 내담자 말에 스며들어 있는 모든 것을 고려하는 것이다.

상담자의 공감적 반응은 내담자 자신이 이해받고 있다는 느낌을 강하게 갖게 하

며 상담자를 보다 신뢰하게 되며 자신을 깊이 드러내게 한다. 공감을 통해 촉진적 의사소통관계가 이루어지며 특히 상담자의 정확한 공감적 반응은 그 자체가 치료적 효과를 가진다.

이간은 공감의 수준을 기본적 공감(basic empathy)과 보다 깊은 공감(advanced empathy)으로 구분하였다. 기본적인 공감은 상담자가 내담자의 세계에 대해 이해한 내용을 전달하는 기술이며, 보다 깊은 공감은 기본적인 공감보다 심층적인 공감이다. 기본적인 공감과 보다 깊은 공감을 살펴보면 다음과 같다(Egan, 1999).

(1) 기본적 공감

기본적 공감은 사람들과의 접촉양식이자, 관계를 형성하고, 대화에 윤활유 역할을 하며, 자각을 확인할 수 있게 하고, 상대방에게 사회적 영향을 미칠 수 있게 한다. 기본적 공감은 내담자의 문제 상황을 탐색하고 명료화하기 위한 것으로 내담자의 감정을 적절히 반영할 수 있어야 하며 표면적으로 드러난 내담자의 감정에 초점을 맞추고 반영한다(정순례 외, 2015). 한편, 기본적 공감은 내담자에 대한 동의나 동정을 의미하는 것은 아니다. 공감은 내담자에 대한 이해와 수용을 나타내지만 동정은 인간적인 특성이라고 하더라도 상담에 도움이 되지 않는 것도 있다. 동정은 어떻게 보면 내담자와 공모하는 형태가 될 수도 있으므로 상담자는 이에 대한 주의가 필요하다.

(2) 보다 깊은 공감

보다 깊은 공감은 내담자가 진술한 내용에서 드러난 표면적인 감정을 반영할 뿐 아니라 내담자가 표현하지 못했거나 제대로 깨닫지 못하고 있는 것까지도 이해하도록 도와주는 공감기술이다. 보다 깊은 공감은 내담자에게 새로운 시각을 갖게 하고 내적 및 외적 행동을 변화시키도록 도전하게 하는 높은 수준의 공감단계이다. 보다 깊은 공감은 내담자의 경험과 행동 및 정서에서 내담자가 간과하고 있는 긍정적 측면과 부정적 측면을 둘 다 보게 한다.

상담자는 상담을 진행하면서 내담자의 문제에 대해 여러 자료를 수집하고 이해함으로써 내담자의 성장동기를 표현하는 보다 깊은 공감을 제공할 필요가 있다. 이

공감

예) 저는 친한 친구가 하나도 없어요. 마음 터놓고 이야기할 만한 애가 없어요.

- **기본적 공감**

  상담자: 마음을 터놓고 이야기하고 싶은 친구가 없어서 많이 외롭구나.

- **보다 깊은 공감**

  상담자: 친구와 마음을 터놓고 이야기하면서 서로 좋은 충고를 주고받으며 좀 더 나은 자신의 모습을 만들어 가고 싶은데, 그런 친구가 없어 많이 속상하구나.

* 출처: 박경애 외(2010).

는 내담자에게 좀 더 자신의 문제에 대해 깊이 살펴볼 수 있게 변화를 위해 도전하게 한다.

보다 깊은 공감의 사용에서 주의할 점은 너무 자주 사용하여 내담자에게 부담이나 저항감을 유발해서는 안 된다는 것이다. 충분히 이해하고 검토한 후 신중하게 보다 깊은 공감을 전달해야 한다.

위의 예시는 공감의 두 수준, 즉 기본적 공감과 보다 깊은 공감의 예이다.

마지막으로, 내담자에게 유용하고 도움이 되는 공감반응을 위해 몇 가지 주의해야 할 점을 살펴보자(정순례 외, 2015).

첫째, 처음 상담을 접하는 상담자들은 내담자가 말을 멈추었을 때 조급하게 반응을 하는 경향이 있다. 상담자는 내담자가 말을 멈추었을 때, 방금 내담자가 표현한 감정은 무엇인지, 내담자가 전달하고자 하는 주요 메시지는 무엇인지 스스로 질문하고 정리하여 신중하게 전달하도록 주의해야 한다. 둘째, 내담자에게 공감반응을 전달할 때는 간결하게 하는 것이 좋다. 장황하게 늘어놓는 상담자의 말은 내담자가 잘 알아듣지 못할 수도 있다. 따라서 상담자는 간결하고 짧게 주요 메시지를 전달하는 것이 효과적이다. 셋째, 전달해야 할 말의 내용과 일치하게 억양을 사용해야 한다. 상담자는 내담자의 감정에 공감반응을 할 때 그 내용에 맞는 억양과 행동으로 전달하는 것이 효과적이다. 넷째, 내담자가 사용하는 언어를 사용하여 전달하는 것이 효과적이다. 내담자가 이해하지 못하는 상담자의 어려운 용어는 도움이 되지 못

한다. 내담자의 특성을 고려하여, 즉 청소년 또는 아동의 경우 그들이 사용하는 언어를 적절히 사용하면 그들의 이해에 도움이 될 뿐 아니라 친밀한 관계형성에 도움이 된다.

6) 직면하기

상담에서 직면은 내담자 스스로 자기 말과 행동의 모순적 측면에 주의를 기울일 수 있게 만드는 높은 수준의 기술이다. 직면은 효과적 경청과 내담자 행동에 대한 주의 깊은 관찰에 근거한다. 직면의 목적은 내담자의 성장을 방해하는 방어에 대한 도전으로 이끄는 것이다. 직면을 통해 내담자는 자기문제를 좀 더 명확하게 이해하며, 모르고 있거나 또는 인정하기를 거부하는 생각과 느낌에 대해 주목하게 된다. 직면의 표적이 되는 것은 내담자 안에 있는 방어, 부정적인 측면, 저항, 주저함 등으로 직면은 내담자의 불일치와 모순을 발견하게 돕는다. 직면이 해석과 다른 점은 불일치와 모순 등의 원인에 대해서는 기술하지 않는다는 것이다.

직면은 돌봄의 관계에서 "~일까요?" 혹은 "~라고 말씀하시는 것 같은데요."와 같은 임시적이고 비심판적 표현으로 말하는 것이 가장 효과적이며, 사려 깊은 직면을 내담자는 잘 받아들인다. 따라서 내담자를 처벌하거나 보복의 수단으로 직면을 사용해서는 안 된다. 직면의 예시를 살펴보자.

직면하기

내담자: (본인이 자격이 안 되는 직업을 언급하며) 그게 그 일을 하고 싶은 또 다른 이유예요. 사람들을 만날 수 있을 것 같아요. 정말 그 일을 하고 싶어요.

- 바람직한 예

상담자: 본인이 찾는 직업형태와 실제 자격요건 사이에 약간 차이가 있는 것 같아요. 자격요건에 맞는 직업을 찾아보는 게 힘드신가 봐요.

- 바람직하지 않은 예

상담자: 그런 자격요건과 경험으로 그런 종류의 직업을 기대해서는 안 되죠.

* 출처: Evans et al. (2000).

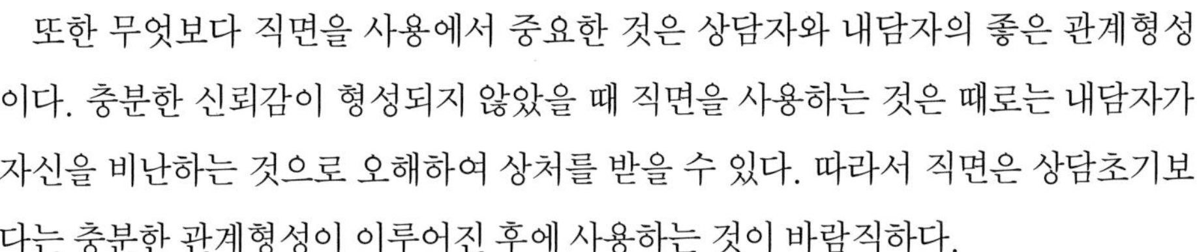

또한 무엇보다 직면을 사용에서 중요한 것은 상담자와 내담자의 좋은 관계형성이다. 충분한 신뢰감이 형성되지 않았을 때 직면을 사용하는 것은 때로는 내담자가 자신을 비난하는 것으로 오해하여 상처를 받을 수 있다. 따라서 직면은 상담초기보다는 충분한 관계형성이 이루어진 후에 사용하는 것이 바람직하다.

상담자의 직면 사용 시 유의할 점을 정리하면 다음과 같다(김환 · 이장호, 2006). 첫째, 내담자를 잘 관찰해야 한다. 내담자에게 어떤 모순이나 불일치가 있는지, 그러면서도 언제 이야기를 할지 타이밍을 기다려야 한다. 둘째, 내담자의 준비 정도를 고려해서 직면을 제시해야 한다. 직면을 위한 충분한 근거나 자료가 모여 있더라도 내담자의 준비 정도를 점검하지 않으면 안 된다. 내담자가 안전한지, 상담자를 믿고 따르는지를 살펴야 한다. 그리고 상담자 스스로도 자신이 왜 직면을 시키려고 하는지, 직면을 통해 무엇을 이루고자 하는지 늘 자신을 살피고 성찰해야 한다. 셋째, 치료적인 직면은 상담자가 분명 의도를 가지고 제시해야 한다. 직면은 비판적이 되어선 안 되며, 내담자 스스로 자신의 불일치를 탐색할 수 있고 그것을 관찰하는 것을 격려하는 방식으로 이루어져야 한다. 넷째, 직면을 제시한 후 후속반응을 관찰해야 한다. 즉, 내담자자 그것을 얼마나 잘 받아들이는가를 살펴보아야 한다. 내담자가 직면에 대해 어떤 느낌과 생각이 드는지 공감하는 태도로 차분히 들어 보며 대화를 이어 가는 것이 필요하다.

7) 해석하기

해석이란 내담자 자신의 문제를 새로운 각도에서 이해하도록 그의 생활경험이나 행동의 의미를 상담자가 설명하는 것이다. 즉, 내담자가 겪고 있는 문제에 대한 가설을 말해 주는 것으로 내담자의 말을 근거로 상담자가 만드는 것이다. 해석은 내담자의 진술이나 인식하고 있는 것 이상의 새롭고 다른 참조체계를 제공하는 것으로 직접적이며 적극적인 상담기술이다.

해석의 목적은 내담자에게 그들의 행동, 태도, 생각, 감정에 대한 폭넓은 이해를 제공하는 것이며, 폭넓은 이해를 통해 내담자는 다른 선택을 할 수 있고, 새롭고 더 기능적인 행동도 할 수 있으며, 더 커진 책임감과 통제감을 갖게 된다. 여기서 더 커

진 책임감과 통제감이란 내담자가 자신의 행동 의미를 깨닫게 되면서 자신의 문제에 대해 다른 사람을 비난할 것이 아니라 결국 자신에게 행동의 책임이 있고, 문제가 지속된 과정에서 자신이 어떤 역할을 했음을 깨닫게 된다는 것이다. 이는 결국 성격과 행동의 변화로 이어지고 인간적 성숙의 밑거름이 된다(Evans et al., 2000; 김환 · 이장호, 2006).

해석을 제시하기 전에 상담사는 반드시 자기점검을 통해 자신과 내담자에 대해 생각해 보고 해석을 전달하려는 이유를 점검해야 한다. 그리고 해석을 할 때는 확실하다는 표현보다는 임시적이거나 가설적 형식으로 표현하는 것이 내담자에게 부담을 덜어 주며, 상담자가 제기한 해석에 대해 내담자 스스로 해석을 점검하고 생각해 볼 수 있게 한다. 또한 해석을 할 때는 부드럽고 긍정적이며 내담자에게 협조를 구하는 방식으로 표현하는 것이 좋다. 다음 예시를 살펴보자.

해석하기

내담자: (학업 진척에 불만이 있어 상담을 요청한 여대생) 주말에 집에 있는데 정말 우울했어요. 부모님은 우주개발연구소에서 일하는 오빠와 신경외과 레지던트인 언니 이야기만 했어요. 제가 하고 싶은 일은 얘기해도 관심이 없어 보이셨어요.

- **긍정적으로 표현된 해석의 예**

  상담자: 본인한테도 관심을 가져 주고 오빠와 언니를 대하듯 자신을 대해 주셨으면 하는 것 같네요.

- **부정적으로 표현된 해석으로, 편견을 담은 해석의 예**

  상담자: 부모님이 본인과 본인 하는 일에 관심이 없는 것처럼 생각되나 봐요. 부모님의 그런 행동을 바꿀 수 있을 것 같지 않은데요.

* 출처: Evans et al. (2000).

해석의 시기도 매우 중요하다. 상담자는 내담자의 이해수준을 고려할 수 있어야 하며 처음부터 너무 깊은 수준으로 해석을 시도하는 것은 조심해야 한다. 해석을 할 때는 해석에 대한 의미 있는 논의를 할 수 있도록 충분히 시간이 남아 있는 시점에서 하는 것이 좋다. 해석 후 내담자는 논의나 거부, 침묵, 생각 등 다양한 반응을 보

이거나 부작용이 생길 수 있으므로 상담자는 반드시 후속반응을 관찰하고 살펴야 한다.

이와 같이 해석은 내담자를 통찰로 이끄는 기술이며 상당히 복잡한 상담기술이다.

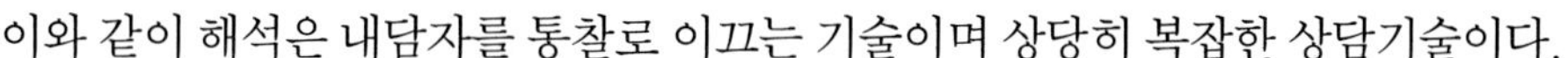

요약

1. 상담의 과정은 상담준비에서부터 접수면접, 상담초기, 상담중기, 상담종결, 추수상담의 전체과정으로 볼 수 있다. 상담준비에는 상담자의 전문가로서의 태도와 책임과 상담환경에 관한 준비가 있다. 접수면접은 상담이 어떤 절차에 의해 이루어지는지에 대해 안내를 받는 단계이며, 이때 접수면접자의 역할이 중요시된다.

2. 상담초기 과정은 촉진적 관계형성과 상담의 구조화, 내담자에 대한 이해와 문제 평가, 상담목표 설정의 합의를 염두에 두어야 한다. 상담중기에는 자각의 확장과 재구성과정을 통한 인식의 변화 등 상담자들이 내담자가 행동으로 옮겨 문제를 해결할 것을 강조한다. 상담종결은 상담과정을 마무리하는 것으로 상담초기 설정한 목표가 달성된 것으로 평가되면 상담자는 종결을 준비한다.

3. 종결시점에서는 지난 상담과정에 대한 점검 및 평가, 행동변화가 미진한 이유에 대한 논의, 증상의 재발 가능성에 대한 논의, 다시 찾아올 수 있음에 대한 전달, 자기탐색과 통찰에 대한 격려, 의존성의 문제 등을 다룬다. 그리고 종결 후 일정한 간격을 두고 내담자를 만남으로써 내담자의 변화 유지와 그 추이를 파악하는 추수상담을 갖는다.

4. 상담의 기술에는 경청하기, 반영하기, 질문하기, 요약하기, 공감하기, 직면하기, 해석하기 등이 있다. 경청의 기초가 되는 주의집중은 상담자가 내담자 쪽으로 향하게 하여 그들의 말을 들을 수 있도록 하는 것이며, 적극적 경청은 내담자에게 초점을 유지하면서 그가 표현하는 모든 감정 행동, 생각을 이해하려는 노력을 말한다. 반영하기는 내담자가 표현하는 느낌, 가정, 신념 등을 상담자가 정리하여 참신한 말로 표현해 주는 것이다.

5. 효과적인 질문은 의사소통을 촉진하고 내담자에게 꼭 필요한 정보를 얻어 내며, 폐쇄형 질문과 개방형 질문이 있다. 요약하기는 여러 가지 생각과 감정을 종합하여 정리하는 과정이며, 공감은 내담자의 입장과 경험의 세계 속으로 들어가서 마치 내담자처럼 느끼고 생각하고 이해하려고 하는 것을 말한다. 공감은 공감의 수준에 따라 기본적 공감과 보다 깊은 공감으로 구분된다.

6. 직면은 내담자 스스로 자기 말과 행동의 모순적 측면에 주의를 기울일 수 있게 만드는 높은 수준의 기술이다. 직면 시 유의할 점은 언제 직면을 사용할지에 대한 타이밍, 내담자의 준비 정도이며, 상담자는 직면을 할 때 분명 의도를 가지고 제시해야 한다. 직면은 비판적이 되어서는 안 된다.

7. 해석이란 내담자 자신의 문제를 새로운 각도에서 이해하도록 그의 생활경험이나 행동의 의미를 상담자가 설명하는 것이다. 해석을 통해 깊은 통찰과 더 커진 책임감과 통제감을 갖게 된다. 해석의 시기도 매우 중요하며, 상담자는 내담자의 이해수준을 고려할 수 있어야 하며 해석 후 반드시 후속반응을 관찰하고 살펴야 한다.

참고문헌

김동일 · 김은하 · 김은향 · 김형수 · 박승민 · 박중규 외(2014). **청소년상담학개론**. 서울: 학지사.

김춘경 · 이수연 · 최웅용(2006). **청소년상담**. 서울: 학지사.

김환 · 이장호(2006). **상담면접의 기초**. 서울: 학지사.

노안영(2005). **상담심리학의 이론과 실제**. 서울: 학지사.

노안영 · 송현종(2006). **상담실습자를 위한 상담의 원리와 기술**. 서울: 학지사.

박경애 · 김혜원 · 주영아(2010). **청소년 심리 및 상담**. 경기: 공동체.

이장호 · 정남운 · 조성호(2005). **상담심리학의 기초**. 서울: 학지사.

정순례 · 양미진 · 손재환(2015). **청소년상담이론과 실제**. 서울: 학지사.

홍경자 (2001). **자기이해와 자기지도력을 돕는 상담의 과정**. 서울: 학지사.

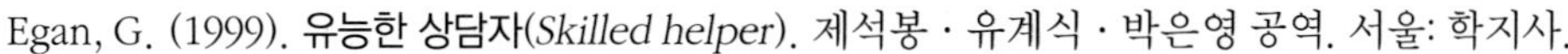

Egan, G. (1999). 유능한 상담자(*Skilled helper*). 제석봉 · 유계식 · 박은영 공역. 서울: 학지사.

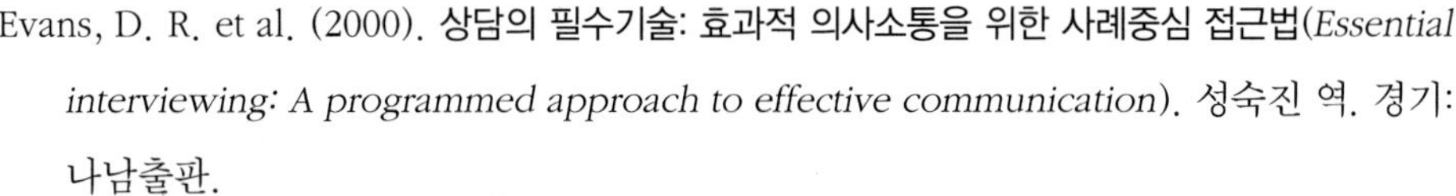

Evans, D. R. et al. (2000). 상담의 필수기술: 효과적 의사소통을 위한 사례중심 접근법(*Essential interviewing: A programmed approach to effective communication*). 성숙진 역. 경기: 나남출판.

Heaton, J. A. (2006). 상담 및 심리치료의 기본기법(*Building basic therapeutic skills: A practical guide for current mental health practice*). 김창대 역. 서울: 학지사.

Hill, C. E. (2012). 상담의 기술: 탐색–통찰–실행의 과정[*Helping skills: Facilitating exploration, insight, and action* (3rd ed.)]. 주은선 역. 서울: 학지사.

Hill, C. E., & O'Brien, K. M. (2001). 성공적인 탐색 · 통찰 · 실행 상담을 위한 상담의 기술(*Helping skills: Facilitating exploration, insight, and action*). 주은선 역. 서울: 학지사.

Mehrabian, A. (1971). *Silent messages*. Belmont, CA: Wadsworth.

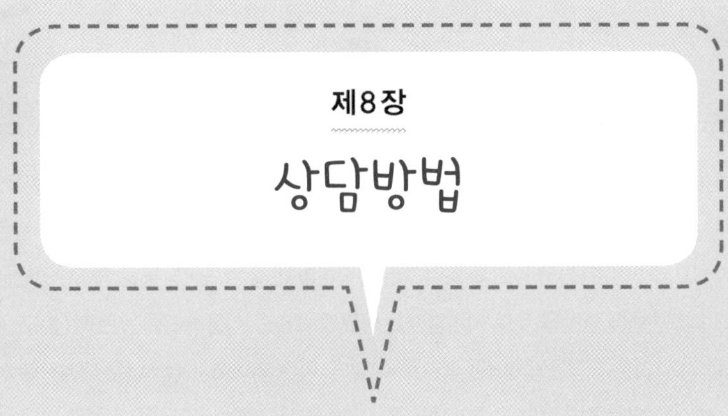

제8장

상담방법

학습개요

상담이란 기본적으로 내담자와 상담자 간의 치료적 관계를 핵심으로 하여 내담자가 자신의 문제를 들여다볼 수 있는 힘을 갖게 하고 그 문제를 해결함으로써 자신의 삶의 질을 보다 향상시키고자 하는 동기를 갖도록 조력하는 과정이라고 할 수 있다. 특히 청소년상담은 자기이해와 태도변화에 중점을 두며 자기결정을 바르게 내리고 성장하도록 돕는 과정이기 때문에 어느 한 가지 이론과 접근방법에만 의지할 수 없다. 이런 의미에서 청소년을 대상으로 하는 상담장면에서 상담은 절충적이고 종합적인 접근방법을 시도하는 것이 바람직하다. 청소년 내담자들은 다른 대상에 비해 상담동기와 언어표현력이 부족하여 상담자의 인내가 필요하고, 비언어적인 표현에 민감하게 반응하고 해석할 필요가 있다.

이 장에서는 청소년상담을 위한 다양한 방법 중 개인상담, 집단상담 그리고 사이버상담에 대한 개념, 유형, 과정, 특징들을 설명하고, 다원적 접근을 통해 청소년의 문제를 발견하고, 스스로 해결할 수 있는 과정을 지원하는 방법을 설명한다.

01 개인상담

1) 개인상담의 개념

개인상담은 내담자와 상담자 간에 수용적이고 구조화된 관계를 형성한 후, 이 관계 속에서 내담자가 처한 자기 자신과 환경에 대해 의미 있는 이해를 증진하도록 도와주는 것이다. 또한 내담자 스스로가 효율적인 의사결정과 방법을 이해하고 여러 심리적인 특성을 반영하여 긍정적인 방향으로 변화하고 성장하도록 원조하는 과정을 뜻한다. 따라서 상담의 목표는 궁극적으로 인간의 성장과 발달을 촉진하는 것이다. 즉, 개인이 행복하게 살아가는 데 있어서 방해가 되는 생각, 태도, 행동 등을 감소하거나 제거시켜 변화를 일으키고, 보다 적극적으로 문제행동을 예방함으로써 긍정적인 건강에 조력한다. 또한 내담자 문제해결에 도움을 주고 상담하는 동안 개인은 다양한 문제 상황에 대처하는 능력을 기른다.

개인상담은 상담에서 도움을 필요로 하는 내담자가 한 사람으로 제한되어 있고, 대체로 내담자와 상담자로 구성되어 있다. 내담자의 심리사회적 특성과 역동에 주목하고, 개인적인 이야기가 가능하여 좀 더 심각한 문제와 심리내적 역동을 다루기에 효과적이다. 주로 개인상담은 심리상담(psychological counseling), 진로상담(career counseling), 학습상담(academic counseling), 코칭(coaching)을 포괄적으로 다룬다.

개인상담의 목표는 크게 소극적 목표와 적극적 목표로 나눌 수 있는데 소극적 목표는 내담자가 심리사회적 문제로 인해 불편이나 고통이 심하고, 그 결과 정상적인 삶을 살지 못할 때, 정상 수준의 삶으로 옮겨 가도록 내담자를 돕는 것을 의미한다. 대체로 문제해결, 적응, 치료, 예방, 갈등해소 등이 여기에 속한다. 두 번째로 적극적 목표는 정상수준의 삶을 사는 내담자에게 내적인 잠재력을 발휘하게 하여 좀 더 만족한 삶, 좀 더 긍정적인 삶을 살도록 조력하는 것을 의미한다. 대체로 긍정적 정

서와 행동의 변화, 합리적 의사결정, 전인적 발달, 자아존중감 향상, 긍정적 삶의 의미를 발견하는 것에 초점을 두고 있다.

상담과정은 상담신청부터 상담이 진행되는 회기에 이르는 단계와 절차라는 의미로 현재 상태에서 좀 더 만족하는 상태로 옮겨 갈 때 겪는 심리내적 또는 관계적 경험이라는 의미이고, 순서가 반드시 정해져 있는 것은 아니지만 일반적으로 다음과 같다.

관찰 및 평가 → 상담관계 형성 → 상담의 구조 세우기 → 개입 → 위기 상황 → 평가와 종결

첫 번째 단계는 관찰 및 평가이다. 일반적으로 내담자의 비언어적 단서, 언어적 단서, 이 둘 사이의 상호작용 등 '내담자의 변화를 위해 필요한 측면'에 초점을 두고 관찰을 한다. 비언어적 단서 중 대표적인 것은 내담자의 전반적 외양을 의미하는데 대체로 상담에 임하는 태도, 표정, 눈맞춤, 눈물, 상담자와의 거리 유지 등이 있다. 언어적 단서란 말의 주요 초점 또는 내용보다는 말하는 스타일, 사용하는 언어의 수준, 초점 유지 여부, 구체성 등을 의미한다. 가장 중요한 것은 언어적 표현과 비언어적 행동 간의 일치 여부이다. 언어적 단서와 비언어적 단서를 통한 관찰을 하지만 평가도 실시할 수 있다. 평가는 측정이나 진단검사 외에도 관찰, 탐색, 개입 이후의 내담자 반응의 관찰 등 다양한 방식으로 이루어진다. 상담자의 전문적 판단이 개입된다는 점에서 측정과 구별된다. 내담자의 주요 호소문제를 평가하거나 내담자의 외형적인 상태(옷차림, 행동, 모습 등)를 평가한다. 또한 자신 및 타인을 해칠 위험이 있는지를 평가하기도 하고, 객관적인 기준과 자료를 통한, 즉 심리검사를 활용한 평가가 있다.

두 번째 단계는 상담관계 형성이다. 대체로 라포(rapport) 형성이라고 하는데 라포란 두 사람이 마치 춤을 추는 것과도 같아서 둘 사이에는 흐르는 물과 같은 상호작용 속에서 발생하는 역동적인 작용과 반작용, 즉 이러한 분위기 속에서 서로의 마음을 끄는 민감성이다(김창대 · 한영주 · 손난희 · 권경인, 2009). 특히 라포가 없는 상태에서는 효과적인 상담이 이루어질 수 없다. 로저스의 라포형성 조건은 무조건적

인 긍정적 존중(unconditional positive regard), 공감적 이해(empathic understanding), 일치성(congruence) 등이 있다. 무조건적인 긍정적 존중은 무조건적이고 긍정적으로 '내담자의 경험' 또는 '내담자의 현상학적 세계' '내담자의 행위'까지도 존중해야 한다는 것이다. 그렇다고 내담자의 모든 행위를 존중해야 한다는 의미는 아니다. 공감 상태 또는 공감한다는 것은 다른 사람의 내적 준거체계를 마치 자신이 그 사람인 것처럼 정서적 요소 및 의미와 함께 정확하게 수용하는 감정 상태이다. 그러나 '마치 그런 것처럼'이라는 조건을 달지 않고 인식하는 것이 중요하다. 그러나 자신의 견해를 희생하거나 동정 또는 인정을 베풀어야 한다는 것을 의미하는 것이 아니다. 무엇보다도 내담자에게 진실로 다가오는 것이 무엇인지 확인해 줄 필요가 있다는 것을 의미한다. 잘못 읽었을 때에도 내담자의 마음과 경험에 대해 다시 한번 질문하여 정확한 감정을 이해하여야 하고, 그 내담자의 현상학적 세계에 접근하려는 과정이 중요하다. 일치성은 상담자가 어느 순간 툭 터놓고 자신의 내부에서 일어나는 감정이나 태도가 일치할 때 생기는 것이다. 거울기능(mirroring)은 상담자가 자신의 전체를 활용하여 내담자가 하는 행동의 의미를 내담자에게 되비추어 주는 기능이고, 반응(reacting)은 내담자를 피하는 행위를 말한다. 거울기능은 자신의 감정적 경험을 내담자에게 드러내어 일치성을 유지하는 효과가 있다. 상담자와 내담자와의 원활한 상담관계를 형성하는 데 있어서 상담자는 다양한 능력이 필요한데 특히 상담관계를 형성하고 좋은 관계를 유지하는 능력이 매우 중요하다. 즉, 목표를 정밀하고 구체적으로 설정하여 내담자에게 전달할 수 있는 능력, 내담자의 내적 역동을 내담자가 이해하기 쉬운 말로 설명할 수 있는 능력, 상담 절차 및 기법을 정확하게 적용할 수 있는 능력 등이다.

세 번째 단계는 상담의 구조 세우기이다. 이 과정에는 크게 세 가지 구성요인이 필요하다. 기대 명료화하기, 상담목표의 구체화 그리고 속도조절과 영역선택이다. 기대 명료화하기는 상담자가 하는 일에 대한 명료화(대화 주제 선정, 결정 불가 등), 내담자와 맺는 관계에 대한 기대 명료화를 의미한다. 상담목표의 구체화는 구체적인 상황에서, 행동적인 용어로 전환하여 진행하는 것을 의미한다. 속도조절과 영역선택은 내담자의 속도를 조절하고 여러 이야기 중 내담자가 하고자 하는 이야기에 초점을 맞추는 것을 의미한다.

네 번째 단계는 개입이다. 개입단계는 상담관계를 형성한 후 내담자의 문제해결을 꾀하기 위해 상담자가 적극적으로 촉진하려고 내담자에게 적절한 처치를 하고, 내담자는 반응을 보이는 과정이다. 개입은 한 가지만 있는 것이 아니라 다양한 접근을 통해서 할 수 있다. 내담자에게 필요한 처치에 적용 가능한 개입뿐만 아니라 상담자의 상담이론 기법에 따라 개입할 수 있다.

정신역동적 접근에서의 개입은 불필요하게 남아 있는 방어기제를 문제로 보고 있다. 문제해결을 위해 신경증적인 불안에 의해 무의식적으로 유지되는 기제와 행동 패턴을 알아차림으로써 의식적으로 통제/조절할 수 있는 능력을 가질 수 있도록 지원한다. 무의식을 의식세계로 끌어 올림으로써 통찰하게 하는 것, 반복적인 통찰 및 행동의 훈습이 상담자의 주요 과제가 될 수 있다. 인지상담이론적 접근에서의 개입은 부적응적 행동이나 정서의 원인을 비합리적 신념으로 여기고 이것이 추론의 오류에서 유발된다고 본다. 문제해결의 초점은 비합리적 신념이나 추론의 오류를 자각하고 수정하는 데 있으며 특별히 신념의 경직성을 타파하고 유연한 신념을 가지도록 하는 데 있다. 이를 위해 인지적 기법, 정서적 기법, 행동적 기법 등의 방법이 사용된다. 이를 통해 유연하고 융통성 있는 사고방식을 가지게 함으로써 인지적 과정을 보다 유연하고 폭넓게 하여 추론의 오류를 피할 수 있도록 한다. 인간중심적 접근에서의 개입은 자기실현 욕구와 중요한 타인으로부터 사랑받으려는 욕구가 충돌할 때, 전자보다 후자의 욕구를 선택하여 진실성(authenticity)을 잃어버리고 거짓 자기(false self)를 발달시킬 때 문제가 발생한다고 본다. 해결을 위해서는 주변 사람의 기대와 인정보다는 자기실현의 방향을 선택하는 것이 문제해결의 초점이 될 수 있음을 강조한다. 행동주의적 접근에서의 개입은 고전적 조건형성이론에서는 자극과 반응의 부적응적 연합을 제거, 조작적 조건형성이론에서는 부적응적 행동에 주어지던 강화를 제거하며 적응적 대안행동에 대해서는 강화를 제공한다. 사회학습이론에서는 문제행동을 보여 주던 대상을 제거하고 모범적 대상을 제공함으로써 긍정적인 행동을 모방하도록 하는 데 초점을 맞춘다. 이를 위해서는 엄밀한 측정, 기초선의 설정, 목표의 세분화, 변화촉진 요인의 투입, 변화정도의 평가 등 과학자적인 태도와 절차가 요구된다. 문제해결이란 단순히 문제행동이 없어진 상태를 넘어서 새로 습득한 적응적인 행동에 대해 스스로 강화를 제공하고 관리할 수 있는 상태를 의미한다.

이 외에 진로상담과 학습상담, 과정기반 개입이 있는데 진로상담에서의 개입은 내담자가 자신의 특성에 대한 이해와 동시에 직업세계의 이해, 그리고 이 두 가지가 함께 매칭의 절차로 이루어져야 효과적이다. 내담자가 자신의 특성과 직업세계에 대한 정보를 가지고 있으면 올바른 직업선택을 할 수 있을 것이라는 가정하에 상담이 이루어진다. 내담자의 흥미, 장점, 가치, 인생관 등을 탐색하여 그것들이 더욱 명료해지도록 조력할 필요가 있다. 학습상담에서의 개입은 내담자의 인지기능에 대한 정확한 평가를 기초로 한 적절한 배치가 중요하다. 내담자의 학습방법 및 전략의 진단과 개선을 위한 훈련, 그리고 인지적 기능 외의 방해요인에 대한 개입으로 이루어질 수 있다. 상담자는 내담자의 인지기능 외에도 정서적 · 관계적 문제를 다룰 필요가 있다. 과정기반 개입은 내담자의 문제의 원인이나 발생과정에 초점을 맞추기보다 내담자가 현 상태에서 지금보다 좀 더 향상된 상태로 옮겨 가기 위해 필요한 조건을 고려해야 한다.

다섯 번째 단계는 위기 상황이다. 위기 상황은 내담자가 자기 자신을 해롭게 하는 경우, 타인에게 해를 끼치는 경우, 자기 자신을 보호하지 못하는 경우, 심리적 외상을 입은 경우, 상담자가 법적으로 보고해야 하는 행위를 내담자가 하는 경우 등을 포함한다. 위기 상황에서는 개입 절차가 법이나 별도의 행동수칙으로 정해져 있어서 상담자가 자신의 개인적 · 전문적 판단보다는 그 행동수칙을 준수해야 한다. 표준적 상황에서 가장 큰 윤리규범인 비밀보장의 원칙이 위기상담에서는 수정되어 적용해야 한다. 즉, 비밀보장에 대한 의무를 지키지 않아도 된다. 특히 위기 상황에서 상담자는 내담자의 기본 권리를 보호하는 의무와 함께 상담자 자신이 스스로를 위험한 상황에 빠지지 않도록 한다. 또한 외부 기관과 전문가에게 신속하게 도움을 요청해야 한다.

여섯 번째 단계는 평가와 종결이다. 상담자는 내담자에게 상담초기부터 종결에 대해 이야기할 필요가 있고 정기적으로 시간적 제약에 대해서 설명해 주어야 한다. 내담자는 상담종결에 이르기까지 함께 문제를 해결할 수 있도록 적극 참여하고, 상담료에 대한 부담 등을 예상할 수 있어야 하므로 상담횟수에 대한 구체적인 조건과 기준을 상기시킨다. 그러나 상담자는 내담자의 종결 상황에서 목표달성을 했는지,

즉 초기 문제나 증상이 감소 또는 제거되는 것을 정확히 확인해야 한다. 종결을 순조롭게 하는 방법은 상담초기부터 종결에 대해 논의하고, 목표달성에 근접할수록 회기 사이의 기간을 길게 하거나 종결 이후 준전문가 혹은 도움을 주는 친구나 가족을 점차적으로 확보하는 것이다. 또한 도움이 필요한 경우 언제든지 상담할 수 있도록 제안하여 불안한 마음을 해소시킬 수 있다.

상담과정을 통해서 원활한 개인상담이 이루어지기도 하지만 초보 상담자의 경우 내담자가 상담에 대한 불만 표현, 비협조적인 반응 및 태도, 종결의지 표현 등의 반응을 보일 때 어려움을 경험하므로 이에 대한 초기 상담자를 위한 지원이 필요하다(김길문 · 정남운, 2004).

2) 개인상담기법

(1) 주의집중과 경청

주의집중은 상담자가 신체적으로 내담자를 향하는 것을 의미하며, 경청은 내담자가 전달하는 언어적 또는 비언어적인, 명확하거나 불명확한 메시지를 특별하게 포착하고 이해하는 것이다(Egan, 1994). SOLER는 내담자를 정면(squarely)으로 보고, 개방적인 자세(open posture)를 가지며, 상체를 내담자 쪽으로 약간 기울이고(lean forward), 눈 맞춤(eye contact)을 자연스럽게 하며, 편안한 자세(relaxed)를 가지는 것이 중요하다. 즉, 내담자가 자신의 생각, 감정, 경험을 스스로 탐색할 수 있도록 상담 전체에서 사용하는 기술인데 적당한 정도의 시선 마주치기와 유지가 중요하다.

(2) 질문과 탐색

질문은 많은 정보를 수집하기 위해 내담자에게 묻는 것이다. 탐색은 정보 수집 이상으로 내담자가 자신의 경험에 집중하도록 촉진하는 기능이 있다. 내담자로 하여금 자신이 탐색해야 하는 경험으로 인도하는 강력한 도구이기도 하다. 개방형 질문과 패쇄형 질문이 있는데 대체로 개방형 질문을 통해서 내담자가 자기 자신을 탐색하는 데 도움이 될 수 있다.

(3) 이해와 공감

이해는 내담자의 경험세계에 상담자가 함께하려는 노력이다. 공감은 내담자가 가진 감정을 타당화하고, 그러한 상황에서 그 감정과 경험을 하는 것이 당연함을 인정해 주는 것을 포함한다. 내담자의 경험을 좀 더 선명하게 자각하도록 도움을 준다. '불안'이나 '우울' 같은 경험은 공감의 대상으로 삼기에는 너무 불분명한 경험이어서 다른 용어로 바꾸어 공감하는 것이 좋다. 즉, 불편하거나 집중이 안되는 이유와 경험은 무엇인지로 순화하여 재질문할 수 있다. 또는 비언어적인 의사소통을 통해서 이해와 공감을 표현할 수 있다. 공감한다는 고개 끄덕임(nods), '음……(uhm)' 등의 인정하는 언어 사용이다. 편안하고(relaxed), 자연스럽게 반응하지만 산만한 행동은 피한다(avoid). 내담자의 문법적(grammatical) 스타일에 맞추기도 한다.

(4) 도전과 직면

도전은 내담자의 불일치가 없어도 내담자가 부정하거나 받아들이기 힘들어 하는 문제에 대해 자신을 돌아봄으로써 상황에 대해 정확히 인식하고 받아들일 수 있도록 하는 일종의 피드백이다. 직면이란 상담자가 내담자의 특정한 부분을 돌아보게 하는 개입방법이다. 직면은 비난, 공격이 아니다. 상담자와 내담자가 직접 대면하는 것이 아니다. 직면한다는 미명하에 내담자를 '고치려' 해서는 절대 안 된다. 올바른 직면은 우선 내담자가 자신의 일부를 마주 대하도록 돕는 것이고 직면한 후에는 내담자의 입장에서 공감하고 이해하려는 태도를 보여 주어야 한다. 직면하는 상담자는 일종의 거울 역할을 해야 한다. 직면 이후에는 내담자가 경험하는 것을 타당화해 줄 필요가 있다.

(5) 자기의 확인

내담자가 자신이 가지고 있는 것을 확인하는 것이다. 경험하고 있는 것을 확인하는 것으로서 이것을 할 수 있는 조건에는 우선 타당화를 들 수 있다. 그 밖에 공감이나 거울반응(mirroring), 인정과 칭찬, 버텨 주기(holding), 충격적 경험이 있었을 당시 하지 못했던 말을 확인하고 해 보게 하기 등이 있다. 또한 자신의 경험을 선명하게 자각하도록 돕는 것이 중요하다. 지금-여기의 경험을 충실히 하는 것을 매우 중

시하는 기법들이 있다. 공감, 버티기, 담아내기, '거기에 머무르세요' 기법, 빈 의자 기법, 실제로 해 보기, 대리적 내성, 마비된 경험으로 인도하기, 과거 외상경험으로 인도하기, 불안유발 경험의 직면, 공포유발 경험의 직면, 우울과 불안 같은 미분화된 감정의 명료화, 이미지 작업을 통한 정서의 분화 등이다.

(6) 패턴의 자각 및 수정

부적응적임에도 지속적으로 반복되는 지적 · 정서적 · 행동적 패턴을 적응적인 것으로 바꾸는 것이 목적이다. 관련 기법으로는 방어기제에 대한 통찰과 수정, 생활양식 및 기본적 오류의 분석, 습관적 의사소통 방식의 분석, 게임 분석, 구조 분석, 행동적 습관의 수정, 비합리적 사고 등이다.

02 집단상담

1) 집단상담의 정의

개인상담이 상담자와 내담자가 대면관계에서 내담자로 하여금 자신의 당면문제를 해결하고 환경에 적응하는 능력을 기르도록 도와주는 과정이라고 한다면 집단상담은 비교적 정상적인 범위에 속하는 사람들이 전문적인 상담자와 함께 신뢰감과 허용적인 분위기 속에서 자기이해와 수용, 개방을 촉진하도록 돕는 것이다. 집단구성원 간에 상호작용함으로써 개인의 태도와 행동의 변화를 통해 문제를 해결하거나 예방하고 개인의 내적 성장을 목적으로 한다. 집단상담은 잠재능력 개발에 도움을 주기 때문에 이러한 점에서 개인상담과 다소 차이가 있다. 구체적으로 집단상담의 핵심 개념을 살펴보면 다음과 같다.

첫째, 집단상담은 정상 범위 내외의 범주에 있는 사람들을 대상으로 한다. 심각한 정서적 · 성격적 문제를 가지고 있는 사람은 개인상담이 적절하고, 본격적인 치료보다는 적응과 성장에 초점을 둔 경우가 바람직하다.

둘째, 집단상담을 이끄는 상담자는 대체로 훈련받은 전문가이거나 상담에 대한

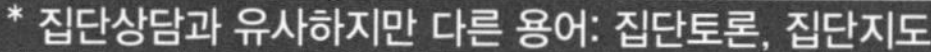

*** 집단상담과 유사하지만 다른 용어: 집단토론, 집단지도**

– 집단토론: 집단토론에서는 분명한 토론 주제와 내용이 있어서 그것을 중심으로 객관적 사실을 다루는 데 반해, 집단상담에서는 내용보다는 과정이 중심이 되며, 객관적 사실이 아니라 너와 나의 개인적·주관적 경험을 중시한다. 어떤 상반된 의견이 나오더라도 수용되고 허용되는 분위기와 무엇보다도 자유로운 '느낌'의 교환이 있어야 한다. 집단토론에서 지도자는 목적 달성을 위해 토론을 이끌고 집단을 통제할 수 있겠지만, 집단상담에서는 지도자의 지도성보다는 상담의 전문성이 더 중요하다.

– 집단지도: 정보, 방향 제시가 필요한 집단, 토의되는 문제, 예방적 접근, 주로 교육적이고 직업적인 지식 습득을 위한 지도를 의미하며 개인이 아닌 여러 명을 지도한다. 집단의 구조, 활동, 내용에 권위적인 책임을 가지고 있다.

최소한의 지식과 자질을 가진 전문가여야 한다는 점에서 개인상담과 공통적이다.

셋째, 집단상담은 신뢰감과 친밀감 등 수용적인 분위기 조성이 필요하다. 집단상담과정의 주요 목적은 자기탐색 및 이해, 자기개방과 피드백 주고받기에 있는데 구성원 상호 간의 무조건적인 수용과 친밀감 있는 분위기는 효과적인 집단상담의 필수 조건이다.

넷째, 집단상담은 집단 구성원 간 원활하게 상호작용하는 역동적인 대인관계 과정이다. 집단상담을 개인상담과 비교하였을 때 다른 점은 집단의 구성원 간의 응집력을 이용하는 데 있다. 집단 응집력은 집단 내의 친밀감, 신뢰감, 온화함, 공감적 이해로 나타나며, 적대감과 갈등과 같은 부정적인 관계도 포함할 수 있다. 응집력 있는 집단은 집단원으로 하여금 적절한 자기개방, 위기대처능력 그리고 예상되는 집단 내의 갈등에 대해 건설적으로 표현함으로써 성공적인 상담으로 나아갈 수 있다.

집단상담의 장점은 상담자가 많은 내담자와 접촉할 수 있어서 소요시간, 비용적인 측면, 참여 등에 대한 부담이 절감된다는 점에서 효과적이다. 또한 동료들 간에 서로의 관심사나 감정들을 터놓고 이야기할 수 있기 때문에 쉽게 소속감과 동료애를 통해 공동체 의식을 발전시킬 수 있다. 비록 모든 구성원이 동일한 문제들을 갖고 있지 않다 하더라도 최소한 다른 사람들도 그들 나름대로의 문제를 가지고 있다는 사실을 발견하게 되어, 나만의 문제나 고통이 아님을 알고 자신이나 타인을 보다 잘 이해할 수 있게 된다. 왜냐하면 청소년들은 동료 집단에서 훨씬 편안함과 친밀감

을 더 느끼며, 집단 내에서 집단원들끼리 동등함을 느낄 때 참여를 잘하고, 쉽게 적응한다. 집단상담을 통해서 개인상담으로 연결될 수 있다는 점에서 상담이 필요한 청소년들이 집단상담을 통해 긍정적인 경험을 얻어 개인상담의 기피를 줄일 수 있는 장점이 있다.

2) 집단상담의 목표

집단상담의 목표는 자신과 타인을 신뢰하는 것을 배우고 자신에 대한 지식의 증가와 욕구, 문제의 보편성을 이해시키며, 정상적인 발달 문제를 다루고 갈등을 해결할 수 있는 대안적인 방법을 찾는 것이다. 특히 자율성 및 자신과 타인에 대한 책임을 증가시키고 선택은 본인이 한다는 사실을 깨닫고 현명하게 선택하게 하며 행동을 변화시키기 위한 구체적 계획을 수립하고 그 계획에 전념하게 하는 것이다. 마지막으로 효과적인 사회기술의 습득과 다른 사람의 요구와 감정에 좀 더 민감해지는 것이다(김희은 · 이미현 · 김인규, 2014).

또한 집단상담의 목표를 자기이해, 자기수용 및 자기관리 능력행사를 통해 인격적 성장을 이루고 타인 이해, 타인 수용을 통해 대인관계를 향상하고 일체감을 체험함으로써 집단생활 능력과 대인관계 기술을 습득하는 데 있다고 하였다. 또한 개인의 생활상의 문제에 대한 검토와 해결방안을 습득하고 궁극적으로 자신과 타인에 대한 존중감을 높이고, 세상을 긍정적으로 바라보며 자아실현을 할 수 있는 잠재력을 계발한다(이중섭, 2001).

집단상담의 목표를 정리하면 다음과 같다.

① 자기이해, 자기수용 및 자기관리 능력 향상을 통해 인격적 성장을 이룬다.
② 타인 이해, 타인 수용을 통해 대인관계를 향상하고 일체감을 체험함으로써 집단생활 능력과 대인관계 기술을 습득한다.
③ 개인생활의 문제에 대한 검토와 해결방안을 습득한다.
④ 궁극적으로 자신과 타인에 대한 존중감을 높이고, 세상을 긍정적으로 바라보며 스스로 자아실현을 할 수 있는 방법과 잠재력을 계발한다.

3) 집단상담기법

(1) 자기투입과 참여

집단상담은 교재나 과제가 별도로 없다. 참여자들 스스로가 집단에서 자신들의 상호작용을 관찰하고 분석하는 것만으로 집단상담 활동이 이루어질 수 있다. 참여자 개개인은 적극적으로 참여해야 한다. 집단상담자는 침묵을 지키는 집단원들로 하여금 자신의 의견을 이야기할 수 있도록 자극하고, 격려한다. 반면, 지나치게 능동적인 참여자는 보다 자기성찰에 치중할 수 있도록 도와주어야 한다.

(2) '지금-여기' 중심의 활동

집단상담은 '지금-여기' '나와 너' 사이에서 일어나고 있는 느낌, 생각, 행동 관찰, 분석, 지적하는 것으로 진행되어야 한다. 집단상담 활동 밖의 제3자와 가족 또는 일반적인 이야기로 주제가 바뀌어 진행되면 집단상담 목표의 성과를 얻지 못한다.

(3) 피드백 주고받기

집단상담의 피드백이란 상대방의 행동이 나에게 어떤 반응을 일으키고 있는가에 대하여 그 상대방에게 솔직하게 이야기해 주는 것을 말한다. 그러므로 자기성장을 위한 상담활동에 필수적인 요소이다. 집단상담 구성원 간의 기분을 상하게 할 우려가 있을 수 있으므로 서로서로에게 공격하거나 직접적인 판단과 지적하는 태도는 배제되어야 한다.

(4) 허용적인 분위기와 심리적 안정감

집단상담은 징벌이나 도덕적 판단의 위험 없이 비교적 자유롭게 이야기하고 행동할 수 있다. 상담자를 포함한 모든 집단상담 참여자 상호 간에 신뢰할 수 있는 분위기가 형성될 수 있도록 집단 분위기를 만들어야 하는데 이때, 상담자 뿐만 아니라 상담 참여자들도 함께 역동적인 관계를 유지하고, 지지해야 한다.

4) 집단상담자의 역할

(1) 집단상담의 시작을 돕는다

집단상담이 처음 시작될 때, 집단 구성원들은 서먹함을 느끼고 어떻게 할지를 모른다. 이때 상담자는 구성원들로 하여금 집단 참여자들 간의 상호작용을 시작하도록 이끌어 주어야 한다. 마음 열기를 위해 청소년들에게는 간단한 게임도 가능하다.

(2) 집단상담의 분위기를 조성한다

집단상담의 초기단계에서 집단상담자는 구성원들의 불안을 해소하고 여유를 주기 위하여 허용적인 분위기와 심리적인 안정감을 가질 수 있는 장면을 만들어 주어야 한다. 집단상담에서 상담자는 집단 동료들 간에 서로의 관심사나 감정들을 터놓고 이야기할 수 있도록 온갖 배려를 해 줌으로써, 집단 구성원들이 소속감과 동료의식을 느낄 수 있는 분위기를 조성해 주어야 한다. 이때 집단 구성원이 적극 참여할 수 있도록 상담자 자신이 먼저 시범을 보임으로써 집단 구성원도 참여할 수 있도록 한다.

(3) 집단 구성원 간의 의사소통 및 상호작용을 촉진한다

집단상담에서 구성원 간의 유지 · 발전에 중요한 한 가지 조건은 적절하고 효과적인 의사소통과 상호작용이다. 따라서 집단상담자의 역할은 집단으로 하여금 의사소통을 방해하는 요인을 극복하고 원활한 상호관계를 발달시키도록 도와주는 일이다. 이를 위하여 집단상담자는 항상 집단원 간에 의사소통이 원활하지 않은 장애물이 무엇인지 찾아내도록 도와준다. 집단상담 활동 중에 집단 구성원들이 모두 참여하고 하위집단이 생기지 않도록 한다.

(4) 집단 구성원을 보호한다

어떤 집단 구성원이 활동에 참여하기를 원하지 않거나, 특별한 개인적인 문제를 깊이 파헤치는 일을 꺼린다면 상담자는 집단 구성원이 거절할 수 있는 권리를 인정

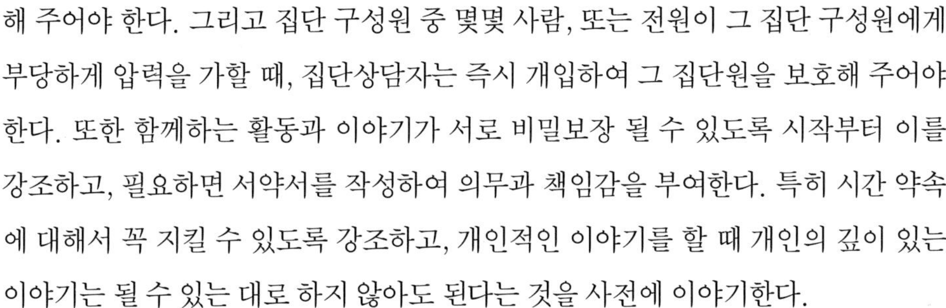

해 주어야 한다. 그리고 집단 구성원 중 몇몇 사람, 또는 전원이 그 집단 구성원에게 부당하게 압력을 가할 때, 집단상담자는 즉시 개입하여 그 집단원을 보호해 주어야 한다. 또한 함께하는 활동과 이야기가 서로 비밀보장 될 수 있도록 시작부터 이를 강조하고, 필요하면 서약서를 작성하여 의무과 책임감을 부여한다. 특히 시간 약속에 대해서 꼭 지킬 수 있도록 강조하고, 개인적인 이야기를 할 때 개인의 깊이 있는 이야기는 될 수 있는 대로 하지 않아도 된다는 것을 사전에 이야기한다.

(5) 집단의 방향을 제시한다

집단상담자는 집단상담의 초기단계에 그 집단이 나아갈 방향을 제시하고, 일반적인 오리엔테이션을 해 줄 책임을 가지고 있다. 이를 위하여 상담자는 집단상담의 일반적인 목적과 공동목표, 집단활동을 하는 데 필요한 규범, 기타 필요한 내용 등에 대해서 인식시켜 주어야 한다.

(6) 집단상담의 종결을 돕는다

집단상담은 정해진 시간에 시작하고 준비된 시간에 마쳐야 하는 종결이 있다. 회기 때마다 집단상담 전체의 종결 시에는 다음과 같은 내용들을 다루어 집단상담의 종결을 준비시키는 것이 바람직하다.

① 집단 구성원들이 집단에서 상담하고 활동한 것을 실제로 적용하도록 제안한다.
② 회기와 회기 사이와 집단상담 전체가 끝난 후에도 계속적인 노력을 기울이겠다는 약속을 한다.
③ 집단상담을 마친 후에 그들이 가지게 될 심리적인 문제들을 위하여 준비를 시킨다.
④ 추가적인 집단상담이나 개인상담을 받을 수 있는 참여기회를 알려 준다.
⑤ 집단상담이 종결된 후에는 목표에 적합한 측정도구를 활용하여 사전과 사후 평가를 실시한다.

5) 집단상담의 과정

(1) 참여단계

집단상담은 서로 어느 정도 친숙해지고 아는 것에서부터 시작된다. 인사를 하고 소개하는 과정은 모든 집단과정에서 필요한 일이다. 상담자는 집단의 분위기를 형성하고 유지시키는 책임이 있다. 첫 번째 모임은 다른 어떤 모임보다도 중요하다. 상담자는 집단상담을 위한 사전 준비를 철저히 한 후 첫 번째 모임을 시작한다. 상담자는 각 구성원들에게 왜 이 집단에 들어오게 되었는가를 분명히 해 주며, 수용과 신뢰의 분위기를 형성하여 집단상담에서 새롭고 의미 있는 경험을 가지도록 이끌어 준다. 구성원들은 자유로이 각자의 의견과 느낌을 나누도록 격려된다. 이 단계에서는 상담자의 적극적인 참여가 필요하지만 교사와 같이 가르치는 역할을 하는 것이 아니다. 상담자는 내담자들, 즉 집단 참여자들로 하여금 스스로 집단의 규범을 지키고 상호협력적인 자세를 갖추도록 함으로써 효율적인 집단분위기를 만들 수 있다. 상담자 자신의 말과 행동은 집단상담의 분위기를 만들고 유지하는 데 도움이 되는 것이어야 한다. 집단상담을 시작하는 방법이나 집단 구성원들이 서로 경험을 나누도록 하는 '최선의 방법'이란 없다. 상담자 자신의 경험과 개인적 특성을 살려 나름대로 자기 것으로 개발해야 한다.

(2) 과도적 단계

과도적 단계는 참여단계와 엄격히 구분되지는 않는다. 즉, 참여단계에서 생산적인 작업단계로 넘어가는 '과도적 과정'이라고 볼 수 있다. 과도적 단계에서의 주요 과제는 집단 구성원들로 하여금 집단에 참여하는 과정에서 일어나는 망설임이나 저항, 방어 등을 자각하고 정리하도록 도와주는 것이다. 그러므로 이 단계의 성공 여부는 주로 상담자가 집단 구성원들에게 얼마나 수용적이고 신뢰로운 태도를 보이며 상담 기술을 어떻게 적용하느냐에 달려 있다.

(3) 작업단계

작업단계는 집단상담의 가장 핵심적인 부분이다. 앞의 단계들이 잘 조정되면 작업단계는 매우 순조롭게 진행되고, 상담자는 집단으로부터 한 걸음 물러나서 집단 구성원들에게 대부분의 작업을 맡길 수도 있다. 집단이 작업단계에 들어서면 구성원들은 집단을 신뢰하고 자기를 솔직하게 공개한다. 대부분의 구성원이 자신의 구체적인 문제를 집단에 가져와 활발히 논의하며, 바람직한 관점과 행동방안을 모색하게 된다. 작업단계에서는 집단 구성원들이 높은 사기와 분명한 소속감을 갖는 것이 특징이다. 이 단계에서 구성원들은 '우리'라는 느낌을 갖는다. 그러나 집단에 대한 자부심이 점차로 커지고 집단이 결속되어 감에 따라, 집단에서 부정적인 감정이 표출되거나 하위집단이 발생될 수 있으므로 이 점에 유의해야 할 필요가 있다. 작업단계에서의 통찰만으로는 행동을 변화시키기에 부족하다. 즉, 행동의 실천이 필요한데, 특히 어려운 행동을 실행해야만 하는 처지의 집단 구성원에게는 집단 구성원들과 함께 강력한 지지를 보내 주는 식으로 그들에게 실행을 위한 용기를 주도록 한다. 집단상담에서는 한 개인이 직면한 문제를 다른 동료가 이해하고 공감해 주며 각자의 비슷한 경험에 비추어 문제를 해결하려는 노력이 자연스럽게 이루어진다.

(4) 종결단계

집단상담의 종결단계는 어떤 면에서 하나의 새로운 시작을 의미한다고 볼 수 있다. 즉, 상담자와 집단상담 구성원들은 집단상담과정에서 경험한 것을 미래의 생활 장면과 계획에 어떻게 적용할 것인가를 생각해야 한다. 집단 구성원 각자의 첫 상담 기록과 현재의 상태를 비교한 후 일정한 정도의 진전이 있고, 향상되었다면 개인상담과 동일하게 상담자는 종결을 준비할 수 있다. 종결은 적어도 집단에 참여할 때 약정했던 목표가 달성되었을 경우 가능하다. 종결해야 할 시간이 가까워지면 집단관계의 끝맺음이 점차 가까워지는 것에 대한 구성원들의 느낌을 토의하는 것이 필요하다. 특히 종결의 시기를 미리 결정하지 않았던 집단에서는 언제 집단상담을 끝낼 것인가를 결정해야 한다.

청소년들로 이루어진 집단에서는, 집단상담이 갑작스럽게 종결될 때 또는 종결될 때쯤에는 정도의 차이는 있지만 거의 예외 없이 거부당했다는 느낌을 받기 쉬우며, 상담자가 아무리 노력을 하더라도 청소년들이 경험하는 이러한 부정적인 느낌을 막을 수는 없다. 따라서 종결단계의 부정적인 감정을 최소화하기 위해서는 종결

시기에 대한 명확한 일정과 회기를 상담과정에서 이야기해 주어야 한다. 적어도 그들에게 진정한 관심이 있다는 것을 보여 주고, 이후에라도 집단 구성원들 간에 서로 돌보아 주도록 해 줄 필요는 있다. 그리하여 집단상담이 종결된 후에도 집단 구성원들 간의 유대관계가 지속되도록 노력하는 것이 필요하다는 점을 집단 구성원들이 이해하도록 해야 한다. 또한 상담자와 차후에 지속적으로 만남을 가질 수 있는 방법을 알려 주는 것도 한 방법이다.

6) 집단상담의 실제

(1) 실시 장소

집단상담을 실시하기 위해서는 가능한 한 외부로부터 방해를 받지 않는 조용한 장소가 좋다. 탁 트인 공간보다는 밀폐된 공간이 좋지만, 경우에 따라서는 프로그램의 성격상 확 트인 공간도 필요하다. 복장이 적당하고 바닥의 냉・난방이 쾌적하게 될 수 있다면 온돌방에 앉는 식으로 걸상 없이 가장 편안하게 자유롭게 앉아서 하는 것이 좋지만, 책상과 탁자를 둥글게 하고 서로 마주 보고 앉는 것도 상관없다.

(2) 실시 횟수

1회로 끝나는 것은 바람직하지 않으며 큰 의미가 없다. 목표가 분명한 구체적인 프로그램(한 프로그램 내에 적게는 4~5회기, 많게는 10~15회기) 계획에 따라 주 1~2회 실시하는 것이 좋다.

(3) 집단 구성

프로그램에 따라 차이가 있으나 구성 인원은 보통 6~8명 정도가 적당하다. 가능하면 소집단(최대 8명 내외)으로 하는 것이 좋다. 그렇지 않을 경우에는 한 교실에서 여러 소집단을 구성하고, 먼저 소집단 활동을 시킨 후, 전체가 모여서 대집단으로 발표, 또는 정리하는 방법도 있으나 집단상담으로서의 효과는 적다.

(4) 집단 구성원의 성격

집단의 구성 문제는 근본적으로 동질적으로 구성하느냐, 이질적으로 구성하느냐의 문제에 해당된다. 일반적으로 동질 집단에서는 보다 쉽게 공감이 이루어지고, 상호 간의 즉각적인 지지가 가능하며, 갈등이 적고 응집성이 빨리 발달하고, 집단 소속감의 발달이 쉽게 이루어진다. 그러나 이질 집단에서는 다양한 대인 간의 상호작용이 가능하므로 상호 간에 보다 의미 있는 자극을 주고받을 수 있으며, 서로 간의 차이점을 발견하고, 이해하게 되고, 현실검증의 기회도 더 풍부하게 제공해 준다는 점에서 긍정적이다.

학교장면에서는 같은 반 학생들, 또는 장차 같은 반이 될 친구들이나 동아리 친구들이 집단상담의 구성원이 될 수 있다. 청소년수련시설의 경우는 동아리 친구들이나 동일한 주제를 가지고 청소년들을 모집하여 집단을 구성할 수도 있다.

이미 친밀한 집단일수록 쉽게 상호작용함으로써 집단원들 간에 긍정적인 관계를 맺을 수 있다. 그러나 가끔은(주로 대학생 이상 집단에서) 서로 잘 아는 사이이기 때문에 자기개방에 적극적이지 못할 수도 있다는 점을 고려해야 한다. 또한 친하지 않은 사람들로 구성될 경우 라포형성의 시간이 오래 걸릴 수 있기 때문에 집단상담자의 역할이 매우 중요하다.

(5) 집단상담 참가자의 유의사항

집단상담에서는 원칙적으로 상담자(청소년지도자)와 참가자(청소년)는 평등한 입장에서 참여하여야 한다. 특히 집단 참가자는 다음과 같은 노력을 하도록 유도해야 한다.

① 자기 자신에게 충실: 항상 자기 자신의 내면세계, 속마음을 들여다보고, 내면의 소리에 귀 기울인다.

② 지금, 여기에 관심을 집중: 지금 이 자리에서, 이 순간에 느끼는 내 기분, 내 감정에 초점을 맞춘다. 자칫 제3자의 이야기로 흐른다거나, 지나간 과거를 회상한다든지 하여 시간을 낭비할 수 있음을 경계해야 할 것이다.

③ 솔직하게 터놓고 이야기: 체면, 가면을 벗고 느낀 대로 솔직하게 말하며, 자신

의 내면에 충실해야 한다.

④ 모든 사람의 이야기를 적극적으로 경청: 이야기의 사실뿐만 아니라 그 밑바탕에 깔린 그 사람의 기분, 감정, 욕구까지 귀담아듣고 느낀다. 집단에 진지하게 임하며 적극적으로 참여한다.

⑤ 비밀보장: 집단 안에서 한 모든 이야기는 그 자리에서 그치도록 한다. 모든 상담에서 그러하듯이 비밀 엄수는 신뢰감 형성이 모든 인간관계의 기본이라는 전제에서 출발하여야 할 것이다.

⑥ 참가자들 존중: 상대방을 평가, 판단, 비판하거나 충고, 훈계하지 않도록 한다.

03 사이버상담

1) 사이버상담의 개념

'사이버상담'에서 '사이버'는 인공두뇌라는 의미를 가진다. 초기에 사이버상담은 두뇌활동을 가상적으로 모의하는 실험에서 사용되고 컴퓨터로 인해 고도로 정밀한 기능까지 자동화되면서 컴퓨터의 활동과 인공지능은 밀접한 관련을 갖게 되었다. 컴퓨터를 통해 이루어지는 활동에 대하여 '사이버'라는 용어를 자주 사용하게 되었고, 사이버상담은 가상공간에서 컴퓨터를 사용하여 상담활동을 하는 것을 지칭하게 되었다. 그러나 컴퓨터 외에 핸드폰을 통한 사이버상담도 가능하게 되었다.

사이버세계는 컴퓨터와 통신기술이 결합되어 의사소통과 정보교환의 새로운 공간을 형성하게 된 세계이다. 즉, 컴퓨터를 매개로 한 의사소통이라고도 하는데, 사이버공간은 컴퓨터 시스템을 활용하여 연출해 내는 가상사회를 말한다. 즉, 사이버세계는 우리들이 필요한 정보를 찾고, 먼 곳에 위치한 사람들과 통신료의 부담을 느끼지 않고, 전자우편을 주고 받거나, 채팅을 나누며, 물건을 주문하고, 게임에 몰두하며, 좋아하는 노래를 다운로드하기도 한다. 또한 일간지를 훑어보고, 관심 있는 분야의 동향을 파악하기도 한다. 이제 우리는 자신들이 알게 또는 모르게 사이버공간을 이용하는 경우가 늘어난 것이다. 사이버세계가 인간의 기본욕구인 '관계'의 욕구를 충족시켜 주는 것이 사실이다(김계현 · 임은미, 2000). 이러한 사이버공간에서는 비교적 쉽게 사람들이 다른 사람과 관계를 맺기도 하고, 또 쉽게 헤어지기도 한다. 이처럼 현실에서는 생각조차 못하는 일들이 사이버공간에서 손쉽게 가능하기 때문에 사람들은 사이버공간을 이용하고 이곳에서 여러 사람을 만나고 희열을 느끼며, 고통을 느끼기도 한다. 사이버공간에서 벌어지는 인간의 교류경험은 이제 현실공간의 대인교류에 비견되는 중요성을 지니며 현실의 교류에 영향을 주어 전례가 없던 새로운 문화를 형성해 가고 있다(구현진, 2001).

사이버공간의 독특한 특징으로 인하여 사이버상담이 이루어지게 되는데 사이버상담은 면접상담, 전화상담, 서신상담과 구별되어 사이버공간을 이용하여 상담자와 내담자의 상호작용을 통해 내담자의 긴장된 정서나 감정을 표출하게 함은 물론, 자신의 문제를 구체적으로 인식하게 하는 과정이다. 아울러 문제해결과정 및 문제의 해결을 위해 상담자가 축척된 정보를 이용하여 조언을 제공하거나 내담자의 정서, 사고 및 행동상의 변화과정에 도움을 주는 전문상담의 한 형태이다(임선희, 1997).

가상의 공간이 아닌 현실의 세계에서 이루어지던 전통적인 대면 상담이 '내담자의 문제를 해결하고 내담자 스스로 성장을 이루어 나갈 수 있도록 돕는 것'이라면, 컴퓨터가 만들어 낸 가상의 공간에서 행해지는 사이버상담은 '내담자의 문제해결능력을 증진시키고 자기성장과정을 촉진하는 데 컴퓨터와 네트워크를 사용하는 것'으로 정리할 수 있다. 즉, 자신에게 문제가 있음을 인지한 내담자가 그 문제를 가상의 공간에서 해결하고자 인터넷에 접속하여 상담자와 대화를 통해 서로 신뢰관계를 형성하는 가운데 문제해결의 방안을 모색하며 통찰을 얻고 동시에 문제해결을 위한 정보를 얻는 과정이 사이버상담이다(임은미, 2006).

사이버상담의 역사와 함께 새로운 매체의 등장과 관련하여 사이버상담의 유형들도 다양하게 발전하였다. 사이버상담의 유형을 살펴보면 게시판상담, 채팅상담, 이메일상담, 데이터베이스상담, 모바일상담 등으로 나눌 수 있다(이영선, 2005; 임은미, 2006; 한국청소년상담복지개발원, 2012; Elleven & Allen, 2004). 사이버상담을 유형별로 살펴보면 다음과 같다.

첫째, 게시판상담은 사이버상담의 유형 중 국내에서 가장 보편적으로 이용되는 사이버상담의 형태이다(한국청소년상담복지개발원, 2012). 게시판상담은 사이버상담실의 홈페이지에 메뉴 게시판을 개설하여 내담자가 자신의 고민을 게시판에 올려놓으면 고민에 답을 달아 주는 상담형태이다. 대부분은 공개게시판과 비밀게시판으로 나누어져 있으며 비밀게시판의 경우는 제목만 다른 사람들에게 공유되고 내용은 글쓴이와 운영자만 볼 수 있기 때문에 상담내용에 대한 비밀이 보장되는 장점이 있고, 공개게시판의 경우는 내용을 타인이 볼 수 있게 되어 있기 때문에 여러 사람이 보고 피드백을 해 줄 수 있는 장점이 있다(임은미, 2006).

둘째, 채팅상담이다. 컴퓨터를 통해서 연결된 내담자와 상담자가 문자메시지를 교환하며 대화를 하는 것이다. 이영선(2005)은 채팅상담은 다른 사이버상담과 달리 동시적이고 양방향적인 상담을 즉시적으로 할 수 있기 때문에 대면상담과 가장 유사한 상담방식이라고 할 수 있으며, 채팅상담은 문자를 통해 내담자와 상담자 간의 상호작용이 가능하기 때문에 상담과정에서 탐색과 질문도 가능하며 상담목표도 내담자와 상담자가 합의하여 설정할 수 있는 특징이 있다고 하였다. 즉, 채팅상담은 내담자와 상담자가 동시적인 상호작용이 가능한 사이버상담이기 때문에 생생한 관계의 역동이 일어난다고 볼 수 있다.

셋째, 이메일상담이다. 사이버상담 중 국외에서는 가장 일반적인 형태로 알려져 있다. 이메일상담은 상담자와 내담자가 각각의 개인 이메일을 통해서 상담내용을 보내며 상담을 진행하는 방식이다. 개인의 이메일로 보내기 때문에 내용의 비밀이 잘 유지될 수 있는 특성이 있다(이영선, 박정민, 최한나, 2001). 그러나 상담자는 이메일의 내용이 다른 사람에게 공개될 가능성에 대한 위험을 숙지해야 하며, 공개되지 않도록 주의해서 저장해야 한다(Elleven & Allen, 2004).

넷째, 데이터베이스를 이용한 상담이다. 데이터베이스상담방식은 인간의 문제를 이해하고 해결해 나가는 데 도움을 줄 수 있는 여러 가지 자료를 서버에 저장해 놓고 내담자 스스로 도움을 받을 수 있게 한 상담을 말한다. 데이터베이스상담은 문자자료나 영상자료를 상담관련 정보에 저장해 놓고 이용자들이 필요할 때는 언제든지 와서 읽고 볼 수 있도록 한 상담형태이다(임은미, 2006). 데이터베이스를 이용한 상담은 향후 청소년들의 고민을 이해할 수 있고, 청소년상담의 분석자료를 이용할 수 있다는 장점이 있다(지승희 · 오혜영 · 이현숙, 2012).

다섯째, 핸드폰을 이용한 모바일상담이다. 모바일상담은 핸드폰이 대중화되면서 생겨난 새로운 영역의 사이버상담이다. 모바일상담에는 핸드폰의 문자메시지를 통해서 상담을 받는 문자상담과 스마트폰의 보급과 함께 시작된 모바일상에서 이루어지는 게시판상담, 채팅상담 등이 있다(한국청소년상담복지개발원, 2012).

현대 사회에서 내담자의 문제와 상담욕구는 다양화되고 이에 사이버상담이라는 새로운 상담이 등장하였다. 특히 청소년들은 사이버공간을 쉽게 접하고, 인터넷 사용량이 늘어 가고 있는 상황에서 사이버상담의 중요성은 더해 가고 있다. 따라서 사이버상담의 중요성에 대해 알아볼 필요가 있다.

첫째, 청소년들에게 상담에 대한 거부감을 줄일 수 있다는 점이 사이버상담의 장점이다. 왜냐하면 청소년들만의 세계에 쉽게 접근할 수 있는 접근성이 용이하기 때문이고, 그들만의 고민과 생각을 쉽고 친숙하게 이끌어 낼 수 있기 때문이다. 컴퓨터와 스마트폰이라는 매체를 통해 다가간다는 것 자체가 그들에게 거부감을 줄이며 친근하게 다가갈 수 있다.

둘째, 상담의 대중화를 이끌어 낼 수 있다는 점이다. 현대 사회에서 청소년들이 사이버공간을 쉽게 접하고 있다는 점을 감안하면 사이버상담을 오픈하여 청소년이 스스로 해결하기 어려운 욕구를 해결해 줌과 동시에 상담이라는 문턱을 낮추어 대중화를 이끌어 낼 수 있다.

셋째, 사이버상담은 일대일의 상담관계를 맺을 뿐만 아니라 가치 있고 유용한 정보를 주어 상담의 품질을 높이고 상담의 지속적인 관계를 유지시킬 수 있다. 청소년상담에서는 상담이 자칫 교육의 측면에서 접근될 수 있기 때문에 진로상담과 같은 정보를 제공하는 데 유용하다. 이때 상담자는 가치 있고 다양한 정보를 안내해 줄 수 있어 상담의 질을 높일 수 있다(이지연 · 정숙영 · 방혜진, 2009).

넷째, 시간과 공간을 단축시킬 수 있다. 사이버상담은 일대일 또는 집단상담의 대면상담처럼 직접 방문하지 않고, 네트워크가 가능한 컴퓨터와 스마트폰이 있으면 언제, 어느 곳에든지 상담이 유용하다. 이것은 경제적인 효과와 신속성을 유지할 수 있어서 사이버상담은 활성화되는 것은 바람직하다고 할 수 있다.

다섯째, 상담의 다양성을 제공한다. 지금까지는 대면상담이 주로 행해져 왔다.

그러나 인터넷의 출현으로 사이버공간에서도 상담이 나타나게 되었다. 이는 상담의 한 기법으로 자리 잡아 가고 있으며 상담의 다양성을 제공한다.

2) 사이버상담의 특징

인터넷의 발달로 많은 사람이 인터넷을 통해 현실공간의 일을 가능한 한 그대로 표현하고 싶어 하면서도 현실에서 할 수 없는 행동을 할 수 있기를 기대한다. 또한 현실 세계에서 인간행동을 지배하는 법칙이 있다면 현실과 대비되는 사이버공간에도 유사한 인간행동의 법칙이 있다. 현실 세계의 법칙이 사회적 질서와 규범에 토대를 두고 있다면 사이버공간의 행동법칙은 인간의 욕구충족 심리에 따르며, 특히 인간의 욕구가 다양하고, 청소년이라는 특성을 고려할 때 이 공간의 행동법칙은 끊임없이 변화를 추구한다. 사이버공간에서 다양하게 활용될 수 있다는 점에서 사이버상담은 다른 상담유형과 또 다른 특징이 있다.

사이버상담은 대면상담과 비교해 볼 때 공간적인 부분에서 다소 차이가 있다. 또한 일회성인지 지속적인지에 따라서도 차이를 발견할 수 있다. 가장 큰 특징은 사이버상담은 상담의 목적을 달성하는 과정에서 매체를 활용한다는 점이다. 특히 청소년들에게 적용될 수 있는 사이버상담의 장점을 좀 더 구체적으로 살펴보면 상담시간 및 공간, 상담자와 내담자의 역할, 비밀보장, 상담자의 능력 등으로 볼 수 있다.

첫째, 사이버상담은 시간과 공간을 초월한다는 점에서 청소년들에게 적용될 수 있는 상담유형이다. 상담자와 내담자 간의 대면상담에서 이루어지는 의사소통이나 정보교환은 한정된 시간과 장소에서만 이루어진다. 이와는 대조적으로 사이버세계에서의 정보교환은 시간이나 공간의 제약을 받지 않고 이루어지기 때문에, 정보교환 면에서 시간과 공간의 초월성이라는 특징을 지니고 있다. 사이버 세계에서의 의사소통은 물리적 공간을 필요로 하지 않고 내담자와 상담자간의 가상공간으로 정보를 송·수신하게 되므로 상담자와 내담자는 그들이 원하는 시간과 장소에서 상담을 위한 정보교환이 가능하다. 전통적인 상담의 형식에서는 장소와 시간이라는 물리적 공간의 제약을 받기 때문에 항상 일정한 시간과 장소에서만 상담이 이루어지게 된다. 그러므로 내담자는 상담을 받을 수 있는 장소와 시간에 찾아가지 않으면 상담을 받을 수 없었다. 사이버 세계에서의 상담은 시간과 공간이 제약을 벗어나서 상호작용이 가능하기 때문에 새로운 형태의 상담기법을 도입할 수 있다(전주, 2001).

둘째, 사이버상담은 내담자가 주도권을 지니는 경향이 있다는 점에서 청소년에게 적용 가능한 상담유형이다. 사이버상담에서 청소년인 내담자는 자신에 대한 정보를 선택적으로 표현할 수 있고, 접속과 종료에 대해 주도권을 지닐 수 있다. 또한 이메일상담, 게시판상담, 채팅상담에서는 자신의 얼굴을 상담자에게 보여 주지 않을 뿐 아니라 상담자의 표정을 볼 수 없기 때문에 분위기나 상황을 고려하지 않고 거리낌 없이 자신의 고민을 공개할 수 있다. 이는 사이버상담이 상담실제에서 비협조적인 경향이 짙은 청소년들로 하여금 자발적이고 주도적인 내담자로서 자신의 문제를 해결해 가도록 도울 수 있음을 시사한다. 그러나 내담자의 주도성이 사이버상담에서 부정적인 영향들도 고려해야 한다. 예컨대, 내담자 자신이 원하는 대화방식으로 이끌어 간다거나 혹은 자신들이 원하는 이야기를 듣고자 하는 경향이 강해서 상담자가 주도적인 대화를 이끌어 내는 데는 상당한 노력이 필요하다. 따라서 사이버상담에서 상담의 구조화 작업은 반드시 필요하고 각별히 주의를 기울여서 진행하여야 한다. 사이버상담을 구조화하기 위해서는 다음과 같은 내용이 포함되어야 한다. 즉, 문제해결과 자기성장이라는 분명한 목표를 가진 활동이라는 것, 해당 회기에 달성해야 할 목표를 구체화하는 것, 비밀보장을 위한 장치가 어느 정도 마련되어 있는지를 알리는 것, 기기장애 발생으로 인한 접속중단이 있을 수 있음과 그 대책을 알리는 것 등을 포함해야 한다(오혜영 · 지승희 · 허지은, 2010).

셋째, 사이버상담에서의 비밀보장은 다른 상담과 마찬가지로 매우 중요하다. 청소년들은 사이버상담이 편리하기도 하지만 상담내용이나 상담을 하고 있는 내담자라고 공개될 경우 상담을 기피할 가능성이 높다. 사이버상담에서는 비밀보장이 위험에 처하게 되는데 파일을 전송하는 중에 노출될 위험이 있고, 치료자의 컴퓨터에 저장되어 있는 것이 공개될 위험이 있으며, 내담자의 컴퓨터에 저장된 내용을 가족이나 다른 사람들이 볼 수도 있고, 상담자가 법정에 소환될 수도 있다. 미국의 경우 내담자와 상담자 사이에 주고받은 이메일 자료도 소환된다. 우리나라에서는 아직 상담자가 법정에 소환되는 상황은 아니지만 상담이 전문화되고 제도화되면서 상담

자의 활동이 법적 책임으로 연결될 날이 다가오고 있다. 따라서 사이버상담자들에게도 책무가 주어지게 될 것이다. 이렇게 보면, 사이버상담의 내용에 대해 비밀을 보장받는 것은 전통적인 대면상담에서보다 더 어려울 것이지만 사이버상담이 제도화되고 법적 책임이 연결되면 대면상담만큼 안전할 것이다(오혜영 외, 2010).

넷째, 사이버상담은 대면상담보다 유연성을 가져야 한다. 대면상담에서의 경험과 능력에 더하여 사이버상담자는 온라인에 대한 편안한 태도와 박식함, 타이밍능력 그리고 문자로 의사소통하는 능력, 변화의 시기에 대한 인식을 새롭게 하려는 유연함을 가질 수 있어야 한다. 사이버상담자의 능력을 보면 사이버상담을 해 본 사람이나 어느 정도 성공을 거둔 사람이 상담을 하는 것이고, 내담자의 복지를 우선시하여야 하며 이를 위해 뭔가를 하기 전에 상담자가 하고 있는 작업의 윤리성을 검토해 보아야 한다. 또한 테크놀로지를 알아 공감에 익숙한 것만큼 컴퓨터에 익숙해져야 하며, 사이버상담자는 변화의 시기에 준비할 수 있어야 한다. 앞으로는 대면상담에서 해 왔던 것과 같은 방법만으로는 상담 진행이 어려울 수 있다(임은미 · 김지은 · 박정민, 1999). 특히 사이버상담을 하는 상담자는 청소년에 대한 이해가 높아야 한다. 채팅이나 이메일로 상호작용하기 때문에 문자에 담긴 감정적인 부분을 쉽게 파악하고, 청소년들 고유의 언어를 이해하기 위해서는 청소년 전문가가 사이버상담을 하는 것이 유리하다.

요약

1. 개인상담은 내담자와 상담자 간에 수용적이고 구조화된 관계를 형성한 후, 이 관계 속에서 내담자가 자기 자신과 환경에 대해 의미 있는 이해를 증진하도록 함으로써, 내담자 스스로가 효율적으로 의사결정을 하고 여러 심리적인 특성을 긍정적인 방향으로 변화시키도록 원조하는 과정을 뜻한다.

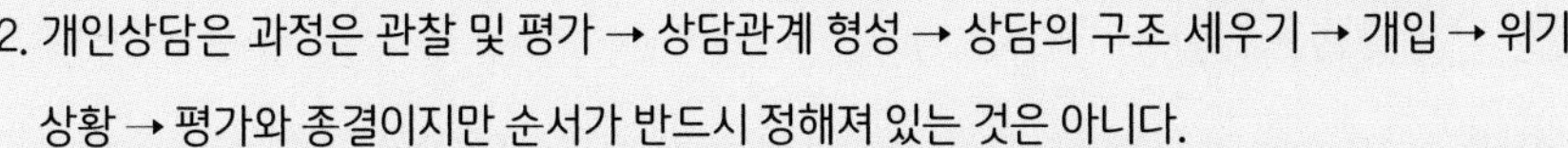

2. 개인상담은 과정은 관찰 및 평가 → 상담관계 형성 → 상담의 구조 세우기 → 개입 → 위기 상황 → 평가와 종결이지만 순서가 반드시 정해져 있는 것은 아니다.

3. 개인상담기법은 주의집중과 경청, 질문과 탐색, 이해와 공감, 도전과 직면, 자기의 확인, 직정성의 확보, 패턴의 자각 및 수정이다.

4. 집단상담은 비교적 정상적인 범위에 속하는 사람들이 전문적인 상담자와 함께 신뢰로우며 허용적인 분위기 속에서 자기이해와 수용, 개방을 촉진하도록 집단 구성원 간에 상호작용함으로써 개인의 태도와 행동의 변화를 통해 문제를 해결하거나 예방과 개인의 내적 성장을 촉진한다는 것이다.

5. 집단상담의 과정은 참여단계 → 과도기적 단계 → 작업단계 → 종결단계의 절차가 있고, 집단상담이 종결된 후에도 개인상담을 받을 수 있다는 점을 이야기해 준다.

6. 집단상담의 기법에는 자기투입과 참여, '지금-여기' 중심의 활동, 피드백 주고받기, 허용적 분위기와 심리적 안정감이 있다.

7. 사이버상담은 가상공간에서 컴퓨터와 핸드폰 등을 사용하여 상담활동을 하는 것을 지칭하게 되었다. 사이버공간의 독특한 특징으로 인하여 사이버상담이 이루어지게 되는데 사이버상담은 면접상담, 전화상담, 서신상담과 구별되어 사이버공간을 이용하여 상담자와 내담자의 상호작용을 통해 내담자의 긴장된 정서나 감정을 표출하게 함은 물론, 자신의 문제를 구체적으로 인식하게 하는 과정이다.

8. 사이버상담과 대면상담과의 차이는 상담의 목적에 있는 것이 아니라 상담의 목적을 달성하는 과정에서 여러 가지 요인으로 인해 다르게 나타난다. 이에 사이버상담의 특징을 살펴보면 상담시간 및 공간, 상담자와 내담자의 역할, 비밀보장, 상담자의 능력(청소년 전문가로서의 능력) 등으로 볼 수 있다.

참고문헌

구현진(2001). 사이버공간의 대인관계 성향에 관한 연구. 고려대학교 대학원 석사학위논문.

김계현 · 임은미(2000). 사이버상담의 현황과 전망. **서울대학교 사대논총**, 61, 20-35.

김길문 · 정남운(2004). 초보 상담자가 상담 회기 내에 경험한 어려움과 대처 과정: 질적 분석. **한국심리학회지 상담 및 심리치료**, 16(1), 1-20.

김창대 · 한영주 · 손난희 · 권경인(2009). 상담전공 내담자가 지각한 효과적인 상담자 요인. **상담학연구**, 10(1), 83-107.

김희은 · 이미현 · 김인규(2014). 국내 대학생 집단상담 프로그램의 효과에 대한 메타분석 및 연구동향. **상담학연구**, 15(4), 1141-1456.

오혜영 · 지승희 · 허지은(2010). 청소년내담자와 상담자의 채팅상담 경험에 대한 인식. **상담학연구**, 11(4). 1433-1450.

오혜영 · 지승희 · 허지은 · 김상수 · 김경민 · 이현숙(2010). **자살위기 청소년을 위한 사이버상담 개입 프로그램 개발**. 서울: 한국청소년상담복지개발원.

이영선(2005). 채팅상담 및 성과척도 개발 및 타당화 연구. 숙명여자대학교 대학원 박사학위논문.

이영선 · 박정민 · 최한나(2001). **사이버상담 지침서Ⅲ: 사이버상담의 기법과 윤리**. 서울: 한국청소년상담원.

이중섭(2001). **아름다운 삶을 위한 집단상담프로그램**. 경기: 교육정보연구원.

이지연 · 정숙영 · 방혜진(2009). 사이버 진로상담 자기내담자 유형 및 효과적 상담 접근 방식. **상담학연구**, 10(4), 2169-2186.

임선희(1997). PC통신상담의 효용성 및 이용실태에 관한 연구. 중앙대학교 사회개발대학원 석사학위논문.

임은미(2006). **사이버상담이론과 실제**. 서울: 학지사.

임은미 · 김지은 · 박정민(1999). **청소년 사이버상담의 발전모형**. 서울: 한국청소년상담원.

전주(2001). 우리나라 청소년 사이버상담에 관한 연구. 경희대학교 행정대학원 석사학위논문.

지승희 · 오혜영 · 이현숙(2012). 사이버상담 사례에 나타난 재혼가족 여자 청소년의 어려움. **청소년상담연구지**, 20(1), 10-126.

한국청소년상담복지개발원(2012). **위기사례개입과 사이버상담의 윤리적 딜레마 자료집**. 서울: 한국청소년상담복지개발원.

Egan, J. (1994). *The skilled helper*. New York: Thomson.

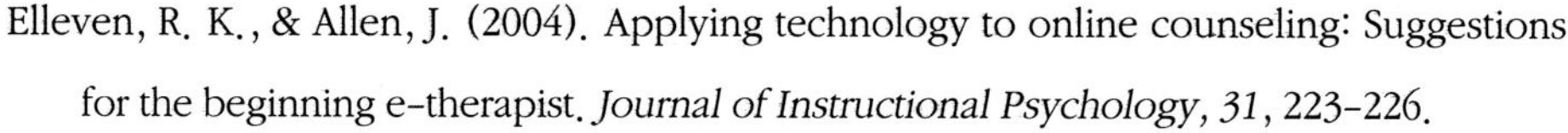

Elleven, R. K., & Allen, J. (2004). Applying technology to online counseling: Suggestions for the beginning e-therapist. *Journal of Instructional Psychology, 31*, 223-226.

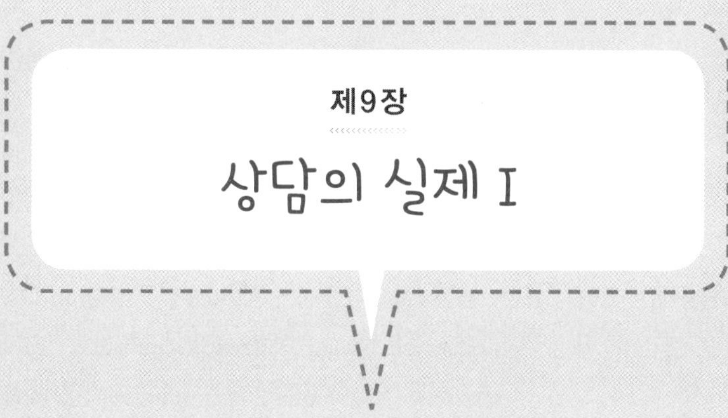

제9장

상담의 실제 I

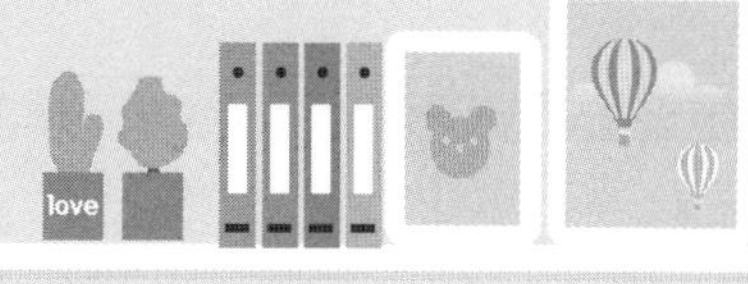

학습개요

가족은 청소년의 삶에서 가장 중요한 집단이며 기초이다. 가족은 청소년에게 정서적으로나 사회적으로 많은 영향을 미치고, 특히 긍정적인 부분보다는 부정적인 영향을 받기 쉽기 때문에 가족 내에서 일어나는 다양한 문제를 해결하는 것은 매우 중요하다. 또한 청소년 전반기에서 후반기 모든 발달단계에서 필요로 하고 중요한 상담은 진로상담과 대인관계상담이다.

청소년이 성장하면서 경험하게 되는 다양한 환경에서 문제를 해결하고, 예방하기 위한 다양한 방법을 배우고 습득하여 건강한 성인으로 발달하는 것이 무엇보다도 중요하므로 상담이라는 접근방법을 통해서 지원해야 한다.

이 장에서는 다양한 환경에서 발생할 수 있는 문제들을 청소년 스스로 해결할 수 있도록 상담이론, 상담기법 및 상담기술을 설명하고, 적용 가능한 상담방법들을 제시한다.

01 가족상담

1) 가족상담의 이해

가족상담은 가족 구성원 사이에서 발생하는 문제를 해결하기 위해서 가족원들이 함께 참여하여 서로를 이해하고 보다 밝고 건강한 개인과 가족이 되도록 도움을 주는 상담이다. 일반적으로 가족상담은 가족을 하나의 시스템, 즉 체계로 가정하고 가족 구성원의 상호작용 양상에 개입함으로써 구성원의 증상에 변화를 가져오도록 하는 상담방법이다.

현재 가족상담에 대한 관심은 매우 높아지고 있다. 과거 가족상담은 가족 구성원 중 개인에게만 초점을 맞추어 그 대상이 되었다. 예를 들어, 정신분열증세를 겪고 있는 구성원이나 빈곤계층의 기본욕구와 정서적 지원이 필요한 구성원이 중심이 되어 왔다. 즉, 가족상담은 정서적 역기능의 단위로 가족을 보는 경향이 높다. 최근 우리나라 가족의 경우 외적인 모습은 부부중심의 핵가족이지만 가족 의식이나 가족관계 및 가족 기능적인 측면에서는 여전히 전통적인 확대가족의 모습을 상당히 많이 유지하고 있다. 그 결과 자녀가 결혼을 해도 부모의 영향력은 계속되어 이것이 부모 자녀 간과 부부간의 갈등을 초래하게 된다. 이전에는 고부간의 갈등만이 가족문제로 대두되었지만 요즘은 처부모와 사위와의 갈등, 양쪽 부모의 갈등 등 다양한 갈등 상황을 보이고 있다. 이와 더불어 우리나라 가족은 아직은 개인주의보다 공동체 지향적, 가족 지향적 성향을 유지한다는 것이다. 이런 시각에서는 한국 근대 핵가족의 가족주의가 가족의 공동 이해를 최우선으로 삼은 것이었다면, 앞으로 미래의 가족은 개인이 모여 평등한 가족을 이루되 구성원들의 개인주의적 성향보다 공동체적 성향이 더욱 강조되는 것이라고 본다. 이러한 한국의 가족은 개인화가 진행되어 물질적 · 정서적으로는 평등한 관계를 지향하지만 개인주의보다 가족 지향성이 강한 형태를 띠고 있다는 것이다. 공동체성이 강한 한국 가족은 한편으로는 서구

의 가족처럼 평등한 물질적 과제 해결기능을 가지면서도, 다른 한편으로는 서구와 달리 정서적 과제 해결기능도 강하게 작동되는 장점을 지닌다(최연실, 2017). 이러한 이유로 우리나라의 문화적 특성을 반영한 한국적인 가족상담 모델이 지속적으로 개발되고 보완되어야 한다.

청소년이 성장하면서 경험하게 되는 일차적 환경은 가족이다. 청소년은 가족을 일차적인 매개체로 하여 기본적인 의식주뿐만 아니라 다양한 습관을 익히고 사회환경과의 교류를 통하여 사회질서와 미풍양속을 습득하며, 이를 통해 자신만의 고유한 가치관을 형성하면서 사회화되고 성장해 간다. 초기 청소년기들은 사춘기의 다양하고 급격한 신체변화와 심리, 사회적 적응 등으로 인해 큰 혼란을 겪게 되는데, 이것을 해결하는 데 가장 큰 역할을 수행하는 것이 가족이며 청소년들의 심리적 욕구 충족, 안정화, 정서적 지지가 가족의 기능이라고 할 수 있다. 또한 가족은 청소년의 정신적 스트레스와 갈등을 해결할 수 있어야 하는데, 그러지 못할 경우 심한 정서적 혼란으로 인해 우울, 불안이라는 정서장애를 초래하고 학교적응장애, 대인관계 부조화, 일탈행동 등의 다양한 문제를 일으킨다. 가족기능은 가족의 기능수준에 대한 개념으로서, 연구자에 따라서 서로 다른 개념으로 정의하고 있다. 가족기능을 정의하는 관점은 역사적인 접근, 구조 기능적인 접근, 상호작용에 따른 접근 등 여러 가지 방법이 있다(배종면 · 김영주, 1994). 청소년기의 가족기능에는 청소년의 행동을 주시하고 살펴보는 것, 반사회적 행동을 적절하게 훈육하는 것, 효과적인 문제해결 기술을 사용하는 것, 적절한 사회기술 습득을 격려하는 것 등이 포함된다(임선희, 2009).

가족기능은 일반적으로 가족응집력과 가족적응성을 요인으로 평가하고 있다. 올손(Olson), 러셀(Russell), 그리고 스프렌클(Sprenkle)은 가족응집력이란 가족 구성원들이 서로에게 가지는 정서적 유대감이며, 가족의 응집성을 측정하기 위하여 여덟 가지 하위 변인들로 가족 구성원 간의 정서적 유대(emotionalbonding), 가족 외부환경과 하위체계들 간의 경계(boundaries), 지지가 이루어지는 대상과 정도(coalitions), 가족의 공동시간과 개인 사적의 시간의 허용 정도(time), 가족의 공동친구와 개인사적 친구의 인정(friends), 의사결정유형(decision making), 가족의 전체 오락활동과 개인의 활동 보장의 정도(interestsrecreation)가 있다고 하였다. 가족응집성 차원은 연결 · 분리되어 있는 정도에 따라 응집이 지나치게 낮은 과잉분리(disengaged), 적당히 낮은 분리(separated), 적당히 높은 연결(connected), 응집이 지나치게 높은 밀착(erumeshed)의 네 가지 차원으로 구분된다(김지혜, 2009).

가족적응은 개인과 가족, 그리고 가족과 지역사회 등 다양한 체계 간의 상호교류를 통해 가족자원과 가족요구 사이의 균형을 회복하는 과정이다. 따라서 발달장애인 가족에 있어 성공적인 가족적응은 가족 구성원 각자가 최적의 발달을 이루고, 더불어 삶의 단계에서 직면하게 될 과업들에 대해 가족들이 성공적으로 관리해 나가는 능력을 증진시키는 것이라 할 수 있다(Patterson, 1988). 가족적응성의 개념은 올손(1986)의 이론적 부부 및 가족 체계의 복합순환모델(Circumplex Model of Marital and Family Systems)에서 하나의 하위영역으로 제시되었다. 복합순환모델(Circumplex Model)에서는 가족적응성 혹은 응집력의 수준이 너무 높거나 낮은 경우 가족기능이 전반적으로 취약한 결과를 가져오게 되며, 이는 곧 가족 구성원 개인의 발달을 저해하는 요인이 될 수 있음을 강조한다. 가족적응성과 응집력을 측정하는 데 보편적으로 사용되는 FACE Ⅲ 편람에 따르면, 가족적응성은 경직(10~25), 구조적(26~30), 유연한(31~35), 혼돈(36~50) 등 네 가지 영역으로 구분된다(김정득, 2009).

가족이 어느 정도 수준의 긍정적인 기능을 가지고 있고, 발휘하는지는 이처럼 응집력과 적응력을 어느 정도 가지고 있느냐와 동일하게 설명할 수 있다. 가족 구성원 개인 또는 가족 모두가 위기에 처했을 때 위기를 극복할 수 있도록 가족의 강점과 잠재력을 길러 주는 것이 중요한데 그렇지 않은 가족을 위한 접근으로 가족상담은 매우 중요한 역할을 할 수 있다.

2) 가족상담이론

(1) 보웬의 다세대 가족치료

진화모델을 개념으로 다윈의 적자생존 관점에서 가족체제를 설명하고 있다. 생존을 위해 가족이라는 체제를 형성한다고 한다. 생명체들이 환경 속에서 살아남기 위해 만들어 낸 감정체제를 유지하여 간다. 보웬(Bowen)의 가족치료에서 자아분화는 가족상담의 목표이다. 자아분화는 사고로부터 감정을 분리할 수 있고, 타인과 구

별되는 확신과 신념이면서 자주성을 지닌 정도를 의미한다. 분화된 사람의 특징은 다른 사람과 친밀한 정서적 접촉을 하고, 확고한 자아정체감과 독립성을 유지하지만 미분화된 사람의 특징은 감정으로부터 사고의 구별이 어렵고, 객관적 사고능력과 자제력이 부족하다. 분화의 정도는 다음과 같다.

- 분화지수(0~25): 삶의 에너지가 타인의 인정을 받고자 하는 욕구 충족에 따른 정서적 반응에 소모되고 불안 수준이 높음
- 분화지수(25~50): 대부분의 에너지는 타인의 인정을 받기 위하여 사용되고, 자신의 가치를 타인의 평가와 인정에 의존함
- 분화지수(50~75): 자의식이 잘 발달되어 있어, 자율적이고 독립적으로 의사결정을 함
- 분화지수(75~100): 높은 자아분화 수준으로 사고와 감정이 분리되어 있고, 높은 수준의 독립성을 가지며, 거의 완전한 성숙수준에 이름

보웬의 가족상담과정을 간략하게 설명하면 치료 목표는 가족의 분화수준을 높이는 것이다. 치료방법은 가족의 문제를 이해하고 정의하기, 전체 가족의 배경 이해하기, 가족이 변화되도록 돕기(가족 구성원들과 치료 계획 수립하기), 가족 구성원이 치료자의 역할을 하기(가족 구성원들이 스스로 변화하기 위해 계획을 세우고 예상하며, 연습하기), 삼각관계를 이용하기(상담자가 삼각관계에 개입하여 부모가 자신들의 불안을 이해하게 하여 삼각관계를 해결하도록 돕기)이다.

*** 참고: 삼각관계(triangles)**

- 삼각관계는 대인관계 체제의 요소
- 세 사람은 가족이나 직장/사회집단에서 가장 소규모의 안정적인 관계
  - 두 사람으로 구성되는 관계는 불안정하고 가까움과 거리감의 주기를 지님
  - 불안과 긴장이 적은 동안 두 사람은 안정된 관계를 유지함
  - 불안과 긴장이 높아지면 불편을 느끼는 사람이 제3자나 일, 음주 등을 끌어들임

(2) 미누친의 구조적 가족치료

미누친(Minuchin)의 구조적 가족치료에서 사회 환경은 가족에게 영향을 미치고 가족은 구성원에게 영향을 미친다고 정의할 수 있다. 사회성 모델의 기본 전제는 인간은 고립된 존재가 아니고, 인간은 사회 집단의 구성원과 계속해서 활동하고 반응해야 한다는 것이다. 그리고 인간의 경험은 환경과 상호작용 속에서 결정되며, 인간은 사회 환경과 영향을 주고받는다는 점이다. 가족구조 안에는 하위 체제인 배우자, 부모, 형제자매 등이 존재하는데 이때 경계선이 어떤 상태이냐에 따라 가족의 문제점을 해결할 수 있다. 다음은 경계선에 대한 설명이다.

- 명확한 경계선: 이상적인 경계선으로, 명확하면서도 융통성이 있음(건전한 가족)
- 경직된 경계선: 체제 간의 분리된 상태(분리된 가족)
- 혼란한 경계선: 가족체계의 상호작용에 참여하는 규칙이나 한계가 애매(밀착된 가족)

미누친의 가족상담과정은 먼저 상담목표를 잘못된 구조(역기능 구조화)를 제대로 된 구조(기능적 구조)로 바꾸는 것(재구조화)으로 한다. 상담기법은 참여(가족 구성원들과 관계를 형성하기 위하여 기존의 가족구조에 참여시키기 → 적응하기 → 따라가기 → 흉내 내기), 실연화(가족들에게 역기능적인 교류를 상담장면에서 재연시키는 것, 즉 실제 상호작용을 연기하도록 함), 변화(가족들이 가지고 있는 증상과 역기능적 구조에 도전하며 새로운 방안을 찾도록 하는 것)이다.

(3) 사티어의 경험주의 가족치료

사티어(Satir)의 경험주의 이론에서는 증상의 감소는 개인의 내면의 경험과 외적으로 드러난 행동 간의 일관성을 증가시키는 것에 의해 달성할 수 있다고 보았다. 일관성이 불균형한 상태에서는 성장이 어렵고, 역기능적 의사소통을 하며 낮은 자존감을 갖게 된다. 사티어는 자아존중감의 3대 요소로 자기, 타인, 상황을 지적하였는데, 이 중에 하나라도 무시되면 역기능적인 의사소통을 하게 된다고 보았다(남동우, 2018).

역기능적 의사소통은 크게 네 가지로 분류할 수 있는데 다음과 같다.

- 회유형 의사소통(위로자): 순종적이고 내적인 자아개념이 약하며 의존적인 사람
- 비난형 의사소통(비난자): 완고하고 독선적이며 명령적인 사람, 자신의 강함과 우월성을 과시하려는 의도가 강해서 상대방을 무시하고 타인의 말도 무시하는 사람
- 초이성형 의사소통(계산자): 대부분의 일에 분석적 · 비판적이며 따지는 사람, 감정적인 부분에 냉정하면서도 내적으로는따뜻한 감정을 그리워함
- 산만형 의사소통(혼란자): 주의가 산만하고 대화에 초점이 없으며 적절하게 반응하지 못하는 사람, 심리적 · 정서적 불안정을 보임

역기능적 가족의 특징은 가족들 대부분이 자아개념과 자아존중감이 낮고, 의사소통은 이중적이고 애매모호하며 불투명하고 정직하지 않으며, 가정 규칙은 매우 엄하고 융통성이 없고, 사회참여를 두려워하며, 책임을 회피한다는 점이다. 따라서 역기능적 가족의 문제를 해결하기 위해서는 사티어의 가족상담은 언어적 의사소통 측면과 비언어적 의사소통 측면을 일치시키는 것에 목표를 둔다.

3) 가족상담의 진행과정

상담의 시작은 상담 신청을 통해서 접수면접부터 시작한다. 가족에 대한 평가는 가족상담을 본격적으로 시작하기 전에 질문지나 면담을 통해 가족의 현재 문제나 문제의 원인 그리고 치료 개입방법의 선택을 위한 평가를 실시한다. 상담계약과 함께 상담목표를 설정한다. 구성원들이 상담을 통해 달성하고자 하는 목표를 구체적으로 표현하도록 격려하여 목표를 수립한다. 목표는 상담과정 중에 변할 수 있다.

상담 중기과정에서는 가족상담 목표 달성을 위한 전략을 세우고, 목표 달성을 위한 개입을 실행하고 실시한다.

상담 종결에서는 가족상담 목표 달성 여부를 확인하고 평가한다. 특히 종결에 대해 설명하고, 종결 시에 경험하는 감정을 다루고, 추후상담에 대한 계획, 추후상담에 대한 합의를 한다. 이때 가족 모두가 참여하는 것이 가장 바람직하다.

02 진로상담

1) 진로상담의 이해

진로(career)란 한 개인의 생애 전 과정 동안 일과 관련된 모든 경험을 의미하는 것으로 개인의 일과 직업과 관련된 가치, 태도, 흥미, 진로계획 및 선택, 직업변경 등을 포괄하는 총체적 개념이다(한국교육정보지원센터, 2007).

슈퍼(Super)는 진로상담을 '일의 세계에서 적절히 융화된 자신의 자아상과 역할상을 발전시키고 수용하여 자신을 현실에 검토하고 검토한 자체를 자신에게 만족하고 사회에 이익이 되는 현실로 전환되도록 개인을 도와주는 과정'이라고 하였으며, 미국의 진로발달협회(National Career Development Association: NCDA)에서는 '진로상담이란 내담자가 가장 적합한 진로를 결정하기 위하여 자신과 환경을 이해하고 응용할 수 있도록 돕는 목적을 가진 상담자와 내담자 간의 개인 또는 개인과 소집단의 관계'라고 정의하고 있다(Tuckman, 1974).

진로상담은 일이나 직업과 관련된 내용과 개인의 생애에 어떠한 중요한 진로문제가 있는지를 인식하고 사전 계획적인 진로준비와 자아개념을 확립하며, 자아실현을 위한 도구로서 직업세계에서 적재적소에 알맞은 유능한 인력을 육성하면서 발달단계에 알맞은 상담과 미래를 성공시키기 위해 실질적인 상담효과와 미래의 직업선택의 예언으로서 필요성이 있다.

주어진 환경조건에 누가 더 잘 적응해서 살아남는가를 다루는 적응이론은 진로에서도 적응 개념을 확장하여 적용할 수 있다. 진로적응성(career adaptability)은 슈퍼와 네셀(Super & Knasel, 1981)이 처음 제안하였다. 그들은 성인의 진로발달을 기술할 때 일반적으로 청소년의 진로발달에서 사용되는 진로성숙(career maturity)이라는 용어가 적절하지 않다는 문제를 제기하면서 진로성숙과는 차이가 있음을 주장하였다. 이후로 굿맨(Goodman)은 의사결정을 위한 준비도로서의 진로성숙에서 변화하는 일과 일하는 조건에 대처하기 위한 준비도로서의 진로적응성을 정의하였다. 점차 청소년의 진로발달을 포함하는 추세로 바뀌면서 직업적 미래를 준비하는

표 9-1 진로문제를 중심으로 진로적응성 구성요인

진로문제	진로질문	태도와 신념	역량	진로개입
무관심	나에게도 미래가 있는가?	계획적인	계획력	목표설정훈련
미결정	내 미래는 누구의 것인가?	결단력 있는	의사결정 능력	의사결정훈련
비현실성	미래에 나는 무엇을 하고 싶은가?	탐구적인	탐색력	정보탐색활동
억제 (방해, 장벽)	내가 할 수 있을까?	유능한	문제 해결력	자존감 향상

* 출처: 최규하(2016).

청소년의 핵심발달 과제로 간주되고 있다. 따라서 진로상담은 진로에 대한 고민 및 진로문제를 해결하여야 한다. 〈표 9-1〉은 진로문제를 중심으로 사비카스(Savickas, 2005)의 진로적응성 구성요인을 분류해 본 것이다.

현재 우리나라의 청소년 진로상담은 내용적인 측면에서 많은 부분 유사성을 보이고 있는데, 선행연구들을 보면 주로 집단을 구성하여 실시할 수 있는 단체활동 중심의 진로 프로그램이 많으며, 개인적 진로상담을 실시하더라도 자기이해와 의사결정 위주의 획일화되고 단일화된 내용으로 진행되는 경우가 대부분이다. 청소년기는 '나'에 대해 더 초점이 맞추어지며, 끊임없는 질문을 통해 자아정체감을 형성해 나가는 시기이다. 자아정체감은 추상적이고 이상적인 사고를 통해 미래에 대한 인식을 하게 되면서 논리적이고 체계적인 사고를 통해서 앞으로 다가올 문제에 대비하고, 해결방법을 탐구하게 되면서 통합적으로 형성된다. 따라서 청소년들의 진로문제를 어떻게 바라보아야 하는지가 중요하다. 청소년들의 진로문제, 즉 진로에 대한 무관심, 진로미결정, 진로의 비현실성 그리고 진로선택이나 결정을 방해하는 요인에 대한 파악 및 해결을 통해서 진로적응력을 높이는 지원이 필요하다. 특히 내담자의 진로문제 해결을 돕기 위해 진로상담과정에는 내담자의 진로발달을 촉진하거나 진로계획, 진로 결정, 실천, 직업적응, 진로 변경 등의 과정을 돕기 위한 전문적인 개입방법이나 활동 등이 이루어진다(김봉환 · 정철영 · 김병석, 2006).

2) 진로상담이론

(1) 인간중심적 진로상담

인간중심적 진로상담은 로저스(Rogers)와 패터슨(Patterson)에 의해 발달된 것으로 내담자의 성장, 즉 내담자가 상담을 통해 자신의 자아와 경험을 보다 많이 일치시키고, 자신을 보다 많이 경험에 개발시키고, 자신에 대한 방어를 최소화하는 것이다. 인간중심적 진로상담의 목적은 내담자가 일의 세계에 대한 자아와 자아의 역할에 대한 통합된 모습을 개발하고 수용하여 이 개념들이 자신의 만족과 사회에 이로움을 준다는 점과 관련지어 현실적으로 검증해 보도록 돕는 것이다(Patterson, 1964). 또한 크리티스(Crites, 1981)의 입장에서 진로상담의 목적은 내담자의 경험, 즉 자아에 대한 경험과 일에 대한 경험이 부족하거나 거부되거나 왜곡된 것이 없도록 하여 이들 두 경험이 보다 많이 일치하도록 내담자를 돕는 과정이다. 진로상담과정은 크게 7단계로 나눌 수 있다.

① 제1단계: 내담자가 기꺼이 자신을 이야기할 마음이 내키지 않는다. 그래서 단지 자기 이외의 외부적인 것에 대한 피상적인 대화에 머문다.
② 제2단계: 대화가 시작되나 자아와 관계되지 않는 주제에 머문다. 자신의 문제는 다른 사람의 것으로 지각한다. 이 단계에서는 과거의 경험에서 벗어나지 못하고 있다.
③ 제3단계: 내용에 관심을 적게 가지면서 감정이 느슨해진다. 그러나 아직 보다 깊이 있는 감정이 개방되지는 않는다.
④ 제4단계: 보다 깊이 있고 강렬한 감정이 다루어진다. 그러나 상담자의 도움 없이 그들을 표현하는 데는 아직 어려움이 있다.
⑤ 제5단계: 그 순간의 감정이 자유롭게 표현된다. 직면하고 있는 문제에 대해 책임을 지려고 하게 된다.
⑥ 제6단계: 객체로서의 자기가 사라지는 경향이 나타난다. 경험과 각성 사이의 불일치가 일치로 바뀜으로서 불일치가 사라지는 것을 생생하게 경험하게 된다. 이 단계에서는 더 이상 내적 외적 문제는 없다. 내담자는 자신의 문제를 주

관적으로 대처해 간다.

⑦ 제7단계: 자아는 주관적으로 경험하게 된다. 내적 대화가 분명해진다. 느낌과 상징이 잘 부합하고 의미가 통합된다. 존재의 새로운 방법으로 효과적으로 선택을 경험한다.

인간중심적 진로상담의 면접기술은 대체로 기술보다는 상담자의 태도를 중요하게 여기는데, 상담자가 가져야 할 태도에는 일치성(상담자 자신의 느낌이나 태도 등을 그대로 나타내 보이는 태도), 공감하는 이해(내담자의 현상적 장을 지각하고, 내담자의 내면세계를 마치 상담자의 내면세계인 것처럼 느끼는 태도), 수용(내담자에게 무조건적 긍정적 관심을 보이는 태도)이 있다. 또한 인간중심적 진로상담자들은 면접하는 동안 승인(approval), 개방적 질문(open-ended quesition)과 같이 내담자가 자신에 대해 더 많이 말할 수 있도록 하는 반응들을 보인다.

(2) 정신역동적 진로상담

정신역동적 진로상담은 주로 보든(Bordin, 1968)과 그의 동료들에 의해 제안되고 발전되어 왔다. 무엇보다도 정신역동적 진로상담은 진단의 중요성을 강조하고 있다. 정신역동적 진로상담은 개인의 요구 등 정신역동과 관련된 것에 초점을 두고 있다. 즉, 구체적인 진단영역과 관련지어 본다면 의존하지 않도록 하고, 충분한 정보를 수집하도록 하여 진단에서 나타난 문제를 해결하는 것을 돕는 과정이다. 진로상담의 단계는 3단계로 분류될 수 있다.

① 제1단계(탐색과 계약설정): 1단계에서 상담자는 내담자가 자신의 요구 등 자신의 정신역동적 상태를 탐색할 수 있도록 돕고 앞으로의 상담전략을 합의한다. 이 단계에서 상담자는 내담자의 이야기를 잘 들어 준다. 충고하기보다 허용적 · 온정적 관심을 보이는 등 내담자가 무엇이든 이야기할 수 있는 분위기를 만들려고 노력한다.

② 제2단계(중대한 결정): 이 결정은 자신의 성격적 제한을 그대로 받아들이고 그 성격에 맞게 직업을 택할 것인가, 아니면 직업선택에 제한을 주는 성격을 변화

시켜 선택할 것인가를 결정하는 것이다.

③ 제3단계(변화를 위해 노력): 이 단계는 직업과 관련하여 내담자는 적어도 성격에 있어서의 어떤 변화를 택할 것이라는 것을 전제로 한다. 자신이 선택하고자 하는 것과 관련지어 보아 자신의 성격, 특히 요구, 흥미 등에서 더 변화를 필요로 하는 부분에 대해 변화를 모색하는 것이다. 이를 통해 내담자의 자아를 각성시키고 이해를 촉진하려고 한다.

보든(1968)은 면접에서 상담자가 사용할 수 있는 세 가지 기술을 제시하였다.

① 명료화: 이 기술은 문제와 관련된 자료에 대한 내담자의 생각과 말에 초점을 두려고 한다. 이것은 또한 새로운 이야기의 시작과 이야기된 것을 요약하는 데 도움을 준다. 이 기술의 내용이나 형태 때문에 상담의 시작단계에서 가장 많이 사용되고, 개입기술과 함께 사용될 수 있다. 개방적 질문, 충고적인 제안 및 약간의 설명도 포함된다.

② 비교: 역동적인 현상 중에서 유사한 점과 다른 점을 더욱 예리하게 알 수 있게 된다. 이 기술은 개인과 진로발달의 관계를 설명하는 데 중심이 주어져 있다.

③ 소망방어체계 해석: 상담자는 내담자가 자신의 내적 동기 상태와 진로의사결정과정 사이의 관계를 각성하도록 도와준다.

(3) 발달적 진로상담

발달적 진로상담은 긴즈버그(Ginzberg, 1951)와 슈퍼(1953)에 의해 발전되었다. 발달적 진로상담은 내담자의 진로발달을 촉진하는 것을 목적으로 한다. 즉, 개인의 성숙에 맞게 진로발달을 촉진하는 것으로 생활연령에 맞는 성숙이 이루어지지 않았으면 성숙을 도운 후 생활연령에 맞게 성숙했으면 그에 맞는 진로발달을 하도록 하는 것이다. 특히 슈퍼(1953)는 진단(diagnosis)이라는 말 대신 평가(appraisal)라는 말을 사용했다.

슈퍼(1955)는 발달적 진로상담 단계에서 가장 먼저 내담자의 진로생활단계를 평가하고, 진로성숙의 정도를 측정한다. 만약 내담자가 그의 연령이나 동료와 비교하

여 진로행동에서 상당히 미성숙하였다면 발달적 진로상담은 진로발달의 전 범위에 걸쳐 의사결정과 현실검증에 앞서서 방향과 탐색에 주의를 집중한다.

발달적 진로상담의 기술은 다음과 같다.

① 내담자가 자신의 문제를 탐색하고, 자아개념을 말할 수 있는 비지시적 방법을 사용한다.
② 내담자가 더 깊이 자신을 탐색할 수 있는 주제를 선정하도록 지시적 방법을 사용한다.
③ 내담자가 자신을 수용하고 통찰하며 자신의 느낌을 반영하도록 비지시적 방법을 사용한다.
④ 내담자가 현실검증을 할 수 있도록 하기 위해 검사, 직업과 관련된 소책자, 과외활동 경험, 학교성적 등의 사실적 자료에 대해 탐색하도록 비지시적 방법을 사용한다.
⑤ 내담자가 현실검증을 통해 자신에게 나타난 태도와 느낌에 대해 탐색하고 철저히 당면하도록 비지시적 방법을 사용한다.
⑥ 의사결정을 돕기 위해 일련의 가능한 행동에 대해 고려해 보도록 비지시적 방법을 사용한다.

3) 진로상담의 진행과정

(1) 시작단계: 관계수립 및 문제의 평가

관계의 수립과 문제의 평가는 주로 접수면접에서 이루어진다. 관계의 형성을 위해 제일 먼저 고려해야 할 것은 내담자의 정서 상태를 고려하고 조절하는 일이다. 그 다음으로 내담자의 문제를 이해하고 평가하기 위해서는 일반상담에서 수행하는 상담의 기본 기술인 주의집중행동, 무조건적 존중, 수용, 공감적 반영, 탐색, 요약의 기술이 충실하게 실천되어야 하고 이론을 적용하여 문제를 체계적으로 파악하여야 한다.

내담자의 정서상태를 고려하고 왜 찾아왔는지 파악한다. 내담자의 진로결정수준을 파악하여 여러 가지 이론을 도입하여 내담자의 문제를 평가한다. 다양한 진로결정수준을 파악하는 검사도구를 활용하여 진로결정수준이 낮은 청소년들의 경우 다음 단계를 통해 목표를 정하고 문제해결을 위한 개입을 실시한다. 그러나 확신수준이 높은 학생들은 진로미결정자에 대한 진로상담의 적용에 적합하지 않기 때문에 해당 상담에서는 개입하지 않는다. 그러나 정보탐색의 필요가 있다면, 개별적으로 상담교사, 학급 교사, 청소년 지도사에게 도움을 요청할 수 있도록 지도한다.

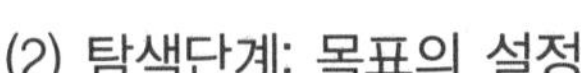

(2) 탐색단계: 목표의 설정

문제가 확인되고 규정되면 내담자와 더불어 진로상담의 목표를 설정하는 작업을 하게 된다. 이때 개별면담을 실시한다. 개별면담을 통해서 진로결정에 어려움을 주는 개인적 요인 및 맥락적 요인을 탐색하는 과정을 거치는데, 이때 주의할 점은 상담자에 의한 주관적 판단이 개입되고, 개인적 요인과 맥락적 요인의 상호작용에 의해 진로미결정을 나타내고 있기 때문에 탐색단계에서 충분한 탐색질문을 통해 개인이 지니고 있는 핵심적인 요인을 찾아내는 것이다. 그렇게 되면 내담자들은 자기의 진로상담을 하는 이유와 방향을 인식하고 상담에 참여하게 된다. 내담자의 의사결정수준이 진로결정자, 미결정자, 우유부단형 중 무엇인지에 따라 상담의 과제가 다르게 규정될 수 있다. 목표를 설정할 때 유의할 사항은 목표를 구체적이고도 그 결과를 가시적으로 평가할 수 있는 형태로 진술해야 한다는 점이다. 목표가 가시적이지 못할 경우 상담의 효과를 평가할 수 없을 뿐 아니라 내담자가 자기의 노력을 조직할 구심점을 제공하지 못하게 되어 종종 상담의 과정이 방황을 하게 된다. 또한 구체적이고 가시적인 목표는 내담자로 하여금 자기의 문제가 해결될 수 있다는 희망을 가지게 하는 효과를 가지고 있다. 또한 내담자로부터 발달요인이나 성격요인 등 내담자가 인식하지 못하고 있는 자신에 대한 정보탐색을 통해서 내담자가 자신을 인식할 수 있도록 도와야 한다. 내담자를 둘러싼 환경과 개별적 특성을 인식하는 것을 통해 진로를 방해하는 요인을 명확하게 파악할 수 있을 것이다. 이렇게 진로미결정의 요인을 개인적 · 맥락적 요인으로 탐색하고 나면 요인별로 분류하여 상담목표를 설정한다.

(3) 개입단계 1: 문제해결 위한 개입

탐색단계를 통해 진로미결정 요인의 분류가 이루어지고 각 요인에 따른 상담목표가 설정되면, 실제적인 상담개입이 이루어지는 단계이다. 상담자의 이론적 배경에 따라 문제의 평가가 달라지듯이 상담의 방법도 달라지게 된다. 어느 한 가지 이론으로 모든 문제를 다룰 수 없기 때문에 내담자들이 제시하는 문제를 제대로 다루기 위해서는 절충적 입장과 비슷하게 여러 이론을 적절히 조합해서 적용하는 것이 요구된다. 개입은 내담자의 의사결정수준에 따라 차별적으로 이루어져야 한다.

이때 직업탐색부족이나 직업정보부족인 경우에는 개입단계 없이 마지막 단계를 통해 정보 제공이나 단기상담을 통한 직업탐색의 단계로 단축시킬 수 있다. 이 외에는 분류된 각 요인별에 대한 개입을 진행하는데, 탐색단계를 통해 분류된 개인적 요인과 맥락적 요인은 상담환경의 특징을 고려하여 개입단계부터는 집단 또는 개인 단위로 이루어질 수 있다

일반적으로 진로결정수준이 낮은 청소년들은 낮은 자신감이나 자기불확실성, 낮은 성취기대, 낮은 에너지 수준과 관련해서는 진로와 관련되거나 자기에 대한 동기를 강화하는 프로그램을 실시해 준다. 자기이해 프로그램을 통해 자신의 능력, 흥미, 가치, 자아정체감 등을 탐색할 수 있고, 잘못된 인지적 왜곡에 의해 일어나는 진로사고나 완벽주의, 비합리적 신념 등을 다루어 주는 상담 프로그램을 구성할 수도 있다. 맥락적 요인에 대한 개입은 개인적 요인과 달리 개인이 그 문제를 직접 다룰 수 없다는 한계를 지닌다. 따라서 상황에 대한 대처방법을 바꾸거나 진로에 대한 기대 및 영역을 재설정하는 것이 필요하다. 먼저, 가족, 친구, 사회 및 학교로부터 받는 외부적인 지지에 대해서는 집단원 간의 지지를 통해서 충분히 충족시켜 줄 수 있기 때문에 지지집단을 구성하여 운영하는 것이 방법이 될 수 있다.

(4) 개입단계 2: 훈습

훈습과정은 개입과정의 연장이라고 할 수 있다. 이 단계에서는 자기이해를 더욱 공고히 하고 진로탐색과 준비과정을 효율성으로 실천할 수 있는 태도와 정보, 그리고 방법을 재확인하고 점검한다. 필요한 경우 새로운 평가과정을 수행할 수도 있다. 특히 해결중심상담을 토대로 이전에 비슷한 상황 속에서 어떻게 해결해 나갔는

지 탐색하고, 서로 경험들을 공유하면서 현재 자신이 직면한 진로문제에 있어서도 해결할 수 있는 방안에 대해서 충분히 나눌 수 있다. 이러한 진로미결정 요인별 개입을 통해서 더 효과적으로 상담을 진행할 수 있다.

(5) 종결 및 추수지도

이 과정의 과제는 내담자와 합의한 목표를 충분히 달성하였는지를 확인하고 앞으로 부딪칠 문제를 예측하고 대비하는 것이다. 그러므로 목표의 수립이 분명하고 가시적이어야 한다는 점을 다시 강조할 필요가 있다. 추수지도는 상담 후에 내담자가 진로선택과 의사결정에 대해 만족감을 유지하고 있는지를 확인하며 필요한 경우 그것이 지속되도록 지도하는 것을 말한다. 종결 및 추수지도에서는 의사결정과정에 대한 적극적인 개입은 이루어지지 않겠지만, 이 단계는 단회에 걸친 진로 및 직업탐색을 실시하고, 앞으로의 진로결정 및 진로에 대한 구체적이고 실제적인 계획을 함께 세우며, 계획에 대한 상담자와 내담자의 합의가 이루어지는 단계라고 할 수 있다. 추수지도는 ① 향후 예견되는 문제를 예측하고 대비하는 계획을 세우기, ② 남아 있는 과제 또는 향후 나타날 수 있는 어려움 등에 대하여 내담자와 논의하기, ③ 종결 이후 일정 기간 동안 달성된 목표 상태가 유지되고 있는지, 새롭게 출현된 문제를 잘 다루고 있는지 등을 점검하기 위해 일정 기간 후에 추수지도 실시하기, ④ 추수지도 실시 계획에 대해서도 내담자와 종결 전에 합의하기 등을 실시한다.

03 대인관계상담

1) 대인관계상담의 이해

청소년기는 대인관계가 확장되는 시기이다. 청소년이 되면 가족보다는 친구들과 더 많은 시간을 보내게 된다. 청소년기의 또래관계를 보면 다른 대인관계들에 비해 상호의존성이 높다. 대인관계를 통해 자신의 가치를 확인하고 우애, 친밀감 등의 욕구를 충족시키기 위해 친구들에게 의존하기 때문이다. 청소년들의 대인관계 형성

의 목적은 수단이기보다는 사회 · 정서적인 것이다. 특별한 사회적 압력 없이 자발적으로 자신이 원하는 또래를 선택하여 관계를 유지하려는 경향이 있으며, 또래와의 상호작용 자체에서 즐거움과 만족감을 얻기 때문이다. 또래 친구들은 자기 자신을 측정하고 점검하는 하나의 커다란 투사 스크린의 역할을 하며, 자기 존재 가치를 확인할 수 있는 준거가 된다. 집단에 속하는 청소년들은 서로의 가치관이나 태도, 취미나 흥미 등이 동일할 것이라고 기대하며, 또래들과 상호작용하면서 동질감과 친밀감을 향상하고자 한다(최한나 · 김삼화 · 김창대, 2008).

청소년기에 대인관계 형성 시 회피나 불안의 증상이 생기면 청소년들의 적응에 심각한 문제가 발생하게 된다. 그러므로 청소년의 적응을 방해하는 대인불안은 무엇인지 대인불안의 특징은 어떻게 나타나는지 살펴볼 필요가 있다.

대인관계 불안이 높은 청소년들은 자신의 생각이나 태도가 스스로에게 도움이 되지 않는다는 것을 알면서도 매번 비슷한 상황에 처하면 습관화된 불안이 활성화되어서 자꾸만 사회 상황을 피하고 위축된 사회행동을 보이는 증상이 발생하게 된다. 실제로는 발표할 때 많이 떨고 있지도 않고, 그렇게 보이지 않는데도 정작 본인은 과도하게 떠는 모습을 다른 사람들이 알게 되었다고 수치스럽게 생각하는 경우도 많다. 이러한 사회불안 증상은 개인마다 호소하는 증상도 다양하고, 자신이 잘못 생각하는 부분도 많고, 증상에 대해 이해하는 태도나 성향도 개인차가 많다.

대인관계의 어려움을 가진 대부분의 사람이 흔히 호소하는 정서적 어려움은 외로움과 고독감이다. 아무도 자기에게 관심과 애정을 기울이지 않고, 자신의 어려움을 공감해 주고 함께 도와줄 사람이 없다는 것이다. 비교적 구조화 되었던 중 · 고교 시절과는 다르게 생활에 자유로움이 있는 대학생들에게 선택의 폭이 넓은 대인관계 상황에서 상대를 선택하고 좀 더 적극적으로 접근하여 대인관계를 발전시키고 유지하기 위한 노력은 결국 부담감으로 작용하게 된다. 후기 청소년들은 성격과 대인문제를 주호소 문제로 상담을 원한다(최유선 · 손은령, 2015).

2) 대인관계상담이론

하이더(Heider, 1964)는 대인관계를 심리적 지향성의 양식, 즉 개인이 타인에 대해 어떻게 생각하고 반응하며, 어떠한 느낌을 가지고 있고, 어떻게 타인을 지각하고, 타인에게 무엇을 기대하는가에 대한 측면이라고 정의하였다. 대인관계는 두 사람 혹은 그 이상의 사람들 상호 간에 일어나는 역동적이고 상호복합적인 과정이라고 볼 수 있는데 대인관계는 인간이 사회적 존재로 살아가는 데 있어 중요한 적응변인이 되며, 개인적인 문제의 중심이 될 뿐만 아니라 사회의 각 방면에서 활용되는 기본적인 틀이라고 할 수 있다. 그리고 청소년에게 있어서는 학교생활에서의 또래관계 갈등 해소와 따돌림 방지 등과 관련이 있다. 인간의 발달을 대인관계를 들어서 설명한 설리번(Sullivan, 1953)은 인간의 발달이란 일련의 발달단계에서 나타나는 관계적 욕구에 따른 대인관계적인 경험으로 이루어진다고 보았다. 인간은 태어날 때부터 생물학적 욕구와 심리적 욕구를 가지고 있으며, 유아의 심리적 욕구에 대한 어머니의 정서적 반응을 통해 자기체계를 형성한다고 보았다. 이러한 자기체계는 성격으로 형성이 되며, 이로 인해 개인이 맺는 대인관계는 인간의 본질적인 문제와 깊이 관련이 있는 것으로 보고 있다(오채근, 2005).

신프로이트 학파의 학자인 윌리엄(William)은 대인 간의 참만남 집단의 경험, 관찰 및 연구를 바탕으로 "기본적인 대인관계 지향성(Fundamental Interpersonal Relation Orientation: FIRO)"이라는 대인관계 이론을 정립했다. 이 이론에서 그는 모든 개인은 포함(inclusion), 통제(control), 애정(affection)이라는 세 가지 대인관계욕구를 가지고 있다고 생각하였다. 이 세 가지 욕구의 분석을 통하여 각 개인의 대인관계행동을 충분히 예측하고 설명할 수 있다고 하였다(최유니, 2013).

인간의 대인관계적 측면을 개인의 인지, 정서, 행동과 관련하여 설명하고 있는 이론을 살펴보면, 레인지(Lange) 등과 로코스(Rakos)와 그의 연구자들 등이 제시한 주장이론으로 그들은 인간의 대인관계 행동을 소극적인 행동, 공격적인 행동, 그리고 주장적인 행동으로 나누고 상대방에게 피해를 주지 않으면서 자신의 권리를 주장하는 주장행동이 대인관계에서 가장 바람직하다고 하였다. 그들에 의하면 개인의 대인관계와 관련된 문제는 개인내의 인지, 정서, 행동과 밀접하게 관련이 있는데, 대인관계에서 문제가 되는 소극적 또는 공격적 행동은 대인관계와 관련된 기술부족으로 인한 행동적 원인(behavioral cause), 비합리적 생각과 같은 부적응적 인지와 관련된 인지적 원인(cognitive cause), 불안이나 두려움과 같은 정서와 관련된 정

서적 원인(emotional cause) 때문이라고 주장했다(김성회, 1990; Lange & Jakubowski, 1976).

TA(Transactional Analysis, 교류분석)는 1957년 미국의 정신과의사인 에릭 번(Eric Berne)에 의해 창안된 인간의 교류나 행동에 관한 이론체계이자 동시에 효율적인 인간변화를 추구하는 치료방법이다. 클락슨(Clarkson)은 "TA란 인본주의적 가치체계 위에서 행동주의 심리학의 명료성과 정신분석학적 통찰의 깊이를 더한 개인의 정신 내적 및 대인관계 심리학인 동시에 심리치료이론"이라고 정의하고 있다. TA는 성격기능의 강화를 통한 성격변화에 초점을 맞춘 치료방법으로 비교적 평이하고 인간의 긍정성을 확인하고, 자신이 책임을 질 수 있도록 하며, 사고, 감정, 행동을 조화롭게 통합할 수 있도록 하고 있어서 자기분석을 해 나아갈 수 있는 효과적인 심리치료이다(Clarkson, 1992). TA는 집단치료 방법뿐만 아니라 개인상담 및 심리치료의 방법으로서도 널리 인정받고 있다. 병원, 학교, 가정 및 결혼관계, 그리고 산업체와 일반 사회 집단 등 대인관계와 의사소통이 문제시되고 있는 장면에서는 어디서나 적용될 수 있다. 그것은 TA가 자신발견의 방법으로서, 또한 대인관계를 원활하게 하기 위해서, 알기 쉬우면서도 배운 것을 즉시 사용할 수 있다는 이점을 갖기 때문이다.

대인관계 문제들은 여덟 가지 영역으로 나누어지며 각 영역에서 높은 점수를 받게 되면 그 영역에서의 대인관계 문제를 겪을 수 있음을 의미한다는 것이다. 그 영역은 리어리(Leary)가 제안한 두 축을 중심으로 지배성(domineering), 보복성(vindictive), 냉담성(cold), 회피성(socially avoidant), 비주장성(nonassertive), 피착취성(exploitable), 헌신성(overly nurturant), 간섭성(intrusive)으로 명명되었다(권보연, 1999).

TA 이론은 두 사람 사이에서 주고받는 의사거래를 분석하여 건강한 의사소통을 할 수 있도록 돕는 대인 간 의사소통의 분석에서 출발한 이론이므로 청소년들의 대인관계 능력을 향상시키기 위한 집단상담 프로그램을 구안하는 데 있어 효과적인 이론적 토대를 제공해 준다(조병금, 2008). 대인관계를 두 사람 또는 그 이상의 사람들 간의 역동적이고도 계속적인 상호작용의 복합적인 과정으로서 그 관계를 형성하는 둘 또는 그 이상의 구성원들 간의 상호지배, 상호의존적 요소를 내포하고 있다

표 9-2 대인관계 문제 영역

문제 영역	주요 내용	사례
지배성	자신의 의견이나 신념을 분명히 밝히는 자신감을 나타내지만 지나치면 타인의 행동을 통제하고 조종하려하고, 공격성을 표현하는 경향을 말한다.	나는 다른 사람들을 내 뜻대로 하고 싶어 하는 경향이 있다.
보복성	자신의 독립성을 강조하는 성향으로 지나치면 타인을 불신하고 의심하며 다른 사람의 필요나 행복을 돌아볼 줄 아는 능력이 부족한 경향을 말한다.	나는 다른 사람들을 믿기가 어렵다.
냉담성	애정을 표현하는 데 서투르고 쉽게 친밀감을 느끼지 못하며 타인과의 관계를 장기적으로 유지하는 것을 어려워하고, 타인과 잘 어울리지 못하고 타인을 용서하는 데 너그럽지 못한 경향을 말한다.	다른 사람들에게 별로 애정이 느껴지지 않는다.
회피성	내성적인 경향성으로 지나치면 다른 사람들 앞에서 불안해하며 당황해하고, 먼저 감정을 표현한다거나 다가가는 데에 어려움이 있고, 사회적 접촉을 피하는 경향을 말한다.	나는 집단에서 여러 사람과 어울리는 것이 어렵다.
비주장성	자신의 주장을 관철시키지 못하고 지나치면 자신의 욕구를 타인에게 표현하는 데 어려움이 있고, 권위적인 역할을 맡는 것을 불편해하고 다른 사람들에게 자신을 효과적으로 이해시키지 못하는 경향을 말한다.	내가 확고한 태도를 취해야 할 때라도 그렇게 행동하는 것이 어렵다.
피착취성	타인에게 상처를 입히는 것을 두려워하고 자신의 내적 감정과 분노를 표현하는 데 어려움이 있고, 다른 사람에게 쉽게 설득당하는 문제를 보이는 영역으로 지나치면 다른 사람들이 자신을 기만하고 이용한다고 믿는다.	나는 다른 사람에게 쉽게 설득당한다.
헌신성	대개 자신의 이익을 챙기기보다 다른 사람들을 먼저 배려하고 기쁘게 하려고 애쓰는 사람으로 타인을 잘 믿고 순종적이며 지나치면 적절한 경계를 설정하지 못하는 경향을 말한다.	나는 다른 사람들에게 너무 신경을 써서 배려하는 편이다.
간섭성	타인에게 많은 관심을 기울이면서 부적절한 자기노출도 많이 하는 문제를 보이며 혼자 있는 시간을 힘들어하고 다른 사람들과의 관계에서 주목받기를 원하며 참견을 지나치게 많이 하는 경향을 말한다.	나는 내 문제에 대해 다른 사람들에게 너무 개방적이다.

* 출처: 권보연(1999).

고 정의했다(서혜석, 2005).

상담목표는 자율적 인간이 되는 것으로 구체적으로는 각성, 자발성, 친밀성이 강조되며 어린이의 자아의 기능이 적절히 발휘될 수 있도록 하는 데 중요한 목표를 두고 있다. 즉, 게임이나 각본이 없이 자유로운 선택을 할 수 있는 사람이 되도록 하는 것이다.

TA 상담은 계약에 따라 구성된 책임을 함께 나누는 것으로 특징지어진 내담자와 상담자 사이의 동등한 관계를 강조한다. 내담자는 기대되는 구체적인 변화목표들을 성취하기 위하여 상담자와 계약을 한다. 계약 TA 상담에서 핵심이 되는 것으로 상담자와 내담자 간의 힘의 이질성을 감소시키며 변화를 꾀하기 위하여 함께 노력하는 상담에 있어서의 동반자적 정신을 기르게 된다. 그 계약이 이루어졌을 때 상담은 종결된다.

상담기술로는 상담 분위기 및 상담자의 능력과 관련하여, ① 허용, ② 보호, ③ 잠재력이 중요시되고 있으며, 구체적인 상담기술로는, ① 질의, ② 특별세부반응, ③ 맞닥뜨림, ④ 설명, ⑤ 실증, ⑥ 확립, ⑦ 해석, ⑧ 구체적 종결로 나누어진다.

3) 대인관계상담 과정

대인관계상담 과정은 특정 정신장애에 대한 상담과정과 유사하다. 대인관계 문제에 대한 유형과 정도, 내담자의 현황에 따라 다르겠지만 일반적으로 20회기 내외로 운영하고, 1~3회기는 초기단계, 4~17회기는 중기단계, 18~20회기는 종결단계이다.

(1) 초기단계

내담자의 증상에 대한 확인과 정신장애와 대인관계 심리치료에 대한 심리교육으로 구성된다. 초기단계의 과제를 더 자세히 살펴보면 다음과 같다(Weissman, Markowitz, & Kierman, 2007).

① 내담자의 증상을 검토하고 진단이 이루어진다.

② 정신장애와 여러 치료방법을 설명한다.
③ 투약의 필요성을 설명한다.
④ 내담자의 현재 인간관계망을 검토한다.
⑤ 내담자의 장애와 대인관계의 문제영역 사이의 관계를 설명하는 가설을 제시한다.
⑥ 가설을 근거로 치료계약을 맺고 치료에서 기대하는 것을 설명한다.
⑦ 내담자가 환자역할을 수용하도록 한다. 즉, 정신장애나 그것 때문에 겪는 어려움 때문에 스스로를 비난하지 않도록 한다.

(2) 중기단계

상담자와 내담자는 협력해서 내담자의 문제 영역에 대해 함께 작업한다. 내담자의 문제 영역을 확인하고, 내담자의 대인관계에서 역기능적 형태를 발견하고 향상시키기 위해 내담자를 탐색하고 여러 기법을 사용한다. 특히 매 회기 내담자의 증상과 사회적 상황을 검토한다. 그리도 상담자를 내담자의 대인관계 기술이나 기법을 연습하는 대상으로 사용한다.

(3) 종결단계

상담자와 내담자는 함께 내담자가 성취한 것을 확인하고 종결과 그 이후를 준비한다. 내담자의 증상을 측정해서 초기단계와 비교하여 그 결과를 확인한다. 그리고 재발의 가능성이 낮지 않기 때문에 재발을 지각하고 대처하는 방법을 논의한다. 재발의 가능성이 있지만 내담자가 성취한 성장과 습득한 대처기술을 확인한다. 그리고 종결 자체가 상실이기 때문에 내담자에게 대인관계의 취약성을 촉발할 수 있다. 그러므로 종결에 대해 내담자가 애도작업을 하도록 촉진한다. 그리고 종결 이후 내담자의 대처전략을 함께 의논한다. 그리고 한 달 이후에 1~2회기씩 실시하는 보수과정의 필요성 등을 평가한다.

요약

1. 가족상담은 가족 구성원 사이에서 발생하는 문제를 해결하기 위해서 가족원들이 함께 참여하여 서로를 이해하고 보다 밝고 건강한 개인과 가족이 되도록 도움을 주는 상담이다. 특히 우리나라의 문화적 특성을 반영한 한국적인 가족상담 모델이 지속적으로 개발되고 보완되어야 한다.

2. 가족상담에는 보웬의 다세대 가족치료, 미누친의 구조적 가족치료, 사티어의 경험주의 가족치료가 있다.

3. 보웬의 가족치료에서 자아분화는 가족상담의 목표이다. 사티어의 가족상담의 목표는 언어적 의사소통 측면과 비언어적 의사소통 측면을 일치시키는 것이다. 미누친의 구조적 가족치료에서 사회 환경은 가족에게 영향을 미치고 가족은 구성원에게 영향을 미친다고 정의할 수 있으므로 명확한 경계선을 목적으로 한다.

4. 진로상담은 일이나 직업과 관련된 내용과 개인의 생애에 어떠한 중요한 진로문제가 있는지를 인식하고 사전 계획적인 진로준비와 자아개념을 확립하며, 자아실현을 위한 도구로서 직업세계에서 적재적소에 알맞은 유능한 인력을 육성하면서 발달단계에 알맞은 상담과 미래를 성공시키기 위해 실질적인 상담효과와 미래의 직업선택의 예언으로서 필요성이 있다.

5. 청소년들의 진로문제, 즉 진로에 대한 무관심, 진로미결정, 진로의 비현실성 그리고 진로선택이나 결정을 방해하는 요인에 대한 파악 및 해결을 통해서 진로적응력을 높이는 지원이 필요하다.

6. 청소년들은 서로의 가치관이나 태도, 취미나 흥미 등이 동일할 것이라고 기대하며, 또래들과 상호작용하면서 동질감과 친밀감을 향상하고자 하기 때문에 대인관계상담이 중요하다.

참고문헌

권보연 (1999). 대학신입생의 대인관계 문제유형과 그들이 지각한 부모: 자녀간 의사소통 및 양육태도와의 관계 연구. 연세대학교 대학원 석사학위논문.

김봉환 · 정철영 · 김병석(2006). **학교진로상담**. 서울: 학지사.

김성회(1990). 비주장행동 원인별 주장훈련 방법이 주장행동에 미치는 효과 비교. 계명대학교 대학원 박사학위논문.

김정득(2009). 발달장애인 부모와 비장애형제의 가족적응성: 대처전략의 매개효과를 중심으로. 충남대학교 대학원 박사학위논문.

김지혜(2009). 청소년의 정서지능, 가족의 응집성 및 적응성이 청소년의 또래관계에 미치는 영향. 성균관대학교 대학원 석사학위논문.

남동우(2018). 학교생활에 부적응하는 청소년을 둔 가족의 가족치료사례 연구. **가족과 상담, 8**(1), 81-101.

배종면 · 김영주(1994). 가족구성원 1인의 FACES III 응답 이용시 설문서 타당도 및 신뢰도 분석. **대한가정의학회 학회지, 15**(6), 312-321.

서혜석(2005). 대학생의 대인관계 변화 향상을 위한 자아성장 집단상담 프로그램의 효과. **청소년보호지도연구, 7**, 35-56.

오채근(2005). **비교정신분석학**. 서울: 한국심리치료연구.

임선희(2009). 청소년이 지각하는 가족기능이 자아존중감과 진로성숙도에 미치는 영향. 대전대학교 대학원 석사학위논문.

조병금(2008). TA이론에 기초한 고등학생의 자기존중감 및 대인관계 향상을 위한 집단상담 프로그램 개발. 한국교원대학교 대학원 석사학위논문.

최규하(2016). 대학생 진로적응성 향상 프로그램 개발 연구. 전남대학교 대학원 박사학위논문.

최유니(2013). 청소년의 대인관계욕구와 또래애착의 관계. 건국대학교 대학원 석사학위논문.

최유선 · 손은령(2015). 청소년이 지각한 대인관계 양상, 학업성취, 삶의 만족도의 관계: 성별, 학교급별 비교. **상담학연구, 16**(2), 233-247.

최연실(2017). 한국가족의 변화와 가족정책의 방향: 가족가치의 강조와 공동체적 의식의 확산. **보건복지포럼**(2017. 10). 2-4.

최한나 · 김삼화 · 김창대(2008). 아동, 청소년상담: 청소년이 지각한 또래관계 역량. **상담학연구, 9**(1), 181-197.

한국교육정보지원센터(2007). **진로상담매뉴얼**. 서울: 서울대학교 교육연구소.

Bordin, E. S. (1968). *Psychological counseling* (2nd ed). New York: Appleton-Century-Crofts.

Clarkson, P. (1992). The interpersonal field in transactional analysis. *TA Journal, 22*(2), 89-94.

Crites, J. O. (1981). *Career counseling models, methods, and matertals*. Monterey, Calif,: McGraw-Hill, Inc.

Ginzberg, E. (1951). *Occupational choice: An approach to general theory*. New York: Columbia University Press.

Heider, F. (1964). *The psychology of interpersonal relations*. New York: John Wiley & Sons.

Lange, A. J., & Jakubowski, P. (1976). *Responsible assertive behavior: Cognitive/behavioral procedures for trainers*. Champaign, IL.: Research Press.

Olson, D. H. (1986). Circumplex model Ⅷ: Validation studies and faces Ⅲ. *Famaily Process 24*. 337-351.

Olson, D. H., Russell, C. S., & Sprenkle, D. H., (1983). Circumplex model of marital and family system: Theoretical update. *Family Process, 22*, 69-83.

Patterson, C, H. (1964). Counseling: Self-clarification and the helping relationship. In Borrow, H. (Ed.), *Man in a world at work*. Boston: Houghton Miffin.

Patterson, J. M.(1988). Families experiencing stress: The family adjustment and adaptation response model. *Family Systems Medicine, 7*(4), 428-442.

Rakos, R. F., & Schroeder, H. E. (1980). *Self-directed assertiveness program*. New York: Bio Monitoring Applications(BMA).

Savickas, M. L. (2005). The theory and practice of career construction. In S. D. Brown & R. W. Lent (Eds.), *Career development and counselling: Putting theory and research to work* (pp. 42-70). Hoboken, NJ: Wiley.

Sullivan, H. S. (1953). *The interpersonal theory of psychiatry*. New York: Norton.

Super, D. E. (1953). A theory of vocational development. *American Psychologist, 8*(4), 189-190.

Super, D. E. (1955). The dimensions and measurement of vocational maturity. *Teachers College Record, 57*, 151-153.

Super, D. E., & Knasel, E. G. (1981). Career development in adulthood: Some theoretical

problems and a possible solution. *British Journal of Guidance & Counseling, 9*, 194-201.

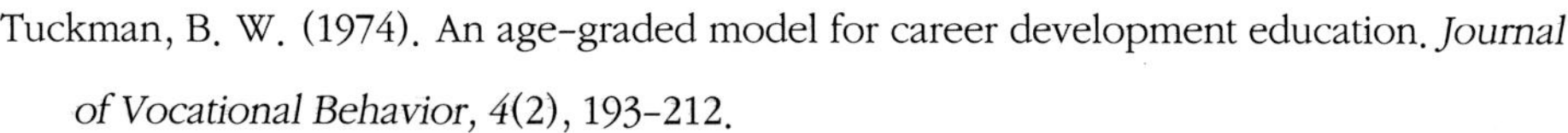
Tuckman, B. W. (1974). An age-graded model for career development education. *Journal of Vocational Behavior, 4*(2), 193-212.

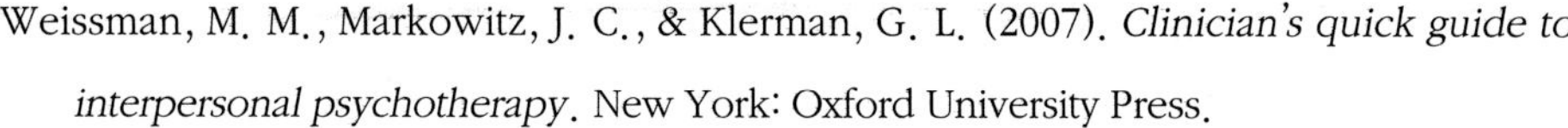
Weissman, M. M., Markowitz, J. C., & Klerman, G. L. (2007). *Clinician's quick guide to interpersonal psychotherapy*. New York: Oxford University Press.

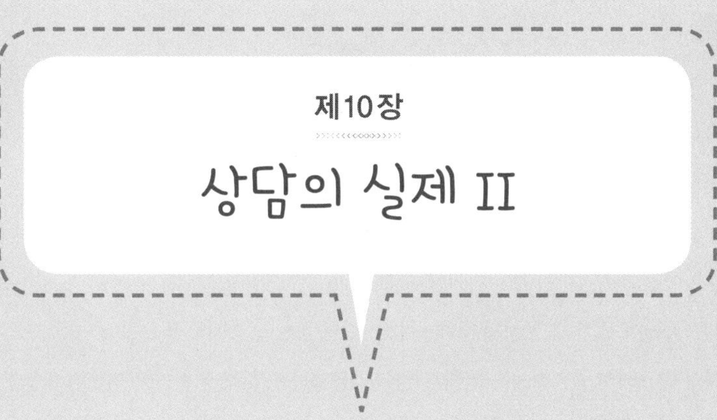

제10장 상담의 실제 II

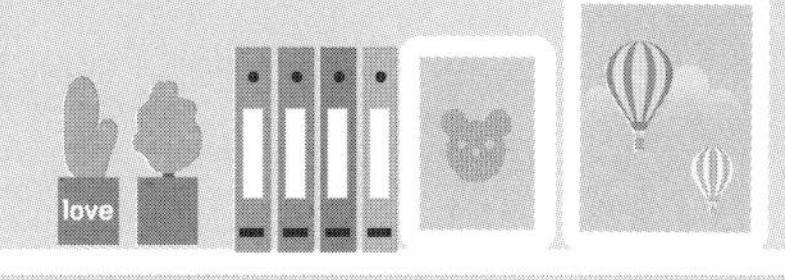

학습개요

대부분의 시간을 학교에서 보내는 청소년들은 학교생활에 어느 정도 적응하느냐도 건강한 발달에 매우 중요한 요인이다. 학교생활에서 학습과 또래와의 관계가 좋을수록 자신의 생각과 감정을 조망할 수 있고, 타인의 평가에도 긍정적이다. 특히 일상생활 속에서 청소년들에게 건강한 성적 발달을 촉진하고 성적 문제를 해결을 위한 노력은 매우 필요하다.

그러나 학교에서 경험하는 다양한 부정적 경험들은 오히려 청소년들에게 악영향을 미칠 수 있다. 특히 학습부진이나 격차 그리고 폭력경험은 학령기에 있는 청소년들에게 매우 중요한 요인이고, 진로발달에도 영향을 미칠 수 있다는 점에서 대처능력과 예방을 위한 방안이 필요하다.

이 장에서는 청소년시기에 경험해야 하는 다양한 환경 속에서 발생할 수 있는 학습문제, 폭력문제 그리고 성문제에 대한 원인과 해결방안을 위한 상담적 접근을 설명함으로써 청소년의 건강한 성장을 지원하도록 제안한다.

학습상담

1) 학습상담의 이해

청소년들이 경험하는 갈등과 스트레스 중 가장 많이 고민하는 것이 학습문제이며 심한 경우 자살생각까지 이르게 하는 등 정서적으로 부정적인 영향을 준다(김세레나, 2007; 문경숙, 2006). 학습을 통해서 평가기준이 되는 학업성적은 심리적 · 정서적 문제를 유발하는 요인이므로 청소년상담에서 학습상담은 매우 중요하고, 요구도 많다. 일반적으로 학습상담은 학습과 상담의 의미가 결부되어 이루어진 개념이다. 따라서 학습상담의 개념을 이해하기 위해서는 '학습'과 '상담'의 용어를 먼저 이해하는 것이 필요하다.

학습이란 그 관점에 따라 다양하게 정의 내릴 수 있다. 학습상담은 학습과정 중에서 발생하는 문제를 해결할 수 있도록 조력하는 과정으로 초기에는 각급 학교 교사들의 역할에서 시작되었으나 사회의 변화와 상담 영역의 다양화에 따라 보다 전문적인 상담자들의 몫이 되어 왔다. 최근에는 학습 관련 상담 또는 코칭이 다양한 각도에서 조명되고 있고, 많은 이론이 정립되어 현장에서 활발하게 실행되고 있다(김익진, 2011). 학습은 지식이나 기술을 배워서 익히는 것이고, 낯선 것을 배워서 알게 되고 서투르게 알고 있는 것을 익혀서 숙달하는 과정이다(Olson & Hergenhahn, 2009).

학습의 문제가 있는 청소년들의 명칭이 부진아, 학습부진아, 저성취아, 미성취학생, 학습지진아, 학습장애 청소년과 같이 다양하게 불리고 있다. 학습부진아란 일반적으로 특별한 지적 장애가 없음에도 잠재능력(지능)보다 매우 낮은 성취(성적)를 보이는 청소년으로 지적인 잠재능력(지능)은 보통 이상이나 그 능력보다 크게 낮은 학업성취(성적)를 보이는 청소년을 말한다. 즉, 잠재능력과 학업수행의 차이가 큰 청소년이다(Butler-Por, 1987). 부진아와 학습부진아는 전통적으로 학교 교육과 관

련하여 같은 뜻으로 불려 왔고, 저성취아는 최근 영어의 'underachiever'의 번역으로 인터넷상에서 볼 수 있는데, 부진아나 학습부진아와 같은 뜻으로 사용하였다(서우경, 2004). 그리고 학습지진아와 학습장애아는 부진아와는 다른 개념으로 사용되는 용어이다.

학습과 관련하여 문제를 갖고 있는 청소년들의 특징은 크게 네 가지로 나누어 볼 수 있다. 첫째, 유유자적형은 낮은 성적 이외의 특별한 정서적 · 행동적 문제를 보이지 않는 청소년으로, 적절한 지적 능력을 가지고 있지만 태평하고 안일하게 지내려는 동기가 강하여 낮은 성적을 나타내는 학생이다. 행동 및 심리적 특성은 태평한 생활 추구, 책임회피 사고, 미래의식 부족, 선택적 기억, 성실한 의도의 증발, 심리적 건강, 미루기, 포기하기, 과제의 미완성, 최소한의 학습활동, 친구 선호, 책임회피 행동, 변명 사용, 흥미 중시, 집중력 부족, 산만행동, 학업 중요성 무시, 엄한 교사에게의 순응성, 새 학기의 자발적 동기, 낮은 수행에 대한 몰이해 등이다.

둘째, 불안형이다. 불안하고 초조하며 걱정이 많은 특징을 나타내는 청소년으로, 사소한 것에 대한 지나친 걱정, 완벽성과 권위인물의 지나친 인정욕구로 인해 긴장에 압도되어 최선을 다하려 하지만 학습에 집중하기 어려운 학생이다. 행동 및 심리적 특성은 만성적 불안 걱정, 자기의심, 완벽성, 승인욕구, 시비, 타인수용 중시, 시험 관련 칭찬 욕구, 세부사항 및 수정 중심, 순종적 대인관계, 강한 자의식, 재승인욕구, 집중 곤란, 신체적 문제, 낮은 자존감 등이다.

셋째, 책략형이다. 다소의 행동적 문제가 있는 청소년으로, 충동적이고 욕구에 대한 즉시 만족의 동기가 강하여 참을성이 없고, 조용하고 끈기를 요하는 학교수업과 거리가 먼 조작적이고 과잉 행동의 특징을 보이는 아동이다. 충동성, 즉시 만족, 공격성, 규칙 무시, 양심가책 부족, 문제친구끼리의 사귐, 수업 무관심, 커닝, 유혹, 협박, 의도적 기물파괴, 훔치기, 타인 괴롭힘, 거짓말, 무단결석 및 가출 등이다.

넷째, 반항형이다. 권위인물에 대한 반항적 태도의 문제가 있는 청소년으로, 주변 권위인물에 대하여 부정적이고 짜증과 반항적인 태도를 보이며, 자주 언쟁적 도전과 화를 내는 특징을 보이는 청소년이다. 논쟁과 반항, 분노의 폭발, 소원한 어른관계, 반항 수단의 공부소홀, 언쟁 대결과 도전, 원한과 보복, 예민성, 불복종, 책임전가, 타협에 순응, 독립 통제 욕구 표출 등이다.

유형별 특성은 개인적인 특성이라기보다는 전체적인 특성을 뜻하는 것이므로 개인을 정확하게 검사하기 위해서는 관련자들의 합의 및 다른 검사 등을 병행한 임상적 판정이 요구된다. 특히 학습의 문제는 지능보다는 정서적인 문제에 기인한다는 연구 결과들을 통해서 발달단계의 기본욕구가 충족되지 않아서 생기는 정서적 미숙으로 인한 것이며 그 욕구를 충족하기 위한 동기가 우선적으로 성격을 지배하게 되어 일어남에 따라 정서적 특성의 유형을 찾아내어 도움을 주는 것이 중요하다(Mandel & Marcus, 1995).

특히 학업 저성취자 중 대학생의 학업 저성취자는 단순히 학습 영역에서의 문제라기보다는 다양한 요인의 복잡한 관계 속에서 기인하는 것이므로 이러한 측면을 다각도로 고려할 필요가 있다. 다시 말해, 학업 저성취와 관련된 복합적인 요인들을 심층적으로 분석함으로써 학업 저성취 대학생의 특성요인을 명확히 조사해야 한다. 학업 저성취를 예측하는 개인내적 특성, 학습역량, 학습환경 및 지지요인들의 수준을 변화시킴으로써 반복적인 학업실패를 사전에 방지하는 것도 중요하기 때문이다. 효과적인 예방체계를 구축하기 위해서는 우선 학업 실패의 가능성이 높은 청소년을 대상으로 어떤 원인으로 인해 학업문제가 발생되는지 종합적으로 확인하는 연구가 요구된다. 이러한 점에서 학습상담에 대한 관심이 증가함에 따라 동시에 학습상담자의 전문성에 대한 요구도 함께 높아 가고 있고, 충분한 훈련이나 자격을 갖춘 전문가가 필요하게 되었다. 그러나 학습상담은 전문가와 비전문가가 혼재되어 있어 전문성을 갖춘 상담자를 양성하고, 엄격한 자격 기준이 필요하다.

2) 학습상담과 청소년

학습상담에서 내담자들이 호소하는 주요 문제의 하나가 학업동기의 부족이다(황매향, 2009). 학습상담에서 고려해야 할 동기 요인은, 첫째, 청소년의 성공에 대한 기대와 신념이다. 성공에 대한 높은 기대는 학생의 학업과제 참여 욕구를 강하게 증가시키는 반면, 낮은 기대는 그들의 욕구를 감소시키기 때문이다(Damon & Eisenberg, 1998). 둘째, 학생들의 자기조절능력을 키우는 것이다. 이를 위해서는 명확한 목표와 기준을 설정하는 것이다. 즉, 학습자의 학업동기와 학업성취 향상을 위해서 자

기조절 증대를 촉진할 필요가 있으며 그러기 위해서는 명확한 목표 설정과 목표를 달성하기 위한 구체적인 전략(자기관찰 연습, 정보의 조직화와 변형, 교사나 급우 혹은 기타 어른의 도움 구하기, 기억법)을 습득할 수 있도록 도와주어야 한다. 동기를 증가시키는 방법 중 학습자가 성적이나 검사 점수에서 실수를 비판의 단서가 아니라 피드백의 기회로 여길 수 있도록 도와주는 것이 필요하다(Brier. 2006). 셋째, 학습자와 교수자와의 긍정적인 관계형성을 위한 교수자의 태도이다. 일반적으로 교수자는 학업우수자에 비해 학업부진자들에게 낮은 기대를 갖는 경향이 높다. 그래서 학업부진자들은 교수자들에게 도움을 요구하지 않게 되어 결국 교사와 학생 간의 상호작용은 낮아지게 되어 낮은 학업성취는 지속적이 될 수밖에 없다(조규판, 2013; Good, 1981). 즉, 긍정적인 관계형성은 학업부진자에게 학업동기를 강화하는 데 효과가 있는 요인이다.

우리나라에서는 1990년대부터 학습상담이 청소년상담의 한 세부 영역으로 자리 잡고 있다. 교육 및 학습문제와 상담이라는 명칭으로 학습상담을 상담의 주요 영역으로 제안하였고(김계현, 1995), 학습상담이 청소년상담의 주용 영역임을 강조하기 시작하였다(김형태 · 오익수 · 김원중 · 김동일, 1996). 그러나 실제로 청소년들은 학습상담을 또래 친구와 가족들에게 주로 호소하고, 문제를 해결하려고 하는 것이 일반적이다. 일시적인 감정적 호소와 문제해결 과정에서 오히려 갈등을 유발할 가능성이 높기 때문에 실제로 전문 상담실을 찾아온 청소년들은 여전히 해결하지 못하는 만성적인 문제일 가능성이 높고, 심각한 가족 간의 문제, 또래와의 문제 등과도 연결될 가능성이 있다. 특히 성적이 낮은 청소년들은 공부를 하지 않는 게으른 사람이라는 비난을 받으면서 분노, 좌절, 억울함 등 부정정서를 경험해 왔고, 성적이 높은 학생들 역시 그 위치를 유지하기 위한 치열한 경쟁으로 인한 스트레스가 가중되면서 매우 지쳐있다.

또한 학습상담의 정의에 따라서 접근하는 방법도 다양하다. 학습상담을 학업과정 중에서 발행하는 문제를 해결할 수 있도록 조력하는 과정으로 정의할 수 있다. 이때 내담자가 무엇을 배우고 익히는 과정에서 겪는 문제를 보다 체계적이고 통합적으로 해결하여 학업을 유지할 수 있도록 조력해야 한다. 이러한 정의를 통해서 학습상담자는 내담자의 학업문제를 제대로 이해하고 도와주어야 하는데 이때 내담자의 학업성취 수준뿐만 아니라 학업에 문제를 일으키는 요인까지도 정확하게 파악하고 이해하여야 한다. 청소년들은 스스로 자신의 문제를 인식하고, 변화에 대한 동기를 가지고 상담을 신청하게 되거나, 스스로 상담 의지가 있다 해도 부모와 같이 상담실을 내방하는 경우가 많으므로 상담과정에서 부모와 보호자의 개입이 많을 수밖에 없다. 종결과정에서도 부모 또는 보호자의 의사결정이 중요하다. 따라서 부모의 심리적 문제나 부모의 태도 등이 청소년들의 학습상담에도 영향을 줄 수 있다.

학습상담에 반드시 필요한 것은 진단도구를 통한 학습상담의 접근방법이다. 비자발적인 학습상담자와 학습상담을 통해서 변화하고 싶은 욕구가 높은 부모 또는 보호자들 간의 관계에 대한 문제이다. 청소년들의 학습상담은 부모의 의지와 참여에 따라 지속여부를 좌우하기 때문에 부모가 신뢰할 만한 학습상담이 필요하다.

학습상담이 필요한 상담자는 일반적으로 시험불안, 공부자체에 대한 회의와 의문, 집중력 부족, 공부방법문제, 걱정과 스트레스, 공부습관에 대한 동기부족을 경험하는 청소년들이다. [그림10-1]은 개인-환경, 변화-불변의 두 개 축으로 변인을

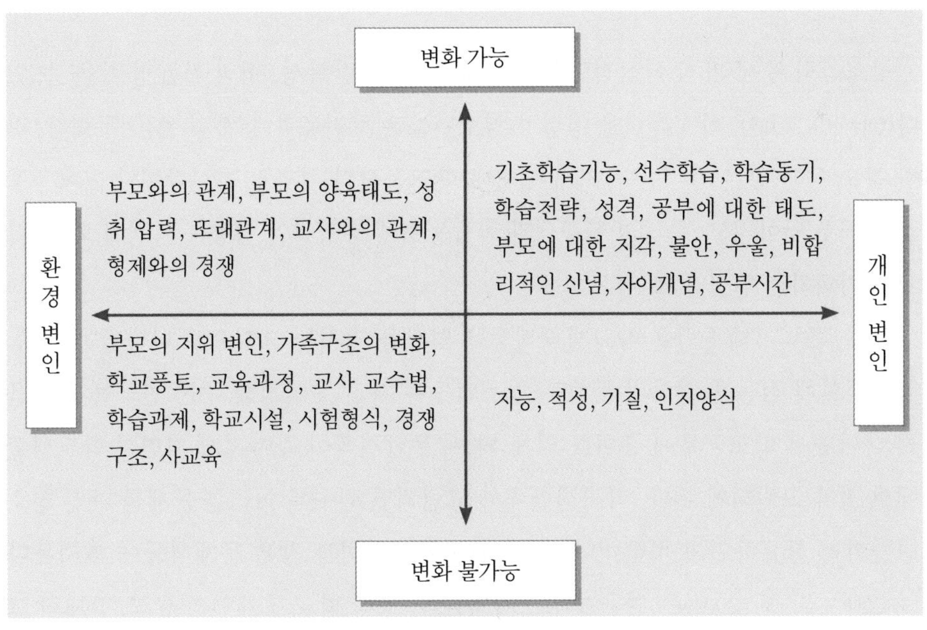

[그림 10-1] 학습부진 요인 분류

* 출처: 황매향(2009).

나눈 것이다. 상담자는 다양한 변인들을 고려하여 내담자의 문제를 이해할 수 있고, 적절한 상담전략을 세우고, 상담을 개입할 수 있다. 1사분면의 요인들에 집중하고 나아가 2사분면의 요인들의 변화를 촉구하여 내담자의 변화를 조력할 수 있다.

학습자들이 학습과정을 통제할 수 있는 심리적 에너지가 발휘될 때 더 많은 학습 몰입과 성취도를 거둘 수 있다(Csikszentmihaly, 1990). 즉, 상담의 목표는 내담자가 겪고 있는 주호소를 해결해 나가는 것에 국한되지 않는다는 점에서 내담자가 자신의 삶을 주체적으로 살아갈 수 있는 역량과 유능감을 형성할 수 있도록 돕는 것이 상담의 중요한 목표라는 점에서 학습상담도 학습역량을 향상시키고, 학습성공의 자신감과 성취감을 획득할 수 있도록 지원하는 것이 바람직하다(Teyber, 2000).

02 학교폭력상담

1) 학교폭력상담의 이해

학교폭력은 세 가지 핵심적인 특징으로 공의성, 반복성, 힘의 불균형을 들 수 있다(Olweus, 2013). 학교폭력을 경험한 청소년들은 두려움과 함께 좌절감, 무력감, 강한 분노 등과 같은 감정을 가지게 되거나 학교폭력의 결과로 자신감이나 자아존중감이 매우 낮아지고, 학생의 집중력과 학습능력에 부정적인 영향을 미치게 되고, 학교를 기피하는 현상을 보인다.

첫째, 폭력가해경험은 학교생활적응에 영향을 미치는 요인으로 나타났는데 즉, 학교생활에 적응을 잘하지 못하는 청소년들은 자신을 인정해 주는 친구들과 어울려 다니면서 학교공부에 흥미를 잃게 되고, 무단결석이 잦아지게 되면서 학교생활에서 점차 고립되게 된다. 학교생활에서 고립되면 될수록 이러한 문제를 가진 청소년들끼리 합류하면서 비행이나 일탈 또는 학교폭력과 같은 문제행동에 빠져든다(송정아 · 김영희, 2001)는 연구결과를 지지한다. 결국 학교가 개인의 능력, 잠재력 그리고 사회기술, 지식을 최대한으로 계발시키는 전인교육의 기능을 수행하는 데 있어서 학교폭력은 위험요인으로 작용한다고 할 수 있다.

둘째, 폭력경험에 따른 학교생활 적응과정에서 사회적 지지 대처전략은 중요한 매개요인으로 작용하고 있고, 고등학생과 여학생들에게 사회적 지지추구는 학교생활 부적응을 어느 정도 완화시킬 수 있는 영향력 있는 요인으로 밝혀졌다. 즉, 아동기에서 청소년기로의 전환이 청소년들의 대처행동에서도 획기적인 전환점이 된다는 점을 고려하여 교급에 따른 대처행동의 특성을 적용해야 한다. 가해자의 경우 본인도 가해의 대상이 될까 봐 폭력을 묵인하거나 방조하는 경향이 있기 때문에(홍봉선 · 남미애, 2007) 외부의 도움을 요청하지 않는 경우가 많다. 폭력을 경험한 청소년들이 학교생활에 적응시키기 위해서는 무엇보다도 사회적 지지추구를 추구할 수 있는 기술과 중요성을 인식할 수 있는 프로그램을 실시할 필요가 있다. 더불어 사회적 지지를 요청하였을 때 효과적인 지지를 할 수 있도록 또래, 가족, 교사들의 교육 또한 병행되어야 할 것이다.

셋째, 폭력경험에 따른 학교생활 적응과정에서 폭력평가 가운데 부정적인 평가는 중요한 매개요인으로 작용하고 있다. 폭력에 지지적 신념을 갖고 있는 학생들은 폭력을 더 쉽게 하고, 갈등적 상황에서 비폭력적 전략을 의도하는 학생들은 가해행동을 덜 한다는 연구(Bosworth, Espelage, & Simon, 1999)결과와도 관련이 있다. 이러한 결과는 되풀이하는 폭력가해자들을 위한 치료방법이자 폭력 예방을 위한 중요한 자료로 적용할 수 있다. 부정적 평가의 항목은 폭력으로 인해 나타나는 결과들이 위협적이고, 심각한 문제를 초래할 수 있다(임영식 · 이혜경 · 정경은, 2007).

폭력가해자들과 함께 폭력을 목격한 청소년은 폭력이 자신에게도 일어날 것이라는 사실에 위협을 느끼고 두려워하고, 학업에 집중할 수 없어 학업수행에 문제가 발생한다. 또한 사회적 전염(social contagion)으로 인해 가해자의 공격적 행동과 유사한 반응결과를 불러올 수 있어 허약한 상대를 쉽게 굴복하는 모습은 동년배에게 공격적 행동의 성공적 결과에 대한 기대감을 갖게 한다.

공격적 대처행동은 가해집단과 중복집단이 피해집단에 비해 더 많이 사용하는 것으로 나타났으며 회피적 대처행동은 가해집단 및 중복집단에 비해 피해집단이 더 많이 사용하는 것으로 나타났다(신재선 · 정문자, 2002).

학교폭력 트라우마 이론에서는 회복의 과정과 대인과정 접근 이론을 바탕으로 학교폭력 피해학생 상담 모델을 제시하였다. 상담 모델은 크게 세 단계로 나뉜다. 1단

계는 안전의 확립을 위해서 협력관계 수립하기이다. 학교폭력 가해학생의 처벌 이후, 상담자가 중재 역할을 하여 피해학생의 신체적 안전을 확보하고, 상담자와 내담자는 라포를 형성하며, 내담자의 강점을 찾는다. 2단계는 외상의 기억과 애도에 대하여, 트라우마의 기억과 애도를 위한 복합적인 정서에 반응하기이다. 학교폭력 피해경험을 재진술하고 통합하며, 핵심감정을 찾고, 상담자는 내담자가 감정을 표현할 수 있도록 수용해 준다. 3단계에서는 새로운 관계 모색과 대인 대처전략의 이해와 적용에 초점을 준다. 고립감, 무력감에서 탈피해서 타인과 신뢰를 회복하는 첫걸음이 되는 시기로, 상담자와 자신이 과거에 맺었던 관계 패턴이 아닌 새로운 대처전략을 연습한다. 이후에는 가족상담적 개입을 통해 상담자와 관계를 맺으며 학습한 새로운 관계 패턴을 부모와 형제자매와의 관계에서 연습함으로써 가족 내 의사소통 유형의 변화를 꾀한다. 마지막으로 이러한 변화가 또래관계로 확장되어 단절된 관계가 연결되도록 돕는다. 이를 통해 피해자는 적응적이고 유연한 또래관계를 형성할 수 있게 된다(김혜령, 2009).

학교폭력이 청소년들에게 심각한 심리적 후유증을 초래하여 청소년의 정상적 발달에 많은 부정적 영향을 미치기 때문이다. 특히 학교폭력 피해자는 외로움과 불만도, 불안감이 높고, 우울의 성향이 짙으며, 정신병리적 증상, 심지어 극단적인 자살에 이르는 등의 각종 부적응을 보고하고 있다. 국내의 학교폭력 관련 연구들도 사회적 약자인 학교폭력 피해자들이 겪는 다양한 어려움과 문제, 학교폭력 이후 초래된 결과에 대한 규명작업들이 진행되어 왔다(김선애, 2004). 폭력행동에 대해 적절한 대

표 10-1 폭력경험 유형별 특징

학교폭력 가해유형	학교폭력 피해유형
유형 1: 심각한 성적 가해	유형 1: 성희롱 피해
유형 2: 인터넷을 통한 가해	유형 2: 심각한 성적 피해
유형 3: 성희롱 가해	유형 3: 신체적 폭행, 갈취 피해
유형 4: 따돌림 가해	유형 4: 언어폭력 피해와 놀림 피해
유형 5: 언어적 폭력 가해	유형 5: 따돌림 피해
유형 6: 신체적 폭행 및 금품갈취	
유형 7: 괴롭힘 가해	

처를 하지 못하고 지속적으로 피해를 당하는 청소년은 시간이 흐르면서 분노와 공격성, 폭력행동을 학습하고 자신보다 신체적 또는 심리적 힘이 약한 학생을 상대로 또 다른 폭력가해자가 될 가능성도 높다. 아울러 청소년폭력 비행에 있어서 가해자와 피해학생은 유사한 생활양식이나 근접성 등의 이유로 인해서 관련을 가질 뿐만 아니라 경우에 따라서는 동일집단이기도 하다(박순진, 2006).

심각한 성적 가해 청소년들을 위한 상담전략은 피해자를 공감할 수 있도록 정서적 전략, 인지행동적 전략이다. 또한 가해자 개인의 심리적 접근 외에 가해자의 성폭력행위가 재발하지 않도록 성범죄행위의 사회문화적 발생 원인에 초점을 두어 가해자의 성의식의 교정과 이를 내면화하는 가해자 개인의 왜곡된 인지체계의 변화를 가져오도록 설계되어 있다(현혜순, 2005).

인터넷을 통한 폭력 가해 청소년들은 현실의 연장선에서 이해할 수도 있지만 사이버공간은 현실과 달리 비대면이고, 행위자는 익명의 상황에서 주위 모르게 괴롭힘에 참여할 수 있으며, 간단히 글을 올리는 등 비교적 손쉽게 집단 괴롭힘에 가담할 수 있는 비대면성, 익명성, 기회용이성의 특징이 있다. 그러한 비대면과 익명의 매체기회특성이 상대피해자를 덜 인지하게 하고, 사이버공간은 현실과 달리 가상과 게임의 공간이라고 인식하듯 가해자는 자신의 행동에 그다지 죄책감을 느끼지 않는다(Joinson, 2003; Patshin & Hinduja, 2006). 상담전략으로 주요 상담기법으로는 상담자의 자기개방, 공감적 이해 및 수용, 지지, 해석, 안아 주기, 직면, 머물러 있기, 명료화, 경청, 비언어적으로 표현하기, 적절한 침묵 사용, 빈 의자기법, 재구조화, 지금-여기 경험 다루기, 과장하기 등을 상황에 따라 자연스럽게 사용하였다. 사이버 불링 피해를 예방하고 가해행동을 수정하기 위해서는 가치덕목(책임, 타인배려, 존중, 민주적 대화) 중심의 내용이 들어간 교육프로그램이 학교 내에서 이루어져야 한다고 주장하고 있다(이인태, 2012).

청소년기의 발달특성상 불안정과 갈등과 도전이 아동기보다 많기 때문에 부정적인 결과로 분노경험도 그만큼 늘어난다. 청소년들의 마음의 상처와 그로 인한 분노를 다스리기 위하여 다원적이고 지속적인 연습과 훈련이 필요한데 '감정을 직접 말과 글로 표현하기' '나-전달법' 사용하기 등이 있다. 또한 분노를 표현하는 방법에 대한 생각, 분노표현에 대한 주의, 감정에 이름 붙이기 등의 분노조절기법을 활용도

유용하다(교육과학기술부, 2012). 또한 언어폭력을 예방하기 위한 목적을 가지고 자아개념 손상과 모욕감을 하위 영역으로 하여 각각이 하위 영역에서 효과적인 의사소통 훈련을 위해 필요한 네 가지 요소인 자기표현하기, 경청하기, 공감하기, 문제해결하기를 익히도록 구성된 초등학교 고학년 대상 집단상담 프로그램을 개발하였다(김나현, 2010).

신체적 폭행과 금품갈취로 가해하는 청소년들을 위한 상담전략인 사회적 기술훈련(social skills training)은 구체적인 상황에 대한 구체적인 사회적 기술의 모방 및 리허설을 통해 적절한 행동을 강화시킴으로써 분노를 감소하려는 접근이다. 모델링, 역할연습, 코칭 그리고 사회적 강화로 이루어진 훈련 프로그램을 구성하고 강화 스케줄, 자극 일반화, 다양한 강화인자와 위계를 사용하여 프로그램을 실시한 결과 분노문제를 지닌 내담자들에게 효과가 있는 것으로 나타났다(Coleman & Lindsay, 1992; Landau & Moor, 1991).

학교폭력 피해자를 위한 상담전략을 살펴보면, 크게 성과 관련된 피해자들을 위한 성피해의 심리적 치료의 경우 피해자가 가해자나 가해자와 비슷한 사람에게 과잉반응을 하지 않도록 도와주고, 가해자인 원자극과 유사한 자극을 구별할 수 있는 능력을 가르치고, 피해자의 2차 피해를 방지하기 위한 사회기술 훈련을 실시한다. 신체적 · 심리적 후유증을 치유하고 자기 통제력과 자존감 회복을 위해 역량을 강화시키고 손상된 자아를 회복시키는 프로그램이다(권해수, 2008).

언어폭력 피해 청소년들은 정서적 문제를 극복하기 위해서 제안할 수 있는 방법 중 하나로 정서조절 전략을 들 수 있다. 정서조절 능력에 정서를 인식하고 이름붙이기, 정서를 허용하고 참기, 긍정적 정서를 향상시키기, 부정적 정서에 대한 취약성을 줄이기, 자기위안, 부정적 정서로부터 벗어나기 등이 들어갈 수 있다고 보았다(Linehan, 1993). 임상장면에서 정서를 변화시키는 다섯 가지 방법에 대해 설명했는데, 이는 정서인식, 정서표현, 정서조절 향상, 정서에 대한 숙고, 정서 변형(transformation)이었다(Greenberg, 2008). 역량강화를 위한 상담전략도 활용할 수 있다. 역량강화과정에서 나타나는 주요한 변화 산물은 변화에 대한 책임감, 자아존중감의 향상, 집단의 상호지지, 자원획득의 네 가지로 요약할 수 있다. 특별히 자아존중감의 증가는 역량강화의 필수적인 요소로 강조되고 있다.

2) 학교폭력상담과 청소년

학교폭력을 경험한 청소년들을 위한 상담가는 전문적 훈련을 받을 수 있는 교육 과정이 필요하다. 구체적으로 ① 상담자에게 학교폭력에 대한 개념 및 발생 맥락에 대한 이해, 아동 및 청소년의 발달특성, 아동 및 청소년의 트라우마, 부모상담 및 부모교육, 위기상담 및 외상상담, 갈등 해결 및 중재, 상담 개입에 대한 기록 방법 등에 대한 교육 내용을 가르쳐야 한다. ② 청소년 상담자가 할 일이 심리상담적 개입에만 머무는 것이 아니라, 내담자를 위한 권리 옹호자, 조정자, 중재자, 자문가 등이 포함된다는 실질적인 역할에 대한 교육이 필요하다. ③ 초심 상담자들이 실제 상담 진행에 필요한 구조화, 사례개념화 과정과 방법에 대해 이해하고 실습할 기회를 제공하여, 상담자들이 상담 실무능력의 기초를 형성하도록 도와야 한다(오지원, 2019).

학교폭력 피해·가해를 중복 경험한 학생들의 정서 문제인 분노와 공격성, 공감 결여와 죄책감의 결여 등으로 만연되고 있는 학교폭력의 순환적 관계를 감소시킬 수 있는 학교폭력 예방 프로그램과 전문적인 학교상담활동을 할 수 있는 프로그램 확충에 보다 많은 관심과 연구를 기울이는 데 협력하여야 한다. 그러기 위해서는 학교에서 상담활동이 전문적이고 심층적이며 지속적으로 이루어져야 한다. 전문상담교사가 종합적이고 심층적인 상담활동을 하기위해서는 학교상담에 대한 체계를 갖추어야 한다. 전체 학생들의 인성발달, 사회성발달, 학업발달, 진로발달 등을 도모하고 바람직한 인간적 성장을 이루어갈 수 있도록 전문적인 인력과 특성화된 예방적인 프로그램의 구축이 필요하다. 학생의 발달 특성에 맞춘 전문적 상담 프로그램을 구축하고 실천하기 위해에는 지속적인 전문상담교사의 학습공동체를 실시하고, 교육청의 체계적인 연수와 학교상담 내용 체계를 세우기 위한 상담연구 활동 등 특성에 맞는 구체적인 내용의 영역별 하위 구성요소들을 도출하고, 구체적으로 제안할 수 있는 활동을 할 수 있도록 해야 한다. 학교폭력 학생들을 처벌 위주가 아닌 회복적 생활을 목적으로 하는 선도에 중점을 두어야 할 것으로 본다.

대부분의 가해자로 하여금 특별 교육이나 심리치료를 반드시 받도록 하는 것은 학생들을 건전한 사회구성원으로 육성하는 데 목적이 있어 처벌보다는 교육과 선

도의 성격을 강조한다(배원섭 · 성희자, 2014).

포괄적인 상담의 목표 선정은 내담자들의 실제적 어려움과 적응의 필요성을 반영하는 것이다. 다만 학교폭력 가해자 상담이 대부분 10회기 내외의 단기상담으로 진행할 수밖에 없는 현 상황을 고려할 때, 상담목표가 포괄적으로 정해지는 경우, 짧은 상담회기 동안 목표 달성이 충분히 이루어지지 않을 가능성이 있다는 것도 생각해 볼 필요가 있다. 이러한 한계를 극복하기 위해 충분한 상담회기의 확보와 함께 상담목표를 구체화하는 작업을 동시에 진행할 수 있을 것이다(이주영 · 이아라, 2015).

03 성상담

1) 성상담의 이해

청소년들은 호르몬 계통의 급격한 변화와 더불어 다양한 신체적 변화를 경험하면서 성숙한 남자와 여자로 탈바꿈하기 시작하는데 이때 아동기 때 가졌던 성에 대한 피상적 흥미를 벗어나서 새로운 차원의 흥미와 호기심을 갖게 된다. 이전에 경험하지 못한 성적 감정과 환상을 느끼기 시작하면서 성을 직접 시도하고 싶은 충동을 자주 느끼게 된다. 청소년기에 형성된 성에 대한 태도가 일생 동안의 성 태도를 좌우하며, 이러한 성에 대한 태도는 어린 시절의 경험에 근거를 두고 있다. 동시에 성지식을 얻는 시기와 범위, 영향을 준 사람의 태도에 따라 좌우된다. 한편, 성에 관한 호기심과 성 충동 경험이 많은 청소년들이 쉽게 접할 수 있는 대부분의 성 정보는 음란물을 통해 잘못 전달된다. 그래서 청소년은 때로는 허황되고 과장된 성 지식을 갖기 쉽고, 또한 개인의 성격에도 영향을 주어 자신의 성격 문제행동을 비정상으로 인식하지 못한다(오금숙, 2003).

성욕은 인간의 본능적인 부분에 대한 인지라고 할 수 있으며 동시에 자신의 성욕을 표현하고 해소하는 방법은 살아가는 동안 자신도 모르게 몸에 익숙하게 익힌 성과 삶에 대한 태도에 따르게 되며, 이것은 인간의 인격형성에 중요한 부분을 차지한다(김혜숙, 1995).

청소년들의 성에 대한 고민은 가족, 성격, 교우관계, 학업 등과 비교할 때 적지 않은 비율을 차지하고 있다. 특히 오프라인으로 이루어지는 상담보다 사이버상담과 같은 온라인에서 성상담은 활발하게 이루어지고 있는 실정이다(박영숙 외, 2005).

인간의 성은 크게 생물학적 성(sex), 정신적이고 문화적인 젠더(gender), 총체적인 개념인 섹슈얼리티(sexuality)로 구분할 수 있다. 생물학적 성과 더불어 인간의 심리와 사회문화적 구조의 상호 작용을 통해서 파악하는 사회적 성, 두 가지로 구분하는 경우도 있다. 현재는 여성과 남성이 지닌 생물학적·사회문화적 경험의 차이와 남녀 성차별의 개선을 목적으로 성인지적 관점이 청소년 후기에 있는 대학생에게 영향을 미치고 있다(김영기·박미숙, 2016).

성 소수자는 이성애 중심사회에서 사회적으로 소수인 성정체성을 가진 사람들을 지칭하는데, 성정체성이 불확실하거나 비정형적인 사람들뿐만 아니라 이성애자가 아닌 사람, 성적 이끌림이나 성적 행위가 불확실한 사람 등으로 성적인 특질로 구별되어 차별받는 집단이다(이종근, 2011). 성 소수자들은 자아정체성이나 성정체감을 형성하는 데 충분한 정보를 얻지 못하고, 필요한 교육을 받지 못하는 것이 현실이다. 더 심각한 것은 성 소수자들의 인권문제에 대해 적절한 교육으로 비소수자 학생들에게 성 소수자에 대한 배타적이고 차별적인 태도를 심어 줄 수 있다는 점이다. 서울시 여성가족재단의 연구에서 성 소수자 어린이와 청소년들은 자살을 시도할 만큼 스트레스를 받고 있고, 이로 인해 차별과 타인의 편견으로 삶의 제약을 받는다고 한다(서울시여성가족재단, 2015).

특히 아동의 성학대란 성인의 성적인 필요들을 만족시키기 위해서 적극적이거나 소극적으로 이용되는 18세 이하의 아동과 성인 사이의 행동에 속한다(박중수, 2014). 성학대는 성을 매개로 하여 일어나는 폭력인데 대체로 나이가 어리고, 힘없는 아동과 청소년들 시기에 일어나는 경우가 많다. 아동 및 청소년이 주도적이기보다는 성인의 기쁨과 만족을 추구하기 위하여 아동과 청소년을 대상자로 삼는다.

온라인상의 성인들의 그루밍, 성매매 제안 등과 핸드폰의 보급으로 성매매 청소년들의 수는 점차 증가하고 있으며 다양한 양상을 보여 주고 있다. 성매매 청소년들의 특성의 변화에서 주목할 점은 저연령화되어 가고 있다는 것이다. 청소년이 처음

성매매를 경험한 나이가 평균 중학생 나이인 14~16세로 가장 많으며 이는 성구매자, 성매매 알선업자들이 중학생 나이 아이들을 성매매에 이용하고 있는 심각한 현실을 보여 주는 것이다(정현미, 2014). 이러한 맥락과 연결해서 성매매 피해여성이 되는 시기는 대부분 청소년이라고 할 수 있다. 이러한 용어는 성매매에 유입된 여성들은 동기 여하를 불문하고 피해자라는 의미를 강조하기 위해 성매매에 유입된 여성 전체를 설명하는 용어로서 새롭게 사용하고 있다(김현선, 2002). 또한 성매매는 사회구조적인 문제라는 인식이 대두되면서 성매매 여성들을 위한 현장상담소도 운영하였다(김윤희, 2005).

성중독 문제를 해결하기 위한 성상담은 먼저 성중독에 대한 이해가 선행되어야 한다. 일반적으로 성중독은 쇼핑중독, 운동중독, 여행/파티중독, 과식중독, 도박중독, 컴퓨터 중독(게임중독)과 같은 행동중독의 일종으로 본다. 임상학계에서는 성중독을 성적 충동, 행동 또는 사고를 통제할 수 없는 사람들을 평가하는 데 사용되는 개념적 모델로 설명하고 있다(김태곤, 2014). 성중독자들을 이해하기 위해서는 먼저 성중독 발생원인을 잘못된 애착의 형성과 관계로 보고 있다. 특히 어릴 적 부모와의 애착관계는 청소년기와 성인기에 적응이나 관계형성에 있어 중요한 영향을 주기 때문에 스스로 만족감과 행복감을 느끼기 어려울 때 잃어버렸던 부모를 찾아 의존적 성중독 행위를 통해 받으려 한다는 것이 지배적이다. 그 원인은 어렸을 때 자신과 친밀하고 의미 있는 사람들로부터 사랑을 받지 못한 경우가 많다. 즉, 스스로 정체성을 확립하지 못한 어린 시절에 부모와의 불안정한 애착경험은 점차 성장하면서 세상을 부정적으로 보고 타인을 신뢰하지 못하며 자신을 가치 없고 쓸모없는 존재로 생각하고 느끼게 되어 정서적으로 불안과 우울을 자주 경험하게 된다(김한나, 2012).

성중독은 대중매체의 왜곡된 정보와 무차별적인 배포가 청소년들에게 가장 큰 영향을 미친다. 같은 상황이더라도 개인의 내면특성에 따라 정도의 차이가 있는데 정신분석관점에서 대상상실불안, 애정상실불안, 거세불안, 초자아불안 요인이 성중독자들의 심리적 특성이라고 할 수 있다. 또한 경계성 성격장애를 가진 사람들은 실제적으로 혹은 상상 속에서 버림받지 않기 위해 헤어짐이나 거절, 관계상실을 경험할 때 자아상, 정동, 인지 그리고 행동에서 심각한 변화를 보이게 되며 버림받을 것에 대한 강렬한 공포감과 부적절한 분노를 경험한다.

성중독 진단은 학자들마다 개념적 정의가 다양하기 때문에 진단지도 다양하다. 1989년에 칸즈(Patric Carnes)는 '성중독 스크린 테스트(SAST)'를 개발하였고, 2010년에 45개 문항으로 수정하여 SAST-R이 개발되었다. 굿맨(Aviel Goodman)은 「Diagonosis and Treatment of Sexual Addiction」에서 물질중독의 진단 기준을 기초로 성중독 진단을 마련하였다(Goodman, 1992).

성중독자들은 어린 시절에 부모들로부터 거절, 유기, 신체폭력의 피해자로서 이러한 상처에 대한 치유작업은 인지 작업을 하기 전에 필수적이다. 즉, 어린 시절 부모와의 관계, 어린 시절 부모와의 애착관계, 성에 대한 처음 경험, 어린 시절의 성피해 유무, 성과 관련된 사건 유무와 같은 경험에 대한 평가를 실시하고 새로운 애착경험을 경험하면서 치료될 수 있다(곽정임, 2018).

2) 성상담과 청소년

청소년을 대상으로 하는 성상담을 하는 상담자는, 첫째, 성에 관한 기본적인 지식을 습득해야 해야 한다. 성생리, 남녀구조, 성용어, 성병 등에 대한 지식을 알고 있어야 내담자를 이해하고, 정확한 정보를 줄 수 있다. 둘째, 내담자와 솔직하고, 침착하게 그리고 개방적인 태도를 가지고 의사소통을 해야 한다. 셋째, 상담자는 적절한 시기에 자신의 한계를 인정해야 한다. 즉, 임신, 성병, 성폭력, 성도착의 문제에 대해서는 전문기관의 의뢰 또는 연계할 수 있어야 한다. 넷째, 상담가는 성에 대한 가치관을 긍정적 가치관, 특히 남녀에 대한 평등적 가치관과 인간존중에 대한 이해가 높아야 하는데 대체로 상담은 갈등상황에서 하게 되므로 여러 가지 복합적인 상황을 고려해야 한다는 점에서 상담에 대한 전문적 기술 외에 사회 전반에 대한 이해와 판단을 위한 기준이 필요하고, 직접적인 지원과 시급한 처치가 상담의 경우 신뢰를 기반으로 시작하지만 상담 후 내담자는 수치심을 느낄 수도 있다. 그래서 내담자는 거리를 둘 수도 있고, 또는 지나치게 의존적일 수도 있어서 이성 상담자보다는 동성인 상담자가 상담할 때 더욱 성공적인 상담을 실행할 수 있다.

성상담을 할 때 고려해야 할 사항은 음란물에 대한 영향력이다. 음란물은 청소년의 심리에 미치는 효과로는 성적 행동을 활성화하고, 성적 충동을 자극하여 부적절

한 것으로 여겨지는 성적 표현에 대해 점차적으로 둔감해지는 결과를 가져온다는 것이다. 청소년에게 음란물이 왜 문제가 되는가에 대하여 음란물은 인터넷을 통해서 경험한다. 이러한 음란사이트는 사람들을 유인하기 위해 일부의 사진들을 무료로 제공하고 있으며 누구든지 마음만 먹으면 쉽게 구할 수 있다. 특히 청소년들은 이러한 음란물 사이트를 통해서 성지식을 교육받게 된다. 일반적으로 성에 대한 궁금증은 가정이나 학교에서 해결하지 않고, 친구들을 통해서 얻게 되는데 자칫 음란사이트에서 학습된 성지식은 왜곡되어 전달되기 쉽고, 급속도로 확산되어 심각한 문제를 야기할 수 있다. 음란물 자체가 성에 대한 왜곡된 가치관을 형성하기 때문에

표 10-2 청소년 성행동에 영향을 미치는 위험요인과 보호요인

위험요인	보호요인
• 낮은 지적 능력 • 정신병리 • 위험행동 및 반사회적 행동: 알코올 및 약물 남용 • 상처받은 생활사건: 아동기 학대경험 • 조숙하게 어른이 되려는 기대: 미래의 경제적인 기회에 대한 부정적인 인식, 성에 대한 지나친 호기심, 허용적인 성태도, 피임을 안 함 • 가족의 낮은 사회경제적 지위 • 결손된 가족구조 • 부나 모가 미혼부/미혼모 • 결혼하지 않은 동거 남녀는 청소년 자녀에 대해 적절한 감독을 할 수 있는 권위가 없음 • 가족의 혼전 성경험 및 허용적 태도 • 성경험 있는 청소년 • 가족갈등 및 불화: 미혼모인 모친과의 과잉 동일시 • 가족의 만성적인 스트레스, 긴장과 갈등, 관계 불만 • 부모의 적절한 감독 부재	• 긍정적인 자아존중감 • 내적 통제감 • 자기효능감 • 자기조절력 • 자기인식 • 개인적 기술들: 성매매에 대한 사회적 영향을 인식하고 저항하는 방법 습득과 효과적인 사회성 및 대인관계 기술(종교적 신념, 학업성취, 상급학교 진학 열망) • 정확한 성지식 • 효과적인 성관련 의사소통: 자신의 성행위에 대한 의사표시를 분명히 함 • 부모와의 긍정적 관계 • 부모와의 긍정적인 의사소통 • 성에 대한 감정 및 행동에 대한 솔직한 부모와의 대화가 많음 • 조건적 대화보다 어떤 내용에 대해 대화를 하는지가 중요 • 부모의 양육 태도: 부모의 관심, 일관성 있는 태도, 명확한 가족 규칙, 기대 및 보상 필요 • 부부의 친밀한 모습

남녀관계를 인격체로 바라보거나 이해하지 않고, 성적 대상으로만 인식하기 때문에 청소년기에 배워야 할 원만한 사회적 관계에 관한 학습기회를 잃게 된다(이향란, 2015).

성은 신체적 · 정신적으로 영향을 주고받는 행동이며 삶의 전반적인 맥락에서 분리될 수 없는 건강한 정신 건강과 연관되어 있다. 청소년은 성 에너지 및 성 욕구와 관련되어 성적 주체성이 형성되는 시기이며, 성적 주체성이 형성되지 못하면 성인기의 대인관계 확립이나 사회생활에 어려움을 초래하는 문제행동을 가져온다(김주연, 2016). 〈표 10-2〉는 청소년 성행동에 영향을 미치는 위험요인과 보호요인을 정리한 것이다(장현희, 2019).

청소년기의 성적 위험들은 폭력, 질병, 에이즈, 미혼부모, 성매매 등 개인적, 사회적인 문제를 초래하기 때문에 예방과 대처 방법을 제공할 수 있어야 한다. 내담자의 변화를 이끌어 가는 상담과정에서, 내담자가 자신의 사고, 감정에 대해 명료화하고, 자신의 주호소를 탐색할 때 타인을 변화시키는 데 초점을 맞추기보다는 자신의 반응에 초점을 맞추는 것은 협력적인 상담관계를 위한 중요한 시작점이라고 할 수 있다. 따라서 상담자의 과제는 내담자가 변화의 주체로서 자신에 초점을 맞추고, 치료과정에서 적극적인 참여자가 될 수 있도록 돕는 것이라고 할 수 있다(최가희, 2018).

요약

1. 학습상담은 학습과 상담의 의미가 결부되어 이루어진 개념이다. 학습상담은 학업과정 중에서 발생하는 문제를 해결할 수 있도록 조력하는 과정으로 내담자가 무엇인가를 배우고 익히는 과정에서 겪는 문제를 보다 체계적이고 통합적으로 해결하여 학업을 유지할 수 있도록 조력하는 과정이라고 정의할 수 있다.

2. 학습에 문제가 있는 청소년들의 명칭은 학습부진아, 저성취아, 학습장애 청소년 등으로 불린다.

3. 학습상담에서 내담자들이 호소하는 주요 문제의 하나가 학업동기의 부족이다.

4. 학교폭력은 세 가지 핵심적인 특징으로 공의성, 반복성, 힘의 불균형을 들 수 있다.

5. 학교폭력 피해자를 위한 상담전략을 살펴보면 크게 성과 관련된 피해자들을 위한 성피해의 심리적 치료의 경우 피해자가 가해자나 가해자와 비슷한 사람에게 과잉 반응을 하지 않도록 도와주고, 가해자인 원자극과 유사한 자극을 구별할 수 있는 능력을 가르치고, 피해자의 2차 피해를 방지하기 위한 사회기술 훈련을 실시한다.

6. 청소년기에 형성된 성에 대한 태도가 일생 동안의 성 태도를 좌우하며, 이러한 성에 대한 태도는 어린 시절의 경험에 근거를 두고 있다.

7. 성상담을 하는 상담자는, 첫째, 성에 관한 기본적인 지식을 습득해야 해야 한다. 성생리, 남녀구조, 성용어, 성병 등에 대한 지식을 알고 있어야 내담자를 이해하고, 정확한 정보를 줄 수 있다. 둘째, 내담자와 솔직하고, 침착하게 그리고 개방적인 태도를 가지고 의사소통을 해야 한다. 셋째, 상담자는 적절한 시기에 자신의 한계를 인정해야 한다. 즉, 임신, 성병, 성폭력, 성도착의 문제에 대해서는 전문기관의 의뢰 또는 연계할 수 있어야 한다. 넷째, 상담가는 성에 대한 가치관을 긍정적 가치관 특히 남녀에 대한 평등적 가치관과 인간존중에 대한 이해가 높아야 한다.

참고문헌

곽정임(2018). 기독교인 성 중독 치료. 성결대학교 신학전문대학원 박사학위논문.

교육과학기술부(2012). **학교폭력 사안처리 가이드북**. 교육과학기술부.

권해수(2008). 성폭력 피해청소년 치유프로그램 효과. **상담학연구, 9**(2), 485-499.

김계현(1995). **상담심리학: 적용 영역별 접근**. 서울: 학지사.

김나현(2010). 초등학교 고학년의 언어폭력 예방을 위한 의사소통훈련 프로그램 개발. 한국교원대학교 교육대학원 석사학위논문.

김선애(2004). 집단따돌림 연구경향 분석. 한국청소년연구, 15(1), 73-108.

김세레나(2007). 중학생의 학교부적응 요인에 관한 연구. 청주대학교 대학원 석사학위논문.

김영기 · 박미숙(2016). 융합시대의 대학생 성문화 연구(사랑의 유형이 대학생의 캐주얼 섹스에 미치는 영향을 중심으로). 디지털융복합연구, 14(4), 295-301.

김윤희(2005). 인천 숭의동 성매매집결지에 대한 연구. 서울대학교 대학원 석사학위논문.

김익진(2011). 소통의 모델에 기초한 인문치료의 이론 모형, 인문과학연구, 25, 347-367.

김주연(2016). 청소년의 성관계 경험에 영향을 미치는 생태체계 요인에 관한 연구. 경기대학교 대학원 석사학위논문.

김태곤(2014). 성범죄자의 성중독에 관한 연구. 중독범죄학회, 4(2), 48-74.

김한나(2012). 여성 ACOAs(Adult Children of Alcoholics: 알코올 중독자 성인자녀)의 원가족 부모와의 애착과 부모역할에 관한 연구: 우울 및 부부관계의 매개효과를 중심으로. 알코올과 건강행동학회 학술대회. 25-62.

김현선(2002). 성매매의 폭력적 특성과 성매매 피해 여성의 외상 후 스트레스장애. 성공회대학교 대학원 석사학위논문.

김형태 · 오익수 · 김원중 · 김동일(1996). 청소년 학업상담. 서울: 청소년대화의광장.

김혜령(2009). 학교폭력 피해 학생의 상담적 접근을 위한 방안 연구. 서울여자대학교 대학원 석사학위논문.

김혜숙(1995). 여성건강(III): 연구와 교육의 미래 방향. 대한간호, 34(3), 6-14.

문경숙(2006). 학업스트레스가 청소년의 자살충동에 미치는 영향: 부모와 친구에 대한 애착의 매개효과. 아동학회지, 27(5), 143-157.

박순진(2006). 청소년 폭력 비행에 있어서 피해-가해 연계의 변화. 형사정책연구, 65, 47-88.

박영숙 · 조아미 · 김혜원 · 송선희 · 강영배 · 조용주 외(2005). 청소년 사이버 성상담사례의 기초분석연구. 미래를 여는 청소년학회 2(1), 17-27.

박중수(2014). 아동 성 학대에 대한 목회상담학적 개입. 신학과 실천, 42, 331-355.

배원섭 · 성희자(2014). 학교폭력 가해학생의 조치에 대한 연구: 학교폭력예방법을 중심으로. 사회과학연구, 25(4), 269-287.

서우경(2004). 학습부진 영재아의 학업성취 관련 변인에 대한 메타분석. 숙명여자대학교 대학원 박사학위논문.

서울시여성가족재단(2015). 서울시 어린이 · 청소년 인권실태 조사. 서울: 서울시여성가족재단.

송정아 · 김영희(2001). 학교폭력에 대한 청소년들의 심리적 · 행동적 학교적응 강화프로그

램 효과성 연구 II. **청소년복지연구**, 2(1), 79-94.

신재선 · 정문자(2002). 초등학생의 또래 괴롭힘 유형과 스트레스 대처행동에 관한 연구. **아동학회지**, 23(5), 123-138.

오금숙(2003). 청소년의 성 경험. 중앙대학교 대학원 박사학위논문.

오지원(2019). 학교폭력 피해자 상담에서 상담자가 경험하는 압도감에 관한 연구. 서울대학교 대학원 박사학위논문.

이인태(2012). 초등학생의 사이버불링 실태와 원인에 대한 조사연구: 경기도 초등학교 고학년 학생을 중심으로. **청소년문화포럼**, 32, 91-118.

이종근(2011). 성적(性的) 소수자의 권리보호에 관한 비교법적 연구: 국제재판소 및 주요 국가의 판례를 중심으로. **법학논총**, 18(2), 129-155.

이주영 · 이아라(2015). 학교폭력 가해자 대상 상담에서의 상담자 경험과 인식에 대한 질적 연구. **한국심리학회지: 상담 및 심리치료**, 27(4), 849-880.

이향란(2015). 청소년의 대중매체를 통한 음란물 접촉 실태와 접촉 반응. 전북대학교 교육대학원 석사학위논문.

이혜경 · 정경은 · 임영식(2007). 학교폭력 가해경험과 학교생활적응의 관계에서 사회적 지지추구 대처전략과 폭력에 대한 부정적 평가의 매개효과. **청소년시설환경**, 5(4), 43-54.

장현희(2019). 음란물 매체에 노출된 고등학교 청소년의 성행동에 관한 질적 연구: 생태체계적 관점. 울산대학교 대학원 박사학위논문.

정현미(2014). 성매매방지정책의 검토와 성매매처벌법의 개정방향. **법학논집**, 18(2), 211-228.

조규판(2013). 초등학생이 지각한 사회적 지지, 학업적 자기효능감, 학교생활적응이 학교행복감 및 학업성취도에 미치는 영향. 동아대학교 대학원 박사학위논문.

최가희(2018). 사회정의와 상담심리의 역할. **한국심리학회지: 상담 및 심리치료**, 30(2), 249-271.

현혜순(2010). **청소년 성폭력 가해자 교정 치료를 위한 프로그램 매뉴얼 지침서**. 한국여성상담센터.

홍봉선 · 남미애(2007). **성매매 피해청소년 교육사업 효과성 검증 및 성과분석**. 국가청소년위원회.

황매향(2009). 학업상담을 위한 학업 문제 유형분류. **상담학연구**, 10(1), 561-581.

Bosworth, K., Espelage, D. L., & Simon, T. R. (1999). Factors associated with bullying behavior in middle school students. *The Journal of Early Adolescence, 19*(3), 341-362.

Brier, N. (2006). *Enhancing academic motivation: An intervention program for young adolescents*. Champaign, Illinois: Research Press.

Butler-Por, N. (1987). *Underachievers in schools: Issues and interuention*. New York: John

Wiley and Sons.

Coleman, W. L., & Lindsay, R. L. (1992). Interpersonal disabilities: Social skills deficits in order children and adolescents. *Pediatric Clinics of North America, 39*, 551-567.

Csikszentmihaly, M. (1990). *Flow: The psychology of optimal experience*. New York: Harper & Row.

Damon, W., & Eisenberg, N. (1998). Handbook of child psychology: Vol. 3: *Social, emotional, and personality development*. New York: Wiley.

Good, T. (1981). Teacher expectations and student perceptions: A decade of research. *Journal of Educational Psychology, 38*, 415-423.

Goodman, A. (1992). Diagonosis and treatment of sexual addiction. *Journal of Sex & Marital Therapy, 19*(3), 225-251.

Greenberg, L. S. (2008). Emotion and cognition in psychotherapy: The transforming power of effect. *Canadian Psychology, 49*, 49-59.

Joinson, A. N. (2003). *Understanding the psychology of internet behavior*. Palgrave McMillian.

Landau, S., & Moor, L. (1991). Social skill deficits in children with attention-deficit hyperactivity disorder. *School Psychology Review, 20*, 235-251.

Linehan, M. M. (1993). *Cognitive-behavioral treatment of borderline personality disorder*. NY: Guilford Press.

Mandel, H. P., & Marcus, S. I. (1995). *Could do better: Why children underachieve and what to do about it*. New York: John Wiley & Sons.

Olson, M. H., & Hergenhahn, B. R. (2009). *An inroduction to the theories of learning*. Psychology Press.

Olweus, D. (2013). School bullying: Development and some important challenges. *Annual Review of Clinical Psychology, 9*, 751-780.

Patchin, J.W., & Hinduja, S. (2006). Bullies Move beyond the Schoolyard: A Preliminary look at cyberbullying. *Youth Violence and Juvenile Justice, 4*(2), 148-169.

Teyber, E. (2000). *Interpersonal process in psychotherapy*. Belmont, CT: Wadsworth/ Thomson Learning.

제11장

상담의 실제 III

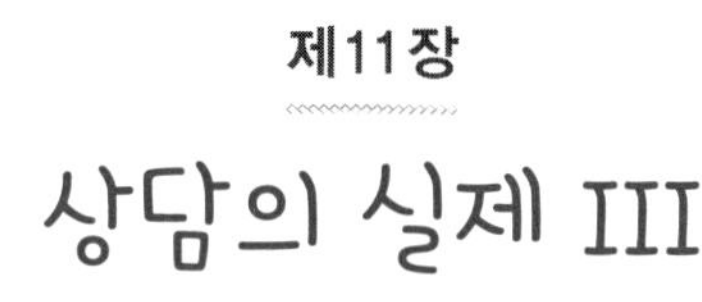

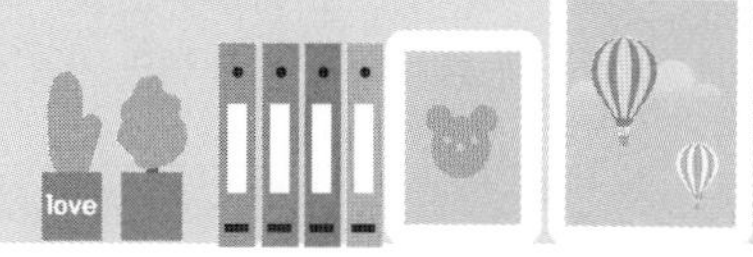

학습개요

청소년기는 아동기와는 달리 환경과의 상호작용이 양적 · 질적으로 급격히 증가하지만 성인처럼 스스로 환경을 통제하고 조절하기보다는 환경으로부터 절대적인 영향을 받고 있는 것이 사실이다. 이때 청소년 고위험과 관련된다고 시사된 다양한 상황적 변인을 함께 고려하는 포괄적 접근을 통해 청소년 고위험 집단의 심리적 특성을 파악하는 것이 매우 중요하다.

청소년문제에서 청소년지도사와 청소년육성 전문가들이 신속하게 개입하여 문제해결은 물론 예방을 위한 장치를 마련하여야 한다. 이를 위해 위기상담, 중독상담, 비행상담을 통해서 성공적으로 벗어날 수 있는 개입이 필요하고, 적극적인 대책과 대안을 통해 정서적 안정과 적응력 향상을 높이는 것이 필요하다.

이 장에서는 시대적 상황에 따라 나타날 수 있는 청소년들의 고위험 상황을 이해하고, 이를 해결하고 지원하기 위한 상담을 설명한다.

01 위기상담(자살, 우울, 가출)

1) 위기상담의 이해

위기(crisis)란 개인이 자원과 대처 기제를 넘는 견딜 수 없는 어려움과 같은 사건 혹은 상황에 대한 지각이다(Gilliland & James, 1997). 일반적으로 위기는 기대하지 않은 충격적인 사건 또는 반복적으로 발생하는 사건 속에서 정서적 충격으로 인해 대처방식이 붕괴될 때 경험한다. 성인보다는 아동 및 청소년은 해결할 수 있는 대처 능력의 부족, 경험부족, 심리적 불안정 등으로 인하여 취약하기 때문에 더 많이 부적응적 행동과 극단적인 해결책을 선택할 가능성이 높다. 위기에 처한 청소년들은 빠른 시간 안에 보다 전문적이고, 적절한 처치가 이루어져야 하지만 보호자의 동의 없이 치료를 할 수 없어 심각한 우울, 자해, 자살시도, 충동조절장애 등 정신건강상 심각한 문제로 방치될 가능성이 높다. 따라서 위기에 처한 청소년들을 지원하기 위한 적절한 개입이 필요하다.

청소년들에게 위기상담은 다양한 유해 환경으로부터 건강하게 성장할 수 있도록 지원하는 것이다. 청소년들에게 위기는 학교폭력, 정신건강(우울, 자살), 가정의 위기, 유해환경적 위험에 노출되어 행동・심리적으로 문제를 경험할 가능성이 높으며 적절한 개입 없이는 정상적인 발달을 이루기 어려운 상황에 해당된다. 이 외에도 청소년들의 위기상담에 대한 대상도 더욱 다양화하여 범죄와 재난피해에 대한 위기개입도 이에 해당된다. 위기에 처한 청소년들을 개입하기 위한 지원절차는 크게 '사정 → 계획 → 개입 → 위기대비계획 → follow up' 단계로 나눌 수 있다. 각 단계별로 진행되는 절차에 대한 세부적인 지침을 실무에서 활용 가능하도록 도출해 본 절차이다.

표 11-1 위기개입 지원절차

1단계: 사정	
의뢰, 추천, 접수	–청소년 본인, 가족, 학교, 유관기관, 수사기관 등 –전화/내방/사이버상담 –위기에 처한 청소년의 욕구와 능력이 계속 변화되기 때문에 위기에 처한 상황을 수시로 파악하는 것이 중요
기초상담	–인적사항 –지원요청내용 –병리적 진단여부 확인
증빙자료 보완	–본인확인서류 –사건사고사실확인원 서류 –피해사실 입증서류: 진단서 및 소견서
2단계: 계획	
심층상담	–심리 상담 지원 계획(위기 유형별 담당자 연계) –치료 연계(신체적 · 경제적 · 사회적 상황) –보호자 상담(청소년 대상자와의 고충 일치도 분석)
지원 심의	지역사회 연계
3단계: 개입	위기 유형별 전문가 심리상담
4단계: 위기대비 계획	
종결	–2차 피해 예방 –다양한 지원 연계 계획 및 종료
5단계: follow up	
사례관리	–추후 상담 의견 수렴 –일정기간내에 상담 여부 확인

* 출처: 최수찬 · 이은혜(2016) 수정.

2) 위기상담과 청소년

위기상담 현장에 청소년 내담자들이 보이는 주요 특징으로는 상담동기 부족, 인내심 혹은 지구력 부족, 상담자에 대한 오해, 인지적 능력 부족, 감각적 흥미와 재미를 추구하는 특성, 환경적 영향에 대한 민감함, 부족한 언어 표현 등이 있기 때문에 청소년을 대상으로 하는 상담은 전통적인 일반 성인상담과 달리 다양한 방식으로 접근해야 한다. 위기가 과도한 심리적·정신적 스트레스 때문에 심신의 불안정과 혼란을 경험하는 상태로 정의할 수 있으므로 위기 대처를 위한 상담개입은 위기에 처한 청소년에게 안정을 되찾을 수 있도록 도움을 제공하고, 심리적 문제 해결을 통해 위기 이전에 존재하던 정상적인 기능 회복과 감정적인 수용을 하도록 훈련하는 것이다.

일반적으로 위기에 직면하는 상황은 다양하다. 위기의 특징을 살펴보면, 첫째, 위기는 병리적 사건만을 의미하지 않는다. 즉, 청소년들에게 있어서 위기는 성장과정과 일상생활에서 경험하는 발달적 요인, 상황적 요인, 사회문화적 요인으로 구분할 수 있다. 발달적 위기란 발달과정상의 전환기에 역할전이의 긴장감으로 인해 개인적 대처기술이 부족하면 위기를 느낀다고 하였으며, 상황적 위기는 죽음, 건강과 복지, 출산과 관련된 문제, 친숙한 관계의 붕괴, 폭력, 직장이나 학교에서의 실패, 자연적 또는 환경적 재해, 금전적 위기로 인한 빈곤 등의 사건에서 비롯되며, 주로 가족이나 자신, 그리고 친구나 중요한 타인에게 영향을 미친다고 하였다. 이러한 상황적 위기는 가정과 학교를 중심으로 가족이나 친구관계에서 발생할 수 있는 상실, 건강, 실패, 폭력, 재해나 빈곤 등이 중요한 요인이다. 자아의식이 다소 덜 성장하고 신체적으로도 사춘기에 접어든 중학생은 위기에 대한 대처능력과 기술이 아직 미숙하고 자아정체감이 혼란한 시기이므로 위기로 인해 훨씬 심각한 영향을 받게 된다(Patterson & Welfel, 1999). 마지막으로 사회문화적 요인에 의한 위기는 사회구조의 어려움이나 사회구조의 변화에 의한 위기, 문화적 가치규범의 위반 등으로 인해 나타난다. 규범적인 이상과 현실간의 모순이나 사회의 부정적 현상들, 구조적인 모순과 갈등 등을 경험하면서 가치관의 혼란을 겪고 이로 인해 청소년의 행동은 이중성, 모순성, 모호성 등으로 표현된다.

둘째, 위기는 상담 개입의 결정적 시기(critical period)가 존재한다. 따라서 제한된 시간 안에 단기적·집중적 개입의 여부가 개입 및 상담의 효과성을 좌우한다. 특히 청소년들 특히 학교장면에서는 여러 가지 제한점으로 인해 장기상담보다는 단기상담을 지향한다. 위기개입을 위한 상담접근으로 장기상담보다 단기상담이 유용한 이유는, 장기상담이 내담자의 성격을 근본적으로 재구성하는 것에 반하여 위기개입은 내담자의 비적응적인 기능을 안정시키기 위한 편의주의와 효율성의 강조라는 면에

표 11-2 위기상담의 단계 및 과정

James & Gilliland의 6단계 모델	Roberts의 7단계 모델	Westefeld와 Heckman-Stone의 10단계 모델	Kanel의 ABC 모델
1. 문제정의	1. 위기의 심각성 및 개인의 생물심리사회적 상태 평가	1. 라포의 형성과 유지	A. 라포형성과 유지(적극적 경청, 재진술, 감정탐색 등)
2. 안전확보	2. 라포와 즉각적 협력관계 형성	2. 내담자의 안전 확인(자살, 자해, 신변위협 등)	B. 문제 상황의 평가 a. 촉발 사건 확인 b. 인지적 측면 평가 c. 정서적 호소 평가 d. 행동적, 사회적 기능 평가 e. 위기 이전 기능 평가 f. 윤리적 측면의 평가(자살, 아동학대, 의료적 질환 등) g. 약물 사용 여부 평가 h. 치료적 개입 실시(심리교육적 정보제공, 심리적 지지, 인지적 재구조화 등)
3. 지지하기	3. 문제상황의 다각적 파악	3. 문제상황의 평가	C. 대처 측면 a. 현재 대처 기능 평가 b. 내담자의 대안적 책략 탐색 c. 상담자의 대안적 대처방법 제시(외부기관 의뢰 등) d. 추후 개입
4. 대안탐색	4. 내담자의 정서와 감정 탐색	4. 위기상담 목표 수립	
5. 계획 세우기	5. 가능한 대안을 탐색(자원과 대처 기술 포함)	5. 다양한 대안의 탐색	
6. 참여시키기	6. 구체적 행동 계획을 수립	6. 대안의 실효성 탐색	
	7. 추후 계획 수립 및 합의	7. 최적의 대안 선택	
		8. 대안의 실행	
		9. 성과의 평가	
		10. 추후 개입	

* 출처: 오혜영 · 안현의 · 김은영(2012).

서 비교될 수 있기 때문이다(Budman & Gurman, 1988). 위기개입은 72시간이 결정적 시간이며, 4~6주 안에 위기를 해결할 수 있도록 도와야 하고, 위기발생 후 24시간 내에 상담자에 의한 개입이 이루어져야 한다. 상담자의 즉각적인 도움은 때로는 위기를 덜 심각하게 만들거나 또는 그 사람을 어떤 위험으로부터 보호할 수도 있기 때문에 가능한 한 상담자는 민첩하게 행동할 필요가 있다(Aguilera & Messick, 1982).

셋째, 위기는 사건의 발생에서 회복까지 일정 단계와 과정이 존재한다. 빠른 시일에 심리적 항상성을 되찾기 위한 위기 상담은 길리언드와 제임스(Gilliland & James, 1997)의 6단계 모델, 로버트(Roberts, 2005)의 7단계 모델, 웨스트필드와 헤크맨스톤(Westefeld & Heckman-Stone, 2003)의 10단계 모델, 카넬(Kanel, 2006)의 ABC 모델 등이 있다. 〈표 11-2〉에서 위기상담의 단계와 과정을 설명하여 제시하였다.

마지막으로, 위기 상황 속의 내담자는 매우 불안정하고 손실을 겪고 있기 때문에 변화에 대한 의사결정이 용이한 상태이다. 이는 상담의 효과를 극대화할 수 있는 기회라고 볼 수 있다(Kahneman & Tversky, 1979). 따라서 위기상담은 인간의 장점과 자원, 건강한 특성, 과거의 성공적인 경험을 발견하여 부정적인 측면보다는 긍정적이고 성공적인 면, 과거보다는 현재와 미래, 문제 자체보다는 해결에 초점을 두어 접근한다(Myrick, 1993).

위기는 일상생활에서 언제라도 일어날 수 있지만, 위기상황을 예측하는 것은 어렵다. 그러나 위기는 한 개인이나 집단에 신체적 · 정신적 · 정서적으로 심각한 장애를 가져올 수 있기 때문에, 언제 일어날지 모르는 상황에 대비하기 위해 위기개입은 계획되어 있어야 한다. 우리나라에서 위기개입에 대한 논의가 본격적으로 시작된 것은 1990년대 후반 외상 후 스트레스장애(Post-Traumatic Stress Disorder: PTSD)에 대한 사회적 관심이 고조된 이후부터이다. 외상 후 스트레스는 개인의 신체적 안녕을 위협하는 사건을 자신이 직접 경험했거나 타인에게 발생한 것을 목격함으로 인해 발생하는 스트레스를 의미하며, 극심한 공포, 무력감, 두려움 등의 정서를 경험한 경우를 말한다(DSM-5; American Psychiatric Association, 2013).

외상은 사건 자체보다는 사건에 대한 개인의 지각 및 그로 인한 부정적인 심리적 반응, 그리고 일련의 경험들로 정의할 수 있다(Calhoun & Tedeschi, 1999). 외상사건에 지속적으로 매몰되어 재경험하는 침습적 증상, 회피와 무감각 증상, 지나친 각성

증상 등의 세 가지 증상이 상호작용하는 것이다. 그 증상별 특징은 다음과 같다.

침습적 재경험 증상은 충격적인 외상을 경험한 사람은 외상사건에 대하여 지속적으로 매몰되는 재경험, 즉 침습을 경험하게 된다는 것이다. 이러한 증상은 외상사건이 다시 일어나는 것과 같은 행동을 느끼거나 외상사건과 비슷하거나 상징적인 내적 단서와 외적 단서 사이에 노출될 경우 강렬한 심리적인 고통과 신경생리학적 반응 등 다양한 형태로 나타날 수 있다(주성아, 2009). 지속적인 회피 및 마비 증상은 외상경험에 노출된 후에 외상과 관련된 사고나 감정적 대화, 그리고 중요한 활동 등을 회피하거나 이에 대한 관심이 줄어들어 다른 사람들로부터 철수되거나 거리감을 느끼는 것이다. 고통스러운 외상사건에 직면하지 않고 습관적이고 만성적으로 회피하게 되면 외상에 대처하고 극복하는 데 더욱 어려움을 초래한다(Allen, 1995).

지나친 각성 증상이란 작은 반응에도 과민하게 반응하고, 상대적으로 지속적인 긴장, 불안, 짜증을 경험하거나 사소한 스트레스에도 상대적으로 큰 불안과 공포, 분노 반응을 일으키는 것이다. 지나친 각성 증상은 과거에 외상사건을 겪었던 피해자를 현재 삶의 스트레스요인에 더 취약하게 만든다(홍미진, 2013).

청소년 자살 위험에 대한 위기개입 사례 중 집단상담은 매우 유용하다(박미라, 2015). 이 외에도 긴급하고 통합적 지원이 필요한 특성을 가진 재난 피해의 경우, 심리적 치료부터 지원체계 구축을 위한 다양한 방법으로 청소년들을 지원한다.

재난으로 인해 외상적 경험을 했을 때 특정한 행동반응이 뒤따르기 쉬운데 이를 크게 세 범주로 분류할 수 있다(Ruggiero & Ondrich, 2001). 과도한 흥분(hyperarousal), 반복적 재경험(re-experience), 그리고 심리적 외상을 일으키는 모든 단서를 피하려는 회피행동(avoidance)이다. 각 범주에 해당되는 다양한 증상적 행동이 나타나는데 이는 재난 경험의 특성, 개인적 특성에 따라 다양하다. 특히 재난의 경우 생활터전 자체가 그 현장이었으므로, 모든 감각적 자료들이 충격적 장면을 떠올리게 한다. 냄새, 소리, 보이는 모든 사물, 촉각, 미각 등 모든 감각기관을 통한 단서들이 외상의 재현을 촉발할 수 있다(최남희 · 유정, 2010). 재난에 의해 위기 상황에 처한 청소년들을 지원하기 위해서는 긍정적 정서가 외향성, 애착, 정서지능, 사회적 지원이 외상 후 성장에 미치는 정적 영향을 매개하는 것으로 나타나, 아동들의 경우 외향성, 정서지능, 애착, 사회적 지원 등이 외상적 사건 이후 성장을 촉진하는

요인들이며, 이러한 관계를 긍정적 정서가 매개하고 있음을 보여 주었다(조선민 외, 2007). 또한 재난 후 지원 과정에서의 신뢰와 안도감, 미래에 대한 긍정적 희망은 심각한 재난 경험 후에도 건강한 삶으로 복귀하는 비율이 상대적으로 높은 것으로 나타났다(Freedman, Brandes, Peri, & Shalev, 1999).

02 중독상담(약물, 도박, 게임)

1) 중독상담의 이해

중독이라는 단어는 라틴어 'addicere'에서 비롯되었으며 이 단어는 "노예가 되다(enslave)."라는 뜻을 가지고 있다(Potenza, 2006). 중독이란 어떤 것에 대해 통제 불가능할 정도로 의존적이며 지속적인 사용과 중단시 신체적 · 정신적 · 심리적인 문제를 초래하는 것을 의미한다. 본래 중독이란 용어는 의학적인 개념으로 크게 두 종류로 나누고 있다. 하나는 화학물질에 의한 신체적 중독(intoxication)으로 버섯독, 이산화탄소 중독 등이 해당된다. 다른 하나는 심리적인 의존성에 따른 습관성 중독(addiction)으로 계속해서 어떤 물질을 찾거나 행동을 반복하는 것으로 알코올, 마약 중독뿐만 아니라 특정 행위에 지나치게 집착하여 발생하는 게임중독, 도박중독 등이 여기에 해당된다(이원상, 2014). 중독이 모두 사회적으로 문제가 되는 것은 아니지만 그럼에도 불구하고 중독이 사회적으로 부정적인 문제를 야기시키는 이유는 소수의 중독자들이 다수에게 피해를 주기 때문일 것이다. 다시 말해서 중독성이 심하면 개인의 정신적 · 신체적인 건강을 저해하는 측면을 넘어서서 자살을 하거나 가정폭력 등 가족에게 폐해를 초래하기 때문이다. 그뿐만 아니라 중독을 사회 안전과 결부시켰을 때 범죄와의 관련성이 깊기 때문에 중요시하게 인지될 필요가 있다(Giffiths, 1996: 19).

다시 말해서 중독은 중독유발 물질 및 행위(알코올, 인터넷 게임, 도박, 마약 등)에 신체적 · 심리적으로 의존하는 상태로 뇌손상, 우울증 등 중독자 개인의 건강상의 문제를 발생시킬 뿐 아니라 폭행, 강도 및 살인 등 강력범죄가 음주상태에서 발생

할 가능성이 높고, 중독으로 인한 근로자의 생산성 저하와 청소년의 학습기회 손실로 이어지는 등 중독자의 가족 및 사회 전반에 걸쳐 심각한 사회적 폐해를 초래한다. 이에 중독을 적극적으로 예방 · 치료하고, 중독폐해 발생을 방지 · 완화하는 등의 적극적인 대책마련과 예방이 요구되고 있으며, 중독 및 중독폐해는 다양한 사회 · 경제 · 문화적 요인에 의해 발생하기 때문에 문제의 해결을 위해서는 중독을 종합적이고, 체계적으로 관리할 수 있는 지원이 중요하다(김우준, 2013).

특히 청소년들이 경험하는 우울한 기분이나 불안, 낮은 자존감, 대인관계의 어려움과 같은 정신건강 문제들은 중독과 밀접한 관련을 지니고 있다. 청소년들에게 있어서 가장 빈번한 중독은 스마트폰 사용과 관련성이 높다. 선행연구에 의하면 스마트폰에 중독된 청소년집단이 비중독 청소년집단에 비해 자아존중감은 낮고, 충동성과 정신건강이 나쁜 것으로 나타났다(여종일, 2016; 이혜순, 2014).

중독청소년들이 가지는 우울이나 불안, 충동성 등의 문제는 중독의 원인이 되는 동시에, 중독으로부터 회복과정에 장애물로 작용할 수 있다. 이 때문에 청소년기 중독을 예방하고 치유하기 위해서는 다른 유형의 정신과적 문제들을 완화시킬 수 있는 개입을 병행하는 것이 중요하다(박상규, 2018). 중독 상태는 다양한 치료적 처치를 통해 정상화될 수 있다. 이 치료 중에는 뇌에 직접 생물학적 변화를 유발하는 것도 있고, 인지적 변화 및 생활방식 변화를 통해 작용하는 것도 있다. 중독된 청소년들이 치료 접근성이 떨어지는 중요한 이유는 치료받으라는 권고를 거부하기 때문이다

중독의 핵심 증상은 조절장애(loss of control)이다. 또한 중독자들은 고위험 상황에 처해서 이를 효과적으로 처리하는 데 필요한 대처기술을 가지고 있지 않을 때 재발할 위험이 높다. 많은 선행 연구는 부정적 정서가 재발과 관련된 가장 관련성이 높은 요인들 중의 하나임을 밝히고 있다(전영민, 2012).

현재 중독자의 치료와 회복을 위한 개입법으로는 약물치료, 동기강화상담, 인지행동상담, AA(알코올 중독자), NA(마약 중독자), GA(도박 중독자) 등 자조모임, 치료공동체 등이 활용되고 있다. 회복 초기단계의 중독자들은 다양한 신체질병이나 금단증상, 정신장애 등의 문제를 가지고 있기 때문에 전문적 치료가 있어야 한다. 그러나 중독자가 단주나 단약, 단도박을 하더라도 회복을 잘 유지하기 위해서는 치료적 개입만으로는 어렵고 삶의 태도에서 변화가 있어야 하며, 일상에서의 구체적 실천

이 필요하다(박상규, 2016).

2) 중독상담과 청소년

청소년들이 경험하는 행복의 수준이 높아질수록 다양한 유형의 중독 증상은 감소하게 된다. 반대로, 행복수준이나 삶의 만족도가 낮은 경우에는 인터넷 중독이나 스마트폰 중독 등에 빠져들 위험성이 증가한다(Longstreet & Brooks, 2017).

청소년을 대상으로 하는 중독상담은 언어로 이루어지며 인지행동주의적인 상담이다. 정서와 인지는 서로 상호작용한다. 그런데 대화를 나누는 데 능숙하지 못하고 실패한 경우에는 강한 좌절감과 우울감을 느낄 수도 있을 것이다. 따라서 그림을 통해 시각화해서 보여 주는 미술치료의 인지적인 접근은 말로써 생각이나 감정을 분명하게 나타내는 데 어려움이 있는 대상에게 더욱 적절할 것이다. 또한 인터넷 중독의 원인과 개인적 특성인 낮은 자아존중감과 우울, 대인관계 능력 부족, 스트레스 대처능력 부족 등은 인터넷 중독에 관한 직접적인 연구는 아니지만, 각 특성과 관련된 미술치료 선행 연구들을 통해 미술치료가 중독에 원인이 되는 문제를 해결해 줄 수 있어 이를 적용하기도 한다(김미경, 2004).

중독 청소년들의 상담은 자발적으로 시작되기보다는 주위 사람들에게 의해서 비자발적으로 시작된다. 자신을 상담에 의뢰한 사람에게 대해 부정적인 태도를 갖기 쉬우므로 청소년의 마음을 이해하고, 상담에 대한 동기를 고취시키는 것이 선행되어야 한다.

청소년 개인만을 상담하기보다는 가족을 따로 면담하면서 중독유형과 관련된 평가와 심리적인 평가를 한 후 약물치료 여부를 판단하고, 검토해야 한다. 중독행위의 요인 중 해소되지 못한 정서적 갈등은 오랫동안 내면에 쌓여 왔기 때문에 회복을 위한 전문적인 도움이 필요하다. 특히 청소년들은 현재 인간관계에서의 불만을 대처하기 위한 시도로 중독행위를 할 위험이 있기 때문에 관계 회복에 대한 접근이 필요하다. 이를 위해 개인상담과 함께 가족상담이 함께 진행되어야 한다. 특히 부모를 통한 접근을 통해서 청소년들이 중독에서 회복될 수 있도록 지원한다. 먼저 부모를 위한 상담은 자녀가 중독에 빠져 있기 때문에 겪는 불안과 고통을 이해할 수 있도록

하고, 부모역할의 고민을 공감하면서 시작한다. 또한 부모가 자녀를 인정하는 것이 자녀가 마음대로 행동하는 것을 방임하는 것이 아니라 원칙을 지키는 것이라는 부모역할의 원칙을 학습하도록 한다. 가족체계라는 관점으로 자녀의 행동을 이해하고, 자녀의 일상생활을 객관적 기준을 가지고 측정하고, 개인의 책임과 가족과 같은 체계의 영향력 사이에서 균형을 이룰 수 있도록 인식시킨다.

개인상담, 가족상담 외에 집단상담을 통해서 중독을 극복할 수 있도록 지원할 수 있다. 특히 집단상담에서 '중독'이라는 용어는 가급적 사용하지 말아야 하고, 중독에 대한 편견이나 부정적인 인식이 생기지 않도록 한다. 집단상담을 진행할 때 먼저 참여자들의 동기를 확인하고, 문제행동에 대한 심각성을 확인한다. 이때 가족들의 적극적인 지지가 중요하다. 특히 중독유형을 완전히 중단하는 것이 목표가 아니라 스스로 조절해 나갈 수 있는 통제력을 학습하고, 훈련하는 것을 습득하는 것이 목표라는 점을 인식해야 한다. 중독상담은 문제의 원인을 규명하기보다는 내담자의 자원을 활용하여 단기간 내에 치료목적을 성취해야 한다는 점에서 해결중심 상담으로 접근하는 것이 유리하다. 왜냐하면 해결중심 상담은 내담자에게 이미 존재하고 있는 과거의 성공경험이 내담자의 문제를 해결하기 위한 자원이라고 가정하고 있기 때문이다(Berg & Miller,1992). 해결중심 상담의 전제 가치와 가정을 다음과 같이 제시하였다. ① 병리적인 측면 대신에 건강한 측면을 탐색한다. ② 탈이론적이고 비규범적이며 내담자의 견해를 존중한다. ③ 내담자와 자율적인 협력관계를 중요시한다. ④ 단순하고 가장 솔직한 의미를 추구한다. ⑤ 변화는 항상 일어나고 불가피하다. ⑥ 내담자의 강점, 자원, 건강한 특성을 발견하여 치료에 활용한다. ⑦ 현재와 미래를 지향한다.

해결중심 집단상담은 열세 가지 일반적 단계를 고려해야 하고, 그 내용은 다음과 같다(Pichot & Dolan, 2008).

① 도입질문을 한다. 구성원들에게 각자 자기 이름을 말하고 도입질문에 대답하도록 조정한다.

② 치료자는 조용히 집단이 답하는 내용의 공통된 주제와 공통된 주제를 포괄하는 더 넓은 주제를 파악해 본다. 이것은 모든 성원에게 중요한 것이 무엇인지

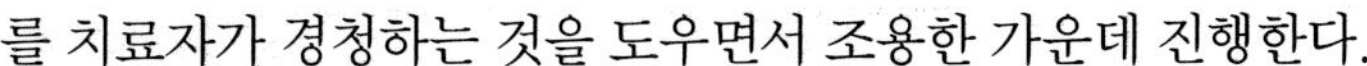

를 치료자가 경청하는 것을 도우면서 조용한 가운데 진행한다.

③ 치료자는 성원들이 말한 것 등에서 유사점을 반영하고 모든 주제가 공통된 주제로 요약되어 하나의 넓은 포괄적인 주제로 될 때까지 요약한다.

④ 다른 급한 사안이 없는 한 성원들이 말한 공통된 주제를 다루어도 될지를 성원들에게 허락을 얻는다.

⑤ 공통된 주제로 요약된 주제와 관련해 기적질문 또는 미래지향질문을 한다.

⑥ 기적질문으로부터 나온 답에 대해 가능한 구체적인 사항을 수집한다.

⑦ 예외가 있는지 귀 기울여 듣고, 예외가 있으면 가능한 구체적인 내용을 듣는다.

⑧ 내담자의 목표에 비추어 현재 상태에 대해 척도질문을 한다.

⑨ 척도질문에 대한 답과 관련해 그 점수에 도달하고 유지하기 위해서 내담자가 무엇을 했는지 발견한다.

⑩ 주위의 다른 사람들은 내담자의 삶에 대해 몇 점을 줄 것 같은지를 질문한다. 그리고 주위에서 그렇게 점수를 주게 된 데는 내담자가 무엇을 하고 있기 때문인지 발견한다.

⑪ 여태까지의 대화가 각자의 기적에 도달하는 데 얼마나 도움이 되었는지 질문한다.

⑫ 자신의 목표에 대한 대답을 기초로 내담자가 자신에게 과제를 내주도록 초청한다.

⑬ 성원들에게 메시지를 준다.

내담자의 심리적 욕구의 부족감 및 불균형이 무엇인지 살펴보아야 한다. 한 측면의 부족감은 긍정적일 수도 있지만 다른 욕구의 확장 또는 초과된 만족으로 인한 불균형의 신호일 수도 있다. 여기서 중요한 점은 부족감 자체가 문제라기보다 욕구들이 어떻게 불균형을 이루고 있는지, 그리고 이 불균형을 내담자는 어떤 식의 역기능적 방법으로 해결하려 들고 있는지 그에 주목해야 한다는 점이다.

만약 내담자가 자율감의 부족감 문제를 경험하고 있다면 동기강화상담(Motivational Interviewing)의 기본 원리 중 하나인 '저항과 함께 구르기'를 사용해 볼 수 있을 것이다. 내담자의 저항을 효과적으로 다루어 줌에 따라 내담자는 타인의 선

택과 강요가 아닌 스스로 자신의 생활을 일구어가는 자율감을 재경험하게 될 것이다(신성만, 2017).

중독된 청소년들에게 부인에 대해 직면하게 한다. 중독된 청소년들은 무엇이 옳은 것인지, 무엇이 잘못되어 가는지 알지 못한다. 학교생활, 친구, 가족 등과 단절되거나 심각한 갈등 문제를 나타내고 있지만 이러한 점을 인식하지 못한다. 내담자가 인식하지 못하는 자원이나 비현실적 모습에 초점을 맞추어 직면하게 한다. 직면은 내담자의 감정을 반영하면서 내담자의 왜곡된 신념이나 정보에 대해 해석하는 것이고 대안과 연결이 되도록 보다 도전적이고 건설적인 방법으로 행동하는 대안을 제시함으로써 보다 능동적인 행동과 결정을 할 수 있도록 한다. 삶의 만족감이나 긍정적인 감정과 같은 심리적 웰빙을 증진시킬 뿐만 아니라 심리적 적응을 돕고, 정서적 혹은 행동적 문제를 개선할 수 있도록 심리적 지원을 한다(김의연 · 김미순 · 황해영, 2015).

중독은 일반적으로 물질중독과 행위중독으로도 나누어 볼 수 있는데, 물질중독이란 마약류, 유해약물 등 약물, 알코올, 담배, 특정 음식물 등에 대한 중독을 의미하며, 행위중독이란 도박, 도벽, 특정한 성적 행위, 쇼핑, 온라인 게임 등의 행동 과정에 중독되는 것을 의미한다. 폭력성 중독 문제를 논의할 때, 폭력행위가 반복적으로 발생하고 그 중단이 자율에 의하여 어렵다면, 이러한 것은 행위중독의 한 유형으로 볼 수 있을 것이다(김우준, 2012). 또한 법제도를 위해 크게 네 가지로 분류할 수 있다. 알코올 중독, 마약류, 사행행위, 미디어콘텐츠 분야로, 청소년들에게 심각하게 발생되는 것으로는 미디어콘텐츠 분야(음란물, 사이버, 스마트폰 등), 사행행위(게임, 도박 등)를 들 수 있다.

03 비행상담

1) 비행상담의 이해

청소년 비행은 정신의학이나 심리학 분야에서 품행장애라는 용어로 많이 사용된다. 무단결석, 가출, 방화, 주거침입, 동물학대, 잦은 싸움 행동 문제행동을 동시에 세 가지 이상하고, 행동경향을 통제할 수 없는 아동과 청소년들을 진단하는 데 사용한다. 특히 청소년 비행은 도덕적 · 사회적 · 윤리적 · 심리적 · 법률적으로 제약과 제제를 받게 되는 행위뿐만 아니라 성인이 하였을 경우에는 문제가 되지 않지만 청소년이기 때문에 문제시되는 행동을 포함한 지위비행까지 포함한다. 즉, 청소년 비행은 법률상의 용어는 아니며, 청소년 선도를 위한 관련 기관과 종사자들이 사용하는 용어이다.

비행청소년을 이해하기 위해서는 비행의 원인이 무엇인지를 다루는 것이 선행되어야 한다. 일반적으로 비행은 경제적 어려움에서 오는 사회의 구조적인 긴장에 의한 초점을 두어 왔지만 중산층에서 발생하는 비행이 점차 늘어나고 이러한 현상을 설명하는 데 한계가 있어 가정, 학교 등 일상생활에서 경험할 수 있는 긴장을 비행의 원인으로 다루기 시작했다(Agnew, 1984).

청소년 비행에 영향을 미치는 요인들은 크게 개인, 가정환경, 친구관계로 나눌 수 있다. 청소년 비행은 한 가지 요인에 의해서 발생되기보다는 복합적인 요인에 의해 발생되기 때문에 다양한 환경의 맥락이 필요하다. 청소년 비행이 사회문제화되면서 청소년 비행에 가장 큰 영향을 미치는 원인으로 가정을 들 수 있다. 초기에는 가족의 구조적인 측면에서 그 원인을 찾기 시작했다. 즉, 한부모 가정, 조손가정, 보호자 없이 미성년으로 구성된 가정 등으로 나누어 살펴보았지만 가정의 기능적인 측면이 더 중요하게 작용하고 있음이 증명되었다(김현주 · 이혜경, 2011).

비행청소년들에게 효과적인 상담은 통찰지향적 상담보다는 지지상담이라고 한다. 즉, 공감, 온정, 진솔함이 비행청소년들에게 지각이 될 때 성공적인 치료가 될 수 있다고 한다(홍은애, 2000). 여러 가지 상담이론 중 인간중심 상담과정은 상담자의 무조건적인 수용과 공감을 통해 내담자가 왜곡된 자기 개념을 발견하고 변화시키고 자기를 존중함으로써 자기성장의 방향으로 나아가게 된다. 상담기법은 상담자의 표면적인 상담기술보다는 내담자에 대한 상담자의 '진실성, 수용과 존중, 공감' 같은 태도에 있다. 상담자의 이러한 태도는 내담자가 자신을 억누르고 있었던 타인의 가치조건으로부터 벗어나 진정한 자기를 발견하고 자기실현을 할 수 있도록 촉진한다. 이러한 촉진은 내담자가 진정한 자기에 도달하게 하고 자기개념을 변화시키면서 건설적인 삶의 방향을 선택하게 한다. 로저스(Rogers)는 내담자에 대한

상담자의 공감적 이해는 그것만으로도 내담자에게서 변화가 일어날 만큼 큰 힘을 갖고 있다고 설명한다(박병영, 2011).

2) 비행상담과 청소년

비행상담은 단순히 상담에 그치지 않고, 치료를 통해서 내담자가 문제행동을 감소해서 일반적인 학교생활과 사회생활에 적응하고, 유지해야 한다. 이를 위해 인지행동치료, 사회적 문제해결 훈련, 놀이치료, 분노조절훈련 등을 실시한다.

청소년 비행은 집단화 경향을 띠고 있고, 대부분의 비행청소년이 단독범행이 아니라 공범을 가지고 있다는 점은 청소년 비행에 있어서 친구의 영향을 나타내 주는 사실이라고 할 수 있다. 사회경제적 요인 또한 청소년 비행에 중요한 역할을 한다. 저소득층의 청소년들은 교육의 기회, 좋은 직장을 얻을 기회가 적기 때문에 자신의 불우한 환경에 좌절하게 되어 마침내 비합리적인 수단으로 자신이 원하는 것을 얻고자 한다(Kennedy, 1991).

비행청소년의 삶의 변화 동기를 높여 줄 수 있는 상담으로 동기강화상담을 적용할 수 있다. 비행청소년들은 자신이 진정으로 원하는 삶의 모습을 찾고 지속시키는 태도변화 단계를 거치면서 혼자 할 수 없었던 삶의 태도변화를 시작한다. 특히 동기강화상담은 초기 면담 시 적용하여 상담 기간이 제한되어 있을 때 또는 치료 초기에 탈락률이 높은 집단에게 유용하게 적용할 수 있다(Rolinick & Miller, 1995).

동기강화상담의 일반적인 원리를 살펴보면, 첫째, 공감 표현하기이다. 이는 상담자가 내담자의 관점을 이해하고자 하는 열망을 가지고 그 사람의 말을 존중하는 태도로 귀를 기울이는 것으로 상담자는 내담자의 생각이 적어도 타당하다는 생각으로 내담자의 관점을 이해하고 그에 반응하고자 애써야 한다. 따라서 내담자가 느끼는 변화에 대한 양가감정을 자연스러운 것으로 이해해야 한다. 둘째, 불일치감 만들기이다. 이것은 내담자가 자신의 현재 행동과 가치관 간의 불일치감을 증폭시키는 방법으로 반영적으로 경청을 통해 내담자가 자신의 현실 상황을 직면하고 변하고자 하는 마음이 생길 수 있도록 내담자 스스로 변화에 대해 논쟁을 하게 하는 상담원리이다. 셋째, 저항과 함께 구르기이다. 상담자는 내담자가 문제해결에서 주저하고 혼란스러워하는 것을 자연스러운 것으로 이해하여 질문을 하거나 문제에 대해 언급할 경우, 질문을 되돌거나 문제를 생각해 보게 함으로써 내담자의 저항에 직접 맞서지 말고, 내담자의 저항과 함께 구르거나 흘러가도록 하는 상담원리이다. 넷째, 자기효능감을 지지해 주는 방법이다. 자기효능감이란 어떤 특정 과제를 성취하고 성공시킬 수 있다는 자기능력에 대한 신념으로서 동기강화상담의 목표는 변화에 대한 장애물이 있어도 내담자가 적응해가며 계속 변화해 나갈 수 있다는 자신의 능력에 대한 자신감을 키우는 것이다. 동기강화상담은 여러 가지 방법으로 내담자가 자신의 바람직한 가치관에 맞는 행동을 선택해서 지속할 수 있게 도와 행동의 변화를 가져올 수 있게 한다. 상담 고유의 다양한 복합성을 고려해 동기강화상담을 다음과 같이 세 가지 다른 차원으로 새롭게 정의 내리고 있다(Miller & Rolinick, 2006).

첫 번째, 동기강화상담은 변화에 대한 내담자의 동기와 책임을 강화시킬 목적으로 하는 협력적인 대화방식이다. 두 번째 동기강화상담은 변화에 대한 양가감정으로 인해 발생하는 보편적인 문제를 다루는 인간중심 상담방법이다. 마지막 세 번째 동기강화상담은 변화대화에 특별히 주목하는 협력적이고 목표 지향적인 의사소통 방식으로 수용적이고 배려적인 분위기에서 내담자 스스로 변화 동기를 찾아내고 탐색할 수 있도록 함으로써 내담자의 동기와 책임을 강화시키기 위해 고안된 상담방법이다.

또한 비행청소년들에게 적용할 수 있는 상담은 독서상담이다. 독서상담의 목적은 다음과 같다(Doll & Doll, 1997). 독서상담은 독서가 효과적인 상담의 한 방법이라는 근거로 정신분석이론을 기반으로 하였다. 독서상담이란 정신분석 치료에서 정신분석가가 담당하고 있는 역할을 책이 대신하는 구조로 놓는다. 이때 독자(내담자)가 자신의 인지, 심리 및 정신질환의 원인이 되는 자신의 '억압된 욕망'을 책 내용에 투사함으로써 억압을 해소하고 완화한다. 나아가 통찰을 통해 자신의 정체성과 내적 세계를 변화시키고 재구성함으로써 성숙하여 갈등으로부터 자유로운 자아를 형성하도록 돕는 독서상담은 다음과 같은 특징을 가지고 있다.

첫째, 책을 읽는 사람이 자기 안에 숨겨진 것들을 발견하고 파악하게 하며 자신 안에 있는 은밀한 상처나 분노, 욕구를 표면화할 수 있도록 한다. 독서상담은 책을 읽는 참여자 개인에 대한 통찰과 자기이해를 증진시키기 위한 것이다.

둘째, 정서적인 카타르시스를 경험하게 하여 독자들의 긴장을 정화시키고, 순화시킴으로서 독자가 자신을 더 잘 이해할 수 있도록 한다. 이 역시 개인의 통찰을 증진시키고자 하는 목표와 관계가 깊다.

셋째, 아직 겪어 보지 않은 여러 문제를 독서를 통해 간접 경험함으로써 상상 속에서 미리 여러 문제를 해결하는 경험을 제공한다.

넷째, 자신과 비슷한 처지에 있는 책 속 주인공과 동일시함으로써 정서를 순화시키고 살아가가는 데 필요한 새로운 방향을 알려 주며 새로운 방법으로 다른 사람과 상호작용하도록 도와준다. 다른 사람을 만나는 방식이나 타인과 상호작용하는 방식들을 변화시키기 위한 것이다.

다섯째, 사람들이 직면하는 어려움이 자신만 겪는 것이 아니라는 것을 알게 한다. 다른 사람들과 공감대를 주어 효율적이고 만족스러운 관계를 갖게 하기 위한 것이다.

여섯째, 특별한 문제에 봉착했을 때 정보를 제공하며 어려운 상황이 닥쳤을 때 잘 적응할 수 있게 해 준다.

일곱째, 책을 통해 심미적인 경험을 하게 한다. 독서의 즐거움은 자발적인 독서로 이어져 자기적용단계까지 지속될 수 있음을 의미한다.

비행청소년들을 위한 상담과 치료로 효과적인 방법은 심리극 집단상담이다. 심리극 집단상담은 비행청소년들에게 충동조절 및 성격발달, 긍정적인 대인관계 갈등완화방식 변화, 자아개념 향상, 타인에 대한 공감능력, 의사소통기술 향상의 효과가 있음을 보고하였다(김영환, 2000; 박병훈, 2002; 이경희, 1992; 최연숙, 2002; Raubolt, 1983).

심리극은 1921년 정신의학자인 모레노(Moreno)에 의하여 시작되었다. 그 당시에는 언어적인 방법으로만 행하는 심리치료가 주를 이루었는데 모레노는 언어가 아닌 행동으로 심리적 갈등을 해결하고자 하였다. 그 후 1925년 그가 미국으로 이주하면서 각지에 심리극을 소개하였다. 모레노는 심리극을 극 속의 진실(the theater truth)이라 표현하면서 연극적인 방법을 통하여 인간 존재의 진실을 조명하고 인간이 처한 환경의 현실적 측면을 탐구하는 과학이라고 정의하였다(Moreno, 1953, 유익순, 2008에서 재인용).

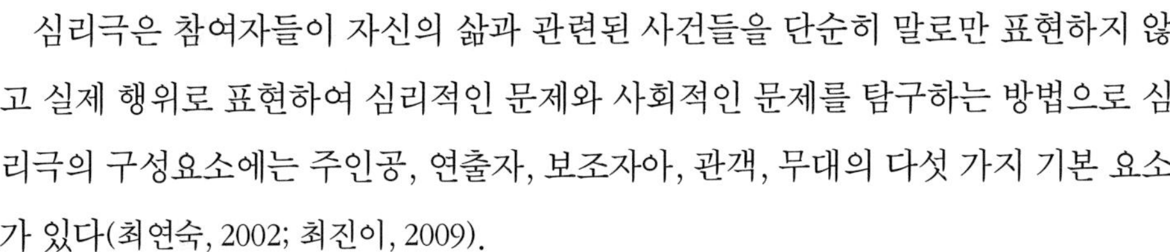

심리극은 참여자들이 자신의 삶과 관련된 사건들을 단순히 말로만 표현하지 않고 실제 행위로 표현하여 심리적인 문제와 사회적인 문제를 탐구하는 방법으로 심리극의 구성요소에는 주인공, 연출자, 보조자아, 관객, 무대의 다섯 가지 기본 요소가 있다(최연숙, 2002; 최진이, 2009).

첫 번째 요소는 주인공(protagonist)이다. 주인공은 상담장면에서 보통 '내담자'라고 이야기하는 사람으로서 자신의 문제를 자발적으로 심리극을 통해 접근하고자 나온 사람을 말한다. 연기의 주체가 되는 사람으로 주인공은 심리극에 참여한 사람이면 누구나 될 수 있음을 원칙으로 한다. 주인공에게는 보통 네 단계의 과정이 일어나는데, 자발성, 연기, 참여, 현실화의 단계이다. 첫째, 자발성은 표현의 자유를 의미한다. 둘째, 연기는 언어화 수준을 넘어선 행위로서 자유스러움을 의미하며, 셋째, 참여는 보조자아들의 도움으로 현실 이외의 다른 인물이나 대상을 참여시킬 수 있다는 것을 의미한다. 마지막으로, 현실화라는 용어는 갈등을 일으키는 모든 상황이 현실이건 환상이건 '지금-여기'의 상황으로 실현된다는 것을 의미한다. 주인공이 되기 위해서는 의식적이든 무의식적이든 동기가 있어야 하고, 충분한 준비작업을 통해서 자기 자신의 내면생활을 집단 앞에 문제로서 자신 있게 제시할 수 있어야 한다.

두 번째 요소는 연출가(director)이다. 상담가이자 치료자로서 주인공이 자신의 문제를 탐구할 수 있도록 극을 책임지고 이끌어 가는 사람을 말한다. 주인공이 처벌의 두려움을 느끼지 않고 자신의 문제를 무대 위에 자연스럽게 표현할 수 있도록 분위기를 조성해 주며, 극 전체를 지휘하는 역할을 한다. 연출자는 무엇보다도 주인공의 심리적 차원을 이해하고, 신뢰감을 주어 주인공이 자신을 드러낼 수 있도록 심리극의 분위기를 조성하고, 객관적 자세를 유지할 수 있어야 한다. 연출자는 전문적인 지식과 경력을 갖추어야 다양한 변화와 반응을 주도할 수 있다.

세 번째 요소는 보조자아(auxiliary ego)이다. 주인공의 심리적 문제점을 탐구할 수 있도록 돕고자 연기하는 사람을 보조자아라고 한다. 보조자아는 주로 주인공에게 중요한 타인 혹은 무생물이 되어 연기하며 주인공의 심리적 문제를 끄집어내도록 도와주고 주인공의 갈등을 극적으로 표현함으로써 주인공의 감정을 표현할 수 있도록 보조해 주는 역할을 한다. 즉, 주인공이 내재되어 있던 행동과 감정을 표현

하도록 돕는 기능을 해야 한다. 보조자아는 주인공과 자신의 역할 간 상호작용을 탐구하고, 관계를 해석, 개발하도록 연출자를 돕는 치료적 안내자의 역할을 하게 된다. 이들은 주인공이 가지고 있는 고통을 깊이 공감할 수 있으며, 관객으로 바라볼 때보다 현실적이고 체험적으로 주인공의 고통을 느낄 수 있고 다른 이의 고통을 치유하는 기쁨에 동참할 수 있다. 일부의 연출가는 훈련받은 보조자아나 전문가를 이용하여 극을 실연하지만 보통은 집단원을 활용한다. 심리극에서는 개인상담과 일반적인 집단상담과는 달리 주인공의 감정표현을 촉진하고 자기의 문제를 해결하도록 촉진하는 상담자의 역할에 연출자와 보조자아가 함께 기여한다.

네 번째 요소는 관객(audiance)이다. 주인공, 연출자, 보조자아를 제외한 심리극에 참여한 모든 사람을 이야기한다. 관객은 전통적인 연극에서의 관객과 다르게 필요하다면 직접 관객 중 주인공 혹은 보조자아를 하기도 한다. 또한 심리극이 끝나고 난 후 극을 보면서 자신이 느꼈던 이야기, 경험 등을 주인공에게 전달하기도 한다. 심리극의 관객은 일반 연극과 영화와는 달리 주인공이 자신의 감정들을 탐구하는 과정에서 직접 참가하는 적극적인 역할을 맡는다.

다섯 번째 요소는 무대(stage)이다. 극이 이루어지는 장소로서 심리극을 위한 전형적인 무대는 3단의 무대로 나누어져 있다. 그러나 요즘은 심리극에 즉흥성을 바탕으로 하기 때문에 어떤 공간이든 상상 속의 다양한 공간으로 변형할 수 있으며, 마치 우리나라의 마당극과 같이 어디든지 무대의 공간으로 활용 가능하다. 심리극의 토대는 가상적 역할을 해 보는 것이므로 거실이든, 사무실, 교실, 정원 어느 곳이든 무대가 될 수 있다. 조명이나 음향기기 같은 보조기구들은 필수적이지는 않지만 설치하면 상당한 효과를 줄 수 있다.

심리극의 진행은 준비단계, 행동화 단계, 나누기 단계 세 단계로 구성된다(최진이, 2009).

첫 번째 단계는 준비단계이다. 심리극이 익숙하지 않은 사람들이 새로운 상황에 적응할 수 있도록 하는 과정으로 집단의 긴장을 풀고, 집단의 응집력과 자발성, 연출자에 대한 신뢰, 집단에서의 안전감을 형성하며, 주인공을 선정하는 단계이다.

두 번째 단계는 행동화 단계(본극)이다. 준비과정을 통해 주인공을 선정하게 되고 주인공의 내부 세계를 외부 세계로 표현하는 단계로 심리극의 많은 기법을 적용하

게 된다.

마지막으로 나누기 단계이다. 심리극의 마지막 단계로서 집단원들이 주인공의 극이 자신들의 삶 속에서 어떤 의미로 다가왔는지 이야기를 나누게 된다. 또한 보조자아 역할을 했던 사람들은 자신이 역할을 수행하면서 느꼈던 점과 그 역할을 벗어나 실제 자신의 모습에서 느꼈던 점을 이야기한다.

요약

1. 위기에 처한 청소년들은 빠른 시간 안에 보다 전문적이고, 적절한 처치가 이루어져야 하지만 보호자의 동의 없이 치료를 할 수 없어 심각한 우울, 자해, 자살시도, 충동조절장애 등 정신건강상 심각한 문제로 방치될 가능성이 높다. 따라서 위기에 처한 청소년들을 지원하기 위한 적절한 개입이 필요하다.

2. 위기상담 현장에 청소년 내담자들이 보이는 주요 특징으로는 상담동기 부족, 인내심 혹은 지구력 부족, 상담자에 대한 오해, 인지적 능력 부족, 감각적 흥미와 재미를 추구하는 특성, 환경적 영향에 대한 민감함, 부족한 언어 표현 등이 있기 때문에 청소년을 대상으로 하는 상담은 전통적인 일반 성인상담과 달리 다양한 방식으로 접근해야 한다.

3. 중독의 핵심 증상은 조절장애(loss of control)이다. 또한 중독자들은 고위험 상황에 처해서 이를 효과적으로 처리하는 데 필요한 대처기술을 가지고 있지 않을 때 재발할 위험이 높다. 많은 선행 연구는 부정적 정서가 재발과 관련된 가장 관련성이 높은 요인들 중의 하나임을 밝히고 있다.

4. 청소년을 대상으로 하는 중독상담은 언어로 이루어지며 인지행동주의적인 상담이다. 정서와 인지는 서로 상호작용한다. 그런데 대화를 나누는 데 능숙하지 못하고 실패한 경우에는 강한 좌절감과 우울감을 느낄 수도 있을 것이다.

5. 비행청소년들에게 효과적인 상담은 통찰 지향적 상담보다는 지지상담이라고 한다. 즉, 공감, 온정, 진솔함이 비행청소년들에게 지각이 될 때 성공적인 치료가 될 수 있다.

6. 비행상담은 단순히 상담에 그치지 않고, 치료를 통해서 내담자가 문제행동을 감소해서 일반적인 학교생활과 사회생활에 적응하고, 유지해야 한다. 이를 위해 인지행동치료, 사회적 문제해결 훈련, 놀이치료, 분노조절훈련 등을 실시한다.

참고문헌

고정원(2014). 비행청소년들의 탈비행과정에 미친 독서상담의 효과: 내러티브 탐구에 의한 종단연구. 경기대학교 대학원 박사학위논문.

김미경(2004). 인터넷 중독 상담 현장에서의 미술치료의 활용: 청소년을 대상으로. 이화여자대학교 교육대학원 석사학위논문.

김영환(2000). 심리극이 학교부적응 청소년의 긍정적 자기개념 향상에 미치는 효과. 가톨릭대학교 대학원 석사학위논문.

김우준(2012). 폭력성의 중독 문제에 관한 고찰, **한국중독범죄학회보**, 2(2), 31-44.

김우준(2013). 4대 중독 정책 진단 및 개선방안, **한국중독범죄학회보**, 3(2), 74-88.

김의연 · 김미순 · 황해영(2015). 다문화학생을 위한 심리지원 프로그램의 국내외 연구동향 분석. **교육문화연구**, 21(5), 145-177.

김현주 · 이혜경(2011). 청소년이 지각하는 가족건강성과 학교생활 부적응과의 관계. **가족과 문화**, 23(1), 77-104.

박미라(2015). 위기집단상담 사례연구: 서울의 A고등학교의 자살사후 개입. **신학과 실천**, 44, 203-227.

박병영(2011). 청소년 비행유형에 관한 상담 연구. 경기대학교 대학원 석사학위논문.

박병훈(2002). 심리극이 비행청소년의 공격성과 충동 그리고 정서변화에 미치는 영향. 전남대학교 대학원 석사학위논문.

박상규(2016). 중동자의 회복과정에서 한국적 수행법의 활용. **한국심리학회지: 중독**, 1(1), 85-104.

박상규(2018). 행복은 청소년의 중독 예방에 기여할 수 있는가? **한국심리학회지: 중독**, 3(2), 1-11.

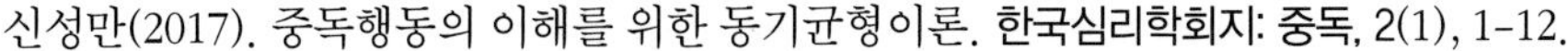

신성만(2017). 중독행동의 이해를 위한 동기균형이론. **한국심리학회지: 중독**, 2(1), 1-12.

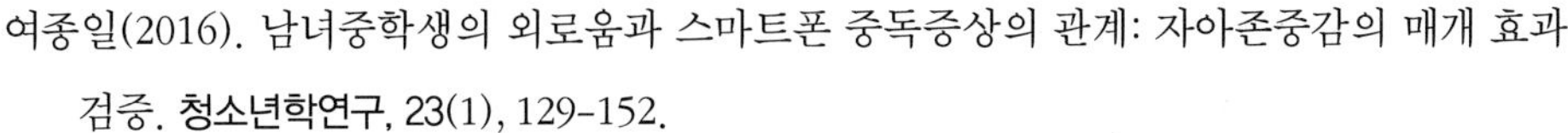

여종일(2016). 남녀중학생의 외로움과 스마트폰 중독증상의 관계: 자아존중감의 매개 효과 검증. **청소년학연구**, 23(1), 129-152.

오혜영 · 안현의 · 김은영(2012). 재난피해 청소년의 심리사회적 개입모델에 관한 개관연구. **청소년상담연구**, 20(2), 335-359.

유익순(2008). 초등학교 고학년 아동의 자기존중감 향상 및 대인불안 감소를 위한 심리극 집단상담 프로그램 개발. 한국교원대학교 교육대학원 석사학위논문.

이경희(1992). 심리극 집단상담을 통한 자기개념과 대인간 갈등해결방식의 변화에 관한 연구. 한국외국어대학교 교육대학원 석사학위논문.

이원상(2014). 중독과 형사사법: 형사정책적 관점에서의 게임중독에 대한 논의 고찰. **형사정책**, 26(1), 9-34.

이혜순(2014). 청소년의 자아존중감, 충동성 및 정신건강이 휴대전화 중독에 미치는 영향. **한국콘텐츠학회논문지**, 14(6), 200-210.

전영민(2012). 중독치료에서 인지를 넘어서: 정서, 동기, 치료관계. **한국중독범죄학회 제3회 학술대회**, 6-16.

조선민 · 이경수 · 송선미 · 유정 · 최남희 · 손영우(2007). 아동의 외상 후 스트레스장애와 외상 후 성장에 대한 정서의 매개 효과. **연차학술발표대회논문집**, 534-535.

주성아(2009). 직무수행 중 사상사고를 경험한 지하철 승무원의 외상 후 스트레스장애 연구. 이화여자대학교 대학원 석사학위논문.

최남희 · 유정(2010). 트라우마 내러티브 재구성과 회복효과. **피해자학연구**, 18(1), 285-309.

최수찬 · 이은혜(2016). 피해자지원법인의 표준 지침 수립방안: 위기개입 모델을 중심으로. **형사정책연구**, 27(3), 285-314.

최연숙(2002). 심리극 집단상담이 비행청소년의 공격성과 자기개념에 미치는 효과. 순천대학교 대학원 석사학위논문.

최진이(2009). 심리극 프로그램이 비행청소년의 우울, 공감, 희망에 미치는 효과. 덕성여자대학교 대학원 석사학위논문.

홍미진(2013). 신체형 · 심리형 해리와 과각성이 외상 후 스트레스 증상에 미치는 영향. 계명대학교 대학원 석사학위논문.

홍은애(2000). 비행청소년상담의 효과: 보호관찰청소년을 대상으로. 연세대학교 대학원 석사학위논문.

Agnew, R. (1984). Autonomy and delinquency. *Sociological Perspecyives, 27*, 219-240.

Aguilera, D. C., & Messick, J. M. (1982). *Crisis intervention: Theory and methodology* (4th ed.). LA: C. V. Mosby.

Allen, J. G. (1995). *Coping with trauma: A Guide to self-understanding*. Washington, DC: American Psychiatric Press.

American Psychiatric Association (2013). *Diagnostic and statistical manual of mental disorders: DSM-5TM*. (5th ed).

Berg, I., & Miller, S. (1992). *Working with the problem drinker: A solution-focusedapproach*. New York: Norton.

Budman, S. H., & Gurman, A. S. (1988). *Theory and practice of brief therapy*. New York, NY: The Guilford Press.

Calhoun, L. G., & Tedeschi, R. G. (1999). *Facilitating posttraumatic growth: A clinician's guide*. Mahwah, NJ: Erlbaum.

Doll, B., & Doll, C. A. (1997). Bibliotherapy with yu/oung people: Librarians and mental health pr/Professionals working together.

Freedman, S. A., Brandes, D., Peri, T., & Shalev, A. Y. (1999). Predictors of chronic post-traumatic stress disorder: A prospective study. *Britich Journal of Psychiatry, 174*, 353-359.

Gilliland, B. E., & James, R. K. (1997). *Crisis intervention strategies*. (3rd ed.). Pacific Grove, CA:Brooks/Cole.

Griffiths, M. D. (1996). Behavior Addictions and issue for everybody. *The Journal of Workplace Learning, 8*(3), 19-25.

James, R., & Gilliland, B. (2001). 위기개입(*Crisis Intervention Strategies*). 한인영, 김연미, 장수미, 최정숙, 박형원, 이소래 역. 서울: 나눔의집.

Kahneman, D., & Tversky, A. (1979). *The impact of family violence on children and adolescent. 98*. Thousand Oaks, CA: Sage Publications.

Kanel, K. (2006). *A guide to crisis intervention*. CA: BrooksCole/Thomson.

Kennedy, R. E. (1991). Delinquency. In R. M. Lerner, A. C. Peterson, & J. Brooks-Gunn (Eds.), *Encyclopedia of adolescence*. Vol I. New York & London: Garland Publishing, Inc.

Longstreet, P., & Brooks, S. (2017). Life satisfaction: A key to managing internet & social

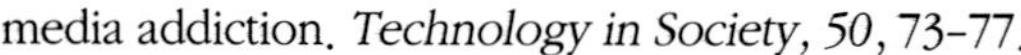
media addiction. *Technology in Society, 50*, 73-77.

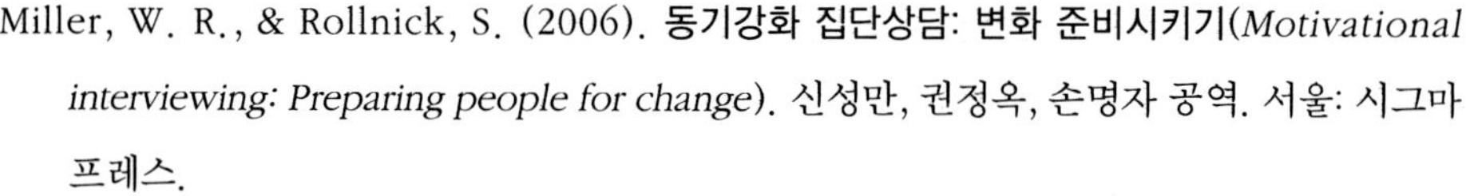
Miller, W. R., & Rollnick, S. (2006). **동기강화 집단상담: 변화 준비시키기**(*Motivational interviewing: Preparing people for change*). 신성만, 권정옥, 손명자 공역. 서울: 시그마프레스.

Myrick, R. D. (1993). *Developmental guidance and counseling: A practical approach* (2nd ed.). Minneapolis, MN: Educational Media Co.

Patterson, L. E., & Welfel, E. R. (1999). *The counseling process* (5th ed.). Belmont, CA: Wadsworth/Thomson Learning.

Pichot, T., & Dolan, Y. (2003). *Solution-focused brief-therapy: Itseffective use in agency settings*. Binghamton, NY: The Haworth Clinical Practice Press.

Potenza, M. N. (2006). Should addictive disorders include non substance related conditions?. *Addiction, 101*(s1), 142-151.

Raubolt, R. R. (1983). Treating children in residential group psychotherapy. *Child Welfare: Journal of Policy, Practice, and Program, 62*(2), 147-155.

Roberts, A. R. (2005). *Crisis intervention handbook. Assessment, treatment, and research* (3rd ed.). Oxford University Press.

Rollnick, S., & Miller, W. R. (1995) What is Motivational Interviewing?. *Behavioral and Cognitive Psychotherapy, 23*, 325-334.

Ruggiero, J., & Ondrich, J. (2001). Efficiency measurement in the stochastic frontier model. *EJOR, 129*(2), 434-442.

Westefeld, J. S., & Heckman-Stone, C. (2003). The integrated problem-solving model of crisis intervention: Overviews and application. *Counseling Psychologist, 31*, 221-239.

제12장

심리검사 및 평가

학습개요

최근 상담의 영역과 역할이 확장됨에 따라 다양한 문제를 진단하고 이해하기 위해 심리검사를 더욱 많이 활용하고 있다. 심리검사는 상담자와 내담자 모두에게 많은 정보를 제공한다. 상담사는 내담자의 문제를 이해하고 적절한 도움을 주기 위해 정보가 필요하고, 내담자는 심리검사를 통해 자신을 더 잘 이해하고 미래를 위한 계획을 세우는 데 심리검사 정보를 활용할 수 있다.

이 장에서는 청소년상담사가 숙지해야 할 심리검사와 평가의 개념, 역사, 기본 통계, 행동관찰 등에 대해 설명한다. 그리고 청소년상담에서 대표적으로 활용되는 다양한 검사도구들을 각 측정 영역별로 살펴보도록 한다. 이를 통해 상담사는 청소년 내담자를 위해 심리검사를 더욱 효과적으로 활용할 수 있다.

01 심리검사와 평가의 이해

1) 심리검사와 평가의 의미

심리검사는 심리측정학에서 비롯된 것으로 다양한 장면에서 다양한 목적으로 활용되고 있다. 심리학에서는 검사, 측정, 평가, 진단을 동의어로 사용할 때가 많다. 이러한 용어들에 대한 이해와 구별을 통해 심리검사와 평가의 의미를 보다 정확하게 이해하도록 한다(김영환 · 문수백 · 홍상황, 2005).

(1) 검사

검사(test)의 어원은 라틴어 테스튜움(testum)으로, 이 단어는 오늘날 금속공학 또는 화학 실험실에서 쓰고 있는 도가니같이 생긴 금속정련기 크루서블(crucible)을 의미한다. 크루서블이 광석에서 나온 금의 부피를 비교하여 금의 매장량을 추정하듯, 심리검사도 인간의 여러 행동표본을 통해 자료를 수집하여 수검자의 심리적 특성을 평가하는 것으로 이해할 수 있다. 심리학적 학술용어로 테스트라는 말을 처음 사용한 사람은 커텔(Cattell, J. Mck)이다. 그는 자연과학에서 크루서블로 물질의 성분과 함량을 측정하는 것과 같은 원리로 인간의 정신능력도 측정할 수 있다는 견해를 발표한 논문에서 정신검사(mental test)라는 용어를 사용하였다. 이후 심리학에서는 인간의 정신능력이나 행동 경향성을 측정하는 절차, 방법, 도구를 테스트라고 하게 되었다.

한편, 배터리(battery)라는 개념이 자주 테스트(test)와 같은 개념으로 등장하기도 하나, 테스트(test)와 배터리(battery)는 개념이 다르다. 배터리는 여러 부분으로 구성된 한 벌의 기구 또는 장치라는 뜻이다. 심리검사에서 종합검사(battery)는 두 개 이상의 하위검사로 이루어진 종합검사를 의미할 때 배터리라는 용어를 사용한다. 즉, 비교적 비슷한 영역의 내용을 종합적으로 측정하기 위해 두 개 이상의 테스트가

모여 하나의 배터리를 이루게 된다.

(2) 측정

측정은 일정한 규칙에 따라 어떤 대상이나 사건에 숫자는 부여하는 것으로, 어떤 대상을 정확히 이해하기 위한 첫걸음이다. 심리측정학은 자연과학의 측정방식과 같이 인간의 심리적 특성에 대한 수량화 작업에 관심을 두는 학문이다(김동일 외, 2014). 대부분의 심리검사는 측정이론에 입각하여 심리적 현상과 기능을 수량적으로 표시하고 해석하나, 모든 심리검사가 검사결과를 객관적으로 수량화시켜 통계적인 해석을 하는 것은 아니다. 즉, 수량화하지 않고서도 검사하는 방법이 많다. 따라서 검사와 측정을 같은 뜻으로 해석해서는 안 된다. 측정은 검사의 수단이며 심리검사에 대한 일종의 하위개념이다.

(3) 사정

사정(assessment)은 개인에 대한 정보를 수집하여 개인의 신체적 · 심리적 · 사회적 특성을 추론하고 예언하기 위해 사용하는 일련의 과정을 총칭하는 포괄적인 의미이다. 사정을 할 때는 관찰법, 면접법, 조사법을 통해 수집한 자료와 함께 각종 기록과 심리검사 결과 등을 모두 활용한다. 즉, 검사는 개인차를 측정, 이해하는 데 필요한 정보를 수집하는 과정 또는 도구를 의미하지만, 사정은 어떤 개인이 가지고 있는 특성의 질적 · 양적 수준의 풍부한 자료를 이용하여 다각적이고 객관적으로 추정(estimating), 감식(appraising), 평가(evaluating)하는 보다 포괄적인 의미이다.

(4) 진단

진단(diagnosis)은 환자를 진찰하여 병의 증세나 원인을 판단하는 것이다. 심리학에서는 심리측정 또는 심리검사를 실시하여 개인이나 집단이 가진 심리적 특성의 단점과 그 원인을 상세하게 밝히고 그 사람의 심리적 특성의 구조와 기능을 판단하는 것을 심리진단이라고 한다. 진단이란 표현은 어떤 심리적 특성을 매우 분석적으로 측정한다는 것을 특별히 강조하기 위한 형용사로 사용되며, 측정도구를 의미하는 낱말로 쓰이는 경우가 없다는 사실에 주목해야 한다.

(5) 심리검사와 심리평가

심리검사에 대한 일반적인 정의는 인지적, 정의적, 심리 · 운동적 사회적 특성이나 특징을 객관적으로 정확하게 측정하는 데 사용되는 방법(Thurstone, 1925), 비교적 연속적으로 나타나는 어떤 심리적 특성의 기능을 중심으로 개인과 집단의 행동에 대한 평가(Guilford, 1954), 개인에 대해 어떤 중요한 결정을 내릴 때 사용할 수 있는 가장 공정하고 정확한 심리학적 기술(Murphy & Davidshofer, 1994) 등의 정의가 있다. 심리검사의 기능은 진단 및 치료계획 수립, 개입 효과 평가, 선발, 배치, 분류, 자기 이해, 자격 인가(licensing), 과학적 검증 등을 아우르는, 단순한 측정의 기능을 넘어 평가의 도구가 될 수 있다.

평가(evaluation)의 사전적 정의는 '사물 또는 그 속성에 대한 가치판단'인데, 이를 위해서는 반드시 판단의 준거 또는 표준이 있어야 한다. 이 때문에 정보처리론이나 의사결정론에서는 평가를 어떤 사상에 대해 의사결정을 내리는 데 필요한 정보를 수집하고 활용하는 과정으로 정의하면서 가치판단을 배제한다.

심리평가(psychological evaluation)라는 용어는 의사나 임상심리 전문가들이 흔히 사용하고 있다. 일정한 준거나 표준에 입각하여 정신적 장애가 있는지, 그 정도는 어떤지를 확인하는 것이 정신과에서 검사를 실시하는 주된 목적이기 때문에 그런 활동을 지칭하기 위해 심리평가라는 용어를 사용해도 무방하다(김영환 외, 2005). 한편, 박영숙(1994)은 심리평가란 다양한 정보, 즉 심리검사와 행동 관찰, 면담, 개인정보, 전문지식을 통합하여 개인의 총체적 · 심리적 특성 및 상태에 관해 다양한 결정을 내리는 과정이라 하였다. 이러한 심리검사 및 평가에서의 해석은 기존의 지식을 토대로 둔 하나의 가설일 뿐이며, 그 타당성은 상담 현장에서 끊임없이 확인되어야 한다. 심리평가는 수검자의 의사결정 및 치료개입에 도움을 주며, 변화 양상 및 성과, 개입 종료 이후 성과유지의 확인 등에 활용된다(김동일 외, 2014).

2) 면담과 심리검사 유형

심리적 평가과정에서 자료를 모으는 수단 중 가장 중요한 면담과 심리검사 유형을 살펴보도록 하겠다(김계현 · 황매향 · 선혜연 · 김영빈, 2004).

(1) 면담

임상심리 전문가와 정신건강 전문가는 면담을 통해 내담자의 행동, 개별적 특징, 현 상황에 대한 반응 등을 알 수 있고, 라포를 형성할 수 있으며 검사결과의 의미와 타당성을 점검할 수 있다(박경 · 최순영, 2009). 면담 정보의 표준화 및 면담 진행 일정에 따라 구조화의 정도는 상이해지며, 일반적으로 개입 장면에 가장 많이 쓰이는 초기면담 기록지나 정신건강 분야에서의 정신건강상태검사는 반구조화된 형식의 대표적인 예이다. 평가의 신뢰성과 안정성이 강조되는 상황에서는 구조화된 면담이 주로 활용되는데, 이는 면담에 동반되는 여러 변수를 최소화해 줄 수 있는 장점이 있기 때문이다. 그러나 구조화된 면담은 평가 내용과 진행 순서가 획일적이기 때문에 면담자와 내담자의 라포형성이 어렵다는 단점이 있고, 이미 정해진 면담과정에서의 배제된 중요 정보의 누락 가능성 때문에 상담 현장에서의 활용도는 낮은 편이다(김동일 외, 2014). 다음은 상담 현장에서 활용도가 높은 반구조화된 면담 내용의 예다(〈표 12-1〉 참조).

표 12-1 반구조화된 면담 내용의 예

확인사항

- 기본 신상 정보(성명, 연령, 주소, 연락처, 가족사항 등)
- 주 호소문제(스트레스 요인, 과거 병력, 경과 등)
- 호소문제와 관련된 개인사 및 가족 관계, 발달력
- 인지적 기능 상태(사고, 정서, 행동)
- 정서적 기능 상태(불안, 공포, 분노, 슬픔, 죄의식 등)
- 사회경제적 상태(직업, 가정 경제수준, 여가활동 등)
- 대인관계 특성(친구, 가족, 친척 등)
- 이전의 상담 또는 의학적 치료경험
- 호소문제의 심각성과 긴급성(자살, 자해, 정신병적 양상 등)

결정사항

- 타 기관 의뢰 가능성, 타 기관 의뢰 시 절차 및 유의사항
- 본 기관 담당 가능성, 본 기관 담당 시 절차 및 유의사항

* 출처: 김동일 외(2014).

(2) 표준화 검사

표준화 검사(standardized test)는 명문화된 정해진 절차에 따라 실시되고 채점되는 검사를 말한다. 어떤 평가자가 어떤 대상으로 평가하더라도 동일한 방식으로 실시하고 채점할 수 있어야 하며 해석할 수 있는 표준적인 절차와 해석체계, 즉 규준(norm)을 가지고 있음을 의미한다. 대부분의 표준화 검사는 신뢰도와 타당도의 개념으로 연구되며, 성취검사, 적성검사, 인성검사, 흥미검사, 가치검사 등이 표준화 검사에 속한다. 비표준화 검사(nonstandardized test)는 명확하고 체계화된 지침이 마련되어 있지 않은 형태의 검사이다.

(3) 투사검사

투사검사(projective test)는 피검자에게 애매모호한 자극을 제시하고 그에 대한 자유로운 반응을 유도한 후 검사반응을 정밀하게 분석하는 검사이다. 피검자는 자신의 성격을 자극에 투사한다. 투사검사는 피검자가 자유롭게 자신을 표현할 수 있으며 개인의 심리적 특성에 대한 풍부한 자료를 제공해 주는 장점이 있다. 반면에 검사해석자의 주관성이 개입될 수 있는 여지가 많아 신뢰도와 타당도가 떨어지는 단점이 있다(권석만, 2017). 보편적인 투사검사에는 로르샤흐 잉크반점검사(Rorschach test)와 주제통각검사(TAT), 문장완성검사 등이 있다.

(4) 행동관찰

행동관찰은 개인의 특정한 상황에서 어떤 행동을 하는지를 체계적으로 관찰하여 행동을 구체적으로 기술하고 빈도나 강도를 수량화하는 방법이다. 행동은 자연주의적 관찰, 구조화된 관찰, 자기관찰 등으로 나뉜다.

자연주의적 관찰은 개인이 일상적 생활상황에서 나타내는 행동을 관찰하여 평가하는 방법이며, 구조화된 관찰은 특정한 자극상황, 즉 동일한 상황이나 자극을 제시하고 그러한 상황에 대응하는 개인의 행동적 반응을 관찰하여 다른 사람의 행동과 비교함으로써 개인이 나타내는 행동의 특징을 좀 더 객관적으로 평가할 수 있는 방법이다. 자기관찰은 개인이 자신의 행동을 체계적으로 관찰하는 방법이다(권석만, 2017). 행동관찰은 내담자의 호소문제(문제행동)와 직접 관련될 수 있는 장점이 있

다. 상담의 목표를 관찰할 수 있는 행동으로 설정하고, 행동관찰을 통해 상담효과를 평가할 수도 있다.

(5) 생애사적 자료

생애사적 자료는 내담자에 의해 보고되거나 역사적 기록에 반영되어 있는 개인의 성취나 경험을 말한다. 생애사적 자료는 사실적 정보이며, 사전에 계획되지 않는다는 점에서 행동관찰과는 다르다. 생애사적 자료는 경제적이고 효율적인 장점이 있으나, 만약 개인의 경험이 특이하다면 해석이 어려울 수 있고, 개인이 보편적인 경험을 하지 못한 경우라면 그 개인에 대한 자료의 해석을 달리해야 한다.

3) 상담에서 심리검사의 실제

(1) 상담에서 심리검사의 필요성

심리검사 자체가 문제의 해결은 아니지만, 심리검사는 문제해결에 있어서 도움이 되는 하나의 정보제공 매체이며 효과적인 사정이다. 따라서 상담사들은 심리검사 시행과 활용에 익숙해야만 상담에 특별한 도움을 줄 수 있다. 상담자들은 상담에 사용되는 여러 종류의 검사가 갖는 장점과 한계를 모두 알고 있어야 하며, 측정된 행동에서 발견할 수 있는 심리학적 설명과 검사의 심리측정학적 특성에 대하여 이해해야 한다(김계현 외, 2004). 이러한 의미로 상담에서 심리검사의 필요성을 주요하게 살펴보겠다(김영환 외, 2005; 김춘경 · 이수연 · 최웅용, 2006).

상담에서 심리검사의 필요성으로는, 첫째, 문제규명이다. 적절한 심리검사를 활용할 경우 상담자는 면담에만 의존하는 경우보다 내담자에 대한 통찰을 더 빨리 얻을 수 있다. 그리고 효율적인 방식에 따라 내담자의 문제가 도출된다면 치료 개입을 빨리 진행할 수 있다. 또한 객관적으로 잘 실시된 심리검사와 사정은 내담자의 문제를 인식하고 분석하는 데 있어 상담자의 확증적 편향을 극복하고 객관성 유지하는 데 도움을 준다.

둘째, 내담자에 대한 다양한 정보 수집과 의사결정 조력이다. 심리검사는 내담자를 이해하는 또 다른 방법이 될 수 있다는 측면에서 내담자에게 실질적인 도움이 된다. 심리검사는 사정결과를 활용할 수 있도록 새로운 정보를 제공하며, 일반적인 면담 형태의 상담과정 중에 말하기 힘들어하는 주제를 드러나게 한다. 즉, 어떤 내담자는 면담과정보다는 심리검사 도구를 통해 자신의 자살 충동을 더 잘 표현하기도 한다. 심리검사를 통해 수집된 다양한 정보는 내담자의 의사결정과정을 촉진하고 도울 수 있다.

셋째, 사정과 책무성이다. 입법가, 법인체, 의료보험, 내담자, 학부모 등은 상담이 도움이 되며 비용 절감적이라는 것을 증명할 수 있는 근거자료를 요구한다. 예를 들어, 학교상담자는 학교 장면에서 자신들의 유용성을 입증할 수 있는 책무성에 관련된 자료들을 제시할 준비가 되어 있어야 한다. 또한 학교장면 외에도 상담자는 상담성과와 데이터를 수집하는 객관적인 방법을 알고 있어야 한다. 심리검사를 통해 사정/평가하는 것도 이러한 책무성과 관련된 정보에 포함된다.

넷째, 상담자의 전문성 확보 요구이다. 모든 상담자는 심리검사 도구 및 기술을 적절하게 활용하고 정확하게 사정/평가할 수 있는 지식과 훈련을 갖춘 전문성을 확보해야 한다. 또한 서로 다른 배경을 가지고 있는 내담자에게 어떤 검사를 적용하고 어떻게 실시, 해석할 것인지에 대해 배워야 하며 상담과 검사를 종합할 수 있는 능력을 갖추어야 한다. 그리고 상담자는 새롭게 제작, 출판되는 검사에 관한 정보를 재빨리 입수하여 적용할 줄 알아야 한다(김계현 외, 2004).

(2) 심리검사 사용의 절차와 윤리

심리검사는 일반적으로 검사선정, 검사실시, 검사채점, 해석의 절차로 진행된다. 먼저 각 절차에 대해 살펴보면 다음과 같다.

① 검사선정

심리검사는 상담의 한 과정이다. 상담자는 가능하다면 어떤 검사를 사용할 것인지 내담자와 의논한다. 이는 검사의 목적과 특성을 알면 내담자는 검사결과를 통해 더 많은 도움을 받을 수 있다. 대체로 거의 모든 검사는 각기 나름의 장단점이 있다. 심리검사가 갖추어야 할 기본적인 조건(표준)은 신뢰도, 타당도, 객관성, 실용성으로 수검자의 연령, 직업, 학력(또는 읽기능력), 실시목적 등 수검자의 특성이나 조

건에 가장 적합한 검사를 택해야 한다(김영환 외, 2005). 이 외에도 검사에 걸리는 시간, 검사에 대한 비용, 채점 방식 등이 검사선정 시 고려되기도 한다.

② 검사실시

검사를 정확하게 실시하려면 검사를 하기 전에 검사자가 점검하고 준비해야 할 사항들이 많다. 필요한 사항을 사전에 빈틈없이 준비해야 하고 모든 가능한 예외의 상황에 능동적으로 대처하기 위해 치밀하게 준비해야 표준실시가 가능하다. 개인검사와 집단검사는 준비해야 할 사항이 다르고, 개인검사도 검사의 종류에 따라 준비해야 할 사항에 현저한 차이가 있다. 검사자가 준비해야 할 공통적인 사항은 실시요강 숙지, 검사도구 확보, 검사대상 파악 등이다. 그리고 검사장소는 의자, 조명, 온도, 정돈 등에 있어서 검사실시에 적합해야 하며 소음이 없고 조용해야 하고 방해받지 않는 곳이어야 한다.

그러나 검사의 준비가 바로 검사의 실시로 이어지는 것은 아니다. 상담자는 라포의 형성과 동기유발을 위한 노력이 필요하다. 이때 라포형성을 위한 대화는 5~10분을 초과하지 않는 것이 바람직하다(김영환 외, 2005).

③ 검사채점

채점은 검사요강에 기술되어 있는 대로 절차에 따라야 한다. 채점은 손으로 할 수도 있고 컴퓨터를 사용할 수도 있다. 여러 가지 검사를 손으로 동시에 채점을 할 경우 시간도 많이 걸리고 채점 오류가 발생할 가능성도 크다. 때문에 가능하다면 손으로 채점한 것은 다른 사람이 한 번 더 정확하게 채점이 되었는지 확인하는 것이 좋다. 컴퓨터 채점은 빠르고 정확하긴 하나 완벽한 것은 아니다. 따라서 채점자는 채점을 마친 뒤 답안지와 채점결과를 다시 확인하고 검토하는 습관이 필요하다.

④ 검사해석

검사결과도 실시요강에 따라 해석해야 한다는 것은 심리검사의 원칙이다. 그리고 상담자는 컴퓨터 활용 해석의 내용만이 아니라 내담자로부터 얻은 다양한 정보에 근거를 두고 그 내용을 충분히 고려하여 전문적인 판단을 내려야 한다. 그리고 결과해석은 다른 검사결과에 대해서와 마찬가지로 항상 확인될 수도 있고 변경될 수도 있는 가설로 보아야 한다.

검사결과를 해석해 주는 방법은 검사를 실시한 목적, 검사의 종류, 수검자, 검사자에 따라서 달라질 수 있다. 그렇지만 거의 모든 심리검사에서 보편적으로 적용되는 검사결과 해석방법은 해석의 기본관점, 표준점수와 백분율, 개인 간 차이와 개인 내적인 차이, 오차의 유형으로 크게 나뉠 수 있다. 여기서 해석의 기본관점이란 단순히 측정된 결과를 전달하는 것이 아니라 검사점수가 무엇을 의미하는가에 대한 입장을 분명히 수립해야 한다는 것이다. 이는 검사점수에 대한 타당도, 개인의 독특성과 보편성, 양적 해석과 질적 해석, 발달적 변화와 함께 가변성 있는 특성의 변화를 충분히 고려하여 해석해야 한다는 것이다.

⑤ 심리검사 사용에 관한 윤리

다음은 심리검사 사용에 관한 윤리적 고려사항이다. 한국상담학회와 한국상담심리학회는 윤리강령을 통해 상세한 심리검사 관련 지침을 제공하고 있다. 상담사는 분명하게 사용 지침들을 준수해야 한다. 〈표 12-2〉는 한국상담학회의 심리검사 관련 윤리강령이다.

표 12-2 한국상담학회 윤리강령: 심리검사

제7장 심리검사

제22조(일반사항)

① 상담자는 내담자의 환경(사회적 · 문화적 · 상황적 특성 등)과 개별적 특성을 고려한 후, 내담자를 조력하기 위한 목적에 적합한 심리검사를 선택해야 한다.

② 심리검사를 실시할 때에는 자격이 있는 사람이 표준화된 절차에 따라 실시해야 하며, 그 과정을 경시해서는 안 된다. 또한 수련상담자는 지도감독자로부터 훈련받은 검사도구를 제대로 이용하는지의 여부를 평가받는다.

③ 상담자는 검사채점과 해석을 수기로 하건, 컴퓨터를 사용하건, 혹은 다른 서비스를 사용하건 상관없이 내담자의 요구에 적합한 검사 도구를 적용, 채점, 해석, 활용한다.

④ 상담자는 검사 전에 검사의 특성과 목적, 잠재적인 결과, 수령자의 구체적인 결과의 사용에 대해 설명하고 내담자의 동의를 받는다. 이때 상담자는 내담자의 개인적 · 문화적 상황, 내담자의 결과 이해 정도, 결과가 내담자에게 미치는 영향을 고려한다.

⑤ 상담자는 피검자의 복지, 명확한 이해, 검사결과를 누가 수령할 것인지에 대한 결정에서 사전 합의를 고려한다.

제23조(검사도구 선정과 실시 조건)

① 상담자가 검사도구를 선정할 때 도구의 타당도, 신뢰도, 실용도, 객관도, 심리측정의 한계를 신중하게 고려한다.

② 상담자는 제3자에게 내담자에 대한 검사를 의뢰할 때, 적절한 검사도구가 사용될 수 있도록 내담자에 대한 구체적인 의뢰 문제와 충분한 객관적인 자료를 제공한다.

③ 상담자는 문화적으로 다양한 집단을 위한 검사도구를 선정할 경우, 그러한 내담자 집단에게 적절한 심리측정 특성이 결여된 검사도구를 사용하지 않도록 합당한 노력을 한다.

④ 상담자는 검사도구의 표준화과정에서 설정된 동일한 조건하에서 검사를 실시한다.

⑤ 상담자는 기술적 또는 다른 전자적 방법들이 검사 실시에 사용될 때, 실시 프로그램이 잘 기능하고 있는지 그리고 정확한 결과를 제공하는지에 대해 점검한다.

제24조(검사 채점 및 해석)

① 상담자는 개인 또는 집단검사 결과 발표에 정확하고 적절한 해석을 포함시킨다.

② 상담자는 검사결과를 보고할 때, 검사 상황이나 피검사자의 규준 부적합으로 인한 타당도 및 신뢰도와 관련하여 발생하는 제한점을 명확히 한다.

③ 상담자는 연령, 피부색, 문화, 장애, 민족, 성, 인종, 언어 선호, 종교, 영성, 성적 지향, 사회경제적 지위가 검사 실시와 해석에 영향을 미친다는 것을 인식하고, 내담자와 관련된 다른 요인들을 고려하여 적절하게 검사결과를 해석한다.

④ 상담자는 기술적인 자료가 불충분한 검사도구의 경우 그 결과를 해석할 때 주의해야 한다. 그러한 도구를 사용하는 특정한 목적을 내담자에게 명확히 알린다.

⑤ 상담자는 내담자 혹은 심리검사를 수령할 기관에 심리검사결과가 올바로 통지되도록 해야 한다.

⑥ 상담자는 내담자 이외에는 내담자의 동의를 받은 제삼자 또는 대리인에게 결과를 공개한다. 또한 이러한 자료는 자료를 해석할 만한 전문성이 있다고 상담자가 인정하는 전문가에게 공개한다.

제25조(정신장애 진단)

① 상담자는 정신장애에 대해 적절한 진단을 하도록 특별하고 세심한 주의를 기울인다.

② 상담자는 치료의 초점, 치료 유형, 추수상담 권유 등의 내담자 보살핌을 결정하기 위해 사용되는 개인상담을 포함한 검사기술을 신중하게 선택하고 합당하게 사용한다.

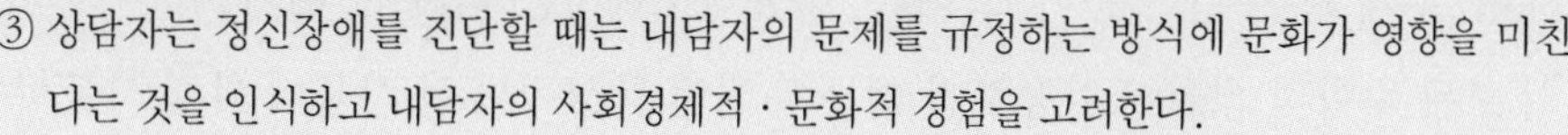

③ 상담자는 정신장애를 진단할 때는 내담자의 문제를 규정하는 방식에 문화가 영향을 미친다는 것을 인식하고 내담자의 사회경제적 · 문화적 경험을 고려한다.

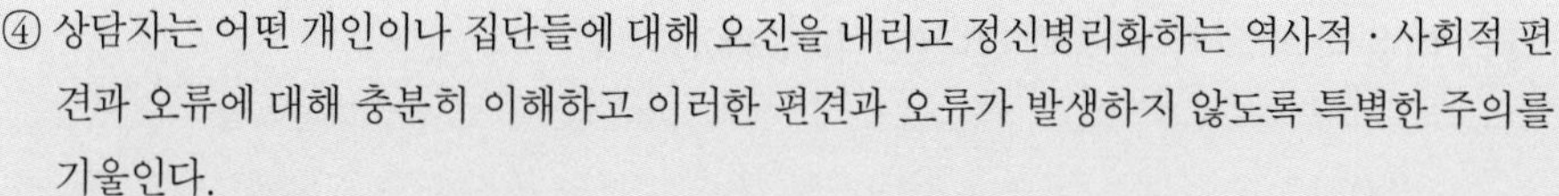

④ 상담자는 어떤 개인이나 집단들에 대해 오진을 내리고 정신병리화하는 역사적 · 사회적 편견과 오류에 대해 충분히 이해하고 이러한 편견과 오류가 발생하지 않도록 특별한 주의를 기울인다.

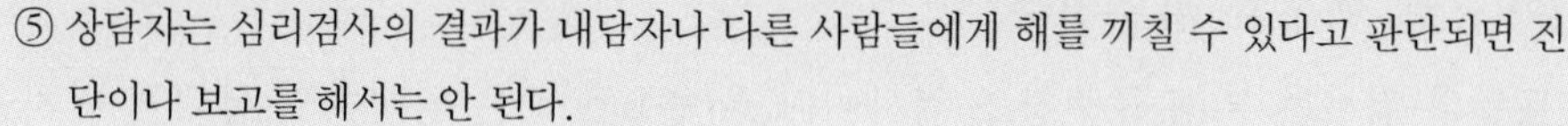

⑤ 상담자는 심리검사의 결과가 내담자나 다른 사람들에게 해를 끼칠 수 있다고 판단되면 진단이나 보고를 해서는 안 된다.

* 출처: 한국상담학회.[1)]

(3) 심리측정의 기본 개념과 통계

좋은 심리검사는 심리적 구성개념을 정확하고 안정적으로 측정할 수 있어야 한다. 상담자가 검사실시 목적에 가장 적합하게 검사를 선택하고, 실시, 채점, 해석하기 위해서는 측정에 대한 기본적인 개념과 통계에 대해 숙지할 필요가 있다. 이를 살펴보면 다음과 같다.

① 측정척도

척도란 사물의 속성을 구체화하기 위한 측정의 단위이다. 척도의 종류에는 명명척도, 서열척도, 등간척도, 비율척도 네 가지로 구분한다. 명명척도는 사물을 구분 혹은 분류하기 위하여 이름을 부여하는 척도이다. 예로는 성별, 색깔, 인종 등이 있으며 좀 더 구체적으로는 성별을 표시할 때 남자나 여자 대신 1과 2로 표시한다. 서열척도는 사물의 상대적 서열을 표시하기 위하여 쓰이는 척도이다. 예로는 성적의 등위, 키 순서 등이 있다. 등간척도란 척도상의 모든 단위의 간격이 일정하다는 뜻이며, 온도를 나타내는 섭씨나 학업성취 점수를 들 수 있다. 등간척도의 특징은 상대적인 의미를 지니는 임의영점은 존재하지만 절대영점은 존재하지 않는다는 점이다. 즉, 0점을 받은 학생이라고 해서 학습능력이 전혀 없는 것은 아니라는 뜻이다. 등간척도는 더하기, 빼기의 계산만 가능할 뿐 곱하기, 나누기의 법칙은 성립되지 않는다. 비율척도는 서열성, 등간성을 지니는 동시에 절대영점이 존재하는 척도를 의

1) 한국상담학회 http://www.counselors.or.kr(2019. 6. 21. 검색).

미하며, 무게 혹은 길이 등이 그 예다. 비율척도에서는 더하기, 빼기, 곱하기, 나누기의 모든 수학적 계산이 가능하기 때문에 어떤 특성에서 한 사물이 다른 사물의 몇 배라는 비율적 비교가 가능해진다(김석우, 2007).

② 규준, 백분위, 표준점수

표준화 검사는 본래 규준참조 검사이다. 규준(norm)은 원점수의 상대적 위치를 설명하기 위하여 쓰이는 일정의 자(scale)이다. 규준은 규준집단으로부터 얻어진다. 개인의 원점수를 규준집단에서 도출된 규준표와 비교하여 그 개인의 상대적 수행 정도를 확인할 수 있다. 이러한 규준점수에는 백분위, 표준점수가 있다.

백분위(percentile)는 어떤 점수가 서열순위 내에 위치할 때 그 밑에 있는 비교집단의 사람 비율로 나타낸다. 예를 들어, 백분위가 65%라면, 비교집단에서 65%의 사람이 그 점수보다 더 밑에 있다는 의미이다. 즉, 백분위점수는 비교집단에서 100명의 사람을 서열화한 것으로 해석할 수 있다.

표준점수는 백분위가 실제 분포 모습을 그대로 반영하지 못하기 때문에 많은 검사에서 검사결과를 작성하는 방법으로 사용한다. 표준점수는 표준편차 및 평균에 기초한다. 표준점수는 원점수와 평균 간의 거리(표준편차 단위상에서의 거리)라고 정의할 수 있는데, 가장 기본적인 표준점수는 Z점수이다. Z점수는 평균을 0, 표준편차를 1로 정한 표준점수를 말한다. 예를 들어, Z점수 −1.5는 원점수가 규준집단의 평균에서 하위 1.5표준편차만큼 떨어져 있다는 의미이다. Z점수가 이와 같이 소수점과 음의 값으로 나타날 수 있기 때문에 계산과 해석이 다소 어려울 수 있어서 Z점수를 변환한 다른 표준점수가 T점수이다. T점수는 가장 많이 사용되는 표준점수로 평균이 50, 표준편차가 10이다. Z점수에 10을 곱하고 50을 더하면 T점수가 계산된다(T=50+10Z). 심리검사에서는 소수점과 음의 부호를 없애 주기 때문에 T점수 방식을 선호한다. 표준점수의 또 다른 유형으로 스테나인(stanine)이 있으며 우리나라 대학수학능력시험의 등급에서 이 스테나인 표준점수를 사용한다(김계현 외, 2004).

여러 규준 점수 간의 관계는 [그림 12-1]에 제시되어 있다.

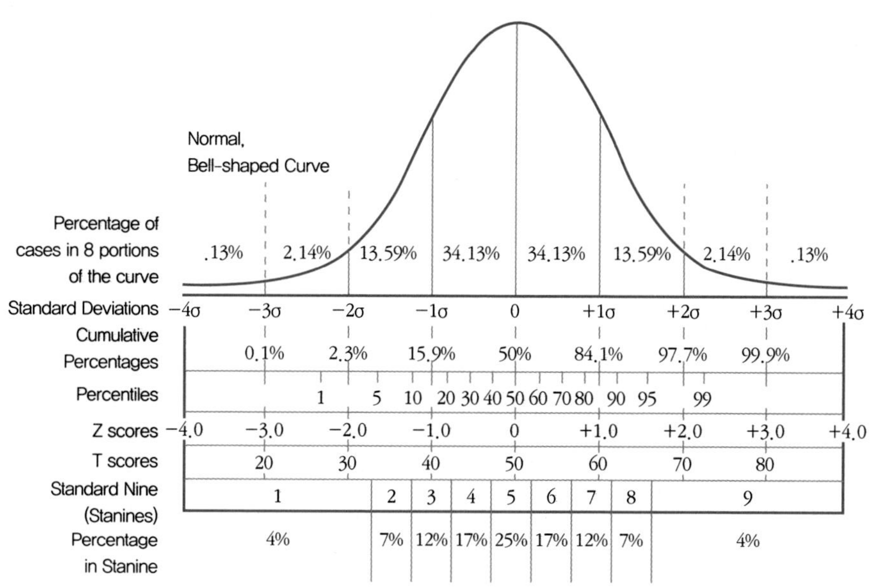

[그림 12-1] 정상분포에서 여러 가지 규준 점수 간의 관계

* 출처: 위키백과.[2)]

③ 타당도와 신뢰도

타당도는 검사 또는 측정도구가 본래 측정하고자 한 것을 충실히 측정했는가라는 문제와 관련된다. 즉, 타당도에 관한 질문은 '이 검사가 무엇을 측정하고 있느냐'로 표현될 수 있다. 예를 들어, 인간의 지능을 측정하기 위하여 지능검사를, 적성을 측정하기 위하여 적성검사를, 인성을 측정하기 위하여 인성검사를 사용할 때, 타당한 검사라 한다(김석우, 2007). 타당도를 분석하는 방법에는 일반적으로 내용타당도, 구성타당도, 준거타당도가 있다. 내용타당도는 검사문항이 측정하고자 하는 내용 영역을 얼마나 잘 대표하는지의 정도를 나타낸다. 내용타당도 분석은 내용 영역에 관해 지식을 갖춘 전문가가 문항을 면밀히 검토하고 평가한 후 판단을 내리는 방법이다. 한편, 안면타당도 분석은 비전문가가 문항을 간단히 살펴본 후 판단을 내리는 방법이다. 구성타당도는 검사가 재려고 하는 이론적 개념이 검사에 따라 측정되

2) 위키백과 https://ko.wikipedia.org/wiki/%ED%91%9C%EC%A4%80_%EC%A0%90%EC%88%98(2019. 6. 22. 검색).

는 정도를 의미한다. 그리고 준거타당도는 심리검사와 어떤 준거 간의 관련성을 분석하는 방법이며, 예언타당도와 공인타당도가 있다. 예언타당도는 어떤 시간 간격에 따라 검사점수가 준거상황을 예언할 수 있는 정도를 의미하며, 대학수학능력시험은 학생이 대학에서 수학할 능력이 있는지를 예언하기 위해 만들어진 검사이다. 공인타당도는 동일한 특성을 측정하는 검사 외의 다른 대안적 방법으로 측정된 내용과의 관계를 본다(김춘경 외, 2006).

신뢰도는 측정하고자 하는 것을 정확하게 측정하는 정도, 즉 검사의 안전성 또는 일관성을 의미한다. 신뢰도는 '어떻게 측정하고 있느냐'의 문제이다. 신뢰도를 살펴보는 방법으로는 검사-재검사 신뢰도, 동형검사 신뢰도, 반분검사 신뢰도, 문항 내적 합치도가 있다. 검사-재검사 신뢰도는 검사의 신뢰도를 알아보기 위해 많이 사용되는 것으로, 동일한 검사를 동일한 집단에게 어느 정도의 시간차를 두고 두 번 실시하여 첫 번째와 두 번째 점수 간의 상관계수를 산출하여 신뢰도를 계산한다. 동형검사 신뢰도는 두 개의 동형 검사를 제작하여 두 검사를 동일 집단에게 실시하여 두 점수 간의 상관관계를 구해서 얻은 신뢰도이다. 반분검사 신뢰도는 한 개의 검사를 한 피험자 집단에게 실시하되 그것을 적절한 방법에 의해 두 부분으로 분할하고 이렇게 반분된 검사점수들 간의 상관을 산출하여 얻은 신뢰도를 말한다. 문항 내적 합치도는 이름에서 보듯이 한 검사의 문항 각각의 반응의 일치도를 나타낸다(김석우 외 2007).

02 지능 · 학습 · 진로 영역

1) 지능검사

(1) 지능검사의 정의와 발달

지능(intelligence)이라는 용어는 라틴어 'intelligentia'에서 유래된 것으로 'inter'란 '내부에서'를 뜻하며, 'leger'란 '모이고, 선택하고, 분별하다'는 뜻을 지닌 용어이다. 이러한 '지능'에 대한 정의는 다양한 학자에 의해 시도되어 왔다. 스피어만

(Spearman, 1904)은 단일특성이 모든 정신능력을 설명할 수 있다고 하였으며, 비네(Binet, 1905)는 지능은 판단력, 이해력, 논리력, 추리력, 기억력 등의 구성요소로 이루어져 있다고 보았다. 그리고 터만(Terman, 1921)은 지능을 추상적 사고를 수행하는 능력으로 정의를 내리면서 한 가지 특정 검사의 결과에 따라 지능을 개념화하는 것은 위험한 생각이라고 경고하였다(김도연 · 옥정 · 김현미, 2015). 비네와 터만은 비지적 요인도 지능검사 결과에 영향을 미친다는 사실을 인식하고 있었으며, 특히 웩슬러(David Wechsler)는 비지적 요인이 지능검사 결과에 미치는 영향력을 가장 많이 강조한 학자였다. 1958년 웩슬러는 지능을 합목적적으로 행동하고, 합리적으로 사고하고, 환경을 효율적으로 다루는 개인의 통합된 또는 총체적인 능력으로 정의하였다(김영환 외, 2005). 1980년대 이후, 가드너(Howard Gardner, 1983)는 인간의 지능적 유능함은 일련의 문제해결 기술을 수반하여 자신이 직면한 문제나 어려움을 해결하고 생산적인 성과를 거두며 새로운 지식의 습득을 가능케 하는 잠재력과 연관되는 것으로 보았으며, 스턴버그(Sternberg, 1986)는 지능은 개인의 삶과 관련된 실제 세계에 목적적으로 적응하고 조형하며 선택하는 정신활동이라고 정의 내렸다(김도연 외, 2015).

지능검사는 1905년 비네와 시몽(Binet & Simon)에 의해 최초의 지능검사인 Binet-Simon Test가 개발되었다. 이후 미국의 스탠포드 대학교의 터만(1916)은 미국문화에 적절하도록 Binet-Simon Test의 문항을 수정하여 Stanford-Binet Test(1916)라는 이름으로 출판하였다. 한편, 1917년 제1차 세계대전이 발발하면서 미국에서는 군 입대 대상자의 선정과 부대 배치를 위해 성인용 지능검사를 개발하였다. 성인용 지능검사는 지필형 검사인 Army Alpha와 비언어성 검사인 Army Beta로 각각 개발되어 사용되었으나 현재 이 검사들은 사용되고 있지 않다. 웩슬러는 그의 임상적 기술과 통계적 훈련을 결합하여 웩슬러-벨레뷰 1판(WB-1, 1939)과 WB-2(1946)을 개발하였다. 이후 그는 WB-1판을 성인용 지능검사(Wechsler Adult Intelligence Scale: WAIS, 1955)로 개정하였으며, 수차례의 재개정 작업을 거쳐 WAIS-IV(2008)까지 출시되었다. 한편, WB-2판의 대상 연령을 낮춰 5~15세의 아동들에게 적용할 수 있는 Wechsler Intelligence Scale for Children(이하 WISC; Wechsler, 1949)이 출시되었고 이후 WISC는 여러 지능검사 가운데 가장 널리 사용되었다. WISC는 수

차례 재개정 작업을 통해 WISC-IV(2003)로 개정되었고, 2014년 WISC-V가 미국에서 출시되었다. 또한 영유아를 대상으로 Wechsler Preschool and Primary Scale of Intelligence(WPPSI; Wechsler, 1967)가 개발되어 WPPSI-III(Wechsler, 2002)로 개정되었다.

국내에서는 성인대상의 한국판 웩슬러 지능검사인 KWIS가 1963년 전용신, 서봉연, 이창우에 의해 표준화되었으며, 이후 한국임상심리학회(1992)가 KWIS를 K-WAIS로 개정하였다. 현재는 황순택, 김지혜, 최진영과 홍상황(2012)이 표준화하여 출간한 K-WAIS-IV가 사용되고 있다. 아동 대상의 WISC 검사들은 이창우, 서봉연이 WISC(1949)를 표준화하여 K-WISC(1974)를 내놓았다. 이후 WISC-III(1991)는 K-WISC-III(곽금주 · 박혜원 · 김청택, 2001)로 표준화, WISC-IV(2003)는 K-WISC-IV(곽금주 · 오상우 · 김청택, 2011)로 표준화되었으며, WISC-V(2014)는 2016년부터 한국판 표준화 연구를 거쳐 K-WISC-V(곽금주 · 장승민, 2019)로 출시되었다. 유아용 웩슬러 지능검사인 WPPSI-R(1989)은 K-WPPSI(박혜원 · 곽금주 · 박광배, 1996)로 표준화되어 사용되고 있다(김도연 외, 2015). 또한 K-ABC II (The Kaufman Assessment Battery for Children-II)는 문수백(2014)이 K-ABC를 개정한 것으로, 만 3~18세 아동 청소년용 개인지능검사다. 이 검사는 Kaufman과 Kaufman(1984)이 지능과 습득도를 평가하기 위해 개발한 종합지능검사이다.

(2) 웩슬러 지능검사

한국판 웩슬러 아동지능검사는 여러 지능검사 가운데 가장 널리 사용된다. 한국판 웩슬러 아동지능검사는 만 6세 0개월부터 만 16세 11개월까지 아동 및 청소년의 지능을 평가하기 위해 개별적으로 실시하는 종합적인 임상도구이다. 여기서는 K-WISC-IV(곽금주 외, 2011)와 2019년 출시된 K-WISC-V(곽금주 외, 2019)를 중심으로 검사의 특징 및 구성에 대해 간략히 살펴보도록 하겠다.

K-WISC-IV(곽금주 외, 2011)는 도구의 이론적 토대 업데이트, 발달적 적합성 증가, 심리 측정적 속성 향상, 검사자의 편의성 증가라는 네 가지 목표를 가지고 개발되었으며, 이전의 웩슬러 아동 지능검사들에 대해 큰 폭의 개정이 이루어졌다. K-WISC-IV의 주요 특징으로는, 첫째, 언어성 IQ와 동작성 IQ 산출을 폐기하여,

표 12-3 K-WISC-Ⅳ의 검사 구조

언어이해지표(VCI)	지각추론지표(PRI)	작업기억지표(WMI)	처리속도지표(PSI)
공통성 어휘 이해 (상식) (단어추리)	토막 짜기 공통그림 찾기 행렬추리 (빠진 곳 찾기)	숫자 순차연결 (산수)	기호 쓰기 동형 찾기 (선택)

* ( )는 보충소검사.

전체 IQ 및 언어이해지표, 지각추론지표, 작업기억지표, 처리속도지표의 네 가지 지표점수를 산출한다. 둘째, 단어추리, 행렬추리, 공통그림 찾기, 순차연결, 선택 소검사가 새로 추가되었다. 셋째, 상식과 산수와 같이 학교 교육의 영향이 큰 소검사들이 WISC-Ⅳ에서는 보충검사로 바뀌었고 지표점수와 전체 IQ산출에 포함되지 않는다. K-WISC-Ⅳ는 15개의 소검사로 구성되며, 새로운 소검사는 단어추리, 행렬추리, 공통그림 찾기, 순차연결, 선택이다. 〈표 12-3〉은 K-WISC-Ⅳ의 검사 구조를 요약하여 제시하고 있다.

K-WISC-V[3](곽금주 외, 2019)는 지능이론은 물론이고, 인지발달, 신경발달, 인지신경과학, 학습과정에 대한 최근 심리학 연구들에 기초하고 있다. K-WISC-V는 16개의 소검사로 이루어져 있다. 유동적 추론의 측정을 강화하는 새로운 3개의 소검사(무게비교, 퍼즐, 그림기억)가 추가되었고, K-WISC-Ⅳ에서 13개의 소검사(토막 짜기, 공통성, 행렬추리, 숫자, 기호 쓰기, 어휘, 동형찾기, 상식, 공통그림 찾기, 순차연결, 선택, 이해, 산수)가 유지되었지만 소검사의 실시 및 채점 절차가 수정되었다. K-WISC-V는 구조적으로 변화한 전체 IQ와 다섯 가지 기본지표점수(언어이해, 시공간, 유동추론, 작업기억, 처리속도)와 다섯 가지 추가지표점수(양적추론, 청각작업기억, 비언어, 일반능력, 인지효율)를 제공한다. 그리고 인지능력에서 좀 더 독립적인 영역에 대한 아동의 수행을 나타낼 수 있는 지표점수(시공간지표와 유동추론지표)와 처리점수(토막 짜기 소검사의 부분처리점수)를 추가적으로 제공한다는 특징이 있다.

3) 인싸이트 http://inpsyt.co.kr/main(2019. 6. 24. 검색).

2) 학습검사

최근에는 학교 현장에서도 학습문제에 접근할 때 학생의 학습부진 문제를 단순히 선행지식의 부족이나 비효율적인 공부방법에만 귀인하지 않는다. 학생의 지능과 기초학습능력을 진단하고, 학습동기 저해요인, 학습스타일, 학습방법을 파악하고, 필요한 경우에는 전반적인 심리적·환경적 요인을 파악하는 등 학생의 인지, 정서, 행동, 환경에 대한 다각적인 접근들이 이루어지고 있다. 따라서 상담자는 심리검사를 활용하여 보다 전문적으로 내담자의 여러 가지 학습 관련 변인을 파악하여 상담에 활용하는 등 전문성을 갖추는 것이 필요하다.

먼저 학습동기검사로는 김아영(2003)이 제작한 학습동기검사(Academic Motivation Test: AMT)는 다양한 동기변인 중 학습자가 자신의 수행능력에 대해 보이는 기대와 신념인 '학업적 자기효능감'과 자신의 실패경험에 대하여 건설적으로 반응하는지 여부를 나타내는 '학업적 실패내성'을 측정한다. 학습흥미검사는 조붕환과 임경희(2003)가 제작한 학습흥미검사는 초등학교 4~6학년을 대상으로 한다. 학습흥미는 학습유형별(창의형, 사고형, 탐구형, 활동형)과 교과별 흥미(국어, 수학, 사회, 과학, 체육, 음악, 미술, 실과, 영어)로 나누어 분석된다. 그리고 송인섭(2010)이 개발한 자기주도학습증진 방법검사는 자기주도학습이 초등 저학년에서 발달하여 고학년에서 현저하게 나타난다는 여러 연구결과에 기초하여 초등학생 5~6학년, 중학생, 고등학생으로 학교급별로 표준화하여 개발되었다. 김성현(2009)은 학습집중력검사를 개발하였으며, 이 검사는 주의집중, 학습흥미, 자기관리, 학습태도의 네 개 하위영역을 진단한다(김계현 외, 2004).

최근에는 학습관련 하위 영역을 종합적으로 검사하는 여러 검사가 개발되었으며, 박동혁(2014)의 MLST-II는 가장 대표적이다. MLST-II 검사는 2006년 처음 개발되어 2010년 부분 개정판-R을 거쳐 개정판 MLST-II로 출간되었다. MLST-II 검사는 아동청소년들의 학습전략이 얼마나 효과적인지 이해하고, 학업성취도에 영향을 줄 수 있는 다양한 요인을 알아봄으로써 학습자로서 자신의 장점과 단점을 이해하고 학습에서의 효율성을 높이는 데 그 목적이 있다. MLST-II는 네 개 하위영역으로 구성되어 있으며, 성격요인으로 효능감, 결과기대, 성실성을, 정서요인으로 우울, 짜증, 불안을, 동기요인으로 학습, 경쟁, 회피를, 행동요인으로 시간관리, 공부환경, 수업 듣기, 노트필기, 집중전략, 읽기전략, 기억전략, 시험전략을 포함하고 있다. MLST-II는 표준화과정을 통해 제작된 램프 워크북을 토대로 학교나 기관에서 보다 쉽게 학생들에게 개입 서비스를 제공할 수 있는 특징이 있다.

3) 진로검사

진로검사는 진로발달과 결정검사, 진로탐색과 선택으로 크게 구분할 수 있다. 진로발달과 결정의 측정은 진로계획에 대한 준비도를 평가하는 데 중요하며, 이경희(2001)는 크롬볼츠(Krumbloltz)의 진로신념검사를 한국형 진로신념척도로 개발하였다. 이어 송보라와 이기학(2010)은 한국형 진로신념척도를 한국 고등학생의 진로신념을 측정할 수 있는 측정도구로 개발하고 타당화하였다. 또한 한국가이던스에서 제공하는 진로발달검사(이종범 · 이건남, 2016)는 초등학교 고학년 및 중학교 1학년들의 진로의식, 진로발달, 진로성숙도를 측정한다. 김봉환(1997)은 진로정체감검사를 개발하였으며, 청소년진로발달검사(김봉환 외, 2007)는 워크넷을 통해 쉽게 활용할 수 있다. 그리고 한국교육개발원(1992)에서 제작한 진로성숙도검사와 한국직업능력개발원(2001)에서 개발한 진로성숙도검사도 국내 대표적인 검사도구이다(김봉환 외, 2006).

진로탐색검사로는 홀랜드(J. L. Holland)의 인성이론에 기초한 진로탐색검사가 진로상담에서 가장 많이 활용되고 있다. 이 검사는 개인이 스스로 진로탐색을 할 수 있도록 체계적이고 정확한 정보를 제공하고, 이를 토대로 진로를 결정할 수 있는 유용한 도구라고 평가받고 있다. 이 검사는 홀랜드가 제안한 여섯 개의 직업적 성격유형, 즉 실재형, 탐구형, 예술형, 사회형, 기업가형, 관습형 유형을 측정하여 개인의 RIASEC 진로유형을 찾고 이에 따라 개인에게 적합한 전공학과와 직업을 제시해 준다.

직업흥미검사들에는 단순 흥미도를 측정하거나, 홀랜드의 직업적 성격유형론의 특정 유형론에 근거하거나, 직업카드분류법을 이용하는 도구들이 있다. 스트롱(Strong)[4]검사는 대표적인 직업흥미검사이다. 스트롱(Strong) 검사는 미국의 직

업 심리학자 에드워드 스트롱(E. K. Strong)에 의해 개발되었으며, 개인의 직업흥미에 적합한 진로가 무엇인지 알려 주기 위해 검사를 개발하기 시작하였다. 스트롱(Strong) 검사는 1927년 처음으로 개발된 이후 개정을 반복하면서 직업 변화를 검사개발에 반영하였으며, 진로 및 직업상담, 경력개발, 컨설팅 분야에서 세계적으로 많이 사용되고 있다. 2017년 출간된 한국판 스트롱 직업흥미검사II(김정택 · 김명준 · 심혜숙)는 고등학생, 대학생 및 일반 성인용 검사로 개인의 흥미영역 세분화에 초점을 두고, 보다 구체화된 직업탐색, 직무선택, 진로계획 등에 효과적으로 사용할 수 있도록 구성되어 있다.

03 성격 · 정신건강 영역

성격평가와 정신건강 영역에 사용되는 검사들은 측정방법에 따라 크게 자기보고형 검사와 투사적 검사로 구분된다. 이는 다음과 같다.

1) 자기보고형 검사

자기보고형 검사는 성격특징을 기술하는 문항을 질문의 형태로 제시하는 질문지 방법을 취한다. 기계적으로 채점하여 표준화된 규준에 따라 검사결과가 자동적으로 산출되므로 평가자의 주관적 반응이 개입될 여지가 없다는 점에서 객관적 검사로 부르기도 한다. 흔히 사용되는 성격검사에는 기질 및 성격검사(TCI), 성격유형검사(MBTI), 다면적 인성검사(MMPI-2), NEO 성격검사 등이 있다.

(1) 기질 및 성격검사(TCI)

기질 및 성격검사(Temperament and Character Inventory: TCI)는 클로니어(Robert Cloninger)가 그의 동료들과 함께 1994년에 개발한 자기보고형 검사이다. TCI는 한

---

4) http://www.career4u.net/tester/strong_intro.asp(2019. 6. 26. 검색).

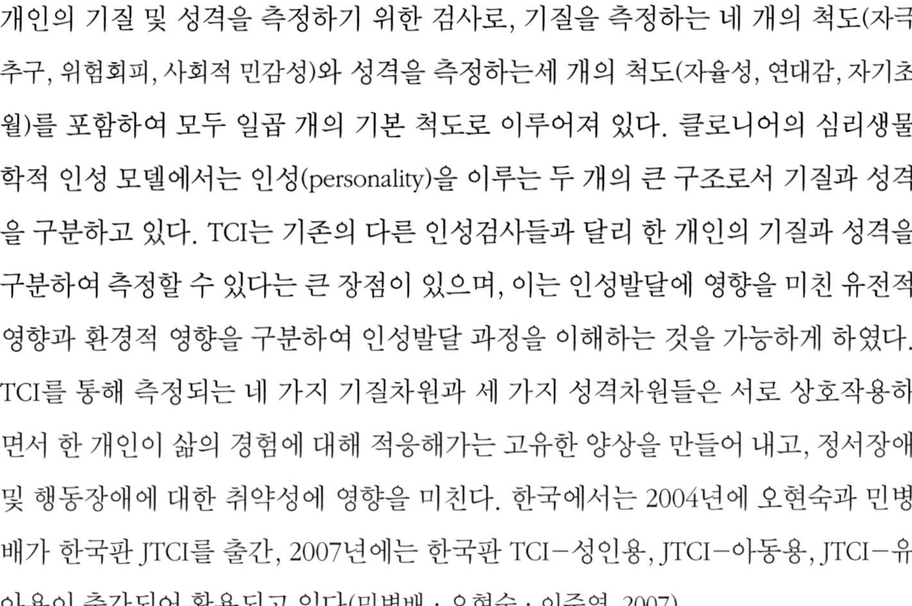
개인의 기질 및 성격을 측정하기 위한 검사로, 기질을 측정하는 네 개의 척도(자극추구, 위험회피, 사회적 민감성)와 성격을 측정하는세 개의 척도(자율성, 연대감, 자기초월)를 포함하여 모두 일곱 개의 기본 척도로 이루어져 있다. 클로니어의 심리생물학적 인성 모델에서는 인성(personality)을 이루는 두 개의 큰 구조로서 기질과 성격을 구분하고 있다. TCI는 기존의 다른 인성검사들과 달리 한 개인의 기질과 성격을 구분하여 측정할 수 있다는 큰 장점이 있으며, 이는 인성발달에 영향을 미친 유전적 영향과 환경적 영향을 구분하여 인성발달 과정을 이해하는 것을 가능하게 하였다. TCI를 통해 측정되는 네 가지 기질차원과 세 가지 성격차원들은 서로 상호작용하면서 한 개인이 삶의 경험에 대해 적응해가는 고유한 양상을 만들어 내고, 정서장애 및 행동장애에 대한 취약성에 영향을 미친다. 한국에서는 2004년에 오현숙과 민병배가 한국판 JTCI를 출간, 2007년에는 한국판 TCI–성인용, JTCI–아동용, JTCI–유아용이 출간되어 활용되고 있다(민병배 · 오현숙 · 이주영, 2007).

(2) 성격유형검사(MBTI)

성격유형검사인 MBTI(Myers-Briggs Type Indicator)는 융(Carl Jung)의 성격유형이론에 근거하여 캐서린 브릭서(Katharine Briggs)와 그의 딸(Isabel Myers)이 개발한 성격검사이다. MBTI는 네 개의 성격차원(외향–내향, 감각–직관, 사고–감정, 판단–인

표 12-4 MBTI의 성격유형 선호지표

선호지표		지표의 의미
외향	내향	심리적 에너지 방향: 외부세계와 내면세계 중 어느 쪽을 선호하는가?
감각	직관	인식 및 정보수집 기능: 주어진 기본적 정보 또는 그것의 해석과 의미 중 어떤 정보를 선호하는가?
사고	감정	판단 및 결정기능: 논리적 일관성 또는 개인의 특수한 사정 중 어떤 판단기준을 선호하는가?
판단	인식	생활양식: 매사가 분명하게 결정된 것 또는 새로운 가능성에 열려 있는 것 중 어떤 삶의 방식을 선호하는가?

* 출처: 권석만(2017).

식)에 대한 선호를 평가하기 때문에 성격유형 선호지표라고 불린다. MBTI는 매우 널리 사용되고 있는 대중적인 성격검사로서 개인의 성격성향을 이해하고 코칭활동이나 집단활동에서 유용하게 활용할 수 있다. 한국에서는 심혜숙과 김정태(1990)가 번안한 한국판 MBTI가 사용되고 있다(권석만, 2017). MBTI의 성격유형 선호지표는 〈표 12-4〉와 같다.

(3) 다면적 인성검사(MMPI-2)

MMPI-2(Minnesota Multiphasic Personality Inventory-2)는 원판 MMPI의 개정판으로 보다 유용하고 효과적인 검사로 발전되었다. 원판 MMPI는 개인의 성격 패턴과 심리적 장애를 평가하는 질문지형 성격검사로 1943년 미국 미네소타 대학교 병원의 임상심리학자인 해써웨이(S. R. Hathaway)와 정신건강의학과 의사인 맥큰리(J. C. Mckinley)에 의해 개발되었다. MMPI는 실시와 채점이 쉽고 규준에 비추어 해석할 수 있는 객관적인 점수를 제공한다. 그리고 내담자의 부적절한 수검 태도를 탐지하여 검사 자료의 해석 가능성을 판단할 수 있는 타당도 척도를 보유한 최초의 성격검사이다. MMPI-2는 아홉 개의 타당도와 열 개의 임상척도(건강염려증, 우울증, 히스테리, 반사회성, 남성성-여성성, 편집증, 강박증, 정신분열증, 경조증, 내향성), 총 567문항으로 구성되어 있다. 한국에서는 1965년 정범모 등이 한국판 MMPI를 처음으로 제작하여 발간하였으며 현재는 2005년 표준화된 MMPI-2와 청소년용 MMPI-A가 사용되고 있다(한경희 외, 2005).

(4) NEO 성격검사

NEO 성격검사(NEO-Personality Inventory: NEO-PI)는 성격의 5요인을 측정하는 가장 대표적인 자기보고형 검사로 코스타(Costa, Jr)와 맥크래(Robert R. McCrae)에 의해 개발되었다.

코스타와 맥크래는 1978년 질문지형 성격검사를 개발하면서 신경과민성(Neuroticism), 외향성(Extraversion), 개방성(Openness to experience) 세 요인의 첫 글자를 따서 NEO-I(NEO-Inventory)라고 명명했으며 1985년에 우호성(Agreeableness)과 성실성(Conscientiousness)을 추가하여 성격 5요인을 모두 측정하는 검사를 개발하면서 NEO-PI라고 개정하였다. 이후 NEO 성격검사는 몇 년마다 개정을 거듭하면서 2005년에는 일부 문항을 수정하고 새롭게 규준을 마련한 NEO-PI-3가 발간되었다. 국내에서는 안현의와 안창규(2017)가 NEO 성격검사를 아동용, 청소년용, 성인용으로 번안 및 한국판으로 표준화하여 사용되고 있다.

2) 투사적 검사

자기보고형 검사의 한계를 극복할 수 있는 검사도구가 투사적 검사이다. 투사적 검사는 수검자에게 모호한 자극을 제시하여 그의 무의식적이고 심층적인 특성이 투사된 반응을 유도한다. 검사자는 수검자의 반응을 면밀하게 분석함으로써 수검자의 무의식적 특성을 평가한다. 투사적 검사를 실시하고 해석하기 위해서는 많은 훈련과 경험이 필요하며, 실제 상담 장면에서 자주 사용되는 투사적 검사에는 로르샤흐 검사(Rorschach test), 그림 그리기 검사(drawing test), 문장완성검사(Sentence Completion Test: SCT) 등이 있다.

(1) 로르샤흐 검사

로르샤흐 검사(Rorschach test)는 스위스의 신경정신의학자 로르샤흐(Herman Rorschach, 1894~1922)에 의해 개발된 검사로 대표적인 투사적 검사이다. 융(Carl Jung)의 제자이기도 한 로르샤흐는 좌우 대칭형의 모호한 얼룩반점을 보고 수검자가 자신의 무의식을 투사할 것이라고 가정하였다. 그는 스위스 정신병원에서 '심리학적 실험'이라는 이름으로 환자들에게 잉크반점을 보여 주기 시작했다. 1921년 로르샤흐는「심리진단(Psychodiagnostics: A Diagnostic Test Based on Perception)」이라는 연구논문을 출판하였으며, 그는 이 심리진단법을 많은 사람에게 실시하였다. 1974년 이후 엑스너(J. Exner)는 여러 학자의 로르샤흐 채점 체계를 종합하여 '로르샤흐 종합체계'를 발표하였다. 로르샤흐 종합체계는 시행, 채점, 해석의 심리측정학적 특성을 획기적으로 개선하였으나 여전히 타당도의 논란과 비판은 지속되고 있다. 이러한 논란 속에서도 로르샤흐 검사는 임상에서 가장 많이 사용되는 투사적 검사이며, 지금까지도 가장 널리 알려진 평가도구이다(Weiner, 2005).

로르샤흐 검사는 데칼코마니 양식에 의한 대칭형의 잉크얼룩으로 이루어진 열 장의 카드로 구성되어 있다. 이 카드를 순서에 따라 수검자에게 한 장씩 보여 주고 이 그림이 무엇인지 보이는지를 말하게 한다. 모든 반응은 검사자에 의해서 자세하게 기록되며 열 장의 카드에 대한 수검자의 반응이 끝난 후에 검사자는 다시 카드마다 수검자가 카드의 어느 부분에서 어떤 특성 때문에 그런 반응을 하게 되었는지를 확인한다. 채점의 주요 항목은, 첫째, 반응영역(수검자가 반응한 카드의 부분), 둘째, 결정요인(반응을 결정하는 데 영향을 준 잉크자극의 특징), 셋째, 반응내용(반응의 내용범주), 넷째, 반응의 독창성(반응의 독특성이나 창의성), 다섯째, 반응의 형태질(잉크자극의 특징에 대한 반응의 적절성)이며, 이 외에 반응 수, 반응 시간 등이 계산된다. 검사자는 이러한 다양한 채점을 종합적으로 고려하여 개인의 심리적 특성을 해석하며, 검사 시행 시 수집된 주요 항목들의 자료는 개인의 심리체계를 더 타당하고 유용하게 설명하기 위해 충분한 정보를 제공하는 원천이 된다. 따라서 로르샤흐를 훈련되고 숙련된 검사자가 제대로 실시하고 채점, 해석한다면 검사자는 그 개인에 대한 어떤 자료에서보다 더 많은 중요한 정보를 얻을 수 있다(Exner, 2011).

(2) 그림 그리기 검사

그림 그리기 검사(drawing test)는 가장 실시하기 간편하고 경제적이며, 개인에 대한 풍부한 정보를 제공해 주는 투사적 검사 중 하나이다. 그림 그리기 검사의 대가인 코핏츠(Koppitz, E., 1984)는 그림을 '비언어적 언어'라고 하며, 그림 그리기는 그 사람의 내면을 표현하는 의사소통의 중요한 수단임을 강조하였다. 그림 그리기 검사는 그림 그리기를 통해서 개인의 성격, 지각, 태도가 표현될 수 있다는 가정에 기반하고 있으며, 특히 아동의 경우 그림 그리기는 자연스러운 표현수단 중 하나로서 방어적 자세를 완화하며 솔직한 내면의 상태를 잘 드러낼 수 있게 한다(신민섭 외, 2002).

집-나무-사람 검사(House-Tree-Person: HTP)는 그림 그리기 검사 중 가장 대표적인 검사이다. HTP는 벅(Buck, J., 1948, 1964)이 개발하고, 해머(Hammer, E., 1971)가 임상적 적용을 확대시켰다. 벅이 집, 나무, 사람의 세 가지 과제를 사용한 것은 이 세 가지 과제는 누구에게나 친밀감을 주고, 모든 연령의 수검자가 그림대상으로 기꺼이 받아들이며, 다른 과제보다는 솔직하고 자유스러운 언어표현을 시킬 수 있는 자극으로서 이용할 수 있기 때문이다. HTP는 수검자에게 백지 네 장을 주고 ① 집, ② 나무, ③ 사람, ④ 사람(③의 인물과 반대되는 성의 인물)을 그리도록 한 후, 여러 가지 질문을 행하며 수검자의 성격에 대한 많은 정보를 얻는다. HTP 실시 후 검사자는 그림의 형식적 분석(그림의 어떤 부분부터 그렸는지, 그림의 크기, 필압, 선의 농담, 대칭성 등), 내용 분석(특징적이거나 이상한 부분, 강조된 부분, 질문에 따라 연상하는 것 등), 전체적 평가(그림의 전체적인 인상, 조화, 구조 등)와 이 밖에 수검자의 적응수준, 성숙도, 행동관찰과 검사시의 태도 등을 체계적으로 고려하고 채점하여 해석을 제공한다(김동연 · 공마리아 · 최외선, 2006).

인물화 검사(Drawing-A-Person: DAP)는 검사를 실시하기가 매우 간단하면서도 여러 가지 다양하고 유용한 정보를 제공해 주기 때문에 널리 사용되고 있는 투사검사이다. 인물화를 심리검사도구로 처음 사용한 굿이너프(Goodenough, 1926)는 인물화는 아동의 지능발달 수준을 판단할 수 유용한 자료라고 하였다. 현재 사용되고 있는 인물화 검사를 개발한 사람은 뉴욕의 정신과 의사였던 마코버(Machover, 1949)이다. 마코버도 역시 처음에는 아동의 지능을 평가하기 위해 인물화 검사를 사용하다가 투사적 성격검사로서의 가치를 인정하여 인물화 검사를 투사적 검사로 발전시켰다.

검사자는 백지에 사람을 그리도록 하며, 그려진 그림의 다양한 특징(그림의 순서, 그림의 비교, 크기, 위치, 움직임, 왜곡과 생략, 신체 각 부분, 선의 성질 등)과 인물화에 대한 질문, 수검자의 행동관찰 등을 분석함으로써 개인의 성격적 특성을 평가할 수 있다(김영환 외, 2005).

(3) 문장완성검사

문장완성검사(Sentence Completion Test: SCT)는 수검자에게 일련의 미완성문장을 제시하고 그 문장을 완성하도록 하는 검사이다. 다른 투사적 검사와 마찬가지로 수검자가 문장을 완성하는 과정에서 자신의 기본적인 동기, 태도, 갈등, 공포 등을 반영한다고 가정하고 있다. 그러나 문장완성검사는 로르샤흐 검사보다는 검사자극이 분명하고 수검자가 검사자극의 내용을 감지할 수 있도록 구성되어 있다는 점에서

다른 투사적 검사보다 의식수준의 심리적 현상이 잘 반응하는 경향이 있다. 문장완성검사를 통해서 자기개념, 부모나 타인에 대한 의식, 미래나 과거에 대한 태도 등과 같은 다양한 성격적 특성과 심리적 상태를 평가할 수 있다. 그리고 문장을 모두 완성한 후 추가적인 질문을 통해 검사자는 수검자의 내적 갈등이나 상호관계 등을 면밀하게 파악할 수 있다.

요약

1. 심리검사는 심리측정학에서 비롯된 것으로 다양한 장면에서 다양한 목적으로 활용되고 있다. 심리학에서 많이 사용되고 있는 검사, 측정, 사정, 진단, 심리검사와 평가의 의미를 보다 정확하게 이해하고 구별하려는 노력이 필요하다.

2. 면담은 심리적 평가과정에서 자료를 모으는 수단 중 가장 중요하며, 심리검사 유형에는 표준화 검사와 투사검사, 행동관찰, 생애사적 자료가 있다. 심리검사는 문제해결에 있어서 도움이 되는 정보제공 매체이며 효과적인 사정이다. 따라서 상담사는 검사의 선정, 실시, 채점, 해석을 할 수 있는 전문성을 갖추어야 한다.

3. 상담사는 심리측정의 기본 개념과 통계, 즉 측정척도, 규준, 백분위 표준점수, 타당도와 신뢰도의 개념을 이해하고 숙지할 필요가 있다.

4. 지능은 다양한 학자에 의해 정의가 내려지기도 했다. 1958년 웩슬러는 지능을 합목적적으로 행동하고, 합리적으로 사고하고, 환경을 효율적으로 다루는 개인의 통합된 또는 총체적인 능력으로 정의하였다. 국내 아동지능검사는 한국판 웩슬러 지능검사 K-WISC-IV(곽금주 외, 2011)와 2019년 출시된 K-WISC-V(곽금주 외, 2019)가 많이 사용되고 있다.

5. 학습 관련 검사에는 학습동기검사, 학습흥미검사, 자기주도학습증진 검사, 학습집중력 검사 등이 있으며 최근의 학습검사는 학생의 인지, 정서, 행동, 환경에 대한 다각적인 접근들이 이루어지고 있다. MLST-II는 학습관련 하위영역을 종합적으로 검사하는 대표적인 검사이다.

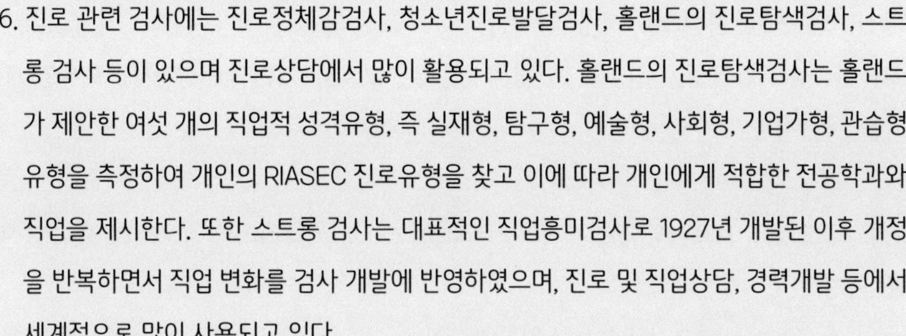

6. 진로 관련 검사에는 진로정체감검사, 청소년진로발달검사, 홀랜드의 진로탐색검사, 스트롱 검사 등이 있으며 진로상담에서 많이 활용되고 있다. 홀랜드의 진로탐색검사는 홀랜드가 제안한 여섯 개의 직업적 성격유형, 즉 실재형, 탐구형, 예술형, 사회형, 기업가형, 관습형 유형을 측정하여 개인의 RIASEC 진로유형을 찾고 이에 따라 개인에게 적합한 전공학과와 직업을 제시한다. 또한 스트롱 검사는 대표적인 직업흥미검사로 1927년 개발된 이후 개정을 반복하면서 직업 변화를 검사 개발에 반영하였으며, 진로 및 직업상담, 경력개발 등에서 세계적으로 많이 사용되고 있다.

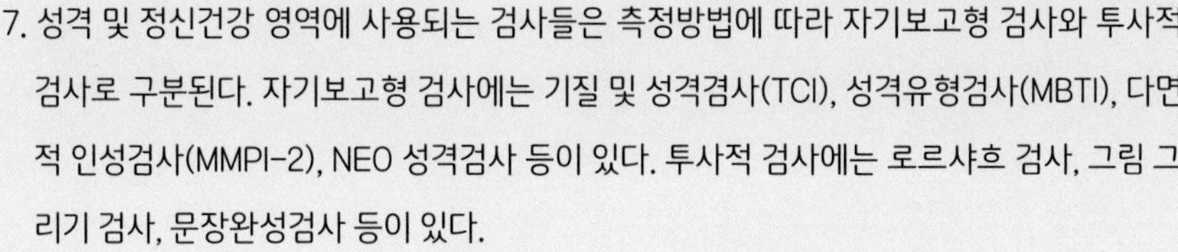

7. 성격 및 정신건강 영역에 사용되는 검사들은 측정방법에 따라 자기보고형 검사와 투사적 검사로 구분된다. 자기보고형 검사에는 기질 및 성격검사(TCI), 성격유형검사(MBTI), 다면적 인성검사(MMPI-2), NEO 성격검사 등이 있다. 투사적 검사에는 로르샤흐 검사, 그림 그리기 검사, 문장완성검사 등이 있다.

참고문헌

권석만(2017). **인간 이해를 위한 성격심리학**. 서울: 학지사.

김계현 · 황매향 · 선혜연 · 김영빈(2004). **상담과 심리검사**. 서울: 학지사.

김도연 · 옥정 · 김현미(2015). **K-WISC-Ⅳ의 이해와 실제**. 서울: 시그마프레스.

김동연 · 공마리아 · 최외선(2006). **HTP와 KHTP 심리진단법**. 대구: 동아문화사.

김동일 · 김은하 · 김은향 · 김형수 · 박승민 · 박중규 외(2014). **청소년상담학개론**. 서울: 학지사.

김봉환 · 정철영 · 김병석(2006). **학교진로상담 2판**. 서울: 학지사.

김석우(2007). **기초통계학 2판**. 서울: 학지사.

김석우 · 최태진(2007). **교육연구방법론**. 서울: 학지사.

김영환 · 문수백 · 홍상황(2005). **심리검사의 이론과 실제**. 서울: 학지사.

김춘경 · 이수연 · 최웅용(2006). **청소년상담**. 서울: 학지사.

민병배 · 오현숙 · 이주영(2007). **기질 및 성격검사 매뉴얼**. 서울: 마음사랑.

박경 · 최순영(2009). **심리검사의 이론과 활용**. 서울: 학지사.

박영숙(1994). **심리평가의 실제**. 서울: 하나의학사.

신민섭 · 김수경 · 김용희 · 김주현 · 김향숙 · 김진영 외(2002). 그림을 통한 아동의 진단과 이해: HTP와 KFD를 중심으로. 서울: 학지사.

한경희 · 김중술 · 임지영 · 이정흠 · 민병배 · 문경주(2005). 다면적 인성검사II 매뉴얼 개정판. 서울: 마음사랑.

Exner, J. E. (2011). 로르샤하: 종합체계(*Rorschach: A comprehensive system*). 윤화영 역. 서울: 학지사.

Weiner, I. B. (2005). 로르샤하 해석의 원리(*Principles of rorschach interpretation*). 김영환 · 김지혜 · 홍상황 공역. 서울: 학지사.

찾아보기

인명

내용

저자 소개

권남희(Namhee Kweon)

휴먼in공감 상담심리센터 대표(교육학박사, 청소년상담 전공)

순천향대학교 청소년교육상담학과 외래교수

전문상담사 1급(한국상담학회), 청소년상담사 1급(여성가족부)

저서 및 논문 「청소년의 부모관련변인, 인지적 공감, 정서적 공감과 친사회행동 간의 구조적 인과관계 분석」(2017)

「부모의 양육태도, 친사회행동 및 공감적 태도가 청소년의 친사회행동에 미치는 영향: 청소년의 정서적 공감의 매개효과를 중심으로」(2015) 등

이혜경(Hyekyong Lee)

경민대학교 책임교수/학생생활상담센터장(사회복지학박사, 청소년 전공)

전 김포시청소년육성재단 파트장

청소년지도사 1급, 사회복지사 1급

저서 및 논문 「전문대학에 대한 부정적 인식과 진로적응성 관계에서 대학생활적응 요인의 매개효과」(2014)

「대학생 그룹 멘토링 프로그램의 효과성 측정을 위한 멘토역량 척도 개발 연구」(2012) 등

진은설(Eunseol Jin)

사단법인 청소년과 미래 이사장(사회복지학박사, 청소년 전공)

전 한국청소년상담복지개발원 선임상담원

청소년지도사 1급, 사회복지사 2급

저서 및 논문 『청소년문제와 보호』(공저, 정민사, 2015)

「학교 밖 청소년 자기계발 프로그램 운영모형 개발」(2015) 등

청소년학총서⑤
청소년심리 및 상담
Youth Psychology and Counseling

2020년 2월 20일 1판 1쇄 발행
2022년 8월 10일 1판 3쇄 발행

지은이 • (사)청소년과 미래
권남희 · 이혜경 · 진은설

펴낸이 • 김 진 환

펴낸곳 • (주) 학 지 사
04031 서울특별시 마포구 양화로 15길 20 마인드윌드빌딩 5층

대표전화 • 02) 330-5114 팩스 • 02) 324-2345

등록번호 • 제313-2006-000265호

홈페이지 • http://www.hakjisa.co.kr
페이스북 • https://www.facebook.com/hakjisabook

ISBN 978-89-997-2053-6 93370

정가 19,000원

이 도서의 국립중앙도서관 출판시도서목록(CIP)은 서지정보유통지원시스템 홈페이지(http://seoji.nl.go.kr)와 국가자료공동목록시스템(http://www.nl.go.kr/kolisnet)에서 이용하실 수 있습니다.
(CIP제어번호: CIP2020006212)